Raising Curious, Well-Educated Children
Outside the Conventional Classroom

Gen Z 100년 교육, 언스쿨링이 온다

UNSCHOOLED

Kerry McDonald 저
Peter Gray, PhD 서문
황기우 역

나에게 배우는 법을 가르쳐 준 몰리, 잭, 애비, 샘에게

⁝ 서 평 ⁝

"케리 맥도널드는 어떤 교육 개혁의 집단보다 월등히 앞서고 있다. 이 책은 그 이유를 보여준다. 학교 교육 없이 양질의 교육을 받을 수 있다는 맥도널드의 강력한 증거는 많은 사람의 마음을 불편하게 할 수 있다. 하지만 우리의 의무 교육 제도는 득보다 실이 더 많다."

— 코리 데안젤리스(Corey DeAngelis), 『학교 선택 바우처 제도와 더 적은 비용으로 더 많은 일 하기』의 저자

"케리 맥도널드의 『Gen Z 100년 교육, 언스쿨링이 온다』는 제도교육에서 벗어나 가정과 지역 사회에서 자기주도적 학습을 지향하는 풀뿌리 운동의 전모를 보여주는 주목할 만한 책이다."

— 패트릭 파렝가(Patrick Farenga), 「스스로 가르치기」와 「학교 교육 없는 성장 소식지」 발행인, www.HoltGWS.com.

"현재 언스쿨링을 실천하든, 언스쿨링에 궁금해하든, 아니면 단지 제도교육의 모델에 뭔가 문제가 있는 사실을 알고 있든, 케리 맥도널드의 『Gen Z 100년 교육, 언스쿨링이 온다』는 귀중한 자원이다. 이 책을 읽게 되면 교육이 얼마나 풍요로울 수 있는지 깨닫게 될 것이다."

— 벤 휴잇(Ben Hewitt), 『홈 그로운』의 저자

"영감을 주는 이 책은 자기주도교육이 개인의 타고난 호기심과 학습 욕구를 뒷받침하는 사실을 분명히 보여준다. 자기주도교육이 취하는 형태는 개인에 따라 독특할 수 있지만, 일반적으로 경험은 자신감, 공동체 참여, 학습에 대한 지속적인 사랑을 촉진하는 사실을 보여준다. 희망은 바로 이 책에 있다."

— 로라 그레이스 웰던(Laura Grace Weldon), 『방목 학습』의 저자

"『Gen Z 100년 교육, 언스쿨링이 온다』는 거의 모든 것을 제공한다. 일관성 있는 역사 기술, 환상적인 프로필, 자기주도학습에 대한 명쾌한 설명, 혁신적인 프로그램의 총람 등 모든 것을 생기 넘치는 고무적인 목소리로 전한다."

— 그레이스 르웰린(Grace Llewellyn), 『10대 해방 핸드북과 게릴라 학습』의 저자

"이 책은 아이들에게 뇌, 시간, 호기심, 추진력, 그리고 즐거움을 되돌려주는 설득력 있는 사례를 제공한다!"

— 레노어 스케나지(Lenore Skenazy), 렛 그로우의 대표자 겸 「자유 방목 아이들」의 창업자

"『Gen Z 100년 교육, 언스쿨링이 온다』는 우리나라의 공장형 학교 시스템 밖에서 번성한 가정 교육과 젊은이들의 실상에 대한 탄탄한 자료와 따뜻한 이야기 사이에서 부러울 정도로 균형을 이룬 훌륭한 책이다. 이 책은 미국 학교의 창문 바깥에서 세상이 얼마나 밝고 흥미로울 수 있는지를 보여주는 최초의 책은 아니다. 하지만 신선하고, 설득력 있고, 명쾌하게 쓰여 있다."

— 로버트 엡스타인(Robert Epstein) 박사, 미국 행동 연구 기술 연구소 선임 연구 심리학자, 『10대 2.0: 청소년기의 고통에서 우리 아이들과 가족들을 구함』의 저자

"이 책은 언스쿨링의 역사를 파헤칠 뿐만 아니라 실제적인 실천 방법까지 친절하게 조언한다. 안심하고 읽을 수 있는 책이다."

— 북 라이엇

: 역자의 말 :

난데없는 코로나 팬데믹이 우리 일상을 송두리째 바꿔 놓으면서 학교 교육을 바라보는 종래의 시각에 균열이 일고 있다. 과연 학교는 아이들에게 꼭 필요한 곳인가? 아이들은 학교에 가야만 배울 수 있는가? 우리 아이들을 "성적, 명문대학, 고소득 보장"이라는 성공 신화의 외길로 내몰아야만 우리 아이들이 행복한 인생을 살게 되는가? 불확실한 미래를 위해 우리 아이들의 순수하고 아름다운 어린 시절을 부정하고 자유를 유보하고 건강을 희생하면서 우울하고 불안한 아동 청소년기를 보내야 하는지에 대한 비판과 자탄의 소리가 여기저기서 흘러나오고 있다.

많은 사람이 학교 교육이 마치 아이의 인생을 결정짓는 금송아지인 것처럼 숭배하면서 학교는 반드시 아이들이 출석해야 하는 배움의 성소이며 아이들에게 가장 행복한 곳으로 믿는다. 학교 교육은 이미 우리 사회의 신흥 종교로 깊게 뿌리를 내렸다. 이런 사람들의 허망한 믿음 뒤에는 학교 교육이 곧 교육이라는 학교 교육의 망령이 도사리고 있다. 이런 오해는 강제적인 학교 교육을 보편적으로 수용하게 하는 근원이다. 하지만 교육과 학교 교육은 전혀 다른 개념이다. 간단히 말하면 교육(education)은 자신이 누구인지, 세상에서 자신의 위치가 무엇인지 이해하고 자신의 삶을 완전히 책임지는 자기 권리, 즉 자연권이다. 반면 학교 교육(schooling)은 개인에게 순종을 강요하여 통제하려는 사회적 시도이며 처음부터 아이들을 순치하려는 목적으로 설계한 강압적인 제도이다.

사람들은 대부분 학교에 다니지 않으면 아이들이 배우지 못해 결국 야만인이 된다고 두려워한다. 하지만 잠시만 생각하면 곧 진실이 드러난다. 우리가 알고 있는 것의 대부분은 학교가 아닌 학교 밖에서 배우지 않았는가? 학교에 가지 않으면 배우지 못한다는 주장은 억지에 불과하다. 학교가 없어도 배움은 항상 우리 주변에서 일어난다. 이는 단지 아이들이 학교 방식처럼 보이지 않는 방식으로 배우는 것을 의미할 뿐이다. 언스쿨링은 이처럼 학교 교육이 아닌 우리의 일상적인 삶 속에서 배우는 교육, 정확히 말하면 삶과 일치하는 학습을 의미한다. 언스쿨링은 아이가 자기 교육의 책임을 지고 아이들이 원하는 것을, 원하는 때에, 원하는 방식으로, 원하는 곳에서 자기주도적으로 배우는 딥러닝, 즉 철저한 아동 중심의 자연 학습(natural learning)이다.

부언하면 언스쿨링은 인간의 관리에 의한 교육이 아니라 타고난 자신의 경향성을 스스로 추구하면서 실현하는 교육이다. 즉 다른 사람이 정한 목표나 외부의 압력에 따라 결정된 경로를 따르지 않는 교육이다. 아이의 기본 욕구인 음식, 피난처, 사랑을 제공하고 먼발치에서 아이의 자연스러운 성장을 지켜보는 교육이다. 타고난 아이의 호기심과 관심을 촉진하여 상상력과 창의성이 꽃피도록 조력하는 교육이다. 아이의 자유와 선택을 존중하여 자기 교육에 책임을 지고 주체적이고 자발적으로 형성하는 자기주도교육이다. 한마디로 언스쿨링은 성인이 아이를 통제하려는 마음을 버리고 아이가 자연의 의도에 따라 스스로 제 갈 길을 찾아가도록 허용하는 원초적인 교육이며 오래된 미래 교육이다.

케리 맥도널드(Kerry McDonald)가 저술한 『Gen Z 100년 교육, 언스쿨링이 온다(Unschooled)』는 수많은 언스쿨러로부터 극진한 찬사와 사랑을 받는 보기 드문 책이다. 그동안 언스쿨링과 관련된 대부분 저서는 언스쿨러 맘들의 경험에 기초한 자기 실천기가 주류를 이루었다. 하지만 케리의 『Gen Z 100년 교육, 언스쿨링이 온다』는 종래의 저서와 달리 학술서와 실천서로서 양면의 특성을 절묘하게 아울러 기술하는 점에서 피터 그레이(Peter Gray)의 『언스쿨링(Free to Learn)』이 출판된 이후 언스쿨링의 학문기반을 공고히 하여 스펙트럼을 크게 확장했다는 평가를 받는다.

케리는 많은 사람에게 생경한 언스쿨링(unschooling)을 재미있게 서술하여 누구든지 언스쿨링 세계를 쉽게 이해하여 접근할 수 있도록 친절히 안내한다. 케리의 이야기보따리에는 우리가 궁금하게 여기는 언스쿨링의 온갖 보물이 가득 들어 있다. '언스쿨링이 무엇인가?'에서부터 시작하여 학교 게임으로 전락한 학교 교육의 참담한 현실, 체계적으로 정리한 언스쿨링 역사, 사라진 유년기가 할퀴고 간 영원한 마음의 상처, 첨단 테크놀로지와 언스쿨링을 연결하는 기술기반의 새로운 학습 모델 등이 들어 있다. 물론 모든 부모가 걱정하는 아이의 문해와 수리력을 자연스럽게 해득하는 방법도 빼놓을 수 없다. 특히 각 장의 끝에 제시하는 언스쿨링 팁은 언스쿨링의 마법 창고다.

이뿐만 아니다. 케리는 언스쿨링은 환상일 뿐 현실성이 없다는 세간의 가혹한 비판에 답이라도 하듯이 언스쿨링이 21세기의 진정한 학교 대안이 될 수 있는 새로운 학습 비전을 구체적으로 소개한다. 언스쿨링 자원센터(Unschooling Resource Center), 언스쿨링 학교(Unschooling Schools), 학교 밖의 언스쿨링(Out-of-School Unschooling) 등은 모두 언스쿨링 철학을 기반으로 현재 미국에서 성업 중인 전혀 낯선 교육기관이다. 이런 교육기관은 각각 정시제나 전일제로 운영하며 다양한 프로그램과 자기학습의 프로젝트를 제공하기 때문에 학교 교육의 대안을 애타게 기다리는 수많은 부모의 환영을 받고 있다. 한국에서도 이와 비슷한 형태의 기관들이 속속 생겨나고 있다. 종종 뉴스에 뜨는 다양한 창작공간(Maker Space), 학교 밖 청소년들을 위한 특별 공간, 학교와 학원 간의 중간지대 공간, 청소년 마을 공간 등이 대표적이며 머지않아 큰 파장을 일으킬 것으로 보인다.

케리는 이야기보따리를 선물하기 위해 미국 전역을 샅샅이 누볐다. 케리는 수많은 다양한 사람들을 만나 인터뷰를 하고 실제로 자신이 목격한 교육 혁명의 풍경을 생생한 목소리로 전한다. 학교가 아이들의 타고난 호기심과 활력을 어떻게 시들게 하는지 직접 경험한 부모들은 아이가 학교 없이 배우도록 서둘러 결정하여 실천하고 있다. 학교 교육에 환멸을 느끼고 교실을 떠난 용감한 교사들은 젊은이들의 타고난 학습 본성이 번창하는 언스쿨링 기반의 새로운 학습센터를 세워 운영하고 있다. 첨단 기술을 다루는 기술자들은 신기술과 학습을 결합하는 디지털 기술기반의 새로운 학습 모델 연구에 열정을 쏟고 있다. 기업가들은 에듀프레니어(edupreneur)로 변신하여 에어비앤비(airbnb), 우버(Uber) 등 공유경제 방식으로 부모, 아이, 교사 간의 효율적인 교육을 연결하는 플랫폼의 구축을 위해 바삐 움직이고 있다. 이들은 모두 학교 교육의 역할에 의문을 제기하고 현실적인 대안을 모색하기 위해 분투하면서 우리 시대의 교육 혁명을 주도하는 선각자들이다.

학교 교육에 대한 우리의 고착된 사고방식에 대변혁이 일어나야 우리 아이의 행복과 미래를 보장할 수 있다. 캔 로빈슨(Ken Robinson)은 '학교가 창의성을 죽인다'라는 주제로 행한 테드 강연에서 다음과 같이 말했다. "우리의 유일한 희망은 인간의 능력에 잠재하는 무한성의 개념을 재구성하려는 인간 생태학의 신개념을 받아들일지에 달려 있다. 우리 교육 시스템은 특정 상품을 위해 지구를 채굴하는 방식으로 우리 마음을 채굴해 왔다. 이는 미래의 우리에게 도움이 되지 않을 것이다. 아이들을 교육하는 근본원칙을 다시 생각할 때다."

케리의 호소는 많은 사람의 공감을 불러일으킨다. "학교 교육은 현재 로봇이 하는 일에 알맞은 직업을 준비하도록 젊은이들을 옥죄면서 새로운 인간 시대의 문화와 경제의 현실을 외면하고 있다. 우리는 로봇 대신 창의적인 사상가, 호기심 많은 탐구자, 그리고 열정적인 실천가가 필요하다. 창의성, 호기심, 그리고 열정은 모두 어린아이들에게서 자연스럽게 흘러나오는 학습 본성이다. 우리는 아이들을 미래의 직업에 맞춰 훈련할 필요는 없다. 다만 아이들에게서 이런 로봇의 특성 훈련을 중단시키는 일이 필요할 뿐이다. 우리는 아이들에게 자기 열정을 추구할 자유와 기회를 허용하여 타고난 호기심을 추구하여 복잡한 문제에 대한 창의적인 해결 방법을 발명하게 할 필요가 있다."

내 아이가 학교에서 어떻게 생활하고 있는지 상상해 본 적이 있는가? 내 아이가 수업 시간에 무슨 생각을 하고 있는지 궁금해 본 적이 있는가? 학교에서 무엇을 먹고 누구를 만나 무슨 이야기를 나누고 무슨 일로 시무룩하며 속앓이를 하는지 생각해 본 적이 있는가? 너도나도 할 것 없이 온 나라 아이들이 모두 학교에 가는 것을 보고 학교는 당연히 아이들의 천국이라고 생각하는가? 그래서 우리가 다녔던 학교는 천국이었고 내내 행복했는가?

해럴드 고스트(Harold Gorst)는 120년 전에 자신의 저서 『교육의 오류(The Curse of Education)』에서 학교 교육이 아이들의 정신에 사실을 쟁여 넣는 보편적 방법, 특히 아이들의 타고난 성향을 고려하지 않고 모든 아이에게 공통 과정을 강요하여 평범함과 획일성을 제조해 내는 방식을 신랄하게 비판했다. 세상을 변화시킨 수많은 천재와 위인 중에는 학교에 가지 않은 사람들이 더 많다. 아마 당신의 아이처럼 학교에 다녔더라면 그들은 결코 천재나 위인이 될 수 없었을 것이다. 언젠가 한국에서 나오게 될 노벨상 수상자는 결코 학교 교육이 배출한 모범생이 아닐 것이다.

믿기 어려운 무모한 말로 들리는가? 그렇지 않다. 이는 역사적 진실이다. 새로운 이미지 시대에 우리 사회는 교육을 받은 시민은 필요하지만 학교 교육을 받은 시민은 필요하지 않다.

현대사회는 인터넷, 무크, 유튜브, 코딩 등 무엇이든지 온라인을 통해 배울 수 있는 학습 네트워크가 구축되어 있다. 이런 기술기반의 학습 생태계는 역사상 그 어느 때보다 언스쿨링의 실천 가능성을 높이고 있다. 아날로그 세상을 거의 모른 채 디지털 세상에 태어난 세대인 Gen Z의 등장으로 학교 교육 현장이 요동치면서 언스쿨링이 스포트라이트를 받으며 소환되고 있다. '디지털 이미그런트(Digital Immigrant)', '포노사피엔스(Phono Sapiens)'라고 부르기도 하는 Z세대는 자기 관심, 자기학습 스타일, 최적의 자기학습 속도에 맞춰 스스로 배우는 자기주도학습의 선도자들이다. 베이비붐 세대가 정치를 바꾸고, X세대가 가정을 바꾸고, Y세대가 일을 바꾸었다면 Z세대의 학습 욕구는 교육을 바꿀 것이다.

지금이야말로 전대미문의 시대를 살아갈 우리 아이를 위한 진정한 교육이 무엇인지 깊이 성찰할 중요한 시점이다. 새 시대에 부응하는 새로운 교육 모델은 구식의 학교 교육 모델을 수선하여 재활용하는 데 있지 않다. 바야흐로 Gen Z가 주도하는 자기주도학습, 언스쿨링으로 돌아가라는 교육 혁명의 바람이 거세게 불어오고 있다. 교사, 교육자, 교육 정책 담당자 등 교육 공동체의 모든 성원이 먼저 언스쿨러가 된다면 아이들은 저절로 언스쿨러가 될 것이고 한국의 교육은 세계의 중심으로 우뚝 서게 될 것이다.

이 책을 번역하는 과정에서 많은 분의 도움을 받았다. 초고를 꼼꼼히 읽고 소중한 조언을 해 준 정옥경 박사, 바쁜 시간을 쪼개 북스터디에 참여하여 오류를 바로잡아 준 한국 언스쿨링 연구소 연구원들, 언스쿨링 맘 카페에서 감동적인 실천기를 공유하며 언스쿨링을 선도하는 회원님들께 감사드린다. 특히 이 책의 교정과정에서 헌신적인 노력을 기울인 박송이 선생님과 총체적인 어려운 여건 속에서도 책의 출판을 기쁘게 허락해주신 박영 story의 관계자 여러분께 감사의 말씀을 전한다.

2021년 1월

역자 황기우

: 저자의 말 :

언스쿨링은 단순한 삶이며 아이들이 전통적인 학교 교육과 학교 방식의 망령에 사로잡히지 않고 살도록 안내한다. 이는 삶과 배움을 통합하여 하나로 보는 교육철학이다. 언스쿨러가 되는 유일한 방법도, 자기주도교육을 촉진하는 외길도 없다. 당신, 당신의 아이들, 당신의 가족, 당신의 공동체, 이것이 당신의 삶이다. 당신은 언스쿨링을 당신의 방식으로 정의하여 실천할 수 있다. 이 책에서 다루는 생각들은 당신에게 몇 가지 아이디어와 시사점을 제공한다. 하지만 당신의 언스쿨링 모험은 당신만의 독특한 것이 되길 바란다.

이 책은 언스쿨링과 자기주도교육과 관련하여 내 개인의 생각과 경험을 말한 것이다. 그러므로 이는 모든 언스쿨러의 신념이나 특정한 자기주도교육 단체를 대변하지 않는다. 오랫동안 언스쿨링을 실천해 오면서 공유할 가치가 있는 소중한 통찰력을 소유한 사려 깊은 사람들을 많이 만났다. 나는 이 책에서 그중 몇 사람만 선택하여 조명했을 뿐이다. 이런 사람들에게는 끝부분의 부록에서 경의와 감사를 표했다.

이 책에 나오는 이름과 사건은 모두 실명과 실화이다. 익명을 요구한 사람은 아무도 없었다. 모두 언스쿨링에 대한 자신의 관점을 열성적으로 공유했다. 이 책은 대부분 미국의 언스쿨링에 초점이 맞춰져 있으나 개념은 대체로 전 세계적으로 적용이 가능한 것들이다. 나는 이 책을 지역 홈스쿨링의 규제나 대안 교육의 요구 사항을 준수하는 법적 지침서로 사용할 의도는 전혀 없다. 이 책에서 논의하는 정보를 더 많이 알기 원하면 www.unschooledbook.com을 방문하길 바란다.

⁝ 서 문 ⁝

케리 맥도널드가 쓴 이 놀라운 책을 읽기 전에 교육의 의미를 되새겨 볼 필요가 있다. 우리는 일상에서 교육의 의미를 학교 교육과 동의어로 사용하는 경향이 있다. 종종 우리는 사람들에게 "얼마나 많은 교육을 받았느냐?"고 묻고 최종학력을 말해 줄 것을 은근히 기대한다. 하지만 곰곰이 생각해 보면 교육은 학교 교육보다 훨씬 더 큰 개념이다. 교육은 학교 교육과 전혀 다른 개념이며 양적으로 말하기 어려운 그 이상을 의미한다.

인류의 장구한 역사에서 보면 오늘날 우리가 알고 있는 학교 교육은 이제 겨우 약 150년 전에 탄생한 매우 새로운 개념이다. 학교 교육은 모든 아이에게 심어 주어야 할 일련의 명백한 사실(또는 사실일 수 있다고 생각하는 것)이 존재하며 아이들이 배울 가장 중요한 교훈은 순종이라고 믿었던 바로 그 시점에서 비로소 역사에 등장했다. 학교는 원래 순종훈련과 반복 연습을 목적으로 설계되었다. 학교는 주로 오늘날까지 학교 행정가, 교사, 부모, 학생의 소망과 관계없이 오직 그 자체의 목적만을 위해서 존속해 왔다.

학교의 구조적 요인들, 즉 나이에 따라 분리된 교실, 권위적인 하향식의 위계체제, 고정된 교육과정, 그리고 표준화된 시험과 평가제도 등, 이 모든 것은 학교의 주된 목적이 순종과 암기라는 것을 말한다. 교사가 지시한 것을 수행하고 암기하라는 것을 암기하는 등 학교 방침에 순종하는 한, 학생들은 별다른 탈 없이 학교를 마칠 수 있다. 유일한 실패 방법은 불순종이다. 오늘날 대부분은 아니지만 매우 많은 사람이 학교가 개인이나 사회의 진정한 욕구에 제대로 공헌하지 못하는 점을 인정한다. 학교는 주도성, 창의성, 비판적 사고력, 학습에 대한 사랑, 그리고 오늘날 세상의 성공과 행복에 매우 중요한 사회 능력과 정서 능력의 배양에 실패했다. 그러나 우리는 어리석게도 일일 수업 시간, 연간 수업 일수, 그리고 수학 연한을 자꾸 늘려 가면서 아이들이 더 많은 시간을 학교에서 보내기를 요구하는 등 효과 없는 정책을 남발하며 문제개선을 꾀하고 있다.

교육은 학교 교육과 전혀 다른 개념이다. 우리가 인간인 이상 교육은 인간 본성의 핵심 부분을 차지한다. 우리는 넓은 의미의 교육을 **사람들이 만족스럽고 의미 있는 삶을 살기 위해 배우는 모든 것의 종합**으로 정의한다. 그러므로 교육에는 걷기, 모국어 소통, 좋은 인간관계, 감정 조절, 계획과 실천, 그리고 비판적 사고와 합리적 의사결정 등을 모두 포함한다. 한마디로 교육은 모든 지역의 모든 사람이 배울 필요가 있는 것을 망라해 놓은 개념이다. 물론 여기에는 읽기, 셈하기, 컴퓨터 사용법, 아마 자동차 운전법 등 문화 특정적인 기술 등도 있다. 이 모든 것은 대부분 자기가 몸담은 문화 속에서 자기가 원하는 삶을 살기 위해 반드시 알 필요가 있는 것들이다. 하지만 교육은 개인마다 심지어 특정 문화 안에서도 사람에 따라서 크게 다른 일련의 지식과 기술을 필요로 한다. "행복하고 유의미한 삶"의 의미가 개인마다 독특한 까닭에 교육도 역시 개인마다 독특할 수밖에 없다. 사회는 그런 다양성 속에서 발전한다.

이런 점에서 교육은 마땅히 자기주도적 의미로 정의되어야 한다. 자기주도교육은 자기 선택 활동과 학습자 자신의 생활 경험에서 나오며 수동적이며 순종적인 학교 교육의 사고방식이 아닌 능동적이고 의문을 제기하는 사고방식을 요구한다. 지금처럼 학교 교육이 계속 아이들 생활의 대부분을 점령하는 한 자기주도교육을 실행할 시간이 거의 없다는 사실을 깨닫는 가족의 수가 점점 더 증가할 것이다. 이런 가족들은 표준화된 학교에서 아이들을 데리고 나와 고정된 교육과정을 모두 버리고 아이들에게 시간, 자유, 권한 강화, 그리고 자기교육에 필요한 자원을 지원할 것이다.

우리가 아이들에게 이런 기회를 허용하게 되면 자기교육에 대한 아이들의 책임이 더 강해진다는 연구 결과가 학계의 폭넓은 지지를 받고 있다. 이는 놀랄 일이 아니다. 최근까지 인간의 역사를 통해서 볼 때 아이들은 거의 항상 자기교육에 대한 책임을 담당했다. 만약 그들이 자기교육에 탁월하지 않았다면 하나의 종으로서 우리는 생존할 수 없었을 것이다. 자연 선택은 아이들의 호기심, 놀이성, 사회성, 계획성, 그리고 내적 욕구를 형성하여 교육 목적에 훌륭하게 공헌하는 방식으로 세계에 잘 적응하게 했다.

강제적인 학교 교육에서 벗어나 합법적인 홈스쿨러가 되었지만, 집안에서 학교 교육을 재현하지 않고 아이들이 자기만의 관심을 추구하도록 격려하는 가족이 꾸준히 늘고 있다. 일반적으로 우리는 이들을 **언스쿨러** 가족이라고 부른다. 한편 합법적인 학교이지만 아이들이 자유롭게 자기 관심을 추구할 수 있는 구조화된 교육환경에 아이들을 보내는 사람이 있다. 이런 학교는 종종 **자유 학교나 민주주의 학교**라고 부른다. 이런 경로를 따르는 가족은 자신들의 교육방식을 설명하기 위해서 **자기주도교육**이라는 용어를 사용하는 경향이 있다. 나는 이 책에서 케리 맥도널드가 이 용어를 사용한 사실을 알고 매우 기뻤다. 이 용어는 아이들의 자기교육을 돕기 위해 다양한 방식을 선택한 가족들을 하나로 연합하는 장점이 있다. 그것은 이런 모든 가족이 아이들은 살면서 배우도록 설계된 존재라는 인간의 학습 본성을 신뢰하며, 아이들이 즐겁고 자연적인 방식으로 살면서 배우는 것을 목표로 내세우고 투쟁하는 하나의 거대한 세계적인 운동의 일원인 것을 알게 해 준다.

이 책에서 분명히 밝힌 것처럼 자기주도교육의 선택은 가족의 책임을 포기한 것이 아니라 책임을 포용한 것이다. 그런 가족이 지향하는 교육의 방향과 주도권은 아이들에게 있지만, 자기교육의 최적화에 필요한 안전한 환경과 상황을 아이들에게 제공하고 지원하는 역할은 부모와 성인들의 몫이다.

이 책은 내가 아직 본적이 없는 자기주도교육의 세계를 잘 소개하고 있다. 케리 맥도널드는 4명의 아이를 양육하는 어머니이며 아이들은 모두 자기교육의 책임을 맡고 있다. 이 책은 맥도널드 가족의 경험에서 나왔지만, 개인 이야기를 훌쩍 뛰어넘는 걸작이다. 이 책에는 철저한 연구를 통해서 얻은 상세한 기록이 담겨 있으며 가족과 나아가 전체 사회가 자기교육력의 촉진에 필요한 광범위하고 다양한 방법을 상세히 설명하고 있다. 이 책을 통해서 독자들은 가정기반의 언스쿨링, 세계학교, 몇몇 다양한 자유 학교나 민주주의 학교, 그리고 아이들이 자기만의 관심을 추구하는 다양한 유형의 학습센터와 지역사회센터 등을 엿볼 수 있을 것이다. 저자가 반복적으로 보여주는 것처럼 아이들의 자기주도교육을 촉진하는 정확하고 유일한 방법은 없지만 모든 방법의 핵심은 아이들의 욕구를 각각 신뢰하고 지원하는 일이다.

이제 이 책을 더 깊이 파헤쳐 기쁨을 누리길 희망한다.

보스턴 대학 심리학과 연구교수

피터 그레이

: 차 례 :

: 들어가며 :

사실 현대적인 교육 방법이 탐구에 대한 신성한 호기심을 아직 말살하지 않은 것은 기적이다. 이 헌신적인 작은 식물은 자극이 아닌 자유가 필요하다. 자유가 없다면 비록 실패하지 않더라도 반드시 시들어 파괴되고 말 것이다. 관찰하고 탐색하는 즐거움이 강요와 의무감으로 촉진될 것이라는 생각은 매우 중대한 잘못이다.

— 알베르트 아인슈타인(Albert Einstein)[1]

강하게 내리쬐는 6월의 태양 아래 조개껍데기가 반짝거린다. 조수가 밀려나면서 발목 깊이로 낮아진 바닷물 속에서 4명의 내 아이들은 숨어 있는 소라게, 불가사리, 바다 달팽이를 발견할 때마다 기쁨에 넘친 비명을 질렀다. 우리는 "바위 해변"에 와 있다. 바위 해변은 매사추세츠 케이프 코드에 펼쳐진 해안선을 보고 내 아이들이 지어 준 이름이다. 이곳은 우리 가족들이 즐겨 찾는 장소다. 우리는 따스한 계절이면 식구들과 함께 이곳에 머물면서 해안선을 따라 위태롭게 살아가는 생물들의 모습에 경탄하며 많은 시간을 보낸다. 평일의 해변은 조용했지만 부서지는 파도와 시끄럽게 떠드는 갈매기 소리로 소란스러워졌다. 바위 해변은 산책로로, 주 정부가 관리하는 자연 보호구역의 주차장에서 해변까지 반 마일쯤 나무숲으로 우거진 오솔길이다. 사람들이 즐기는 단거리 하이킹과 바위 해안선은 여름 성수기에도 해변 방문객의 수를 최저수준으로 유지하고 있었다.

우리가 방문한 처음 1시간 동안 늦은 봄날 아침의 해변은 거의 텅 비어 있었다. 나는 아이들이 노는 동안 햇빛 속에서 휴식을 취했다. 그러던 중 한 도시의 공립학교 중학생들을 태운 버스 한 대가 도착했다. 학생들은 각각 학습 계획표와 연필을 손에 들고 있었다. 나는 중년쯤 보이는 쾌활한 교사의 말을 가까이에서 들을 수 있었다. 그는 오늘의 수업 목표는 학생들이 가까운 해변 지역을 탐험하고 학습 계획표에 제시된 항목을 찾아서 기록하는 것이라고 말했다. 학생들은 이런 항목을 찾게 되면 관찰한 내용을 기록하고 목록에서 그 항목을 지우라는 지시를 받았다.

나는 여름이 오기 직전의 따뜻한 날, 해변에 앉아 풍광을 즐기면서 열정 속에서 흩어지는 학생들을 바라보았다. 내 아이들이 조수 속의 생물을 발견하고 탐험하면서 새롭거나 환상적인 것들을 발견할 때마다 소리치며 환호하는 동안 학생들은 학습 계획표를 점검했다. 나는 바위 위에 앉아서 이 두 집단에 주목했다. 학교 교육을 받는 아이들은 학습 계획표, 지시, 그리고 평가를 피할 수 없었고, 언스쿨링 아이들은 드넓게 펼쳐진 해변과 친자연학습의 공간, 보물들을 즐기고 있었다.

학생 중 한 명이 내 옆을 스치며 정말 흥미 있는 생물을 발견했다고 소리치는 친구를 향해서 달려갔다. “야, 이것 봐!” 소녀가 외쳤다. “신기하지 않니?” 친구는 생물을 조사하고 나서 자기가 가지고 있는 학습 계획표를 응시했다. “학습 계획표에 없어.” 그 친구는 있는 그대로 대답하고 발길을 돌렸다.

아이들은 타고난 학습자들이다. 아이들은 자기 세계를 탐험하여 통합하려는 욕구를 지니고 세상 밖으로 나온다. 그들의 타고난 호기심과 충만함은 배우고 발견하고 지식을 연결하고 심화하여 필수능력을 획득하게 한다. 이런 경향성, 발견의 열정을 가지고 배우려는 성향은 특정 나이에 마술처럼 사라지지 않는다. 우리 학교 교육의 산업형 모델은 아이의 타고난 호기심과 자기교육의 능력을 체계적으로 무력하게 만든다. 교육자들은 이 진실을 알고 있었다. 교사이며 사회개혁가인 존 홀트는 1967년 자신의 베스트셀러인 **아이들은 어떻게 배우는가**에서 다음과 같이 썼다.

> 간단히 말해서 아이들에게는 자신의 조건에 맞는 학습 스타일이 있다. 아이들은 우리가 그것을 훈련할 때까지 자연스럽고 훌륭하게 사용한다. 우리는 아이들이 생각하도록 가르치기 위해서 학교에 보낸다고 즐겨 말한다. 우리는 아이들이 잘못 생각하도록 가르치는 일이 너무 빈번하다. 그리하여 아이들에게 맞지 않고 우리 자신은 거의 사용하지 않는 방법을 강요하여 아이들의 타고난 효과적인 사고방식을 포기하게 만든다.[2]

해변의 소녀를 예로 들어보자. 소녀가 무언가를 찾고 발견하도록 이끈 것은 다름 아닌 자신의 호기심과 열정이었다. 그 소녀는 근처에서 놀고 있는 언스쿨링 아이들처럼 주어진 과제와 관계없이 해변의 탐험에 매료되었다. 과연 이 소녀는 여느 친구처럼 타고난 학습 본성의 불꽃이 사라지기까지 얼마간의 시간이 걸릴까?

나는 1977년에 태어났다. 홀트는 그 해에 홈스쿨링 가족에게 보내는 **학교 교육 없는 성장**이라는 소식지를 처음 발행했다. 당시 홀트는 이제 막 등장한 홈스쿨링 운동을 주도했던 비공식적인 지도자였다. 그는 홈스쿨링이 1993년에 미국의 모든 주에서 합법적으로 인정받기 전부터 학교에서 아이들을 데리고 나오는 부모들을 열렬히 지지했다. 그는 1970년대에 **언스쿨링**이라고 부르는 신조어를 만들어 학교 교육과 교육의 개념을 구별했다. 학교 교육은 교육의 한 가지 방식일 뿐 유일한 교육이 아니다. 학교에 다니지 않고 배우는 방법은 얼마든지 많이 있다. 홀트는 어린아이를 포함한 모든 사람이 지닌 자기교육력을 강하게 믿었다. 콜로라도와 매사추세츠의 두 곳에서 사립학교 교사로 일한 경력이 있는 홀트는 제도적인 학교 교육, 심지어 "명문" 학교로 소문이 난 학교에서조차 자연스러운 학습 과정을 억제하는 교수학습의 방법을 직접 목격했다.

특히 홀트는 학교 교육이 교육과정과 수업을 통해서 교사가 가르치기 원하는 내용을 아이들이 배우도록 강요함으로써 아이들의 타고난 학습 성향을 억압하는 모습을 수없이 관찰한 후 크게 걱정했다. 그는 교육자와 부모들은 아이들의 타고난 학습을 억압하지 않고 조력해야 한다고 굳게 믿었다. 그러므로 부모는 자신이 선택한 교육과정과 학교 교육의 평가 결과를 단순히 복제하는 홈스쿨링이 아닌 학교 교육의 사고방식으로부터 완전히 벗어나야 한다고 주장했다. 가장 깊고 가장 유의미하며 가장 지속적인 학습은 자기가 스스로 결정한 학습방식이다. 특별한 주제나 기술에 관심이 생기게 되면 우리는 더 많이 배우고 더 많이 수행할 준비를 한다.

나는 보통 사람처럼 배움은 수동적이며 암기하는 것이라고 믿으며 학교에 다녔다. 교사가 무엇을 읽거나 해야 할지 지시하고 가르치면 우리는 그냥 배웠다. 그러나 나는 내 아이들을 지켜보면서 이는 진실이 아니라고 믿었다. 아이들은 직접 가르치지 않아도 웃고, 앉고, 뒤집고, 기고, 달리는 법을 배운다. 그들은 말하는 법을 배우기 위해서 교실에 줄 맞춰 앉아 교사를 기다리지 않는다. 그들은 주변 사람들과 아이가 말하도록 격려하는 사람들 속에서 말하는 법을 배운다. 그럴지라도 아이들은 대부분 주변 환경을 탐색하고 상호작용하고 이해하려는 인간의 욕구에 따라서 이런 모든 것들을 자연스럽게 배운다. 보스턴 대학의 교수이며 자기주도교육의 주창자인 피터 그레이는 아이들의 타고난 학습 성향과 이런 충동이 학교 교육을 통해서 쇠퇴해 가는 과정을 밝혀냈다. 그는 자신의 저서, **언스쿨링**(Free to Learn)에서 다음과 같이 썼다.

> 아이들은 유전적으로 학습에 불타는 열정과 프로그램화된 특별한 학습 능력을 지니고 세상 밖으로 나온다. 그들은 작은 학습 기계이다. 그들은 4살을 전후해 어떤 가르침이 없어도 무한한 양의 정보와 기술을 흡수한다. 자연은 5~6세가 되어도 이런 거대한 학습 욕구와 능력의 스위치를 닫지 않는다. 우리는 강제적인 학교 교육의 시스템으로 그것을 닫는다.[3]

나는 내 아이들이 새로운 기술을 터득하는 방법을 관찰하면서 아이들의 시간표가 얼마나 다양한지 알게 되었다. 내 큰아들 잭(Jack)은 누나 몰리(Molly)보다 더 빨리 뒤집고 더 늦게 앉았다. 몰리는 "일찍" 기었으나 말은 "늦게" 시작했다. 나는 인간발달의 엄청난 차이를 알고서 왜 우리는 아이들에게서 특정 방법으로 특정 시간에 특정 내용을 기대하는지 의문을 품게 되었다. 몰리와 잭이 성장하고 애비(Abby)와 샘(Sam)이 그 뒤를 이으면서 나는 이런 일반적인 인간발달이 기존에 내가 생각하던 것과는 현저한 차이가 있다는 점을 깨달았다. 잭은 10개월에 달리기를 했다. 몰리는 거의 1년 6개월이 지나도 걷지 못했다. 어느 날 갑자기 콘도의 복도를 달리더니 걷기 시작했다. 샘은 불과 1개월 만에 뒤집었다. 애비는 1년이 못되어 완전한 문장을 말했다. 샘은 훨씬 더 늦었다. 몰리는 4살 때 혼자 읽는 법을 터득했다. 잭은 7살 때 혼자 읽는 법을 배웠다. 잭은 4살 때 혼자 수영을 배웠다. 애비는 6살 때 혼자 배웠다. 아이들의 타고난 발달 시간표는 믿을 수 없을 만큼 다양하고 독특하다. 아이들을 나이별로 분리하여 획일화 시스템으로 운영하는 거대한 학교 교육이 어떻게 이처럼 어마어마한 인간 경험의 다양성을 인식하고 수용할 수 있겠는가?

우리의 어린 시절에 비해 학교 교육은 점점 더 표준화되고 시험 중심으로 되어 가고 있다. 아이들에게 가해지는 학업의 압박감은 날로 더 커지고 있다. 상황이 이렇게 되자 이런 획일적인 교육방식에 대한 부모들의 의심이 더 깊어지고 있다. 그들은 가정과 이웃에서 유년기 놀이의 감소와 어린아이의 정신건강 장애의 증가 사이에 나타나는 높은 상관관계를 보게 될 것이다. 그들은 이제 유치원 아이들에게 읽는 법을 강요하는 학교 방식의 기대에 경악하게 될 것이다. 그들은 학교 수업이 놀이를 몰아내고 휴식 시간을 줄이면서, 교실에 앉아 집중하지 못하는 어린아이가 증가하는 것과 주의력 결핍 장애의 진단을 받아 5살 어린아이에게 투여하는 강력한 향정신성 약물을 걱정하게 될 것이다. 이런 부모들은 어떻게 아이의 창의성이 질식되고 학습에 대한 열정이 사그라들어 외적 동기에 의존하여 자신의 존재감을 드러내지 않고 조용히 하루를 보내겠다는 태도로 대체되는지 알게 될 것이다. 학습을 위한 학습이 사라지고 있다.

아이가 학교에 가게 되면 타고난 학습은 멈춘다. 아이들은 타고난 창의성을 죽이는 획일화된 순응 중심의 학교 방식에 조건화된다. 교사는 자신의 너그러운 정도와 관계없이 알아야 할 것, 생각해야 할 것, 해야 할 것을 아이들에게 가르친다. 학교 교육의 맥락에서는 아이들의 자기 의견, 관심, 그리고 독특한 발달 시간표는 아무런 의미가 없다. 아이들이 지닌 창의성의 성향이 파괴되면 자기교육력은 허약해지기 마련이다. 아이들이 강제적인 학교 교육에 순응하면서 학습에 대한 탐구심은 정지되고 대신 가르쳐 주기만을 기다리게 된다. 이반 일리치는 **탈학교 사회**에서 "학교는 삶의 소외를 준비하는 곳이다. 그래서 실제적인 교육과 창의적인 일을 억압한다. 학교는 배워야 할 필요성을 가르쳐 제도화된 삶을 준비하게 한다."라고 썼다.[4]

오늘날 많은 부모와 교육자들은 배우기 위해서 학교 교육을 받아야 한다는 신화를 배척한다. 그들은 구식 교육인 산업사회의 공장형 학교 모델을 이미지 시대에 부합하는 새로운 학습모델로 대체하려 한다. 이미지 시대는 정보화 시대를 뛰어넘어 창의성과 독창성이 문화의 핵심과 경제의 동력이 되는 새로운 시대를 말한다. 홈스쿨링, 언스쿨링, 그리고 자유 학교는 학교에 대한 대안과 관련된 초기 청사진을 학교에 제공하는 한편, 현재와 같은 학교 교육이 없는 새로운 학습의 원형을 전 세계 곳곳에서 탄생시키고 있다. 그런 것에는 자기주도학습센터와 언스쿨링 공동체에서부터 혁신적인 여름 캠프, 방과 후 학교 프로그램, 10대의 몰입형 학습과 도제 모델, 심지어 어린아이들이 자신의 학습책임을 맡도록 자체적으로 재설계 중인 전통적인 공립학교 모델도 포함되어 있다.

이런 부모들과 교육자들이 중점적으로 공유하는 것은 무엇을 배우든지 학습이 자기주도적일 때, 말하자면 학습의 자유가 허용되고, 자원의 이용이 가능하며, 학습 시간과 공간이 제공되고, 필요할 경우 해박하고 유능한 촉진자들의 조력을 받을 때, 학습은 가장 효과적이며 성공적이라는 사실에 대한 깊은 이해다. 홀트는 이미 이런 기본 원리를 천명했다. 즉 "내 관심은 '학교 교육'을 개선하는 것이 아니라, 그것을 제거함으로써 추하고 반인간적인 인간 형성이라는 작업을 끝내고 아이들이 스스로 자기를 형성하게 하는 것이다."[5] 이제 부모와 교육자들은 존 홀트의 말을 가슴에 새겨 어린아이들이 스스로 자기를 형성하도록 돕는 학교에 대한 대안을 만들어 내야 한다.

다음에서 나는 이런 통찰력을 바탕으로 명확한 목적을 향해 나아가고 있는 부모와 교육자뿐 아니라 언스쿨링 졸업생들의 이야기를 공유할 것이다. 나는 독자들이 자신의 경험과 일을 통해 학교화의 사고방식에서 벗어나 언스쿨링을 선택하는 용기와 영감을 발견하기를 희망한다. 우선 우리가 학교 교육과 학습을 관련지어 생각하는 무의식 속에 숨겨진 방법을 이해하게 되면 도움이 될 것이다. 전반부에서는 학교 교육과 교육을 뒤엉키게 만든 것과 아이들의 자연스러운 학습 방법을 더 깊이 이해하여 그것을 분리할 방법을 밝힐 것이다. 후반부에서는 학교 교육이 없는 친자연학습을 지원하기 위해 현재 존재하는 학습모델과 새로운 모델, 즉 변경하고 확장할 수 있는 새로운 학습모델을 더 깊이 파헤칠 것이다. 이 책은 우리 사회가 학교 방식의 세계관을 버리고 완전히 새로운 방식으로 삶과 학습을 상상한다면 세상이 어떻게 보일지에 관한 큰 그림을 그리면서 미래를 엿보는 것으로 결론을 맺는다.

강제적인 학교 교육은 사라진 시대를 연상하는 문화 유물이다. 대중교육은 현재 로봇이 하는 일에 알맞은 직업을 준비하도록 젊은이들을 옥죄면서 새로운 인간 시대의 문화와 경제 현실을 외면하고 있다. 우리에게는 로봇 대신 창의적인 사상가, 호기심 많은 탐구자, 그리고 열정적인 실천가가 필요하다. 창의성, 호기심, 그리고 열정은 모두 어린아이들에게서 자연스럽게 흘러나오는 본성이다. 물론 아이들을 미래의 직업에 맞춰 훈련할 필요는 없다. 다만 아이들에게서 이런 로봇의 특성 훈련을 중단시키는 일이 필요할 뿐이다. 우리는 아이들에게 자기 열정을 추구할 자유와 기회를 허용하여 자기 호기심을 추구해 복잡한 문제에 대한 창의적인 해결방법을 발명하게 할 필요가 있다. 우리가 이용하는 방대한 정보량, 그것의 가공에 필요한 창의적인 기술, 그리고 우리 지구가 현재 극복할 수 없는 도전에 직면해 있다면, 우리는 새로운 교육 패러다임의 수용을 절실히 필요로 할 것이다. 우리는 누군가가 다른 누군가를 위해 만든 **학교 교육**의 사고방식을 버리고, 대신 인간이 자연스럽게 수행하는 **학습으로** 돌아가야 한다. 오직 그럴 때만이 우리는 혁신, 정보, 상상의 새로운 시대에서 훌륭한 삶을 살기 위한 능력과 기술을 갖추고 좋은 행성을 보존할 수 있는 시민을 교육할 수 있을 것이다.

01

학교 게임

"교육은 종종 무엇을 하는가? 그것은 자유롭고 구불구불한 개울을 직선의 도랑으로 만든다."

– 헨리 데이비드 소로(Henry David Thoreau)[1]

"입 닥치지 않으면 창밖으로 던져 버릴 거야!" 내 첫 1학년 교사는 나에게 냅다 소리를 질렀다. 6살 난 내 작은 몸은 꽁꽁 얼어붙었다. 나는 교사의 태도가 진지하다고 확신하고 입을 다물었다. 마지막 학교 종이 울릴 때까지 공포 속에서 숨을 죽이며 학교가 끝나기만 기다렸다. 그리고 학교 버스에 뛰어올라 버스 정류장에서부터 엄마의 편안한 품을 그리며 집을 향해 힘껏 달렸다.

"오, 선생님은 진짜로 한 말이 아니야." "그냥 네가 말 잘 듣고 친구들과 잡담하지 않고 집중하기를 바랐던 거야. 선생님은 절대로 너를 창밖으로 내던지지 않아. 그냥 해 본 말이야." 엄마는 흔들리는 내 마음을 진정시키려고 애쓰며 말했다.

비록 과장일지라도 나는 상처를 받았다. 그 순간 학교 교육의 민낯이 분명하게 드러났다. **사회성과 학업 준비**를 위한 오전반 유치원의 순수함, 놀이로 가득했던 이전의 시간제 유아 학교(어린이집)의 생활은 디분히 의도적이었다. 그들은 우리 아이의 사교적이고 학문적인 준비를 정말로 바라지 않았다. 즉 그들은 우리가 조용히 자리에 앉아서 질서를 지키고 순종하는 법을 빨리 배우기를 원했다. 그들은 우리가 우리 자신을 잊기를 바랐다. 교육의 이름으로 우리 유년기의 타고난 충만함을 잃는 것. 그것은 우리 자신을 위한 것이었다. 그들은 우리에게 저항은 헛된 짓이라고 말했다.

그래서 나는 배웠다. 와신상담하고 학교 게임을 잘하는 법을 배웠다. 이 게임에서 성공하기 위해 복종에 적응할 필요성을 느꼈다. 나는 교사의 명령대로 따랐다. 손을 들고, 지시에 따르고, 선에 맞게 색칠했다. 나는 말하지 않았다. 듣고 암기했다. 그리고 좋은 시험성적을 얻어서 교사가 만족하도록 그대로 역류해 냈다. 나는 착한 소녀였다. 역시 이미 글 읽는 법을 알고 있었다. 창문 사건을 잊어버리고 나를 교사의 애완동물로 만들었다. 교사가 "뒤떨어진 아이"와 씨름하고 말썽꾸러기에게 소리치는 동안 상급 연습문제를 풀도록 특별히 모퉁이로 모시는 아이. 1학년 말이 되자 나는 이런 학교 일을 완벽하게 끝냈다. 젠장, 나는 그것을 **좋아하기까지 했다.**

그 이후 교사의 사랑을 얻고 잘했다는 스티커를 받고 A 학점과 상을 받으면서 점차 내가 승리하기 위해서는 이런 일을 해야 할 필요성이 더욱 분명해졌다. 나는 규칙을 배우고 게임을 계속했다. 로버트 프리이드(Robert Fried)는 **학교 게임**(The Game of School)에서 "게임은 실제 **배움**보다 학교생활을 헤쳐나가는 것을 더 중요하게 생각할 때 시작한다."[2]라고 썼다.

어른, 특히 부모의 입장이 되면 흔히 알게 되는 것처럼, 이제 우리는 그동안 얼마나 많은 것을 알지 못한 채 지냈는지 깨닫게 된다. 나는 **학교**

생활에서 성공했다고 생각하지만, 교육을 잘 받았다고는 생각하지 않는다. 내가 공립학교에서 12년을 보낸 거의 150,000시간을 반성해 보면 대부분의 시간이 얼마나 큰 낭비였는지 모른다. 그런 시간에 다른 것들을 배울 수 있지 않았을까? 내가 학교 게임에 그처럼 많은 시간을 소비하지 않고 실제로 책을 읽고 탐험하고 실천했다면 그 시간에 얼마나 많은 실제적인 일을 할 수 있었을까?

우리 미국인은 전쟁을 치르는 한이 있더라도 지구에 사는 사람들의 자유를 보장하려고 애쓴다. 그러나 우리는 우리 역사상 어느 때보다 더 어린 나이에, 훨씬 더 오랜 시간 동안, 아이들을 더 제약적인 학습환경에 구금하고 있다. 삶과 일터에서 어른들이 겪는 것보다 더 통제적이고, 더 불쾌하고, 더 해로운 학교 교육의 환경에 대부분 아이를 맡긴다. 우리는 아이들의 몸과 마음을 다른 사람의 관리에 맡긴다. 집단괴롭힘, 비만, 불안, 그리고 우울증, 전반적인 운동능력의 쇠퇴, ADHD의 증가, 그리고 그 밖의 정신장애와 같은 제도의 부작용 등을 경시한다. 우리 아이들이 학교 교육에서 인내하도록 기대되는 행동은 성인들의 작업장에서 범죄가 될 수 있는 행동이다.

이런 강제적인 제도적 상황, 즉 산업화 시대의 부상으로 초래된 강제적인 학교 시스템의 특성 아래에서 아이들의 생명력이 대부분 고갈되는 것은 놀랄 일이 아니다. 호기심이 가장 많은 걸음마 아이의 부모들조차 아이가 학교 교육을 받기 시작하면서 타고난 호기심과 경이로움이 점차 잠식되는 것을 실제로 목격한다. 미국의 학교 교육이 타고난 학습의 기쁨, 즉 탐구하고 발견하려는 인간의 의지를 추구하는 학습 본성을 박탈하고 순응과 복종을 기반으로 설계된 점을 생각해 보면 이는 너무도 자명한 사실이다. 강제적인 학교 교육 문제에 초점을 맞춰 **아이들과의 전쟁**(War on Kids)을 다룬 다큐멘터리 영화감독인 세빈 솔링(Cevin Soling)은 "학습된 무능력의 중요한 특징은 아이들이 자신이 추구하는 열정이 허용되지 않는 사실을 알게 되는 것은 매우 이른 시기에 나타난다. 이는 학생들의 주변 환경을 포함하여 그들이 할 수 있는 것, 행동하는 방법, 그리고 그들이 무엇을 어떻게 생각하는지 등 학생 생활의 전반적인 것들을 통제한다."[3]라고 썼다.

우리 대부분은 유년기 창의성의 쇠퇴를 단순히 성장 과정에서 나타나는 자연스러운 결과라고 생각한다. 그러나 자기주도적 환경에서 배우거나 결코 학교 교육을 받은 적이 없는 어린아이들을 조사해 보면 인간의 호기심과 배우고 종합하는 능력은 나이가 들어감에 따라 감소하지 않는다는 사실을 꾸준히 보여준다. 산업화에 기반한 학교 교육의 틀은 그것을 허약하게 만들지라도, 창의성과 지식 추구의 열정은 오랫동안 보유되어 자연적인 학습환경을 만나게 되면 재점화된다.

최근 나는 내가 운영하는 **온 가족 학습**(Whole Family Learning) 블로그와 페이스북 팔로워들에게 지난 12년간의 학교생활을 반성하고 그것을 한 단어나 한 구절로 요약해 주기를 요청했다. 반응은 실망적이었다. 지루함, 시간 낭비, 부정적 자기 가치, 압박, 불안, 감옥, 기회비용, 집단괴롭힘, 수치심, 스트레스, 기회 낭비, 고문, 생명안전, 일방적, 지옥, 오랜 시간, 반복, 무서움, 가식, 모욕, 권위주의, 강압, 싫증, 이제 끝나서 기쁘다 등이었다. 이 목록에 어떤 것을 더 추가하겠는가? 편파가 없는 표집이라고 할 수 없지만 이런 반응은 많은 학생, 교육자, 그리고 정책결정자의 정서와 연구 결과를 뒷받침한다. 놈 촘스키(Noam Chomsky)는 "교육 시스템은 생각을 많이 하지 않고, 다른 사람의 지시에 따라 수행하고, 수동적인 상태에서 복종하는 순응주의자의 훈련이다."라고 썼다.[4]

촘스키가 대량교육이라고 부른 이런 "젊은이의 교화 시스템"[5]은 동조라는 이름으로 많은 젊은이의 정신을 혼미하게 만들어 깊고 영원한 상처를 남긴다. 우리 가운데 대량교육 모델에서 성공한 사람들은 우리의 상처를 빨리 묻어 두고 순응하는 법을 배운 가장 유능한 사람들이다. 우리는 학교 교육과 학습을 혼동하여 받아들여 충실하게 복종한다. 강제적인 학교 교육이 많은 아이에게 미치는 해악은 자명하다. 많은 아이가 바로 문밖에서 비참한 상태에 빠지게 되고 그런 비참함은 학교 교육이 계속되면서 아이들에게 더욱 확대되어 깊은 뿌리를 내린다. 다른 아이들은 집단괴롭힘을 당하고, 낙인찍히고, 우열반으로 분류되거나 약물을 복용한다.

하지만 이런 명백한 해악을 능가하는 더 미묘한 것이 있다. 나 자신을 포함한 대부분의 학교 아이들은 외적 보상과 피상적인 성취를 중요하게 여기고 추구하도록 조건화되었다. 우리는 외부의 누군가가 확인해 주지 않으면 우리가 하는 일이나 우리 자신의 가치를 알지 못한다. 임의적인 교육과정의 요구, 교사의 기대, 그리고 제도적 관습에 순응하게 되면 우리는 창의성과 개성을 잃게 된다. 커스틴 올슨(Kirsten Olson)의 저서 **상처주는 학교**(Wounded school)에서 교육자인 파커 파머(Parker Palmer)는 "우리가 학습을 조직하고 평가하는 방법에 내재하는 구조적 폭력에서 유래하여 장기간 잠복하는 상처, 즉 '나는 창의성이 전혀 없는 것을 알았다.' 혹은 '나는 스포츠에 소질이 없는 것을 알았다.'에서부터 '내 자신감이 서서히 사라졌다.' '바보라는 느낌이 들었다.' 혹은 '나를 패자의 줄에 세워놓고 계속 거기에 남게 했다.'에 이르기까지의 상처"에 대해 이야기했다. 더 슬프고 역설적인 것은 가장 광범위하게 퍼질 수 있는 상처일 것이다. 즉 유아일 때 우리 모두를 세계로 끌어들였던 배움의 열망을 학교 교육이 종종 시들게 만들고 심지어 파괴한 상처이다.[6]

그래도 우리 중 몇몇은 대량 학교 교육을 별 탈 없이, 심지어 우등생으로 통과했을지 모른다. 그러나 나는 실제로 그렇게 할 수 있었던 사람은 극히 소수에 불과했다고 믿는다. 우리는 그런 150,000시간을 다르게 보낼 방법을 알지 못한다. 즉 우리 호기심을 추구하는 것, 우리 관심을 드러내는 것, 우리 열정을 추구하는 것, 읽고 또 읽고, 더 많은 것을 읽는 것. 만약 우리가 그처럼 많은 시간을 내내 교실에 앉아서 암기하고, 반복하고, 잊어 가면서 보내는 학교 게임을 하지 않았다면, 우리는 어린 시절에 얼마나 더 많은 교육을 받았을는지 모른다. 만약 당신의 어린 시절에 누군가가 정해놓은 학교 계획에 따라 그처럼 많은 시간을 보내지 않고, 당신의 열정을 추구하는 자유를 주었더라면 현재 당신의 삶은 어떻게 달라졌겠는가?

물론 백인 화이트칼러가 대다수를 차지하는 보스턴의 공립학교에서 1학년부터 12년간 학교생활을 하면서 나는 그것이 게임인 줄 알지 못했다. 나는 그것이 그냥 학교인 것으로 알았다. 우리가 알고 있듯이 학교는 비교적 최근의 사회적 구성물이라는 역사적 사실을 나는 불과 얼마 전에야 알았다. 인류 역사를 통틀어, 그리고 신세계에서 사는 대부분 동안 형식교육은 거의 존재하지 않았다. 그러나 우리는 생존했고 번영했고 지식과 기술을 후세대에 전수하여 높은 문해 수준을 자랑해 왔다. 학교 교육과 비슷한 의미로 사용되는 교육은 이것과 완전히 다른 새로운 개념이다.

학교 교육으로 쪼그라진 교육

1620년 순례자들이 지금의 매사추세츠, 플리머스에 도착했을 때 이들에게는 아이들에게 문해력과 수리력을 교육해야 할 의무감이 있었다. 부모들은 아이를 교육할 도덕적이고 시민적인 의무를 분명히 이해했다. 공동체 안에는 성직자와 연장자들이 아이들의 교육을 책임지고 보장한다는 암묵적 신념이 널리 퍼져 있었다. 순례자들에게 가족은 곧 군주였다. 역사학자, 밀턴 가이더(Milton Gaither)는 “많은 영국 정착민들이 뉴잉글랜드로 이주하여 타락한 영국의 어둠 위에 빛을 비추는 ‘언덕 위의 도시’인 신성한 영연방을 건설한 사실은 누구나 다 아는 이야기이다. 그러나 이

신성한 도시건설에 사용된 벽돌이 가족이었다는 사실은 잘 알려지지 않았다. 순례자와 많은 사람은 신세계로 이주하여 가족국가를 건설했다."[7] 라고 말했다.

순례자들이 도착한 후 꼭 20년 만에 매사추세츠만 식민지(Massachusetts Bay Colony)의 입법위원들은 식민지 최초의 의무교육법 규정을 통과시켰다. 1642년 일반학교법은 가족이 아이들의 "양질의 교육"을 보장할 것을 요구했다. 교육 감독권을 성직자에서 선출직으로 바꾸면서 법은 영국의 선례를 따르지 않게 되었다. 이 초창기 법은 의무**교육**에 대한 주 정부의 관심을 강조했지만, 아직 교육을 **학교 교육**으로 축소하지는 않았다.[8] 아동 교육에 대한 책임은 여전히 부모의 손안에 있었다. 교육의 개념을 학교 교육과 분리하여 명백히 구별했다.

5년 후 1647년에 매사추세츠만 식민지는 두 번째 의무교육법, "늙은 사기꾼 사탄(Old Deluder Satan)" 법을 통과시켰다. 이 법은 아이들은 성경을 읽고 사탄과 악을 피할 정도의 충분한 교육을 받아야 할 것을 명시했다. 이 두 번째 그리고 그 후 이어지는 수많은 법은 50가구, 또는 그 이상으로 구성된 마을의 경우 교사 한 명을 채용하고, 100가구나 그 이상의 마을은 문법학교를 세워서 운영할 것을 요구했다. 이런 학교들은 오늘날 학교 교육과 같은 의무적인 것이 아니었다. 오히려 주 정부가 그런 학교를 제공할 것을 강요하는 대상은 가족이 아닌 마을이었다. 부모가 아닌 마을이 이 초기 의무 교육법의 규정에 동의하지 않을 경우 처벌을 받았다. 초창기 의무교육법의 이행과 실행은 많은 마을이 거부하고 대신 벌금을 내는 바람에 결국 무산되었다.[9]

17세기와 18세기의 수십 년이 지나면서 비슷한 의무교육법이 동부 연안과 남부 식민지에 퍼져 나갔다. 인구가 늘어나면서 더 많은 학교가 세워지자, 부모들은 아이들을 학교에 보낼지, 보낸다면 언제, 얼마 동안 보낼지 등을 선택할 수 있었다. 가족은 초기 미국 사회의 주요 기관으로 남아 있었고 부모는 아이들의 양육과 교육을 완전히 통제하고 있었다.

부모가 아이 교육에 대한 책임을 지녔더라도 아이들을 가르치는 유일한 사람은 아니었다. 그들은 종종 개인 교사를 채용했고 도제제도에 의존했다. 초기 정착지에서 학교가 출현하면서 지역 부모들은 종종 교사를 채용하고 주거를 제공하며 해고하는 책임을 맡았다. 식민지 학교는 아이들이 집에서 배웠던 방법을 보완했고 "부인학교"는 어린아이가 딸린 부모들이 허드렛일과 집안일을 자유롭게 할 수 있게 했다. 그러나 부모가 가정에서 제공하는 교육과 광범위한 지역사회의 자원을 이용하여 부모가 관리하는 교육을 결코 학교가 대체할 것으로 생각하지 않았다.[10] 역사학자인 칼 카이스틀(Carl Kaestle)은 "사회는 여러 가지 방식으로 교육한다. 즉, 국가는 학교를 통해 교육한다."[11]라고 선언했다.

혁명기 동안 의무교육을 둘러싼 대화는 계속되었다. 건국의 아버지들은 번창하는 새로운 민주주의 사회에서 자유를 보장하기 위한 장치로 교육받은 시민들이 필요하다는 해석을 놓고 고심을 거듭했다. 예를 들어 토머스 제퍼슨(Thomas Jefferson)은 교육과 자유의 필수적인 관계를 인정했다. 그는 1819년 "국가가 문명 상태에서 무지와 자유를 기대한다면, 그것은 결코 이전에도 없었고 앞으로도 없을 것을 기대한다."[12]라고 썼다. 가족이라는 기관은 여전히 국가의 이익에 우선했다. 제퍼슨은 자신이 "구"라고 부른 작은 지역에서는 부모가 통제하고 정부는 거의 개입하지 않는 고도로 분권화된 교육제도를 주장했다. 그는 또한 친권과 개인의 자유는 강제적인 동의에 앞선다고 믿었다. 1817년, 제퍼슨은 "부모의 의지에 반대하는 언동이나 교육으로 인하여 일반 정서와 사상을 혼란스럽게 하는 것보다 부모가 아이 교육을 거부하는 희소한 경우를 용인하는 것이 더 낫다."[13]라고 말했다. 제퍼슨은 "교육을 이용할 수 있게 하라, 교육을 소중히 여기고 가난한 사람들에게 무상으로 실시하라."라고 제안했으나 법적인 강요의 위험성 때문에 불발로 끝났다.

19세기 중반에 들어서면서 이 모든 상황이 변했다. 인구는 대규모로 증가했고 더 다양해졌다. 국가 기관은 정부의 권력을 더욱 중앙집중방식으로 강화하고, 한때 지배적이었던 가족의 역할을 위축시켰다. 매사추세츠 입법 의원이며 상원 다수당의 대표인 호레이스 만(Horace Mann)은 이런 사회 제도화가 성장하는 1800년대에 중요한 역할을 했다. "미국 공교육의 아버지"로 부르는 만은 그가 중앙집권적인 학교 교육에 깊은 관심을 보이기 직전이었던 1833년에 미국 최초의 정신병원을 설립한 전력이 있었다.[14]

만은 프로이센의 강제교육 모델에 매료되었다. 그것은 질서 있고 효율적이었으며 획일적인 도덕 가치를 쉽게 가르칠 수 있었다. 프로이센 사람들은 광범위한 지역에 흩어져 살았으나 지금은 독일에 포함되어 있다. 이들은 세계 최초로 납세자의 세금으로 질서와 복종을 강조하는 강제적인 학교 교육 시스템을 만들었다. 프로이센 모델은 국가 중심의 교육과정과 표준화된 교사훈련을 강조하고 아이를 학교에 보내지 않는 부모를 처벌했다.[15]

만은 새롭게 조직된 매사추세츠 교육 위원회의 초대 의장으로 선출되어 새로운 교육 지형을 만들 수 있는 권력을 손에 쥐었다. 사실 그는 분권화되고 흩어져 있는 매사추세츠 주의 교육 시스템에 불만이 많았다. 당시 매사추세츠에는 지역통제를 받는 공립학교, 사립학교, 교회학교, 자선 학교, 홈스쿨링, 개인교수와 도제식 프로그램 등 수많은 학교가 혼재되어 있었다. 당시 국가가 통제하는 학교 교육은 존재하지 않았다. 중앙 정부에는 모든 아이가 배워야 하고 배우도록 강요할 어떤 수단도 없었다. 엄격한 교사훈련 프로그램이나 모든 교사가 같은 내용을 같은 방법으로 가르칠 것을 규정한 표준화된 자격증과 같은 것은 전혀 없었다. 이것 때문에 만과 동료들은 매우 곤혹스러운 처지에 놓이게 되었다. 체계적이고 강제적인 프로이센 교육모델이 이상적인 해결책으로 보였다. 만은 "인간

은 무쇠지만, 아이는 밀랍이다."라는 유명한 말을 남겼다.[16]

우리는 대부분 강제적인 학교 교육의 촉매제는 1800년대 초에 만연된 보편적인 비문해였다는 신화를 믿는다. 진실을 말하면 강제적인 학교 교육 이전에 전 미국의 문해자 비율은 매우 높은 수준이었다. 헤더 안드레아 윌리엄스(Heather Andrea Williams)가 자신의 저서, **자기교육: 노예와 자유 속의 아프리카계 미국인 교육**(Self-Tauht: African American Education in Slavery and Freedom)[17]에서 밝힌 것처럼 많은 노예는 특별한 방법으로 스스로 글 읽는 법을 배웠을지라도, 당시 노예에게 읽는 법을 가르치는 것은 일반적으로 불법이었기 때문에 노예들의 문해율은 가장 낮았다. 여성과 이민자들의 문해율은 더 낮았다. 역사가인 보울스와 진티스(Bowles and Gintis)는 노예를 포함한 전 인구의 약 3/4이 문해자이며 매사추세츠는 특히 높은 문해율을 나타냈다고 보고했다.[18] 폴거와 남(Folger와 Nam)에 따르면 1840년 여성, 이민자, 그리고 노예를 포함한 전체 미국의 비문해율은 22%였다.[19] 책값이 매우 비싸고 책을 구하기 어려웠을 뿐 아니라 이제 막 공공 도서관이 출현하는 시대였다는 당시 상황을 고려하면 이같이 높은 문해율은 특히 두드러진다. 미국 최초의 도서관은 뉴햄프셔 피츠버그에서 1833년에 문을 열었으며 1852년에 보스턴 공공 도서관이 그 뒤를 이었다.

1800년대 중반에 수많은 이민자가 미국에 유입되면서 19세기 정치가와 시민들은 급격한 사회변화에 겁을 먹고 두려움을 느끼기 시작했다. 미국의 총 인구수는 1820년과 1860년 사이에 폭발적으로 증가했다. 1840년대와 1850년대에 유입된 이민은 아일랜드의 감자 기근 사태로 인해 최고조에 달했다. 이 20년 동안에 4백만 명 이상의 이민자가 도착했다.[20] 특히 당시 법률 제정자들을 괴롭힌 것은 이 많은 새로운 이민자들이 아일랜드 가톨릭 신자들로서 일반적인 앵글로 색슨 프로테스탄트의 문화와 종교적 관습에 위협이 될 수 있다는 불안감이었다. 1847년에만 37만 명의 아일랜드 이민자들이 보스턴에 들어왔다.[21] 당시 보스턴 인구는 백만 명이 조금 넘는 도시였다. 아일랜드 이민의 증가로 1820년과 1840년 사이에 보스턴의 인구가 두 배 이상이 늘어나자, 매사추세츠 주 의원들은 이것에 자극을 받아 "수천에 수천을 더해 대량으로 쏟아져 들어오는 사람들은 모두 도덕과 지성적인 면에서 전혀 다른 종류들이다."라고 개탄했다.[22]

강제적인 학교 교육의 법령을 주장하면서 호레이스 만과 그의 19세기 교육개혁의 동료들은 부모의 권위, 특히 이민자 부모의 권위를 매우 두려워했다. 버몬트 대학의 밥 페퍼맨 테일러(Bob Pepperman Taylor)는 자신의 저서 **호레이스 만의 골치 아픈 유산**(Horace mann's Troubling Legacy)에서 19세기의 부모에 대한 불신감을 매우 상세히 정리했다. 그는 "만으로부터 신랄한 비난을 받은 집단은 부모들이다. 그는 수많은 부모의 능력을 의심했다. 그러나 그것보다 더 나쁜 것은 부정한 부모들이 아이들을 가르치면 그릇된 도덕 교육이 된다고 판단한 점이다."[23]라고 설명했다. 당시 강제적인 학교 교육에는 그런 "부정한 부모"에 대한 해독제라는 의도가 깔려 있었다. 그러나 짐작하건대 만과 같이 도덕적으로 우수한 부모에게는 그것은 해당 사항이 아니었을 것이다. 만은 세 명의 자기 아이들을 자신이 다른 사람들에게 강요했던 보통 학교에 보낼 생각이 아예 없었다. 그는 아이들의 가정교육을 고집했다. 만의 전기 작가였던 조너선 메셀리(Jonathan Messerli)는 다음과 같이 썼다.

> 100여 개의 강단 위에서, 만은 공립학교 안에 더 체계적인 방법이 필요하다는 가정을 전제로 하여 부모는 이제 더 이상 전통적인 도덕 훈련자의 역할을 맡을 수 없게 되었기 때문에 더 좋은 학교의 필요성은 이미 예견된 결과라고 주장했다. 그는 학교가 성공을 보장한다는 대중들과의 약속을 거부하고 자기 아이들의 성공은 난롯가의 가정교육이 보장해 줄 것을 확신하며 교육에

대한 가족의 책임을 다시 생각했다.[24]

1852년 매사추세츠는 만의 비전과 주장을 받아들여 미국 최초로 학교의무교육법을 통과시켰다. 아이들은 미국 역사상 처음으로 강제로 학교에 출석하게 되었다. 이 법은 8~14세의 모든 아이는 적어도 1년에 12주간 학교에 출석할 것을 요구했다. 그중 6주는 빠지는 일이 없이 연달아 다녀야 했다. 그 후 수십 년간 미국의 모든 주 정부는 같은 법에 따라서 비슷한 내용을 채택했다. 미시시피 주는 1918년까지 의무교육법을 통과시키지 않은 채 가장 마지막까지 버텼다.[25] 느슨한 감독 아래 시행되었던 이전의 의무**교육**법과 달리 이 새로운 강제적인 **학교 교육**법은 강력하고 효과적이었다. 매사추세츠 교육위원회의 조직에 참여한 제임스 카터(James Carter)는 **대중교육에 관한 소고**(Essay on Popular Education)에서 "무지한 사람은 수단과 방법을 가리지 않고 가능한 모든 동기로 유인하여 배우게 만들어야 한다. 응하지 않을 경우, 정부가 강력한 공권력을 동원하여 반드시 응하게 만들어 자발적이든지 비자발적이든지 적어도 비폭력적인 선한 시민이 될 만큼 충분한 교육을 받게 해야 한다."[26]라고 썼다. 부모가 강제 출석법에 동의하지 않으면 벌금을 내거나 구금을 하거나 심지어 친권의 박탈도 가능했다.

19세기의 이런 강제적인 학교 교육법은 점점 더 제약의 범위를 확장해 나갔다. 그리하여 더욱 어린 나이에 학교 교육을 시작하여 청소년 후기까지 연장해 가면서 아이들이 더 많은 시간을 학교에서 보낼 것을 강요했다. 이제 의무교육은 곧 강제적인 학교 교육을 의미했다. 1852년 법안이 통과되면서 미국의 교육은 형식적이고 비형식적인 다양한 학습 방법이라는 사회적 선에 대한 광의의 정의로부터 제도화된 학교 교육의 방법이라는 협의의 정의로 확실히 바뀌게 되었다. 그 이후 교육은 학교 교육과 불가분의 관계를 맺게 되었다. 만의 전기작가인 메셀리는 다음과 같이 썼다.

> 바꾸어 말하면, 만은 강제적인 학교 교육의 특성인 통제, 질서 정연함, 예측 가능성은 물론 더 나아가 종전의 학교 교육과 훈련 범위의 확장을 주장했다. 이리하여 학교 교육은 형식적이고 비형식적인 사회화 과정에서 성취하려는 모든 목적을 포괄하게 되어 영향력의 범위가 훨씬 더 광범위해졌다. 만은 학교 교육에 대한 유럽의 개념을 확장하여 교육을 공립학교 교실의 벽 안에 가둠으로써 교육의 실제적인 변수를 줄여 나갔다.[27]

공립학교 교실의 벽 안에 갇힌 미국의 교육은 165년이 지난 현재 대부분 변함없이 그대로 남아 있다. 국가 통제 아래에 있는 학교 교육이 강력한 힘과 영향력을 발휘하면서 상대적으로 가족은 점차 힘을 잃어 갔다. 이 중 일부 원인에는 경제 규범의 변화를 빼놓을 수 없다. 산업혁명으로 인하여 많은 부모가 가정에서 공장으로 내몰리면서 학교는 부모가 공장에서 일하는 동안 아이들을 붙잡아 두는 확실한 장소가 되었다. 이런 요구는 현재에도 계속되고 있다. 하지만 가족의 권한이 더욱 크게 쇠퇴한 이유는 비대해진 대량교육의 통제 권력 때문으로 보는 것이 옳다. 많은 부모는 격렬하게 저항했다. 예를 들어 가톨릭 신자들은 이른바 세속적인 청교도 신앙과 앵글로 색슨 프로테스탄트 창시자들이 만든 교과서와 교사를 중심으로 운영하는 학교에 자기 아이들의 출석을 강요하는 강제적인 학교 교육법에 분노했다. 그 반발로 많은 가톨릭 교구에서는 자신들만의 교구 사립학교를 설립했다. 시민과 법률가들은 다양한 입법전략을 이용하여 19세기 말과 20세기 초에 걸쳐 사립학교와 교구 학교의 성장과 발달을 방해했다. 이런 노력은 오리건 주가 모든 아이가 공립학교에 출석하고 교구 학교나 다른 사립학교의 출석을 금할 것을 요구했던 1922년에 절정에 달했다. 1925년 가톨릭 교구 학교의 폐지를 놓고 벌어진 피어스 대 수녀회(pierce v, society of sisteres)의 획기적인 사건에서 미국 최고법원은 오리건 주의 법을 위헌으로 판결하고 폐기를 명령했다. 법원의 판결문 송달에서 맥레이놀즈(McReynolds) 판사는 다음과 같이 썼다.

> 1922년 법은 부모와 보호자가 아이들의 양육과 교육을 자신들의 통제 아래서 지도해야 할 자유를 부당하게 방해했다. … 우리 합중국의 모든 주 정부가 채택한 자유의 기본 이론은 오직 공립학교 교사의 지도만 받게 함으로써 아이들을 표준화하려는 국가의 어떤 일반적인 권한도 인정하지 않는다. 아이는 국가의 단순한 피조물이 아니다. 아이를 양육하고 그의 운명을 지도하는 사람은 높은 의무와 함께 추가적인 의무를 인식하고 아이를 준비시킬 권리가 있다.[28]

친권과 국가권력 간에 벌어진 이런 줄다리기는 20세기 내내 계속되었다. 강제적인 학교 교육법은 고등학교에까지 확대되어 의무화되었고 유치원은 유아 학교로 통합되는 등 더 엄격하게 변했다. 종종 부모들은 이런 학교 교육법에 저항하여 아이들을 사립학교에 보내거나 스스로 가르치기 시작했다. 1970년대에 홈스쿨링은 처음에는 반문화적인 히피의 자유주의에서, 그리고 바로 뒤를 이어서 훨씬 더 큰 종교적 보수주의자들 사이에서 현대적인 홈스쿨링의 부활을 알렸다. 20세기 홈스쿨링 개척자들과 홀트와 같은 언스쿨링 주창자의 노고로 인해 학교 교육법은 더 느슨해지거나 새롭게 바뀐 아이 교육의 통제권을 가족에게 허용하도록 했다. 오늘날 점점 더 많은 부모와 교육자들이 교실의 감금 상태에 있는 다음 세대의 아이를 해방하라고 주장하는 가운데 여기저기서 수많은 새로운 변화의 징후가 일어나고 있다.

홈스쿨링

1990년대 중반 부모와 교육 운동가들이 미국 홈스쿨링의 완전한 합법화를 축하할 때 나는 대학에서 교육 연구에 매진하고 있었다. 나는 미국 공교육을 찬양하는 장밋빛 서적을 읽었다. 한마디로 미국의 학교 교육은 출생이나 배경과 관계없이 모든 아이에게 동등한 기회를 제공하여 사회이동이 가능하도록 설계한 위대한 균형자였다. 그러나 동시에 나는 콜럼버스(Christopher Columbus)에서부터 제퍼슨에 이르기까지 미국 역사에서 배웠던 다른 이야기들, 즉 아직 드러나지 않은 어두운 면들을 발견했다. 나는 미국의 강제적인 학교 교육의 기원에 드리워져 있는 비슷한 그림자도 알게 되었다. 교육 역사가인 찰스 글렌(Charles Glenn)은 자신의 저서 **보통 학교의 신화**(The Myth of the Common School)에서 "국가가 통제하는 이런 대중교육 시스템의 목적은 경제나 평등주의자들의 목적과 관계가 없다. 그것은 미래 시민들을 공통패턴으로 찍어 내는 것이다."[29]라고 썼다. 100년 전에 제정된 획일화 모델을 떨쳐 내지 못한 교육사상과 실천에 대한 내 호기심은 점점 더 높아갔다.

졸업이 가까워지면서 나는 그처럼 오랫동안 참여했던 학교 게임을 더 깊이 이해하고 그 시작에 대해 내가 들었던 고귀한 이야기에 맞서기 시작했다. 나는 대안 교육과 진보주의 교육뿐 아니라 부모가 선택하거나 선택할 수 없는 교육의 선택에 매료되었다. 고급 세미나에서 나는 독자적인 연구 프로젝트를 수행하여 이런 주제를 더 깊이 탐구할 기회를 잡았다. 내 주변에는 자기 딸에게 홈스쿨링을 하는 동료도 있었고 나와 기꺼이 대화를 나눌 가족도 있었다.

1998년 어느 차가운 가을날, 나는 한 홈스쿨링 가족의 아늑한 가정에 도착하여 엄마와 8살 난 딸의 따뜻한 환대를 받았다. 내가 식탁에 앉자, 아이는 바이올린을 연주했다. 아이가 연주를 마치고 나는 잠깐 아이와 홈스쿨링과 음악 이야기를 나누었다. 나는 이처럼 어린아이가 흥미진진한 분위기 속에서 어른들과 얼마나 똑똑하게 말하는지 깜짝 놀랐다. 이 아이는 내가 가까운 공립초등학교에서 실습생들을 관찰하면서 수 주일을 보냈던 같은 또래의 2학년 아이들과 전혀 달랐다. 이 작은 소녀는 자신감이 충만하고 열정적이며 호기심이 강한 매우 만족스러운 모습을 보여주었다.

하지만 이 아이는 사회화되었는가? 딸과 이야기를 나누도록 우리를 홀로 남겨둔 홈스쿨링 엄마에게 던지는 내 첫 번째 질문이었다. 나는 사회화가 무엇을 의미하는지 충분히 이해하지 못한 점을 인정하지만 대부분의 사람처럼 사회화는 아이들을 학교에 보내는 가장 중요한 이유라고 생각하고 있었다. "사회화"의 사전적 정의는 **사적 존재나 소유를 공적 존재나 소유로 바꾸어 가는 일, 혹은 사회적 규범이나 기대를 승낙하거나 일치하는 행동의 유도**를 의미한다. 이와 대조적으로 "사회적" 존재는 **공동체에서 생활하면서 다른 사람과 주고받는 상호작용**을 의미한다. 이 소녀가 사회적 존재가 되었는지에 대한 질문은 정말 내가 알고 싶은 문제였다. **사회적 존재**에 대한 내 견해는 나에게 각인된 학교 사회화와 임의적인 나이 분리의 개념으로 인해 왜곡상태에 있었다. 아이 엄마는 나에게 이 점을 깨우쳐 주었다. 그녀는 자기 딸이 학교에 가지 않았기 때문에 오히려 오직 또래 아이들과 고정된 극소수의 교사와 교제하면서 자기 시간을 보내는 일이 없었다고 설명했다. 이 소녀는 지역 홈스쿨링 네트워크, 다양한 특별활동, 기타 지역사회가 제공하는 프로그램을 통해서 모든 나이대의 아이들과 자유롭게 상호작용하고 교제한다. 나아가 교사, 멘토, 공동체의 많은 성인 봉사자들과 상호작용을 한다. 이 아이는 종종 도서관, 시장, 우체국,

공원 등에서 다른 사람들과 좋은 관계를 맺고 있다.

진정한 "사회화"는 바로 이것이다. 나는 생각했다. 즉 많은 종류의 사람들이 실제로 일하고 다양한 창조적인 삶을 추구하는 공동체의 참여를 통해 매일 사람들과 교감을 나누면서 사회규범, 행동, 그리고 기대를 배우는 것. 이는 나에게 내가 학창 시절에 경험했고 최근 교사-학생의 일을 번갈아 하면서 더 깊이 이해하게 된 강요된 사회화보다 훨씬 더 실제적이라고 생각되었다. 학교 사회화는 복종, 순응, 그리고 동조에 대한 기대를 바탕으로 한다. 그것은 규칙을 준수하는 것이다. 학습은 부차적이고 아이다운 행동에는 법적 책임이 따른다.

같은 학기에 내가 교생실습을 했던 한 지역의 초등학교에서 관찰한 학교의 현장은 나를 따뜻하게 환대했던 가정과 완전히 다른 모습이었다. 임의적으로 분리된 아이들은 모두 줄로 조직되었고 책상에는 연습문제지가 쌓여 있었으며 종소리와 엄격한 일상 규칙이 아이들의 이동을 통제했다. 아이들은 화장실에 가려면 허락을 구해야 했다. 창문 밖으로 내던져질 위협을 느끼는 아이들은 없었지만, 아이들은 종종 손들 것을 종용받고 말하지 않았다. 그들은 옆 사람이나 뒤에 있는 사람과 말하면 꾸중을 들었다. "사회화는 방과 후를 위한 것"이라는 생각이 들었다. 나는 누가 학교 게임을 잘하고 누가 저항하는지 금방 알 수 있었다.

나는 저항하는 아이들, 즉 말썽꾸러기, 공상가, 실패자들이야말로 진정으로 현명한 아이들이 아닌지 궁금했다. 그들은 학교 교육은 게임이며 이길 공산이 낮고 규칙은 공정하지 않으며 게임을 위해서 외부의 요구에 항복하고 자신의 일부를 상실해야 하는 점을 나보다 더 일찍 깨닫지 않았을까? 작가인 칼 샬라비(Carlw Shalaby)는 자신의 저서 **말썽꾸러기**(Troublemakers)에서 학교 게임을 거부하는 아이들에게 그녀가 이름 붙인 이런 "광산의 카나리아(canaries in the mine)"에 대해 다음과 같이 썼다.

이런 말썽꾸러기들은 배척되고 벌을 받는데, 실제로 우리가 자유에 대해 가장 많이 배워야 할 아이들이다. 그들은 다른 사람이 조용할 때 시끄럽게 떠든다. 그들은 모든 학교 규칙이 순응을 강요하면 저항한다. 그들은 학교 방식 대신에 자기 방식을 고집한다. 동시에 이 어린아이는 심지어 우리 학교에서 가장 심한 통제를 받고, 감시받고, 구금되고, 감독받을지라도 자유를 요구한다.[30]

내가 관찰한 말썽꾸러기들은 게임을 거부했고 교수학습에 관해서는 교육학 교과서보다 더 많은 것을 나에게 가르쳐 주었다.

전통적인 학교 교육의 아이들을 관찰해 보면 역시 나에게 많은 것을 가르쳐 준다. 즉 교사도 학생들 못지않게 이 게임에 휘말린다. 교사들에게는 따라야 할 자기 규칙, 그들만의 관리명령이 있다. 그들은 교육과정의 지시, 평가 계획을 준수하고 법에 따라 그곳에 강제로 출석해야 하는 아이들, 즉 욕구, 배경, 그리고 능력 등이 매우 다양한 집단을 통제하는 일상적인 일을 수행한다.

교사는 학생들과 같은 방식으로 임의적인 기대에 복종해야 한다. 유일한 차이가 있다면 교사는 사직이 가능한 점이다. 뉴욕 주 올해의 교사상 수상자인 존 테일러 가토는 바로 그런 사실을 **월스트리트 저널**의 "나는 사직을 생각한다"라는 칼럼에서 밝혔다. 뉴욕시에서 거의 30년간 교직에 종사한 가토는 "더 이상 생계를 위해 아이들에게 상처를 줄 수 없다."[31]라고 선언했다. 그는 전통적인 학교가 아이들과 사회에 미치는 해악에 관한 글을 쓰고 강연을 했다. 자신의 유명한 저서인 **바보 만들기: 강제적 학교 교육의 잠재적 교육과정**에서 가토는 자신이 가르치는 학생들처럼 교사가 얼마나 무력한 존재인지를 밝힌다. 그는 다음과 같이 썼다.

똑똑한 아이들은 내가 그들의 저항을 최소화하면서 그럴듯한 열정을 보여주는 모습을 눈치챘을 것이다. 나는 배워야 하는 수백만 개의 가치 중에서 우리가 시간 안에 할 수 있는 몇 가지만 결정할 뿐이다. 실제로 이는 얼굴 없는 내 고용주의 결정이다. 선택은 그들의 몫이다. — 왜 내가 논쟁할 필요가 있는가? 내 업무에서 호기심은 중요하지 않다. 오직 순응만이 있을 뿐이다.[32]

학생과 교사는 똑같이 대량교육이 강요하는 순응 문화에 붙잡혀 진정한 창의성과 개성을 발휘할 기회를 거의 접하지 못한다.

나는 전통적인 학교 교육의 아이들과 대안학교 교육의 아이들 간의 뚜렷한 차이를 발견하고 대학원 진학을 결심했다. 대학원에서 교육 정책을 연구했으며 대안 교육에 관심을 기울였다. 대안학교는 올바른 방향으로 나아가고 있었지만, 학교에 **대한** 대안을 생각하면 정말 우리가 갈 필요가 있는 길인지 궁금해졌다. 내가 보았던 대부분의 교육 정책은 여전히 그 시점까지 학습모델이 아닌 학교 교육의 모델 안에서 운용되고 있었다. 학교 교육의 장악력은 탄탄했다. 심지어 내가 만난 홈스쿨링 가족조차 포괄적인 교육과정을 이용하여 집안에 학교를 복제할 정도였다. 교육과 학교 교육의 분리는 가능한가? 이런 질문의 대답은 내가 학교 교육이 없는 학습이 어떤 것인지 진정으로 이해하는 엄마가 되었을 때야 가능했다.

학교 교육 없는 학습

대학 졸업 후 10년 내 딸 몰리는 2살이었고 아들 잭은 아기였을 때다.

나는 아이들의 교육을 어떻게 해야 할지 아직 결정하지 않은 상태였다. 우리는 그냥 우리 삶을 살았다. 도시공원과 박물관을 탐방하고, 오전에는 도서관에서 대화 시간을 즐기고, 노래하고, 친구와 친척집에 방문하고, 책을 읽고, 색칠하고, 껴안고, 낮잠 자고, 간식 먹고, 놀았다. 당시 나는 몰리의 "실제" 교육의 미래를 결정하기엔 너무 이른 나이라고 생각했다. 지금은 우리 지역 공동체에 집중하고 아이들과 함께 일상적인 삶의 리듬을 타는 것으로 충분하게 보였다. 그러나 겨우 기저귀를 뗄 시기에 몰리의 어린 친구들은 이미 유아 학교에 들어가서 형식적인 학교 교육을 받기 시작했다. 실제로 우리 도시의 대부분의 두 살배기들은 이런저런 종류의 학교에 다닌다.

가을이 지나가면서 나는 낯모르는 다양한 사람들과 다양한 장소에서 똑같은 질문을 반복해서 받았다.

"딸아이는 몇 살이에요?"
"두 살 반이에요."
"오, 어느 유아 학교에 다녀요?"
"아직 유아 학교에 안 다녀요, 두 살이에요."

가끔 이런 질문자들은 "그래서 홈스쿨링하고 있어요?"라고 말한다. 나는 이런 질문을 들을수록 우리 문화의 형식적인 학교 교육의 역할에 대한 비판적인 생각이 더 강해진다. 특히 이전보다 점점 더 어린 나이에 아이들을 학교에 보내는 일에 골몰하는 데는 더 그렇다. 나는 종종 유년기를 단축하고 제도 교육의 가속화에 영향을 주는 그런 추세가 만연될 가능성에 대해 생각한다. 레이먼드 무어(Raymond Moore)와 그의 부인 도로시(Dorothy)의 글을 읽은 적이 있다. 이들은 홀트와 함께 현대 홈스쿨링 운동을 시작한 두 명의 중요한 인물이다. 그들의 유명한 저서 **빠른 것보다**

느린 것이 낫다(Better Late Than Early)는 부모들이 어린아이들의 형식적인 학교 교육을 늦추고 가정에서 양육할 것을 권했다. 그들은 "원칙적으로 아이에게 적절한 자유를 제공하고 개인지도를 하게 되면 교실보다 교실 밖에서 더 발전한다. 특히 8살 정도까지는 진실이다."[33]라고 썼다.

무어의 주장이 학술연구지의 지지를 얻은 후 2008년 컬럼비아 리버사이드 대학의 케른(Kern)과 프리드먼(Friedman)이 수행한 종단연구는 "조기 입학은 낮은 교육 성취, 중년기 적응상의 어려움, 그리고 가장 중요한 것은 도덕성 위기의 증가와 관련이 있다."[34]라는 결론을 얻었다. 프리드먼은 다음과 같이 주장했다.

> 6살 이하의 아이들 대부분은 놀고 사회성을 발달시키고 자기 충동의 억제를 배우는 데 많은 시간을 보내야 한다. 친구 대신 공부를 시키거나 바깥 놀이 대신 주로 실내에 머무는 형식적인 교실 수업을 지나치게 강조하면 수년이 지날 때까지 나타나지 않는 심각한 피해를 초래할 수 있다.[35]

이 연구를 통해 아이들의 조기교육으로 인한 폐해의 가능성을 충분히 알게 되면서 나는 학교 교육의 사상이 어떻게 우리 문화에 깊이 배게 되었는지 곰곰이 생각할 기회가 생겼다. 학교는 기본이었고 학습이 일어나는 유일한 장소였다. 사회의 메시지는 분명했다. 즉 아이들은 학교에 가지 않으면 적절한 교육을 받을 수 없다.

하지만 나는 10년 전 홈스쿨링 가정을 방문했던 기억을 떠올렸다. 나는 가정과 지역 공동체의 실제 학습과 인위적이고 권위적인 학교 방식의 학습 상황에서 관찰한 놀라운 차이점을 기억해 냈다. 그 이미지는 나에게 큰 충격을 주었다. 그해 가을에 낯선 사람들의 질문에 고무되어 내 아이의 교육 모습은 어떨지 궁금해하면서 나는 홈스쿨링과 대안학교를 다시 방문했다.

내가 학생이 아닌 엄마로서 홈스쿨링에 대해 처음 읽은 책은 한마디로 보배였다. 홈스쿨링 맘, 낸시 월러스(Nancy Wallace)가 쓴 **학교보다 더 좋은 것**(Better Than School)은 1983년에 처음 출판되었다. 내가 우리 지역에 있는 공공 도서관의 서가에 앉았을 때 그 책은 내 눈을 사로잡았다. 당시 나처럼 낸시에게는 아들과 딸 두 아이가 있었다. 그녀는 나처럼 억지로 시키지 않아도 아이들의 조기 학습이 자연스럽게 일어나는 모습을 관찰했다. 그러나 그녀의 아들 이스마엘을 처음 학교에 보냈을 때 모든 것이 변했다. 그녀는 다음과 같이 썼다.

> "1학년 첫 주를 맞았을 때 이스마엘과 학교 사이에 문제가 생겼다. 이스마엘은 손을 들고 먼저 허락을 받지 않으면 화장실에 갈 수 없다는 지시를 받았다. 그리고 그는 마침내 바지에 소변이 젖기 전까지 분명히 손을 든 채 오랜, 오랜 시간 동안 거기에 앉아 있었을 것이다. 좋은 출발은 아니었다. 이스마엘은 친구들이 하는 모든 것은 인쇄된 종이에 색칠하는 것뿐이어서 화가 났다. 그는 교사에게 다가가서 자기는 이미 색칠 방법을 알고 있으므로 다른 것들을 배우고 싶다고 말했다. 교사는 자리로 돌아가서 더욱 산뜻하게 칠하라고 말했다. 나는 학교, 지루함, 그리고 임의적인 규칙에 체념하여 그것을 받아들이려고 분투하는 이스마엘을 보았다."[36]

낸시 월러스는 나보다 훨씬 더 이른 시기에 홈스쿨링을 시작했다. 그녀는 1970년대와 80년대에 아이들을 길렀다. 그녀는 홈스쿨링이 완전히 합법화되기 전에 겪은 홈스쿨링의 승인과정과 그것이 보편화되기 전에 학교 교육의 대안을 받아들이려고 애썼던 경험담을 이야기했다. 홈스쿨링 가족은 여전히 장애물에 직면해 있지만, 부모의 권한을 재강화하고 교육에 대한 학교 교육의 규제를 완화하기 위하여 투쟁한 선배 교육 운동가들의 덕택으로 현재 홈스쿨링은 훨씬 더 수월해졌다.

현대 홈스쿨링 운동을 연구하고 지역 홈스쿨링 가족들과 연결하기 시작하면서 나는 홈스쿨링이 공립학교의 체계적인 환경과 대조적으로 가족들에게 더 많은 자유와 유연성을 허용하는 합법적인 명칭이라는 사실을 알았다. 이런 사실은 내가 대학에서 연구논문을 작성하고 있던 1999년 당시 홈스쿨링 아이들의 수가 85만 명이었던 것에 비해 10년 후에는 200만 명으로 거의 두 배 이상이나 증가한 이유를 설명하는 데 도움이 되었다.[37] 더욱이 최근 통계에 따르면 미국의 홈스쿨링 아이들은 200만 명 이상으로 추산된다. 이는 협약학교 등록 학생 수와 맞먹는 수치다.[38] 홈스쿨링 공동체는 매우 다양해지고 있다. 초창기 이후 2007년과 2011년 사이에 흑인 홈스쿨링 가족은 두 배로 증가하여 전체 홈스쿨러의 거의 10%를 차지한다. 히스패닉 홈스쿨러는 자체 인구의 15%를 차지하며 2003년 5%에서 계속 증가하고 있다.[39] 미국 교육부에 따르면 현대 가족이 홈스쿨링을 선택하는 가장 높은 동기는 “안전, 약물, 그리고 또래 압력과 같은 학교 환경”에 관한 “걱정”이었다.[40] 미국 홈스쿨링 인구 중 대부분은 기독교 가족이 차지하지만, 현재 무슬림 가족이 크게 부상하고 있다.[41] 일반 홈스쿨링 아이들도 역시 증가 추세에 있다.[42]

나는 내가 만난 홈스쿨링 부모들에게서 그들이 아이의 특별한 욕구에 학습 방법의 초점을 맞추고 가족과 공동체 중심의 일상생활을 강조하는 이야기를 들었다. 그들은 또한 자연 속에서 바깥세상을 탐험하고, 공공장소를 방문하고, 관심과 필요에 맞은 강좌를 수강하고, 지역 단체에서 자원봉사활동을 하고, 점원, 이웃, 친척, 친구 등 광범위한 공동체의 성원들과 상호작용을 하면서 많은 시간을 보내고 있었다. 홈스쿨링과 사회화에 관한 연구에서 리처드 메들린(Richard Medlin) 심리학 교수는 대부분의 홈스쿨러들이 대단위 지역사회와 단단하게 연결되어 있으며 동료와 성인 등 모든 사람과 견고한 사회적 교제와 유대관계를 유지하는 것을 밝혀냈다. 메들린은, 홈스쿨링은 시간표가 더 유연하고 더 광범위하고 더 많은 공동체 성원들과 상호작용하기 때문에 홈스쿨링 아이들이 학교 아이들보다 공동체에 더 많이 관여하고 특별활동에 더 많이 참여하는 점을 시사했다.[43]

나는 메들린에게 매료되었다. 내 아이들이 우리 주변에 있는 사람, 장소, 사물에서, 그리고 그런 것들로부터 실제로 배우면서 살 수 있는데, 왜 나는 내 아이들이 점점 더 엄격해지는 학교 게임을 하기 원하는가? 나는 사면의 교실 벽 안에 내 아이들을 가둬 둔다면 아이들의 학습을 확장하기는커녕 축소될 것이라는 생각이 들었다. 낸시 왈라스가 기술한 것처럼 "공동체에서 즉시 일어나는 흥미로운 것들이 수없이 많이 있는데도 불구하고 아이들을 그 많은 시간 동안 학교에서 보내게 하려는 생각은 어리석기 짝이 없을 것이다."[44]

우리는 그런 흥미로운 일을 경험하면서 이듬해를 보냈다. 우리는 공원과 놀이터를 찾고, 종종 도서관, 박물관, 서점에 갔으며 숲과 물이 가까운 야외에서 많은 시간을 보냈다. 이웃 친구들과 모여서 놀고, 여유로운 시간에 할아버지와 할머니, 숙모와 삼촌과 함께 재미있는 시간을 즐겼다. 우리는 대체로 학교나 학교 같은 활동에는 아무런 관심도 두지 않고 그냥 우리 삶을 살았다. 우리는 홈스쿨링의 자유와 그것이 제공하는 유년기의 풍성한 놀이의 기회를 한껏 즐겼다. 몰리가 유치원에 갈 나이에 가까워지고 아기와 걸음마 아이 때문에 꼼짝할 수 없는 상황이어서 나는 지금 몰리에게 무슨 교육과정을 마련해 주어야 할지 고심했다. 결과적으로 충분한 놀이 시간과 자유가 초기 유년기에 좋을 것 같았다. 하지만 지금은 아이가 5살인 까닭에 아이의 학습에는 학교 같은 구조가 필요할 것이었다. 그래서 나는 생각했다.

다양한 교육과정의 선택을 놓고 많은 것을 연구하여 내 역할을 유치원 교사로 정하자, 5살 아이가 수행할 것으로 기대하는 요구를 잘 알게 되었다. "내 유치원 아이가 알아야 하는 것들"을 안내하는 책과 자료들이 매우 많이 있었다. 교과는 종합적이었고 학습 목표는 분명했으며 평가는 간단했다. 학습을 재미있게 만드는 게임과 아이의 동기를 유발하기 위해서 아이에게 주는 상이 있었다. 각 교육과정 꾸러미는 그 자체의 스타일과 방식이 있지만, 그 결과는 같았다. 즉 내 아이에게 읽기, 쓰기, 셈하기를 가르치는 것과 확실하게 연계된 과정.

내가 교육과정을 선택하여 유치원 계획을 준비하자, 몰리는 당장 혼자서 글 읽는 법을 배웠다. 몰리는 또한 그녀 주변의 세계에서 다른 많은 것을 배웠다. 이웃집의 소라게, 고모할머니 정원에 씨앗을 심는 방법, 그리고 박물관 천체 투영관에서 태양계 시스템 등을 습관처럼 배웠다. 그렇다. 나는 이런 주변의 학습자료를 가지고 교육과정을 구성할 수 있다. 하지만 왜 내가 이것을 원하지? 나는 교육과정과 평가, 교과와 학습 목표, 수업과 결과가 정말 교육을 촉진하는 최고의 방법인지 궁금해졌다. 우리는 이미 전통적인 학교 교육에서 손을 뗐다. 그런데 왜 내가 집에서 학교를 복원할 필요성을 느끼지? 학교 방식이 아닌 다른 학습 방법은 없는가? 심지어 홈스쿨링이라도?

나는 친자연학습과 비전통적인 홈스쿨링에 관한 모든 자료를 통독했다. "언스쿨링"에 관한 홀트의 저서뿐 아니라 또 다른 자기주도교육 개척자들의 저서를 탐독했다. 그런 개척자 중 한 사람이 웬디 프리스니츠(Wendy Priesnitz)이다. 웬디는 1970년대 이후 학교 없는 학습을 열렬히 주장한 영향력 있는 세계적 활동가였다. 그녀의 저서 **무학교**(School Free)에서 "왜 우리는 5살 아이가 4살 때 배웠던 방식으로 더 이상으로 혼자 배울 수 없으며, 대신 특별히 훈련된 자격을 갖춘 성인들이 구조화된 교육과정을 가르쳐야 한다고 가정하는가?"라고 물었다. 웬디는, 학습은 자연적이며 교육과정으로 통제할 필요가 없다는 주장을 계속했다. 즉 "어린 아이들에게는 우리가 정말 관심을 기울이지 않는 동안 … 결과와 관계없이 엄청난 학습(걷고 말하는 법)이 일어난다. 셀 수 없을 만큼 수많은 복잡한 개념을 배우는 초기 학습은 욕구와 호기심의 결과이며 어느 정도 자발적으로 일어난다."[45] 이는 내 관심을 자극하여 이미 내 아이들에게서 관찰했던 것들을 생각나게 했다. 왜 나는 아이들의 타고난 자발적인 학습을 학교 방식의 교육과정, 하향식 방법으로 통제하려고 하는가?

교육과정은 그것이 얼마나 매력적이고 아이가 얼마나 주도했는지와 상관없이, 특정 결과를 위한 특정 형태에 따라 평가하고 특정 자료와 자원을 이용하여, 누군가가 특정 시간에 특정 방법으로 배워야 할 특정 내용이 있다고 가정한다. 이런 세부 사항은 교육철학과 방법에 따라 매우 다양할 수 있다. 예를 들어 몬테소리 교육과정은 발도르프 교육의 교육과정과 다르다. 그리고 이는 모두 중핵에 기반하는 공교육의 교육과정 등과 전혀 다르다. 몬테소리와 발도르프 교육과정의 구조는 각각 자체의 중핵 교육과정과 자체의 시간 계획으로 구성되어 있어서 교육과정의 성공은 교육과정을 효과적으로 해석하여 가르치는 교사의 질에 달려 있다. 나는 언스쿨링과 몬테소리와 발도르프의 차이는 일련의 어떤 교육과정이 없고 교사가 아닌 학습자가 주인이라는 사실을 알았다. 언스쿨링으로 도약하기 위해서 나는 나 자신이 아이들의 교사라는 생각을 거두고 대신 아이들의 추종자가 될 필요가 있었다.

언스쿨링 팁

공동체를 구축하라. 홈스쿨링이나 언스쿨링을 시작하는 방법과 관련된 질문에 접할 때마다 나는 부모가 지역 홈스쿨링 공동체와 연계할 것을 첫 번째로 꼽는다. 실제로 홈스쿨링 가족들을 만나서 다양한 철학과 방법을 탐색하는 일은 더없이 중요하다. 당신이 어느 지역에 살든지, 당신은 학교 없는 학습을 이해하려고 하는 같은 뜻을 가진 가족들을 찾을 수 있을 것이다. 홈스쿨러들과 개인을 연결하여 지역의 정책과 규제를 설명해 주는, 전국은 물론 지역 단위의 홈스쿨링 단체가 곳곳에 있다. 누구나 특정 도시나 지역을 주요 목표로 하는 홈스쿨링 네트워크를 찾을 수 있다. 소셜 미디어를 뒤지면 당신 주변의 홈스쿨러들뿐 아니라 당신이 사는 지역의 홈스쿨러들을 연결해 주는 온라인 단체를 다수 발견할 수 있다. 구글 홈스쿨링과 팝업창을 검색해 보라. 지역 도서관 사서와 박물관의 교육자들이 인근의 홈스쿨링 자료를 알고 있는지 살필 수 있다.

언스쿨러를 찾으라. 일반적으로 홈스쿨러는 기존의 몇 가지 교육과정, 교수 방법, 평가 계획에 의존하는 반면, 언스쿨러는 관심 중심, 자기주도 교육에 집중한다. 친자연학습에 관해 당신과 의견을 공유하는 다른 가족을 찾으려면 온라인 공동체와 소셜 미디어는 물론 전국적이며 국제적인 언스쿨링 네트워크와 콘퍼런스를 통해서 지역 언스쿨링 가족들과 관계를 구축하라. 언스쿨링 산하의 다양한 접근 방법에도 불구하고 더 진보적이며 아동 주도적인 학습 방법을 선택하여 실행하는 많은 가족을 찾을 수 있을 것이다.

당신 가족의 가치관을 고려하라. 한 가족으로서 당신에게 가장 중요한 것은 무엇이며 언스쿨링은 그런 가치를 어떻게 반영할 수 있는가? 아마 당신은 아이들에게 충분한 놀이 시간을 허용하여 야외에서 오랜 시간을 보내며 자연에 대한 탐구를 확실하게 해 두고 싶을 것이다. 그렇다면 그것은 당신이 추구하는 언스쿨링 방법의 주된 목적이 될 것이다. 아마 당신은 공동체에서 자원봉사를 하거나 여러 나라와 도시를 여행하면서 많은 시간을 보내기를 원할 것이다. 그것은 당신의 언스쿨링이 의존하는 가족

간의 기본적인 약속이 될 것이다. 아마 언스쿨링은 가족과 더 많은 시간을 보내거나 더 느리고 더 단순한 생활방식을 선택하는 광의의 목적 중 어느 한 부분에 해당할 것이다. 이런 가치에 초점을 두게 되면 당신은 모든 사람에게 의미 있는 언스쿨링 생활방식을 공들여 만들 수 있을 것이다.

아이들과 대화하라! 부디 당신의 아이들이 가족의 가치를 확인하고 언스쿨링의 적합성을 의논하는 과정에서 능동적인 참여자가 되기를 바란다. 아이들이 원하는 것은 무엇인가? 아이들의 교육 경험은 무엇인가? 아이들이 학교에 다닌 경험이 있고 당신이 이제 언스쿨링으로 갈아타려고 한다면 당신과 아이들은 이전에 알고 있었던 교육과 학습의 개념을 떨쳐내는 중요한 "탈학교" 과정을 거칠 필요가 있다. 그런 친자연학습의 경향성이 다시 출현하기까지 상당한 시간이 걸릴 수 있다. 탈학교는 아이가 얼마나 많은 시간 동안 학교에 다녔는지, 그리고 학교 교육이 아이의 내적인 친자연학습의 경향성에 얼마나 많은 영향을 미쳤는지에 따라 수개월에서 수년이 걸릴 수 있다. 실제로 탈학교는 학교 교육의 사회에서 우리 중 누구에게도 끝없이 일어날 수 있다. 훌륭한 의사소통, 인내, 그리고 새로운 삶과 배움을 향한 열린 마음은 학교 교육의 사고방식으로부터 언스쿨링으로 이동을 더 부드럽게 할 수 있다.

모든 질문에 대비하라. 로라 그레이스 웰던(Laura Grace Weldon)은 자신의 유명한 저서 **방목학습**(Tree Range Learning)에서 "홈스쿨링은 모든 것을 송두리째 바꾸어 놓는다."라고 경고했다.[46] 일단 교육과 학습에 대한 종래의 가정에 도전하게 되면 당신은 다른 문화 규범을 의심하기 시작할 것이다. 왜 나는 싫어하는 이 직장에 계속 다녀야 하는가? 왜 우리는 이처럼 어마어마한 대출을 받아야 하는가? 왜 아이들은 피아노 교습을 받아야 하는가? 왜 우리는 가족 시간을 많이 빼앗는 스포츠 클럽에 가입해야 하는가? 왜 우리는 모두 미적분을 배워야 하는가? 왜 대학은 성배가 되었는가? 당신은 현상에 도전하기 시작하면서 질문사태에 빠지게 될 것이다.

02

언스쿨링은 무엇인가?

“언스쿨링은 본질상 정해진 교육과정과 시험이 전혀 없는 호기심이 주도하는 학습 방법이다. 그것은 성인들이 배울 필요가 있다고 믿는 사실을 근거로 성인과 책을 중심으로 정보를 전달하는 방법 대신 지식의 탐구와 실천을 아이들에게 맡긴다.”

– 아킬라 S. 리차드(Akilah S. Richards)[1]

“나는 어머니의 배 안에서 태어난 이후 평생을 교실에서 살았다.” 두 딸 메이(Mae)와 주니퍼(Juniper)의 언스쿨링 맘인 케이티 레인–카르나스(Katie Lane–karnas)가 말했다. 케이티의 부모는 모두 전통적인 교실과 학교 행정의 전문가이며 교육자였다. 학교에 대한 케이티의 처음 기억은 걸음마 때였다. 당시 그녀는 엄마가 가르치는 학력 보강 여름 학교 교실에 엄마와 함께 참석했다. 케이티가 교육학 학위를 받고 공립학교 교사가 된 것은 거의 운명적이었다. 그 길은 잘 다져져 있었고 확실했다.

1990년대 후반부터 2000년대까지 몇몇 주에서 아이들을 가르치면서 케이티는 자신이 학교에서 보았던 것들 때문에 점점 더 심한 고통을 느꼈다. "나이와 관계없이 아이들이 얼마나 소홀히 취급되고, 조용해지고, 하찮게 여겨지고, 세밀한 방법으로 판단되는지 그것은 내 마음을 불안하게 했다. 질문에 대답하려고 공중에 손을 흔드는 2학년 아이는 자기 생각이나 참여하려는 태도가 어쩐지 충분하지 않다는 듯 몸짓과 반응으로 보여주고 있었다. 영어를 거의 하지 못하는 3학년 학생은 아무리 모국어를 잘해도 4학년을 마칠 수 없는 것을 알게 된다. 춤, 농장, 사냥, 아기 돌보기 등에 큰 관심이 있는 중학생들은 자신의 교육을 촉진하기 위해 이런 능력을 들여올 길이 없다. 밴드에서 연주하는 많은 고등학생은 중요한 부분의 악보를 제대로 읽지 못한 나머지, 너무 어리석어서 음악을 충분히 이해하는 질문을 할 수 없는 것을 안다."라고 케이티는 회상했다.

대량교육의 강제적인 학교 시스템에 절망한 케이티는 마침내 학교를 그만두었다. 하지만 그녀는 여전히 자기 아이들을 지역 공립학교에 보낼 예정이었다. 교사로서 그녀의 의구심에도 불구하고 케이티는 학교 교육을 믿고 학교가 아이들을 잘 보살피기를 바랐다. 그러나 케이티는 5살 난 딸 메이에게 유치원은 어떤 모습일지 알고 싶어서 입학 전에 교실관찰을 요청했다. 케이티는 다음과 같이 기억했다.

> 내 아이가 갑자기 옷을 다 벗거나 웨딩 파티 가운을 번갈아 입고, 너무 소란스럽고, 너무 재빠르고, 너무 자기 의견만 고집해서 학교에 가기 어려울 것 같았다. 나는 몇몇 활발한 소년들이 계속 제재를 받고 벌을 서는 동안, 소녀들은 전혀 제재도 없이 조용히 30분간 앉은 채 이야기 활동을 하는 모습을 그려보면서 어린 소녀들과 함께 억지로 손을 드는 메이를 애써 상상했다. 오직 말썽꾸러기 소년만이 감히 접착제 실험을 시도하기 때문에

> 메이는 그런 것을 포기하고 교사가 말한 방법, 유일하고 정확한 방법으로 오직 수업계획에 나와 있는 오륜기 그림을 따라서 얼마나 기꺼이 색칠할지를 상상해 보니 슬픈 생각이 들었다.

케이티가 교실에서 관찰한 장면은 이전에 교사로 일하면서 자신이 교실에서 보았던 것들을 그대로 거울에 비춰 주는 것 같았다. 케이티는 아이들의 창의성과 호기심이 사라져 가는 것을 보면서 자기 아이를 학교에 보내기는 어렵겠다고 생각했다.

다른 학교와 교육 선택지를 알아본 후에 케이티와 남편은 딸 아이의 홈스쿨링을 결정했다. 부부는 자발적인 아동주도학습의 언스쿨링 철학에 즉시 매료되었다. 마치 오랜 체증이 가시듯 모든 문제를 한 번에 해결한 기분이었다. 케이티는 그것을 떨쳐내기 전까지 학교 교육의 사고방식이 아이의 양육에 미친 미묘한 것들을 많이 알지 못했다. "갑자기 학교에 대한 기대감이 싹 사라졌다."라고 그녀는 회고했다.

> 나와 내 딸의 관계는 극적으로 좋아졌다. 나는 아이를 "유연하게" 변화시켜 학교로 유도하기 위해 얼마나 모진 짓을 했는지 깨달았다. 내 딸은 학교를 거부했었다. 나는 내 딸을 덜 내 딸답게 만들기 위해서 얼마나 더 열심히 보호하려고 매달렸는지 깨달았다. 학교를 그만두는 일은 아이의 변화를 중단하는 일이다. 내가 5살 난 아이를 보았던 학교 틀에서 벗어나, 나는 내 딸의 강점을 더 많이 발견하고 내 딸이 초기 유년기 발달에서 그랬던 것처럼 내 딸을 더욱 신뢰하기 시작했다. 나는 곧 얼마나 많은 "학교화"의 사고방식이 내 아이의 자유, 정신의 자유에 대한 내 존중감을 무력하게 만드는지 알기 시작했다. 우리 가족이 세운 계획에서 학교를 놓아줄수록 우리는 더 편안하게 우

리 아이를 다시 안아 줄 수 있었다.

케이티는 교사와 학생으로서 자신의 학교 경험을 더 정직하게 조사하고 우리 주변에 침투해 있는 수많은 학교식의 사고방식, 종종 숨겨진 방법을 밝히면서 점점 학교식의 사고방식에서 벗어났다. 학교 방식의 문화는 우리의 일정, 소설, 이웃과 대화, 그리고 금요일 저녁의 축구 경기를 대하는 마을의 집단정신에 잘 반영되어 있다. 그런 것에는 졸업사진, 무도회 사진, 하계 독서 프로그램과 학교 게임, 이달의 학생상과 범퍼 스티커, 졸업생 연설과 격렬한 학교 교육의 현실로부터 우리를 멀어지게 하는 여러 가지 시시한 의식 등이 있다. 불과 한 세기 반 만에 학교 교육은 우리 집단정신의 대부분을 점령했기 때문에 우리는 학교 제도가 없는 문명사회는 상상조차 할 수 없는 지경에 놓이게 되었다. 학교화의 사고방식에서 벗어나는 일은 녹록하지 않다.

학교 교육에서 언스쿨링으로 이동하면서 케이티는 아이들의 관심을 촉진하여 아이들의 영유아 발달단계에서 도움이 되었던 방법을 다시 연결했다. 그녀는 아이들이 자기 세계를 발견하고, 위험을 무릅쓰고, 실험하고, 걷고, 말하고, 이해하는 것들을 자연스럽게 배우는 모습을 보았다. 현재 케이티는 그런 경험에 의지하여 날로 성장하는 딸들의 학습을 돕고 있다. 그녀는 아이들의 말을 경청하고, 신뢰하고, 풍부한 자원과 기회가 늘 그들의 주변에 넘치게 한다. 대부분의 언스쿨러처럼 케이티는 일괄 교육과정을 사용하지 않는다. 대신 그녀는 아이들의 관심을 존중하고 사람, 장소, 주변의 사물과 아이들의 관심을 서로 연결한다. 이런 것에는 책과 자료, 디지털 자원, 활동, 수업, 공동체 성원, 공공장소도 포함된다. 메이는 지금 8살이다. 메이는 그리기, 미술, 만들기, 수학과 일시적이며 즉석에서 떠오르는 여러 가지 관심거리를 매우 좋아한다. 주니퍼는 6살이다. 주니퍼는 주로 닭과 지질학 서적, 아름다움, 요정, 변장과 관련된 것이라면 모두 열정을 나타낸다. 학습은 항상 일어나고 있다. 학습은 이런 관심에 따라 촉발되고, 세심한 성인들에 의해 촉진되며, 공동체가 공유하는 지혜의 자원 속에서 내내 일어난다. 학교 교육에서 언스쿨링으로, 교사에서 추종자로의 전환은 특히 케이티에게 카타르시스였다. 케이티는 "교사로서 나는 내 주변 아이들을 부드럽게 통제하고 오직 그런 환경에 적합한 정도에서만 아이들의 욕구와 자아 표현이 가능하도록 장려하라는 훈련을 받았다. 나는 그것을 별문제 없이 잘 해냈다! 그러나 이제 그런 식으로 관계를 맺는 것이 끔찍하게 느껴졌다."

언스쿨링의 정의

언스쿨링은 교육 방법 그 이상의 것이다. 즉 교수학습에 관한 것이 아니라 종래의 교육 사상을 뛰어넘는 진보주의 교육사상에 관한 것이다. 언스쿨링은 지배적인 통제구조에 도전하며 자유와 자율성을 추구한다. 그것은 학교식의 렌즈가 배움과 삶에 대한 우리의 관점에 미치는 영향을 이해하여 우리가 보지 못했던 점을 밝혀낸다. 그것은 교육받는다는 의미가 무엇인지 재조사한다. 어떤 면에서 언스쿨링의 개념은 매우 간단하다. 즉 아이들에게 학교 교육을 제공하는 대신 더 많은 자유를 허용하여 자기 삶과 미래를 통제하여 스스로 배우게 하는 것. 문제는 그것의 실천에 있다. 광범위한 학교 사회에서 학습의 자유는 어떤 모습을 띠게 되는가? 자유와 책임의 균형은 무엇인가? 누가 결정하는가? 이런 질문은 일반적으로 언스쿨링의 철학과 자기주도교육에 뿌리를 두고 있다. 대답하기 쉽지 않은 질문이다.

모든 언스쿨링 가족은 남과 다르고 남과 다른 행동을 하는 것처럼 보일 것이다. 그러므로 모든 언스쿨링 공동체나 학습센터는 독특한 문화를 창조한다. 자기주도학교나 캠프, 지역사회 프로그램은 모두 그 자체적인 본질을 가지고 있다. 일부는 자기네들의 방법이 더 좋다, 더 친절하다, 더 순수하다고 생각할 것이다. 완전한 것은 없으며 다양성이 언스쿨링이 접근하는 방법상 강점이다. 언스쿨링은 철학이며 생활방식의 이상과 실천이다. 그 안에는 축복과 부담이 동시에 들어 있다. 이상은 아이들에게 강요하지 않고 자기 관심을 추구하고, 공동체의 모든 자원을 사용하는 학습 자유를 허용하는 것이다. 실천은 인간관계, 사회적 역동성, 가족 가치, 문화적 현실, 공동체 책임 등 복잡하게 얽힌 망 안에서 이루어진다. 핵심어는 실천이다.

이런 혼란스러움을 염두에 두면 우리는 불완전한 언스쿨링의 정의에 도달하게 된다. 간단히 말하면, 언스쿨링은 학교 교육의 반대다. 그것은 학교 없는 학습이며 가정학교도 포함한다. 언스쿨링은 학교 교육과 같은 교육모델을 거부하며 학교와 전혀 다르게 보이는 학습을 중요시한다. 언스쿨링의 교육 방법은 비강제적이다. 강제적인 학교나 학교 같은 환경의 교육 방법을 결코 아이들에게 요구하거나 기대하지 않는다. 성인들과 마찬가지로 언스쿨링 아이들에게는 '노(no)'라고 말할 자유가 있다. 언스쿨링은 성인이 결정한 교육과정, 학년제, 교과군, 나이별 분리, 수업계획, 보상과 벌, 임의적인 시험과 석차 등 학교의 공통적인 장식품을 모두 거부한다. 언스쿨링은 교육과 학교 교육을 별개로 분리한다.

미시간 대학의 연구팀은 1990년대의 홈스쿨링 가족과 다양한 교육 방법을 연구하는 과정에서 학교 방식의 홈스쿨링과 현재 언스쿨링 간의 차이점을 명확히 구분했다. 이들은 양자의 차이를 한마디로 교육과 학교 교육의 분리로 정의했다. 즉 "학교 교육은 체계적인 교육과정, 교사주도 수업, 외적 보상과 벌 등 학생들의 외적 동기를 요구하는 구조에 기반한다. 반대로 교육은 학습자의 발달을 의미하며 학습자가 학습할 내용을 결정할 책임이 있다는 개념을 수용한다."[2] 언스쿨링은 이런 교육의 정의를 반영하여 학습자의 자율성을 강조하고 가정-학교를 포함한 학교 교육의 시스템으로부터 언스쿨링을 분리한다. 언스쿨링의 학습은 내적이며 개인적인 것으로 지속적인 교육의 과정이다.

언스쿨링은 아이들에게 풍부한 자원과 기회를 주게 되면 내적 호기심에 따라 자신들의 세계에 대해 스스로 배워 교육받은 사람이 되려고 하는 인간의 경향성을 신뢰한다. 학교 교육이 통제라면 언스쿨링은 자유다. 이것 때문에 언스쿨링의 용어 자체가 학교 교육에 대한 지나친 공격을 의미할 수 있다. 웬디 프리스니츠(Wendy Priesnitz)는 다음과 같이 말했다. "우리가 정말로 학교가 없는 것처럼 살 수 있다면 우리는 학교식의 용어로 우리 자신을 설명하는 일이 없게 될 것이다! 우리는 배움, 즉 우리가 가족과 함께 사는 삶을 학교 시스템에서 분리해 낼 수 있을 것이다."[3] 이런 학습 형태를 의미하는 용어에는 "자기주도교육"이 있으며 이 개념이 매우 빠른 속도로 대중화되고 있다. 자기주도교육의 개념은 언스쿨링 대 언스쿨링이 아닌 것을 규명하고 나아가 언스쿨링의 광범위하고 다양한 접근 방법을 수용하여 이용할 수 있게 했다. 현재 언스쿨링은 가족 기반 언스쿨링, "자유 학교" 그리고 서드베리 유형의 민주주의 학교에서부터 언스쿨링 캠프, 방과 후 학교, 지역사회 프로그램까지, 그리고 자기주도학습센터와 10대 몰입형 학습에 이르기까지 각양각색의 형태로 운영된다. 나는 이 책에서 "언스쿨링"과 "자기주도교육"의 두 용어가 이념, 실천, 철학적 뿌리를 공유하기 때문에 상호 교환적으로 사용할 것이다.

학교 교육은 우리 문화와 일상대화에 너무 깊이 배어 있어서 학교 교육을 학습으로부터 분리하는 일은 시간을 두고 생각할 필요가 있다. 우리는 우리의 기존 사고방식을 언스쿨링화할 뿐 아니라 다른 사람도 똑같은 생각을 하도록 촉진할 필요가 있다. 사람들이 아직 이해에 미치지 못하더라도 공감할 필요가 있다. 언스쿨링은 그동안 학습과 지식에 대해 가르쳤던 모든 것들을 일거에 무너뜨리기 때문에 자칫 혼란을 불러올 수 있다. 잭이 8살이었던 어느 날, 우리는 건강검진을 받기 위해서 가정의를 찾았다. 우리는 우리 가정의를 좋아한다. 그녀는 심지어 이런 언스쿨링을 전혀 알지 못했을 때조차 항상 우리가 선택한 교육을 지지해 주었다. 홈스쿨링은 확실해 보이지만 언스쿨링은? **그것은** 어떤 것이니? 가정의와 잭은 스케이트보드에 대한 열정을 공유하며 매주 스케이트 공원에서 놀면서 오랜 시간을 보낸 이야기를 나누었다. 잭은 최근 진전이 있었던 기술에 대해 말하면서 가정의에게 스케이트보드와 관련된 전문용어를 설명했다. 그녀는 주의 깊게 들으면서 어리둥절해했으나 잭에게 부드럽게 물었다. "그래서 너는 무엇을 배우고 있니, 음, 학교? 나는 그것이 학교가 아닌 것은 알고 있지만, 내가 말하려는 것은, 오 이런, 내 말 이해하겠지."

잭은 대답했다. "아, 그래요, 나는 지금 화학결합에 관심이 있어서 가능하면 아버지와 많은 시간을 보내면서 화학결합, 양자, 전자, 주기율표를 이해하려고 해요."

"얘야." 가정의는 잭의 대답에 놀라하면서 웃었다. "나는 네가 학교에 다니지 않는 것을 말하려고 했어! 이는 정말 학교같이 들리는구나!"

"예." 나는 대답했다. "언스쿨링은 배우지 않거나 교육받지 않는 것이 아닙니다. 말하자면 학습은 일련의 교육과정에 의존하지 않고, 오히려…."

"그것은 아이들의 관심에 의존합니다." 가정의는 내 말을 대신 마쳤다.

정확하다. 언스쿨링에서 학습은 아이들의 관심에 의존한다. 가끔 그런 학습은 우리가 "학문" 주제라고 생각하는 것을 포함하기도 하고 가끔 스케이트보드처럼 학교 교과목과 전혀 닮지 않은 주제로 구성될 수 있다. 그러나 그것은 모두 학습이다. 나는 잭이 화학결합뿐 아니라 스케이트보드에 대해 말할 수 있어서 우리 가정의가 안심했을 것으로 생각한다. 그러나 우리가 특정 교과군으로부터 학습을 분리하지 않는다면, 즉 학습은 오직 이런 특정 시간, 특정 장소에서, 이런 특정 사람들과 자원에서 일어나는 유일한 것이 아니라고 한다면, 모든 학습은 흥미진진하게 된다는 것이 핵심이다. 아이들은 천성적으로 호기심이 많다. 그들은 사물이 어떻게 작동하고, 무엇을 의미하며, 왜 거기에 존재하는지 알고 싶어 한다. 어떤 부모도 어린아이가 쉬지 않고 쏟아 내는 질문 세례를 증언할 수 있을 것이다. 학교 교육은 아이의 관심과 질문을 무시하고 지식을 들통 속에 넣어 두고 아이가 그런 들통 속에 있는 것만 배우도록 강요함으로써 세계에 대한 아이의 타고난 호기심을 떨쳐내 버린다. 학교 교육과 학습은 엄밀히 다른 개념이다.

나는 실제로 원소의 주기율표에 대한 잭의 관심이 어디서 나왔는지 또는 왜 그처럼 열정적으로 화학결합에 집착하는지 알지 못한다. 아마 그는 자기 일상에서 주기율표에 관한 것들을 보거나 듣거나 읽고 나서 더 배우고 싶었을지 모른다. 내 남편, 브라이언과 나는 잭과 함께 주기율표의 정보를 인터넷에서 검색하고 칸 아카데미 비디오뿐 아니라 화학결합에 관한 여러 가지 온라인, 세계 여러 나라의 비디오를 시청하고 추가적인 책과 자료를 얻기 위해 도서관에 가고, 과학박물관의 주기율표 전시장을 방문했다. 이는 어떤 수업계획이나 학습 목표에도 얽매이지 않는다. 잭은 그냥 그 주제에 관심이 있었을 뿐이다. 그래서 우리는 잭의 관심을 눈치채고 적합한 자료를 수집하고, 그와 함께 배우면서 화학결합에 대해 더 많은 것을 알았다. 화학결합에 대해 더 알려는 관심이 시들해지자 그는 중단했다. 그것이 언스쿨링이다.

지금은 정보 접근이 쉬워지고 학습자원이 매우 풍성해졌기 때문에 학교 교육의 고정적인 교육과정은 구식이 되었다. 한때 학교는 책과 지식이 집중된 장소였다. 하지만 지금은 우리 주변에 널려 있는 것이 책과 지식이다. 우리가 무엇을, 언제, 누구와 함께 배우기를 원하든지, 우리가 배울 수 있도록 도와주는 유능한 교수자 및 촉진자들과 광범위하게 이용할 수 있는 활력이 넘치는 인터넷이 있다. 언스쿨링은 학습자가 주변의 다양한 도구를 이용하여 학습을 주도하기 때문에 더 깊고, 더 유의미한 진정한 학습을 유도할 수 있다. 손가락 끝만으로 정보를 다루는 새로운 네트워크화 세계에서 고정된 교육과정은 실제로 우리를 퇴물로 만들고 있다.

교육과정

학교 교육(전통적인 홈스쿨링 포함)과 언스쿨링 간의 중요한 차이는 언스쿨링이 규정된 교육과정을 피하는 데 있다. 모든 것을 포함하는 교육 방법, 즉 교육과정을 더 비선형적이거나 생성하게 하거나 아동 중심으로 구성하려는 것과 달리 언스쿨링은 성인이 규정한 교육과정의 바로 그 개념 자체를 일축한다. 언스쿨링은, 학습은 사전에 계획해야 하고 특정 성취기준에 따라 평가해야 한다는 개념을 부정한다. 클리블랜드 대학의 교육학 교수인 카를 휘틀리(Karl Wheatley)는 언스쿨링 가족을 "주로 또는 전적으로 성인이 선택한 형식적인 교육과정을 거의 또는 전혀 사용하지 않으며 아이들의 관심이라면 무엇이든지 배우도록 조력하는"[4] 사람들로 정의한다. 학교 교육과 마찬가지로 교육과정은 구시대의 가공물이다. 교육과정의 역사는 학교 교육의 역사와 밀접한 관계를 유지하면서 세계적인 대중교육의 부상과 함께 명성을 얻었다. 교육과정의 어원을 살펴보면 라틴어의 "전차 경주(2륜 쌍두마차; curricle)"와 "달리다(currere)"에서 나왔다. 1918년 프랭클린 보빗(Franklin Bobbitt)은 최초의 교육과정 교과서인 **교육과정**에서 이상적인 교육과정을 "성인 생활과 성인이 되는 데 필요한 모든 것을 능숙하게 할 수 있는 능력을 증강하기 위해서 **아이들과 젊은이들이 경험하고 수행해야 할 일련의 일**"[5]로 정의했다. 짧게 말해서 완주하는 경주다.

데이비드 해밀턴(David Hamilton)은 자신의 저서 **학교 교육론**(Towards a Theory of Schooling)에서 느슨하게 조직된 중세 시대의 교육과정에서부터 질서와 순응을 강조하는 대중교육의 부상에 이르기까지 학교 교육의 기원을 추적했다. 교육과정이란 용어가 처음 현대적 의미로 사용된 것은 17세기 무렵이었다. 당시 교육과정은 전체적이고 체계적인 연구 과정을 모두 보장하는 학문 도구로 생각되었다. 해밀턴은 종교개혁 후 역사적 순간, 바로 그 시점에서 교육과정은 "따라야 할" 뿐 아니라, "마쳐야" 할 표준이 되었다고 주장했다. 즉 지식은 특정한 결과를 염두에 두고 순서대로 획득되도록 교수와 학습 두 가지 모두에 더 강한 통제를 가하게 되었다.[6] 즉 특정 내용은 특정 결과를 정해 놓고 특정 방법으로 숙달시키는 것이었다.

교육과정은 통제에 의존한다. 그것은 사람들이 무슨 교과를 언제 공부하고 숙달해야 하는지에 관한 결정이다. 그것은 노래, 게임, 예쁜 스티커를 동반하는 부드러운 교육과정일 수 있다. 하지만 그것은 여전히 재촉, 회유, 벌 등으로 학습을 통제하려는 방법이다. 언스쿨링은 그런 통제에 맞선다. 정해진 교육과정이 없으면 학습은 덜 엄격해지고 더 자연스럽게 되기 때문에 부상하는 관심과 열정으로부터 나오게 된다. 학습은 내부에서 발생하는 까닭에 아이들을 재촉하거나 회유하거나 벌 줄 필요가 전혀 없다. 학습자가 알아야 할 것이나 수행할 것을 다른 누군가가 결정하지 않는다. 무엇을 알고 수행할지 모두 학습자가 결정한다. 다른 누군가가 학습자의 지식을 평가하지 않는다. 자기 학습을 완료할 시점도 역시 학습자가 결정한다. 언스쿨링은 학교 교육보다 덜 권위적이다. 학습자의 개인적 동기가 학습을 주도하게 되면 더 자연적이고 더 유의미한 학습이 발생한다.

학교에 다니지 않아도 아이들이 배울 수 있다는 관념은 우리 대다수가 교육을 바라보도록 훈련받았던 방식과 매우 대조적이다. 우리는 실제 학습이 일어나기 위해서 성인이 선택하여 결정한 교육과정과 가르치는 일은 필수적이라고 생각한다. 휘틀리는 이런 신념을 "교수 가설(instruction assumption)"이라고 불렀다. 휘틀리는 사람이 배우기 위해서 가르침을 받아야 한다는 가정이 우리 문화에 너무 깊이 배어 있어서 우리는 종종 다른 방식은 상상조차 할 수 없는 일이기 때문에 실제로 학습자－주도 교육에 매우 회의적일 수밖에 없다고 말했다. 나아가 그는 교수 가설은 언스쿨링의 개념과 연구 결과를 일축할 뿐 아니라 더 많이 가르치는 것(더 많은 수업일수, 더 오랜 수학 기간, 더 많은 가르침과 시험)을 교육 문제의 효과적인 치유 방법으로 간주한다고 주장했다.[7] 언스쿨링 주창자들의 주장과 달리 교수 가설은 아이들에게 더 많은 자유를 주는 대신 더 엄격한 통제와 더 심한 개입을 유도한다.

교수 가설은 전통적인 학교 교육의 특성과 기능을 모두 지키면서 자연적인 많은 학습 방법을 거부한다. 휘틀리는 "교수 가설을 채택하게 되면 일반적으로 교육을 학문 교과로 분리하고, 교과를 일련의 학습 목표로 다시 분리하여, 표준화된 교육과정의 계열화와 하나가 되게 만들어 그런 목표를 학생들에게 직접 가르치게 된다."[8]라고 주장한다. 사전에 결정된 교과와 목표, 기대하는 결과로 구성된 완전하고 체계적인 교육과정은 교수 신화를 유지한다. 세계에 대한 아이의 진정한 호기심에서 비롯된 언스쿨링과 같은 관심 기반 학습이론은 우리 대다수가 인간의 학습 방법에 관해 배웠던 것과 모순되는 교수 신화에 도전한다.

내 어린 딸 애비는 걸음마 아기 때부터 벌레를 매우 좋아했다. 벌레를 좋아하는 어린아이는 내 딸 말고도 많다. 나는 애비의 관심이 일시적이라고 생각했으나 4년이 지난 후에도 애비의 벌레 사랑은 여전했다. 내 딸은 어린 시절에는 벌레를 모으고 관찰하는 것에서 지금은 곤충을 분류하고 시료를 고정하여 보존하는 방법을 배우는 단계까지 성장했다. 내 큰 딸 몰리는 벌레를 싫어한다. 그 일로 인하여 가족 하이킹을 마치고 벌레가 가득 담긴 병을 가지고 집으로 돌아오는 차 안에서 흥미진진한 거래가 성사되었다. 몰리는 바느질, 빵 굽기, 수학 등 다른 쪽에 관심이 있다. 이런 관심은 몰리의 아주 어린 시절부터 싹텄으며 수년이 지난 지금도 여전히 강하게 남아 있다.

만약 내가 내 아이들의 개인적 관심과 관계없이 곤충이나 바느질의 교육과정 단원을 도입했더라면 내 아이들은 자기 관심을 결정하고 확장하려는 권한을 박탈당하고 내가 주제를 통제하는 결과를 초래했을 것이다. 만약 아이들에게 다양한 자원을 탐험하도록 허용하기보다 특정 교육과정을 기반으로 가르쳤더라면 나는 아이들의 학습을 통제하려 했을 것이다. 하지만 애비의 벌레에 관한 관심 때문에 나는 아이와 함께 도서관에 가서 벌레에 관한 책을 찾고 벌레에 관한 유튜브 영상을 시청하고, 지역 곤충학 협회에 가입하고 자주 "벌레 산책"을 하고 우리보다 벌레 분류를 잘 아는 멘토와 접촉하고, 자연사 박물관을 방문하고, 애비가 만든 곤충채집 책을 보고, 벌레를 모아 자료로 보관하는 등등 많은 활동을 했다. 수공예와 만들기에 관한 몰리의 관심도 비슷한 길을 걸었다. 다수의 책, 비디오, 멘토 등. 몰리는 역시 몇몇 지역사회 교실에서 뜨개질과 바느질 기초강좌를 들었다. 이제 몰리는 기술을 향상하기 위해서 상급반 책과 유튜브 영상을 이용한다.

일부 사람들은 다음과 같이 주장한다. 즉 **교육과정을 이용해서도 아이들은 각각 벌레와 공예에 대한 자기 관심을 여전히 탐구할 수 있을 것이다. 교육과정은 다른 관심을 차단하지 않을 것이다.** 아마 교육과정은 우리의 내적인 자기교육의 경향성을 차단하지 않을 것이다. 그러나 종종 그런 일이 발생한다. 예를 들어 어떤 읽기 교육과정은 삶으로부터 동떨어진 영역에 그것을 배정한다. 그것은 특별한 주제와 관련된 아이의 관심을 통하여 자연적으로 발생하는 읽기보다 누군가의 시간표에 따라 특정 방법으로 배워야 할 주제가 된다. 벌레와 곤충 상자와 일치하는 라벨을 붙이는 방법이 궁금해서 읽기와 쓰기를 배우는 것은 엄마나 교사가 그렇게 하라고 일러주기 때문에 배우는 것보다 더 풍성하고 더 강력할 수 있다. 교육과정이 더욱 방대해지면서 더 많은 시간과 더 많은 내용을 소비할수록, 우리의 내적인 자기교육의 경향성과 학습 열망은 더욱 쇠퇴할 것이다. 우리는 가르치는 것만 배울 것이다.

교육과정은 종종 젊은이들이 다른 방법으로는 알지 못했을 수 있는 주제와 접촉할 기회를 제공하기 때문에 젊은이들에게 없었던 관심을 촉진한다. 교육과정이 학습자를 새롭고 다양한 주제에 노출하는 일은 사실이다. 하지만 도서관도 그렇게 할 수 있다. 박물관과 공원, 친구들, 점원, 인터넷 등도 마찬가지다. 교육과정은 지름길이다. 교육과정은 우리가 사는 실제 세계와 단절된 다양한 주제의 1차원적인 표현일 뿐이다. 젊은이들을 더 넓은 세계와 더 다양한 공동체 자원과 연결하면 통조림 교육과정에서 가능했던 것들보다 더 다층적이고 더 자발적이며 더 실제적인 학습으로 진전할 수 있다. 예를 들어 애비는 종종 바깥에서 놀고 자연 산책을 하고, 오랜 시간을 숲에서 보내면서 벌레에 관심이 생기게 되었다. 교육과정은 전혀 필요 없었다. 즉 자연은 애비의 선생님이었다. 공예와 바느질에 대한 몰리의 관심은 우리 지역사회의 뜨개질 가게에서 공예가와 일상적 대화를 통해서, 그리고 공예와 바느질을 하는 숙모 할머니와 시간을 보내면서 생겨났다. 이런 것들은 현실 속의 사람, 장소, 지역사회의 사물을 사용하는 생동감 있는 경험이다.

무슨 내용을 배워야 할지 교육과정이 결정하지 않으면 특정 교과 영역의 지식은 불완전한 지식이 될 것이다. 언스쿨링에는 "완전함"을 기대하거나 숙달해야 할 임의적인 내용이 없다. 만약 애비가 벌레 연구를 끝내기로 했다면(또는 하루 만에 그만두었다면) 그것은 벌레로 끝난 것이다. 전체, 계열, 또는 완료된 교육과정이 기대하는 결과는 없다. 언스쿨링에서 교육과정은 없다. 오직 삶과 배움만 있을 뿐이다. 수많은 학습 방법 중에서 언스쿨링의 방법은 박물관의 접근 방법과 매우 비슷하다. 박물관은 항상 목적(예술, 과학, 자연)을 중심으로 정보, 전시, 그리고 강좌를 제공하고 박물관 안내자는 질문에 대답하며 전시를 주도한다. 강요된 것은 아무것도 없다. 만약 당신이 장기간 특별전시만 연구하고 다른 것을 피하려고 한다면 그렇게 할 수 있다. 만약 현대 미술관에서 시간을 보내며 인상파 화가들을 피하려고 한다면 그렇게 할 수 있다. 만약 동물 행동에 관한 강의를 듣거나 지질학 실습을 하려고 한다면 그곳은 당신을 기다릴 것이다. 만약 원하지 않으면 그것도 역시 괜찮다. 당신의 선택에 따라 언제든지 오갈 수 있다. 박물관은 당신에게 꼬치꼬치 캐묻거나 당신이 알고 있는 정도를 평가하지 않는다. 박물관 학습처럼 언스쿨링은 어떤 강요도 없이 탐구와 발견을 위해 자원, 자료, 기회를 폭넓게 이용한다.

일련의 교육과정이 없다면 사람들의 지식에 틈이 생길 것이다. 해밀턴이 밝힌 것처럼 교육과정은 전체적이고 순차적이다. 그것은 누군가가 배워야 할 전체와 배워야 할 순서를 상세하게 정리하여 산듯하게 제시해 놓은 내용과 경험의 묶음이다. 선형적이며 완전하다. 이는 교육과정을 매우 매력적으로 보이게 만든다. 즉 교육과정은 학습 과정에서 추측을 배제한다. 하지만 더 깊은 탐구를 촉구하는 다양한 주제에 대한 무수한 질문을 허용하지 않기 때문에 선형성은 역시 그것의 결점이 된다. 만약 내가 언제 어떤 방법을 사용하여 원소 주기율표를 배워야 할 과정이 정해진 교육과정을 구성하거나 도입했다면, 아마 잭은 그것이 질문과 호기심을 불러오지 않을 것이기 때문에 거의 관심을 보이지 않았을 것이다. 그는 교육과정을 통해서 주기율표를 배우고 그것의 다양한 원소에 대한 시험에서 적당한 점수를 얻었을 것이다. 하지만 중요한 것을 잃었을 것이다. 대부분 우리는 다양한 학습 목표와 평가로 구성된 사전에 정해진 학교 교육의 교육과정을 통해서 주기율표를 배웠다. 당신은 얼마나 기억하는가?

언스쿨링에서 학습은 순차적이 아니라 우회적이다. 즉 직선이 아니라 곡선이다. 내용은 완주하지 않고 탐구한다. 언스쿨러들의 지식에 틈이 있는가? 학교 아이들의 지식에 틈이 있는 것과 마찬가지로 대부분 지식에 틈이 생기는 것은 당연하다. 우리는 모두 우리 지식에 틈을 가지고 있다. 우리가 현재 이용할 수 있는 정보와 데이터가 너무 많아서 우리 중 누구도 모든 것, 심지어 모든 것의 부스러기조차 알 수 없는 것은 널리 알려진 사실이다. 전 구글 CEO인 에릭 슈미트(Eric Schmidt)는 "우리는 문명의 시작부터 2003년까지 생산된 정보량만큼 많은 정보를 불과 이틀마다 창조한다."[9]라고 말했다. 교육과정, 핵심 역량, 시험, 그 어느 것도 상상의 시대가 요구하는 지식을 따라잡기는 불가능하다.

상상의 시대라는 용어는 1993년 오픈 소스 기술에 관한 심포지엄에서 찰리 메기(Charlie Magee)가 처음 사용했다. 그의 논문 "**상상력의 시대: 곧 당신 가까이 문명이 다가온다**(The Age of Imagination: Coming Soon to a Civilization Near you)"에서 메기는 "인간 혁명기 시대를 이끈 지도자는 항상 상상력이 뛰어난 사람들이었다. 현재 우리의 과제는 상상력의 증강을 배우는 일이다. 인구 비율의 측면에서 볼 때, 문제는 지금은 상상력이 풍부한 사람들이 이전 시대보다 더 많이 필요하다는 사실이다."[10]라고 썼다. 더욱 최근에 이 용어는 작가이며 글로벌 전략가인 리타 J. 킹(Rita J. King)이 사용하여 더 유명해졌다. 그는 상상력의 시대를 로봇이 사람보다 똑똑해질 때 도래하는 "지성의 시대"에 앞서 오는 후기 산업사회와 동일시했다.[11] 인간의 창의성은 인간을 기계와 구분하는 가장 결정적인 특성이 될 것이다. 미래의 적합성이 의심되는 특정 학습 내용을 젊은이들에게 강요하게 되면, 강제적인 학교 교육의 모델은 젊은이들의 창의성을 무력하게 만들어 그들의 개성을 질식시키게 될 것이다. 상상력의 시대에 혁신가, 기업가, 독창적인 사상가들의 창의적 지성은 인공 대립물(artificial antipode)을 구별할 것이다.

교육과정은 가르칠 내용을 정하고 학습을 마쳤는지 측정하기 위해서 시험을 치른다. 내용을 가르치고 시험을 치르게 되면 종종 아이들이 학교 놀이의 게임에서 성취한 수준의 결과를 보여줄 것이다. 즉 정보의 효과적인 기억과 암기. 비록 그것은 아이들이 배운 것을 보여줄지라도 반드시 배운 것은 아닐 것이다. 아마 이는 대부분 우리가 배운 주기율표와 화학결합을 잘 기억하지 못하는 이유를 설명하는 좋은 예가 될 것이다. 이는 역시 여름 휴가 후에 아이들에게 나타나는 학습손실 현상이나 여름방학 이후에 아이들의 성적이 떨어지는 "서머 슬라이드(summer slide)"를 설명해준다. 알려진 대로라면 아이들은 여름 휴가 동안에 지식을 손실한다. 아이들은 봄에 치른 시험의 내용을 가을이 되면 잊어버린다. 서머 슬라이드를 최소화하려는 노력은 매우 필사적이다. 학교와 교육단체는 9월에 나타나는 학습손실을 방지하기 위해서 여름 내내 교육한 내용을 보강하는데 총력을 기울인다. 이는 좋은 의도에서 시작한 방법이지만 기본 관점을 간과하고 있다. 아마 아이들은 결코 전혀 배우지 않았을 것이다. 아마 그들은 시험에 대비해 가르쳐 준 정보를 단순히 반복한 후 그것을 곧 잊어버렸을 것이다. 이유는 간단하다. 그것은 아이들에게 의미가 있거나 유용하지 않았기 때문이다. 아이들은 시험을 치르는 기량을 보여줄지 모르지만, 반드시 자신의 학습 능력을 발휘한 것은 아니다. 한 대규모 연구에 따르면 연구 대상자들은 대부분 고등학교의 수학 내용을 배운 지 5년 안에 절반을 잊어버린 것으로 나타났다.[12] 읽기 능력은 그처럼 쉽게 잊히지 않을 수 있다. 다시 말하면 공유 결합은 무엇인가?

종종 아이들은 교육과정으로 배우는 것을 좋아한다. 그렇다! 이는 틀림없는 사실이다. 일부 언스쿨러는 연습문제집이나 교과서처럼 구조화된 교육과정을 좋아한다. 실제로 형식적인 수업을 선택하여 엄격한 교육과정으로 가르치는 전통적인 교사에게서 배우는 것을 좋아하는 언스쿨러도 많다. 몰리는 매주 빠짐없이 과제를 내주고 시험을 치르는 한국어 단기반에 등록했다. 이 수업은 매우 구조적이고 고도의 교육과정 중심이지만 몰리는 그것을 선택했다. 나는 몰리에게 외국어를 배워야 하거나 한국어를 배워야 할 필요성에 대해 말한 적이 없다. 즉 점점 뜨거워지는 몰리의 직물 기술에 대한 열정이 한국어, 한국의 역사, 문화에 대한 자연발생적인 호기심으로 번지게 했다. 몰리는 한국어를 배우는 여러 가지 수업을 검색하여 연습문제집과 선형적으로 가르치는 전문 강사의 형식적인 교육과정을 선택했다. 교육과정이 문제가 되는 것이 아니다. **성인들이 강요하는** 교육과정이 문제다.

몰리의 한국어 학습에서 알 수 있듯이 언스쿨링은 젊은이들이 "학교 방식"의 주제를 배우지 않거나 형식적 수업을 듣지 않는 것이 아니다. 그들 중 많은 아이는 그렇게 하고 있다! 그것은 그냥 그런 수업을 듣거나 듣지 않는 것의 선택을 의미할 뿐이다. 교육과정과 수업 선택이 개인의 특별한 관심이나 목적에 부합하게 되면 그것은 비강제적인 것이 된다. 학습자는 특별한 방법과 특별한 교수자나 자원을 활용하여 스스로 지식의 획득을 결정한다. 몰리는 당연히 그 방법을 선택하지 않았다.

최근 잭은 사진에 열정을 쏟고 있다. 그는 린다닷컴(Linda.com)의 온라인 수업을 들으며 많은 시간을 보낸다. 이 사이트는 공공 도서관에서 무료로 이용할 수 있어서 잭은 이것을 이용하여 기술을 익힌다. 잭이 좋아하는 교수자는 내가 알기에 매우 지루하고 단조로운 사람이다. 하지만 잭은 다른 교수자들보다 그를 더 좋아한다. 그는 이 교수자의 강의를 수 시간 동안 집중적으로 들으며 주어진 과제를 완수한다. 이런 것은 매우 구조적인 강의 중심 수업이다. 그러나 잭은 자신의 특별한 목적에 도움이 되는 것을 얻기 위해 이 강좌를 선택했다. 그는 각도와 셔터의 속도, 거리와 깊이, 편집과 파일전송에 대해 배우고 실험한다. 나는 종종 잭이 이 강좌에 집중하여 기술을 연습하면서 자기 기술을 개선하려는 노력에 탄성을 지르기도 했다.

이런 온라인 강좌는 잭이 사진을 배우려는 방법을 보완해 준다. 강의 및 연습과 함께 잭은 취미 사진가인 내 친구와 멘토 관계를 맺었다. 잭은 사진에 관한 책을 탐독하고 다큐멘터리를 보고 유명한 사진작가의 전기를 읽었다. 그가 좋아하는 사진작가는 명성 있는 21세기 풍경 사진가인 안셀 아담스(Ansel Adams)다. 안셀의 아버지는 학교에서 아들이 주의력 결핍과 행동 장애의 판정을 받자, 12살 때 학교를 중퇴시켰다. 학교는 안셀에게 더 많은 훈육이 필요하다고 말했다. 안셀의 아버지는 내 아이에게는 더 많은 자유가 필요하다고 말하며 학교 방침에 따르지 않았다. 아담스는 자서전에서 다음과 같이 썼다.

> 나는 종종 전통적인 학교에서 나를 데리고 나와 이런 특별한 교육 경험의 기회를 제공한 아버지의 결정과 용기에 감탄한다. 타고난 내 과잉행동을 되돌아보면, 아버지가 학교를 중퇴시키지 않았더라면 내 인생은 혼란스럽고 불행할 수 있었을 것이다. 하지만 아버지가 나를 바른 방향으로 안내해 주었기 때문에 오늘의 내가 되었다고 믿는다. 나는 어린 시절에 우리 집 근처의 모래 언덕 위에 앉아 내 삶과 내가 누구인지 곰곰이 생각하곤 했다. 아버지는 희미하게 살아남은 내 안의 불씨를 되살려 주었다.[13]

아이들이 교육과정을 자유롭게 선택하고 그냥 무시할 수 있다면 그것은 훌륭한 자원이 될 수 있다. 교육과정은 유용하지만 필수는 아니다. 예를 들어, 내 아이들은 문제 풀이를 매우 좋아한다. 책, 연필, 놀이 반죽처럼 우리 집에는 연습문제집이 있으며 항상 이용할 수 있다. 가끔 아이들은 그중 하나를 붙잡고 관심 있는 페이지로 넘어갈 것이다. 그리고 필요할 때 질문하고, 충분히 읽은 다음에는 중단해 가면서 전체를 끝까지 읽을 것이다. 내 아이들은 학교에 다닌 적이 없어서 연습장이나 연습문제지가 힘들다고 생각하는 어떤 정신 모델도 없다. 아이들에게 연습문제집은 주변에 있는 다른 자료처럼 언제, 어떻게 상호작용할지 선택하는 하나의 도구일 뿐이다.

유명한 저서인 **소크라테스부터 서머힐 그리고 그것을 넘어서**(From Socrates to Summrhill and beyond)에서 은퇴한 교육철학 교수인 로널드 스와츠(Ronald Swartz)는 규정된 교육과정과 교사가 교육에 접근하는 하향식 방법과 관련된 중요한 문제를 논의했다. 그는 교육과정 중심의 교육모델은 교육자들이 자신은 전혀 권위주의자가 아니라고 믿을 때조차 권위주의를 낳는 사실을 밝혔다. 스와츠는 다음에서 더 상세히 논의하게 될 닐(A. S. Neill)의 유명한 서머힐 학교의 개인의 자유와 책임을 옹호하면서 권위주의를 배제하는 교육 구조를 주장했다. 스와츠는 "모든 형태의 권위주의는 인간의 자유와 잠재적 발전 가능성을 위협하는 가장 큰 요인의 하나이기 때문에" 교육의 전통적인 권위주의 구조를 축출할 필요가 있다고 썼다.[14] 교육을 통제하는 수단인 교육과정이 정해진 범위 안에서 개인의 자유와 잠재적 발전 가능성을 제약하는 점은 분명한 사실이다.

학교 교육이 판치는 사회에서 우리는 교수 가설과 교육과정의 신화를 당연하게 여긴다. 전통적인 학교 교육은 젊은이는 성인들이 중요하다고 생각하는 특별한 내용을 수동적으로 받아들이면서 대부분 유년기를 보내야 한다는 신념에서 출발한다. 그것은 젊은이들이 무엇을, 언제, 어떻게 배울지 선택할 능력이 없으며 오직 교사만이 효과적으로 지식을 전달하는 유일한 사람이라고 가정한다. 학교에는 반드시 교육과정을 지키는 수문장이 있다. 성인들이 결정한 교육과정, 즉 젊은이가 무엇을, 언제 배울지 알아야 할 것들을 사전에 정한 시간표가 없다면 학습은 당연히 직접적인 삶의 결과로 발생한다. 아이들은 자신의 주변 환경을 이해하고 다양한 시간에 다양한 개념과 주제에 매료되어 필요할 때 어른들의 조력을 받으며 그런 영역을 더 깊이 파헤친다. 아이들이 특정 주제나 관심을 가지고 대하게 되면 매우 성공적으로 해낸다. 언스쿨링에서 권위주의는 설 자리가 없다.

가정학교를 넘어서

디에나 스코우(Deanna Skow)가 학교 교육에서 홈스쿨링으로 갈아타는 데 별문제가 없었다. 그러나 홈스쿨링에서 언스쿨링으로 도약하는 과정에서 상당한 난관을 겪어야 했다. 엄마가 되기 전에 공립 초등학교 교사였던 디에나는 학교 교육이 창의성과 충만한 자신감을 짓밟는 모습을 직접 목격했다. 디에나는 표준화 시험에 대비하여 스톱워치를 들고 아이들이 읽고 질문에 대답하는 능력을 측정했던 일(그녀가 할 수 있는 절묘한 방법)을 회상했다. 그녀는 자기가 가르쳤던 글 읽기 방법과 시험에서 기대했던 결과 간의 단절을 맛보았다. 디에나는 자신이 그 이상 강압적인 학교 교육에 일조할 수 없으며 또한 아이들을 그런 방법에 따르게 할 수 없다고 생각했다. 디에나와 대학교수인 그녀의 남편은 자기 아이들을 학교에 보내지 않는 대신 홈스쿨링을 하기로 했다.

디에나는 평소에 마음먹었던 홈스쿨링의 한 유형인 **나만의 가르침 모험**(Adventures in Teaching My Own)이라는 블로그를 시작했다. 그녀는 자신의 블로그가 전통적인 학교 교육보다 훨씬 더 아동 중심이고 흥미 중심적이라고 상상했다. 하지만 디에나는 여전히 2학년 교실의 특성을 자기 집에 재현하느라 정신이 없었다. 집안의 벽마다 일일 시간표, 수업계획과 학습 목표 등이 게시되어 있었다. 큰아들은 처음에 집안의 학교구조와 학교 교육의 개념이 좋다고 말했다. 하지만 그 이후 아이의 열정은 차츰 시들어갔다. 아이를 학교 공부에 집중하게 하고 새로운 수업을 도입하는 일이 점점 더 어려워지자, 그녀는 결과적으로 홈스쿨링이 좋은 생각인지 의심이 들기 시작했다. 왜 아이는 내가 가르치려는 노력에 저항할까?

디에나는 홈스쿨링을 연구하는 과정에서 우연히 언스쿨링의 개념을 알게 되었다. "언스쿨링에 대한 내 첫 반응은 썩 긍정적이지 않았다."라고 회상했다. "극단적으로 생각하면 너무 위험하고 너무 급진적이라고 느껴졌다. 그러나 시간이 지나면서 나는 언스쿨러로 전환한 홈스쿨러들을 만났다. 나는 혼자 생각했다. 그들은 모두 그처럼 극단적으로 보이지 않았다." 그녀는 이런 접근 방법에 대해 더 깊이 연구하고 더 많은 언스쿨링 가족과 이야기를 공유하면서 전반적인 철학보다 언스쿨링의 의미에 더 매달리는 자신을 발견했다.

> 나는 언스쿨링이라는 단어에는 부정적 의미가 들어 있다는 느낌이 들었다. 그 개념은 무엇을 하기보다 하지 말아야 할 것을 더 많이 말하는 것 같았다. 언스쿨링의 진정한 의미를 제시하는 데는 그것과 비슷한 친자연학습이나 아동주도학습이 더 좋았을 것이다. 내가 이 개념에 마음을 열면 열수록 나는 더욱더 언스쿨링은 그냥 자기 관심을 중심으로 자기교육을 허용하는 사실을 알게 되었다. 친자연학습은 우리 일상 세계에서 일어난다. 우리는 우리가 사는 삶의 방식에 기반하여 필요한 것과 알고 싶은 것을 배운다.

흔히 홈스쿨링 가족에서 일어나는 사례처럼 학교 교육은 바람직한 경로가 아니다. 우리는 단순히 학교만 거부하지 않으며 아이들이 반드시 알아야 하는 것을 정해 놓고 알도록 강요하는 바로 그 **학교 교육**의 사상에 반대한다. 우리는 아이들을 학교에서 데리고 나왔는데 왜 집안에서 왜 그런 편협한 교육 방법을 복원할 필요성을 느끼는가? 우리 주변에는 학교 교육의 접근방식을 의심하고 언스쿨링의 방법을 찾는 사람들이 점점 증가하고 있다. 디에나의 블로그는 원래 명칭을 그대로 유지하고 있으나 지금 디에나를 가르치는 사람은 아이들이다. "교육과정의 통제를 느슨하게 유지하고 배울 내용을 아이들의 내적 동기에 맡기면서 한없이 강해지는 아이들의 열정과 동기를 발견할 수 있었다. 아이들의 교육 경로는 매우 다양하며 무계획적, 자연발생적, 자발적인 학습환경에서 번성한다. 아이들의 모든 질문을 열린 마음으로 경청하고 그들의 생각을 받아들이는 시간이 필요하다. 언스쿨링, 친자연학습, 아동주도학습, 생활 학습 등 그 명칭은 마음대로 불러도 좋다. 그러나 언스쿨링은 아이의 교육을 위해서 우리가 선택한 경로라는 사실을 매일매일 수없이 깨닫는다."라고 디에나는 말했다.

언스쿨링은 태만한 사람들의 일이 아니다. 언스쿨링은 진정한 학습을 위한 시간과 공간을 관리하는 노력을 요구하는 고된 일이다. 언스쿨링은 산뜻하고 선형적인 학교 방식의 모델보다 더 힘든 모호성에 대한 인내와 더 복잡하고 예측 불가한 학습 경로를 요구하는 일이다. 아이들의 무수한 관심을 발견하기 위해 더 예리한 관찰이 필요한 일이다. 그런 관심을 탐험하기 위한 확실한 디지털 도구와 그것을 연결하는 전략을 요구하는 일이다. 아이들이 스스로 행동을 변화시키도록 요구하기보다 아이들이 변하기 바라는 행동의 모범이 되기 위한 헌신적인 노력을 요구하는 일이다. 아이들의 세계를 확장하고 관점을 확대하여 새로운 도구와 아이디어에 노출하는 노력을 요구하는 일이다. 아이들이 어리다면 아이들이 흥미를 느끼는 곳으로 기꺼이 데려가서 흥미 있는 사람과 만나게 하는 태도를 요구하는 일이다. 아이들이 성장하면 그들 스스로 흥미 있는 사람들을 찾아 흥미 있는 곳으로 떠나보낼 용기를 요구하는 일이다. 대부분 언스쿨링은 아이들의 내적인 자기교육력을 신뢰하여 아이의 생각과 관심사를 경청하고 그런 생각과 관심을 탐험할 수 있는 공동체의 지원을 요구한다. 언스쿨링은 또한 우리 자신에 대한 신뢰를 요구한다. 홀트는 "아이들을 신뢰하라. 신뢰보다 더 간단하거나 더 어려운 일은 없다. 아이를 신뢰하기 위해서는 먼저 우리 자신을 신뢰하는 법을 배워야 한다. 우리는 대부분 자신을 신뢰할 수 없도록 만든 교육을 받았기 때문에 한층 더 어려운 일이다."[15]라고 썼다.

아이에 대한 신뢰

아이와 우리 자신에 대한 신뢰는 언스쿨링을 완전히 받아들이는 가장 어려운 일 중 하나다. 우리는 대부분 학교 교육을 받았기 때문에 결과적으로 학교 교육에 대한 신념이 깊이 내면화된 상태에 있다. 실제로 우리는 대부분 권위적인 교실 안에서 무엇을 배워야 하고 무엇을 어떻게 하라는 말을 수없이 들으면서 자랐다. 우리는 우리의 관심과 열정은 중요하지 않다고 배웠다. 타고난 우리의 창의성은 줄에 맞게 색칠하는 것처럼 거의 중요하지 않다고 배웠다. 자유는 다른 사람을 위한 것이라고 배웠다. 허브 코클(Herb Kokl)은 자신의 저서 **열린 교실**(The Open Classroom)에서 "미국에서는 본질상 대다수 아이를 위한 하나의 공립학교 시스템이 있을 뿐이며 권위적이고 억압적이다."[16]라고 썼다.

친자연학습을 선호하면서 이런 권위적인 학교 교육의 고리를 끊기는 어려운 문제다. 우리는 우리 관심을 땅에 묻고 유년기의 대부분 시간을 교실이라는 우리에 갇혀 지내면서 배운 세대들이다. 이런 우리가 아이들이 자신의 관심을 추구하고 자신의 세계를 탐험하면서 배운다고 믿기는 사실상 불가능에 가까운 일이다. 하지만 우리 대부분이 아이였을 때 벌을 받으며 자랐지만, 지금은 아이에게 벌을 가하는 부모가 거의 없는 것처럼[17] 인간을 존중하는 삶의 방식이 더 개방적이고 보편화되면서 권위주의의 경향은 점점 더 쇠퇴하고 있다. 그러므로 아이를 신뢰하는 법을 배우는 일은 불가능하지 않다.

"학교, 홈스쿨링, 언스쿨링 간의 가장 큰 차이는 아이에 대한 무한한 신뢰다."라고 애덤 블룸(Adam Bloom)은 말한다. 아담은 어린 시절을 태평양 연안 북서부에서 언스쿨링을 하며 보냈다.

> 아이들의 호기심은 실로 엄청나다. 배움이란 지루하거나 좌절감을 주는 것이 아니라는 가르침을 받았다면 인간은 충분히 배움을 즐겼을 것이다. 아이들은 아직 어리기 때문에 친절하게 안내해 주면서 자신만의 조건으로 스스로 배우게 한다면 아이들은 배울 것이다. 아이들을 신뢰하여 그들이 원하는 것들을 원하는 방법에 따라 배우도록 허용한다면 우리는 아이들에게 평생 학습의 기쁨을 선물할 수 있을 것이다. 이런 신뢰는 단순히 대학에 진학하기 이전의 단기적인 득이 아니라 평생 누리는 장기적인 득을 겨냥한다.

아담은 학교 경험이 전혀 없다. 그는 대부분 책을 읽거나 놀면서 유년기를 보냈다. 부모는 모두 고학력자다. 아담의 부모는 대학을 포함한 전반적인 학교 교육을 통해서 결코 많은 것을 배웠다고 믿지 않는다. 고학력의 경력을 고려했을 때 학교 교육은 최선의 교육이 아니라는 그들의 생각을 짐작할 수 있다. 아담의 아버지는 홀트의 저서를 읽었으며 닐의 서머힐에서 영향을 받았다. 그는 언스쿨링과 자기주도교육의 사상에 매료되어 아이의 학습 촉진을 도우면서 살림하는 아빠, 즉 언스쿨링 대디가 되었다.

아담은 독서광이었다. 그래서 아담의 아버지는 종종 다양한 주제의 책을 모아 아담에게 권했다. 10살 무렵 아담은 컴퓨터 프로그램에 관한 책을 가장 좋아했다. 이는 궁극적으로 청소년기와 성인기 내내 아담에게 계속된 열정으로 이어졌다. "내 조기교육을 점령한 가장 큰 부분은 게임이었다."라고 아담은 말했다. 8살 때 아담의 부모가 판타지 전쟁 전략게임세트를 사주자, 아담은 이 게임에 빠져 대부분의 시간을 보냈다. "내가 게임을 하면서 군대 목록을 만들고 일정표에 따라 효과적으로 배웠다는 사실은 내 언스쿨링 경험과 학교 아이들의 경험을 비교하는 좋은 사례이다. 나는 한 부대에서 20명의 남자, 다른 부대에서는 30명의 남자를 통솔했다. 각 게임에서 각각 특정 점수를 얻었다. 그래서 곱셈법을 빨리 배울 수 있었다. 이런 이유로 나는 내 친구들보다 항상 빨리 곱셈을 할 수 있었다." 아담은 자라면서 수학책을 읽고 수학을 즐기며 혼자서 대수를 배웠다.

아담은 결코 자기는 구조화된 학교 환경에 흥미를 느낀 적이 없다고 말했다. 10대가 되자 그는 다양한 강좌가 개설된 지역 홈스쿨링 자료센터에서 가끔 일본어와 스페인어를 배우고 지역사회 대학에서 글쓰기 강좌를 수강했다. 그러나 대부분 가족과 지역사회의 자원을 이용하고 자기 관심을 추구하면서 주로 책을 통해서 배웠다. 교실 경험은 그다지 좋은 것은 아니지만 상황이 바뀌어 그는 대학진학을 결심했다고 말했다. 그는 SAT 준비서를 사서 공부하여 몇 번의 시험을 치렀다. 그리고 자기가 선택한 몇몇 대학에 합격할 정도로 좋은 SAT 점수를 얻었다. "우리는 홈스쿨러들에게 개방적 입시요강을 소개하는 대학을 조사했다." 종종 이런 대학들은 홈스쿨러들에게 대학을 지원하는 이유에 관한 에세이 등을 추가로 요구한다. "지원서를 작성하기 위해 아버지와 나는 내가 읽었던 책을 모두 꺼내 놓고 도서목록을 작성했다. 이 책들이 내 교육과정이었다."

대학에서 아담은 여러 가지 강좌를 들었으나 궁극적으로 기술에 이끌려서 컴퓨터 과학 학사 과정을 마치고 일본어와 정치학을 부전공했다.

이제 30대인 아담은 새로운 사물의 학습에 대한 사랑과 자유의지로 자신의 인생행로를 선택하게 한 언스쿨링의 양육방식을 신뢰한다. 그는 소프트웨어 개발자로 일한다. 여기는 모호성 관리와 자기교육이 핵심적인 자격요건이다. "내 일에서 가장 흥미 있는 시간은 업무나 프로젝트를 맡아 우리가 사용해야 할 언어나 도구에 대해 전혀 모르고 있을 때다. 프로그래밍 작업을 하면서 계속 새로운 것을 배워야 한다. 만약 안전한 해안가에 정착하고 싶다면 결코 성공하지 못할 것이다."

아담은 언스쿨링 경험을 회고하면서 "언스쿨링은 정말 환상적이었다고 생각한다. 나는 항상 내가 되기를 원했다. 내가 언스쿨링을 경험하지 않았더라면 나는 내 삶에 치명상을 입었을 것으로 생각한다."라고 말했다. 아담은 부모가 아이를 중퇴시키거나 홈스쿨링에서 언스쿨링으로 도약하는 과정에서 느꼈던 망설임을 이해한다. 언스쿨링을 고려하는 부모들에게 보내는 그의 조언은 신뢰 문제로 되돌아간다. "아이들이 배우기 원하는 것을 신뢰하라, 아이들은 단순히 주변 사람들이 배울 것으로 생각하는 방식으로 배우기를 원하지 않을 수 있다. 부모가 아이들에게 무엇을 어떻게 배울지 이해할 기회를 준다면 그들은 거뜬히 해낼 것이다."

어른들이 적절하게 조력해 주면 아이들은 스스로 배운다는 신뢰는 혁명적 사상이 아니다. 실제로 진보주의 교육은 학습 과정에서 젊은이들에게 더 많은 자유와 자율성을 제공하고, 아이 주변을 친절한 교사들이 에워싸고, 교육과정을 더 상호작용적으로 만들고, 유년기 경험을 적합하게 구성할 것을 오래전부터 주장해 왔다. 언스쿨링은 진보주의 교육의 이데올로기에 뿌리를 두고 있으며 아동과 학습에 대한 본질적인 신념을 공유한다. 진보주의 교육과 언스쿨링 간의 차이는 다음 장에서 보는 것처럼 깊고도 미묘하다.

언스쿨링 팁

규정을 이해하라. 홈스쿨링은 미국 50개 주에서 모두 합법이다(국제적인 합법성 여부는 국가마다 다르다). 기본적으로 언스쿨링의 법적 지위는 홈스쿨링과 같다. 홈스쿨링의 규정은 주에 따라서 그리고 주 안에서도 지역별로 조금씩 차이가 있다. 홈스쿨링의 통보와 동의 절차를 요구하는 주가 있는가 하면 그렇지 않은 주나 지역도 많다. 일부 홈스쿨링의 규정은 시험을 포함한 정기적인 평가를 요구한다. 언스쿨링은 가끔 아이들이 주정부가 정한 "교과"를 가르친 사람, 장소, 자료목록을 작성하여 학교 방식의 교과목 기준에 따르는 일반적인 홈스쿨링 규정을 따른다. 역사 교과를 예를 들면 언스쿨러들은 아이가 읽은 전기, 감상한 다큐멘터리, 방문한 역사 사이트, 참여한 도서관 강의 등 목록을 작성한다. 지역 홈스쿨링의 요구사항을 잘 검토하고 준수하는 방법을 알기 위해서 뜻이 같은 거주지역의 가족들과 접촉해 보라.

당신이 거주하는 주에서 홈스쿨러들에게 표준화 시험을 요구할 경우, 이 조치에 이의를 제기할 수 있다. 뜻이 같은 동지들의 힘을 모아 주 의회나 홈스쿨러들의 시험을 관장하는 지역 교육정책 당국에 압력을 행사하라. 표준화 시험은 전반적인 학습 평가에 부적합한 등급과 특정 교과군의 학습을 강요한다. 학생들이 표준화 시험 요구를 면제받고 교육방식을 자유롭게 선택하는 많은 사립학교처럼 홈스쿨링 가족에게도 똑같은 자유를 보장하는 것이 마땅하다. 해당 연도의 부모 포트폴리오와 아이의 학업 샘플은 표준화 시험점수보다 아이의 학습을 훨씬 더 정확히 증명할 수 있다.

구조화하라. 신규 언스쿨러들의 공통된 질문은 "어떻게 우리의 일상을 구조화하는가?" 또는 "그냥 모든 것이 자유인가?" 등이다. 종종 언스쿨링 가족의 부모나 아이들은 원하는 구조의 정도나 필요에 따라 몇 가지 다양한 방식의 일정표를 만든다. 일정표는 먼저 일일, 주간, 계절에 따른 일상의 개념을 없애는 대신 리듬을 강조하면 도움이 된다. 리듬은 일상생활보다 훨씬 더 유동적이어서 아이의 순간적 관심, 아이가 수행할 수업이나 활동, 가족 상황(작업계획, 방문한 친척, 휴일, 질병이나 신생아), 바깥에서 보내는 시간을 결정하는 계절의 변화 등에 따라 달라진다.

이런 리듬 안에서 원하는 만큼 많은 구조를 만들 수 있다. 식사 시간은 하루를 안내하는 좋은 기준점을 제공한다. 매일 아침 식사 후 아이들과 산책할 수 있고 매일 저녁 식사 후 식구들과 함께 보드게임을 할 수 있다. 월요일에는 주말 공원에서 홈스쿨러들과 만나고 화요일에는 할머니를 보러 갈 수 있다. 아마 매주 수요일에는 박물관을 방문할 수 있다. 매주 목요일에는 발레 교실에 가고 금요일에는 도서관에 갈 수 있다. 가을에는 주말농장에 가서 사과를 딸 수 있다. 아마 당신이 생각했던 것보다 이미 더 많은 구조를 조직했을 것이다.

학교 환경에서 언스쿨링으로 옮겼다면 그동안 익숙했던 일일 계획과 주말계획이 전혀 달리 보일 것이다. 일일 활동과 주간 활동, 용무, 그리고 책임을 표로 정리해 두면 기존의 몇 가지 점검 사항을 아는 데 도움이 된다. 아이의 관심과 가족의 욕구가 변하고 발전하기 때문에 수시로 바뀌게 점을 미리 고려하여 거기서부터 일상의 리듬을 조직할 수 있다. 이 리듬은 학교 시간표보다 더 자주 바뀔 것이다. 하루 일정과 주간 일정의 계획은 도움을 주지만 아이들의 학습 구조화와 무관해야 한다. 언스쿨링은 일상의 리듬 안에서 아이들에게 학습의 자유를 허용한다.

학습을 촉진하라. 대부분 언스쿨링 부모는 자기 역할을 아동학습의 촉진자로 생각한다. 무슨 말인가? 내가 아이가 무엇을 배워야 할지 결정하여 가르치지 않는다면 도대체 내가 하는 일은 무엇인가? 부모는 아이에게 풍부한 학습환경을 제공하는 중요한 역할을 한다. 집안에 종이, 펜과 연필, 크레파스, 매직펜, 가위, 접착제와 테이프, 찰흙, 물감과 그 밖의 미술용구와 같은 기본 용품을 마련해 두라. 호기심 많은 손가락이 휙휙 넘기기 좋게 주제가 다양한 모든 책과 잡지를 여기저기 흩뿌려 놓으라. 끝없이 쏟아내는 아이들의 질문에 대비하여 기술과 인터넷의 접근 방법을 익혀 두라. 지역사회에 준비된 이용 가능한 풍부한 자료를 아이들과 연결하라. 지역사회의 언스쿨링 가족들과 함께 모이고 지역사회의 자기주도학습센터나 협회를 방문하라.

아이들이 요구한다면 집안에 연습문제집이나 교육과정을 마련해 둘 수 있다. 이런 것은 언스쿨링 아이들에게 주변에 널려 있는 다른 자료와 도구일 뿐이다. 이것을 언제, 어떻게 사용할지는 아이들의 선택에 맡겨라. 아이들이 자라면서 빵 굽기를 원하면 부엌에, 만들기를 원하면 공구상자를, 식물재배를 원하면 정원에 접근하도록 완전히 허용하라. 도서관, 박물관, 서점, 시장, 꽃집 등과 같은 지역사회의 장소에 아이들과 동행하라. 충분히 준비되면 아이들이 사람, 장소, 그리고 그들 주변에 있는 모든 사물에 더 흠뻑 빠지도록 혼자서 또는 친구와 함께 이런 장소에 가도록 촉진하라.

아이들이 지루해하거나 무엇을 할지 모른다면 어떻게 해야 할까? 내가 무엇을 제안해도 될까? 또는 그런 제안이 아이 학습을 방해하지 않을까? 학습을 촉진하게 되면 일부는 도움이 되고 즉각적인 반응을 끌어낼 수 있다. 만약 당신 파트너가 저녁 데이트에 무엇을 할지 골똘하게 생각하거나 당신 친구가 토요일 오후를 함께 지낼 방법을 결정하려 한다면, 당신은 꼬치꼬치 캐묻지 않을 것이다. 당신의 생각과 제안을 말하면 방법이 나올 것이다. 도움은 강요와 전혀 다른 개념이다. 도움은 그냥 기꺼이 대답을 거절할 수 있다.

03

언스쿨링의 뿌리

"교육은 미래의 삶을 위한 준비가 아닌 삶의 과정이다."

– 존 듀이(John Dewey)[1]

낸시(Nancy)는 아들을 걱정했다. 8살에 생애 처음 학교에 입학한 톰은 신통치 못했다. 3개월이 지나자 앵글(Engle) 선생님은 톰(Tom)을 "덜떨어진 아이" 또는 명확한 사고가 불가능한 아이로 진단했다. 톰은 그때까지 마음껏 놀고 집 근처를 탐험하면서 어린 시절을 보냈다. 톰은 학교생활의 적응이 쉽지 않다는 생각이 들었다. 특히 장시간 앉아서 계속 반복하는 암기는 견딜 수 없었다. 톰은 엄격하고 혹독한 교사의 방법을 알았다. 톰은 몹시 불행했다. 낸시는 아들 문제를 상담하기 위해 앵글 교사를 찾았으나 교사의 매서운 태도에 화가 났다. 교사의 방침과 아들에 대한 부정적인 의견을 듣고 실망한 낸시는 톰을 학교에서 중퇴시키고 홈스쿨링을 시작했다. 토머스 에디슨(Thomas Edison)의 학교 공부는 이것으로 끝났다.

에디슨은 집에서 뛰노는 호기심 넘치는 자유로운 소년으로 다시 돌아왔다. 톰은 책을 통해 지식의 열정을 키웠다. 낸시는 톰이 자기 관심을 추구하면서 자연스럽게 배우도록 대부분 허용해 주었다. 에디슨의 전기 작가인 매슈 호셉슨(Matthew Josepson)은 "낸시는 강요나 재촉을 피하고 자기가 좋아했던 문학과 역사책을 읽어 주면서 톰의 관심을 자극하려고 애썼다."[2]라고 썼다. 전직 교사였던 낸시 에디슨은 톰의 관심을 알아채게 되면 주제 탐구에 도움이 되는 책과 자료를 제공하여 아들의 학습을 촉진했다. 톰은 9살에 셰익스피어(Shakespeare)와 디킨스(Dikens)의 고전과 그 외의 고전들을 읽을 정도의 독서광이 되었다. 톰이 9살 때 과학에 관심을 보이기 시작하자, 어머니는 톰에게 R. G. 파커(R. G. Parker)의 **자연철학 연구**(School of Natural Philosophy)라는 물리학 서적을 구해 주었다. 톰은 그 안에 있는 것을 빠짐없이 실험했다. 이 실험은 화학에 대한 그의 열정으로 연결되었다. 어머니는 톰을 위해 더 많은 책을 사들였다. 에디슨은 있는 돈을 모두 털어 동네약국에서 화학 재료를 구했다. 10대 초반 무렵 톰은 자기 집의 지하실에 마련된 간이 실험실에서 맨 처음 실험을 시작했다. 호셉슨은, 어머니는 에디슨에게 그처럼 많은 자유와 자율성을 허용하여 "톰이 가장 흥미 있고 관심 있는 것을 배우면서 스스로 배우는 단계에 이르게 했다. 어머니는 톰이 그 길로 나가도록 계속 격려했다."라고 썼다. 에디슨은 어머니에게 자필 편지를 보냈다. "어머니는 나를 이해했다. 어머니는 내 성향을 따르도록 했다."[3]

천 개가 넘는 특허 보유자인 에디슨은 역사상 위대한 발명가 중 한 사람이 되었다. 그는 사진, 활동사진, 카메라, 가장 유명한 상업용 전구를 최초로 발명했다. 에디슨의 교육기초는 책이었다. 그는 15살 때 디트로이트 자유 도서관의 첫 회원 중 한 사람이 되었다. 훗날 그는 자신의 거대한 뉴저지 실험실에서 수천 권의 책으로 둘러싸인 과학 도서관 중앙에 자기 책상을 놓았다. 에디슨 화학자 중 한 사람인 마틴 안드레 로사노프(Martin

Andre Rosanoff)는 “만약 에디슨이 학교 교육을 받았더라면 **불가능한 일**을 창조할 위대함을 갖지 못했을 것이다.”[4]라고 말했다.

낸시 에디슨은 현명했다. 낸시는 어린 아들의 에너지와 창의성을 발견하고 곧 이 두 가지를 질식시키는 학교 교육의 방식을 간파해 냈다. 1855년 낸시가 톰을 학교에서 데리고 나올 때는 이제 막 시작된 강제적인 학교 교육은 전국에 걸쳐 맹위를 떨치고 있었다. 홈스쿨링은 19세기 후반과 20세기 초반까지 남아 있을 정도로 아직 사라진 것이 아니었다. 낸시는 아들을 중퇴시킨 후 에디슨이 집 안에서 자기 열정을 추구하며 내내 책과 실험을 통해 자기주도적인 방법으로 배우도록 촉진했다. 낸시는 아이를 자원과 연결하여 자기교육의 자유를 허용하여 아이의 학습을 도왔다. 기초를 튼튼하게 다지고 읽기와 셈하기를 익힌 후 에디슨은 과학에 관한 자기 관심을 추구하면서 복합적인 지식의 원리를 확장하는 등 두 가지를 모두 지렛대로 활용했다. 교육과정을 의존하지 않고 충분한 자유와 지원 속에서 에디슨은 다양한 주제를 창의적으로 탐구하여 세계를 밝히는 “불가능한 것”을 발명했다.

어린 톰의 교육에 대한 낸시 에디슨과 앵글 선생님의 대립은 여러 가지 면에서 19세기를 지배했던 주류 철학의 흐름을 반영한다. 당시 전통적인 교육자들은 암기학습과 기억, 질서와 순응, 훈육과 수동성을 강조했다. 그리고 진보주의자로 알려진 교육자들은 학교 교육을 아동 중심과 경험 중심으로 개혁할 것을 주장했다. 존 로크(John Locke), 장 자크 루소(Jean-Jacques Rousseau) 등 이전 철학자들을 계승한 진보주의 교육자들은 아이들의 타고난 선성을 믿었다, 진보주의자들은 주류적인 교육 방법에 도전하여 더 풍요로운 양육, 아동 중심, 자연주의 교육 방법을 통한 아이들의 완전한 잠재력 개발을 주장했다.

진보주의 교육과 언스쿨링

언스쿨링은 새 시대의 사상처럼 보일 수 있다. 하지만 언스쿨링은 실제로 인간발달의 관점에서 기원하는 오랜 역사와 매우 혁명적인 사상에서 파생한 동시대 철학의 한 분파다. 즉 아동과 개인 성장 대 교수 전문가에게 맡기는 인간발달관. 17세기의 로크와 18세기의 루소 등 근대 초기의 철학자들은 아동 중심 교육의 씨앗을 뿌렸다. 영국의 유명한 철학자이며 계몽주의 사상가인 로크는 인간은 선험적인 신념을 가지고 태어난 존재가 아니며 경험이 지식을 창조한다고 주장했다. 하지만 로크는 우리는 모두 내적 재능과 소질을 가지고 태어나기 때문에 보호자인 성인들이 아이들의 이런 경향성을 발현하도록 도와야 한다는 강한 신념을 가지고 있었다. 로크는 역시 초창기에 유연한 양육, 비강제적 교육, 그리고 유년기 놀이를 주창했으며, 아이에게 학습을 강요하게 되면 아이들은 즐겁게 생각하지 않을 것이라는 점을 잘 이해했다. 로크는 아동 교육에서 풍부한 자유로운 놀이 시간과 아이의 다양한 관심과 발달단계의 인정을 촉구했다. 1693년 **교육에 관한 소고**에서 그는 다음과 같이 썼다.

> 그 이유는 아이가 어색해하거나 마음이 내키지 않을 때 두 배의 시간과 고통을 겪으며 배우는 것보다 아이가 기분이 좋을 때 세 배나 더 많이 배우기 때문이다. 이 점에 동의한다면 아이들이 놀이에 지친 나머지 저절로 떨어져 나가도록 허용해야 할 것이다. 설령 그렇다 하더라도 아이들은 나이와 능력에 맞은 것들을 충분히 배울 시간이 있다. 그러나 놀이를 일반적인 교육 방법으로 고려하지 않기 때문에 그런 일은 결코 있을 수 없

다. 거친 몽둥이의 훈육은 이와 다른 원리에 따르기 때문에 아무런 매력도 찾을 수 없다. 즉 아이들의 유머가 무엇인지 고려하지 않으며 아이들의 성향이 한창 꽃필 시기에는 관심조차 두지 않는 교육 방법이다. 실제로 아이들에게 강요와 체벌을 가하여 과제에 혐오감을 키워 주게 되면, 아이가 저절로 놀이를 그만두고 즐거운 마음으로 배움의 기회를 잡을 것이라는 기대는 어리석은 짓이다.[5]

로크가 주장한 아동발달에 관한 유연한 방법은 훗날 스위스 태생의 프랑스 철학자 루소에게 큰 영향을 주었다. 1762년에 루소는 자신의 유명한 논문, **에밀**(Emile) **또는 교육론**을 썼다. 루소는 가공인물인 에밀을 내세워 아이는 천부적으로 선하게 태어난 존재이며 아이의 경험은 아이를 타락하게 만든다는 자신의 교육론을 밝혔다. 에밀의 첫 부분에서 루소는 "조물주의 손을 떠날 때 모든 것들은 선했으나 인간의 손에 의해서 타락했다."[6]라고 썼다. 학생들의 복종과 암기학습 등 당시 일반적인 교육 방법과 극히 대조적으로, **에밀**의 목적은 성인들이 아이의 타고난 선함을 일구어 경험과 실습 교육으로 도덕발달을 촉진하는 성공적인 방법을 증명하는 것이었다.

이런 초창기의 아동 철학, 즉 아이들의 천부적인 선함을 바탕으로 더 온화한 아동 중심 교육과 경험학습을 강조하는 아동관은 급성장하는 진보주의의 교육 운동에 큰 영향을 주었다. 전통적인 학교 교육의 기반이 완전히 구축된 19세기에 낭만주의 철학자와 진보주의 교육자들의 돌풍은 양육 중심, 아동 중심의 교육사상으로 더욱 확대되었다. 스위스 철학자 요한 하인리히 페스탈로치(Johann Heinrich Pestalozzi)는 초창기의 아동 중심 교육의 주창자였으며 로크와 루소의 주장을 받아들여 어머니들의 가정 실천을 촉구했다. 페스탈로치의 제자인, 독일 철학자 프리드리히 프뢰벨(Friedrich Froebel)은 어머니가 가정에서 제공하는 교육을 어린아이들이 완성하는 놀이 공간, "유치원"으로 개념화했다.[7] 19세기 중반과 20세기 초반에 이탈리아의 의사이며 교육자인 마리아 몬테소리(Maria Montessori)는 전 세계의 몬테소리 학교가 실행하는 몬테소리 교육 방법을 완성했다. 루돌프 슈타이너(Rudolf Steiner)는 독일에서 발도르프 교육모델을 확립했다. 스페인에서는 20세기 초 프란시스코 페레(Francisco Ferrer)가 미국을 휩쓸었던 현대학교의 운동에 불을 지폈다. 페레의 현대학교는 그 후 1960년대와 70년대에 미국에서 급성장한 "자유 학교"의 모델이 되었다(8장에서 상세하게 논의함).

하지만 진보주의 교육의 선구자로 널리 알려진 사람은 심리학자이며 철학자인 존 듀이(John Dewey)다. 듀이는 종종 몬테소리, 슈타이너, 그리고 페레 등 위대한 진보주의 교육자들의 빛을 가릴 정도로 강한 영향을 미쳤다. 듀이와 동시대의 인물이며 좀 모호하지만 언스쿨링 운동에 큰 영향을 준 사람은 미국의 교육자인 호머 레인(Homer Lane)이다. 20세기 전환기에 활동한 많은 교육자처럼 레인은 듀이의 저서에 감명을 받아 결과적으로 전통적인 학교 교육을 경계하게 되었다. 하지만 레인은 한 가지 중요한 점에서 듀이와 서로 의견을 달리했다.[8] 듀이와 20세기 듀이의 제자들에게 교수와 교육과정은 적합한 아동 교육으로 나아가는 필수적 구성 요소였다. 대조적으로 레인의 비전은 교수와 교육과정이 학습의 본질이라는 듀이 사상을 거부했다. 대신 레인은 젊은이들에게 자신의 학습과 행동을 통제할 충분한 자유가 인간을 번영으로 이끄는 길이라고 믿었다.

존 듀이와 호머 레인은 20세기 내내 두 갈래로 나뉘어 전개된 진보주의 운동을 대변한다.[9] 레인이 남긴 유산은 자유를 중요시하여 강제적인 학교 교육의 구조를 파괴하는 데 초점을 두었으나 듀이는 학교 교육의 확장과 개량에 초점을 두어 교육개혁에 매진했다. 듀이는 학교 교육의 강제적 특성은 손대지 않았다. 그는 가르치는 것이 더 양육적이고 교육과정이 더 아동 중심적으로 되는 한, 아이들을 특정 교육과정에 따라 강제적으로 가르쳐도 지루해하지 않는다고 보았다. 후크(Hook)가 기술한 것처럼, "오직 듀이의 저서에 정통하지 못한 사람들만이, 적절히 조직된 교과에 따라 교실 수업을 계획하는 교사의 적극적인 역할을 듀이가 배척했다고 믿을 것이다."[10] **강요된 잘못된 교육**(Compulsory Miseducation)에서 폴 굿맨(Paul Goodman)도 이런 주장에 동조했다. "간단히 말하면 듀이의 원리는 잘 가르치는 것이 학생들이 더 많이 배우는 방법이다."[11] 이런 견해에 따르면 교사는 교육에서 중요한 선수다. 레인과 그 동료들은 이런 사상에 맞서 싸웠다.

20세기 언스쿨링

20세기 전환기에 레인은 목공학교에서 목공 교사로 일했다. 세기 전환기의 많은 학교는 수공에에 전념했다. 레인은 목공학교에서 아이들에게 학습을 강요하지 않는 비강제 교육의 기초원리를 확실히 다졌다. 후에 레인은 디트로이트로 옮겨 문제아들을 위한 프로그램을 운영했다. 이들 중 많은 아이는 교도소를 들락거렸는데, 그는 이런 아이들과 함께 일하는 가운데 자유, 존중, 자율성에 기초하는 새로운 방법을 창안했다. 특히 레인은 아이들에게 능동적인 자치권을 주고 스스로 행동을 통제할 기회를 부여하여, 자신들의 환경에 영향을 미치게 했다.[12] 1913년 레인은 영국의 작은 영연방 혁신학교(Little Commonwealth reform school)의 초빙을 받아 돌셋(Dorset)에서 젊은이들을 위한 프로그램을 운영했다. 사랑, 억압으로부터 자유, 민주적 자치주의를 강조한 레인의 교육철학은 실제로 작은 영연방학교에서 실현되어 이런 젊은이들의 성공에 공헌했다.[13] 레인은

"오직 진정한 권위는 사랑이다. 오직 진정한 훈육은 희망 위에서 성립한다. 힘에 의지하는 권위는 사랑을 증오로, 희망을 두려움으로 변화시킬 것이다."[14]라고 썼다.

작은 영연방학교에서 일하는 동안 레인은 스코틀랜드 교육자이며 새로운 비강제 학교인 서머힐의 창설자로 유명한 알렉산더 서덜랜드 닐(Alexander sutherland Neill)의 방문을 받았다. 닐은 그 자리에서 레인의 교육철학에 강한 매력을 느꼈다. 작은 영연방학교는 1918년에 문을 닫았다. 하지만 레인의 비전은 1921년 영국에서 닐의 서머힐이 개교하면서 그와 함께 살아남았다. 닐은 자신에게 큰 영감을 준 사람은 레인이며 서머힐의 자치와 비강제 교육의 위대한 사상을 채택하게 만든 장본인이라고 말했다. 닐은 "교육이 학교에서 교과를 가르치고 아이들을 조건화하여 인성을 형성한다는 개념을 잊어라. 오직 진정한 교육은 아이들이 외부의 두려움과 걱정 없이 자기 방식, 자기 시간으로 성장하도록 돕는 것이다. 호머 레인은 그 방법을 증명했다."[15]라고 썼다.

레인처럼 닐은 젊은이들이 강요받지 않고, 성인들이 무엇을 어떻게, 언제 배울지 가르치지 않고 자기 관심을 추구할 때 가장 잘 배울 수 있다고 믿었다. 닐은 자기 교육철학을 "방종이 아닌 자유"라고 말했다. 즉 아이들(성인)에게는 방종이 아닌 책임을 수반하는 자유를 부여해야 한다고 주장했다. 서머힐 학생들은 오늘날까지 이런 자유를 누리고 있다. 그들은 동등한 투표권을 갖는 공동체의 각 성원과 함께 자치 규칙과 정책을 결정하는 중요한 참여자들이다. 아이들과 성인들은 각각 한 표의 투표권을 행사하며 가치는 모두 동등하다. 서머힐의 젊은이들에게는 강제 수업, 교육과정, 필수과목, 시험 등이 없으며 자기 학습의 주도자 위치에 있다. 전통적인 수업은 교사가 제공하지만, 아이들에게 의무적이 아니다. 특히 학교에서 좋지 않은 경험을 가지고 서머힐에 도착한 아이 중 일부에게서 수개월이나 심지어 수년간 전통적인 수업에 출석하지 않는 경우도 볼 수 있다.[16] 젊은이들은 사람, 자원, 주변 공간을 이용하여 자기 관심을 추구하고 자기 숙달을 증강하며 필수 지식과 기술을 획득한다.

강제학습은 비록 그것이 친절하고 개방적일지라도, 젊은이들의 의지를 박탈하여 평생 권위주의의 영향에 순응하게 만든다. 학교 교육의 기본 교리의 특성인 강제학습과 교육과정은 레인과 닐의 손안에서 관심 기반, 자기주도적 학습, 비강제적인 선택학습, 자유와 책임의 민주적 사상으로 대체되었다. 듀이는 대중교육의 개혁에 초점을 맞췄으나 레인은 학교 교육이 없는 교육, 즉 언스쿨링의 기초를 닦았다.

현재 교사－중심교육이 아닌 학습자－중심교육에 관한 대중의 관심은 어느 때보다 점점 더 거세지고 있다. 이런 현상은 1960년대의 사회적 혼란 속에서 탄생한 열혈 대중들에게서 찾을 수 있다. 당시 수많은 교육자가 새로운 학교를 세우거나 전통적 학교를 변형하여 덜 억압적이고 더 아동 친화적인 학교로 만들기 위해 노력하는 가운데 수많은 저서와 실험이 급증했다. 이런 교육자 중 일부는 **서머힐**을 이상적인 모델로 생각했다. 닐의 저서인 **서머힐 학교: 아동기의 새로운 관점**(Summerhill School: A New View of Childhood)이 1960년에 출판되면서 초판 인쇄본이 무려 2백만 부나 팔리는 이변이 일어났다. **서머힐**에서 닐은 학교 지도자로서 몇 년 동안의 세월을 회고하고 교육이 무엇이 되어야 하는지에 대한 비전을 공유했다. 그는 다음과 같이 썼다.

> 아이의 역할은 아이를 걱정하는 부모들이 살아야 한다고 생각하는 삶이 아닌, 자신의 삶을 사는 것이다. 그런 삶은 가장 좋은 것을 안다고 생각하는 교육자의 목적에 따르는 삶이 아니다. 이런 모든 방해와 성인들의 가르침은 오직 로봇 세대를 생산할 뿐이다.[17]

닐의 메시지는 큰 반향을 불러일으켰다. 교육자들은 아이들에게 더 많은 자유와 자율성을 허용하려고 노력했지만, 듀이 주의의 교육자와 레인의 영향을 받은 교육자 간의 분열은 점점 더 치열해졌다. 듀이 주의의 교육자에게는 덜 제약적인 교실, 더 나은 교육과정, 그리고 개선된 교육방법이 학교 교육을 향상할 수 있었다. 반면 레인의 교육자들에게 학습자는 억압으로부터 자유로운 지도자이며 세계는 아이들의 교실이었다.

서머힐의 출판에 이어 작가이며 사회 비평가인 폴 굿맨은 1964년에 자신의 저서, **강제적인 잘못된 교육**을 저술하여 전통적인 학교 교육을 맹렬히 비난했다. 연방정부의 학습부진아 방지법(No Child Left Behind), 공통핵심 교육과정 구조, 어린 나이에 치르는 고부담평가, 장시간의 수업일수 등이 곳곳에서 맹공을 받기 훨씬 전이었던 60년대에 굿맨은 학교 교육을 교육과 비슷하게 취급하는 문제에 대해 강한 경고를 보냈다. 그는 불과 1세기 만에 강제적인 학교 교육이 가정기반 학습과 지역사회의 도제제도 등 이전의 수많은 비형식적 교육모델을 파괴했다고 주장했다. 비강제 교육과 더 진정한 지역사회 기반교육의 주창자들은 레인, 닐, 굿맨 등으로부터 큰 영향을 받았다. 굿맨은 1970년 자신의 저서인 **새로운 개혁**(New Reformation)에서 다음과 같이 썼다.

> 현재 널리 시행되고 있는 학교 시스템은 본질상 억압적이다. 젊은이들은 이미 잘 알려진 여러 가지 이유로 반드시 학교에 출석해야 한다. 그 이유 가운데 젊은이들의 행복이나 사회의 행복에 필요한 것은 없다. 원시사회이든지 고도의 문명사회이든지, 매우 최근까지 아이들을 위한 모든 사회의 교육은 특별한 목적을 위해 세운 학교가 아닌 대부분 우연히 일어났다.[18]

1970년대를 휩쓴 또 다른 문화 개혁자에는 이반 일리치(Ivan Illich)가 있다. 일리치는 현대 학교 교육과 강제적인 교육과정에 대한 굿맨의 비판에 크게 공감했다. 오스트리아의 신부이며 철학자인 일리치는 일반적인 사회 제도의 연장선에서 교육 시스템을 강하게 비판했다. 일리치는 인간은 시스템에 의해서 자기주도성을 박탈당한 결과, 완전한 자유와 번성이 불가능한 상태에 빠졌다고 주장했다. 즉 강제적 학교 교육에 조건화된 젊은이들은 자율성과 타고난 학습 경향성을 상실하고 대신 가르침을 받도록 훈련되었다는 것이다. 일리치에 의하면 이런 과정은 개인의 능력을 근절시켜 인간이 평생 시스템화된 사고 속에서 살아가도록 변화시킨다. 일리치는 70년대 자신의 저서인 **탈학교 사회**(Deschooling Society)에서 다음과 같이 시작한다.

> 많은 학생, 특히 가난한 사람들은 학교가 자신들에게 무슨 일을 하고 있는지 직관적으로 안다. 학교는 아이들에게 과정과 실체를 혼동하도록 가르친다. 일단 이것이 모호해지면 새로운 논리가 정립된다. 교정을 많이 할수록 결과가 더 좋다. 또는 단계적 확대가 성공을 이끈다. 그리하여 학생들은 '학교화(schooled)'되어 학습을 가르침으로 혼동하고 교육을 광고로, 능력을 졸업장으로, 무엇을 새롭게 말하는 능력을 유창성으로 평가한다. 그들의 상상력은 학교화되어 가치 대신 서비스로 받아들인다.

"단지 교육뿐 아니라 사회적 실재, 자체도 마찬가지로 학교화되었다."[19]라고 일리치는 계속 주장한다.

일리치의 저서와 탈학교 사회의 비전에 영감을 받은 존 홀트는 일리치와 서신을 주고받으면서 돈독한 관계를 맺고 멕시코의 일리치 연구소를 방문했다. 1964년과 67년에 출판된 홀트의 저서, **아이들은 어떻게 실패하는가**(How Children Fail)와 **아이들은 어떻게 배우는가**(How Children Learn)

는 각각 베스트셀러에 올랐다. 그러나 홀트는 점차 제도화된 학습 문제를 설득력 있고 상세히 폭로한 이런 책들로는 충분하지 못하다는 생각에 미치게 되었다. 일리치의 메시지는 홀트의 사고를 명료화하는 데 큰 도움을 주었다. 당시 다른 진보주의 교육자들과 달리 홀트는 학교 교육의 개혁이 가능하다는 주장에 전혀 동의하지 않았다. 대신 그는 대안을 받아들여 1970년대 내내 학교 교육으로부터 학습의 분리를 주장했다. 부모들이 아이를 학교에서 중퇴시키고 홈스쿨링을 실행할 것을 촉구했다. 그의 80년대 저서, **스스로 가르쳐라**(Teach Your Own)에서 "세계 안에서 성장하는 아이들의 생활 터전인 가정의 가장 중요한 가치는 가정이 일반적인 학교보다 더 나은 학교가 아니라 가정은 **전혀 학교가 아니라는 사실이다.**"[20]라고 썼다. 홀트는 "언스쿨링"이라는 용어를 최초로 창안하여 사용했으며 학교 교육의 사고방식, 심지어 가정교육의 사고방식과 훨씬 더 먼 거리를 유지해야 한다고 촉구했다.

일리치와 홀트가 탈학교 사회를 상상하고 있던 동시대에 다니엘 그린버그(Danial Greenberg)는 미국에서 이런 비전에 기초한 학교를 설립했다. 그린버그는 컬럼비아 대학의 물리학 교수를 사직하고 매사추세츠로 이사했으나 두 부부는 아들에게 맞는 학교를 찾지 못했다. 그래서 그린버그는 학교설립팀을 꾸려서 서머힐처럼 자치와 개인의 책임을 중요시하는 민주주의 원리와 자기주도적인 교육철학에 기초한 그들만의 학교설립을 결정했다. 이리하여 1968년 매사추세츠 프레이밍햄에서 서드베리 밸리 학교(Sudbury Valley School)가 문을 열었다. 이 학교는 1960년대에 탄생하여 지금까지 생존한 몇 개 안 되는 진보주의 학교 중 하나로 남아 있으며 언스쿨링과 자기주도교육에 관심이 있는 부모와 교육자들에게 지속적인 영감을 주고 있다. 이 학교에는 수업이 전혀 없으며 젊은이들은 자기 관심을 추구하고 자기에게 가장 관심 있는 것들에 집중하면서 시간을 보낸다.

현대의 언스쿨링

20세기의 중반 이후 진보주의적이고 자기주도적인 많은 학교가 방향을 잃고 허둥대는 동안(8장 참고), 가정을 중심으로 하는 홈스쿨링 운동이 활발히 전개되었다. 부모들이 강제적인 학교에서 아이들을 중퇴시키라는 존 홀트의 요구가 많은 사람에게 큰 반향을 불러일으키면서, 홈스쿨러의 수가 급증했다. 1985년 홀트가 사망하기 전까지 존 홀트 곁에서 함께 일했던 패트릭 파랑가(Patrick Farenga)는 언스쿨링 부모이며 현재 보스턴에서 홀트 재단의 책임을 맡고 있다. 파랑가는 홈스쿨링을 선택할 가정은 미국 초중등학생 총인구의 2% 이상이 안 될 것으로 홀트는 예상했다고 회고했다.[21] 그러나 오늘날 홈스쿨링 수는 2백만 명을 넘어섰다. 이는 미국 총 학생 인구의 약 3.5%를 차지하는 놀라운 비율이다.

모든 지표는 언스쿨링의 두드러진 증가세를 보여준다. 미국 교육부가 발표한 가장 최근 자료는 2016년 홈스쿨링 가족 중 20%는 형식적인 교육과정에 거의 의존하지 않고 "항상" 또는 "거의" 비형식적 방법을 이용하는 사실을 보여주었다. 이 수치는 2012년의 13%보다 더 증가한 비율이다.[22] 완전한 홈스쿨링을 선택하는 부모는 대부분 전통적인 학교 교육의 획일성과 표준화를 거부하고 집안에 비슷한 모델을 들이는 것을 꺼린다. 그들은 학습을 중시하여 전반적인 학교 교육의 사상을 배척한다.

오늘날 언스쿨링 운동에서 나타나는 한 가지 신선한 변화는 철학자가 아닌 부모들이 이 운동을 주도하는 점이다. 아이들을 길러 본 적이 없는 일리치나 홀트와 달리 오늘날 언스쿨링 주창자들은 자신의 아이들을 관찰하고 이야기를 듣는 이런 교육 방법을 점점 더 많이 선택한다. 여러 가지 사례가 보여주는 것처럼 자연스럽게 펼쳐지는 아이들의 배움을 가까이서 지켜본 언스쿨링 부모들은 이런 배움이 학교 교육으로 인해 중단되기를 바라지 않는다. 물론 아이를 학교에 보낸 후 그것이 잘못된 선택이었다는 사실을 깨닫는 일은 더욱 원하지 않는다. 찬다 매크레이리(Chanda McCreary)는 딸 아이의 양육을 선택하는 과정에서 아동 중심 교육을 가장 중요하게 여겼다. 언스쿨링을 알기 전에 찬다는 진보주의 교육에 큰 관심이 있었다.

교육학 학사와 석사학위 소지자이며 전직 교장인 찬다는 아이들의 내적 호기심과 아이들이 주도하는 열정을 시들게 만드는 공교육의 사례를 수없이 목격했다. 일단 엄마가 되자, 찬다는 주류적인 학교 교육의 모델이 자신의 양육관과 크게 다른 점을 발견했다. "우리는 애착 양육으로 아이들을 길렀으며 공립학교는 그 연장으로 느껴지지 않았다. 우리는 두 엄마 가족이어서 가족 구조 등 여러 가지 면에서 반드시 다양성을 중시하는 개방적인 학교에 우리 딸을 보내기를 희망했다."라고 그녀는 말했다. 딸이 유치원에 다닐 때까지 찬다는 아직 언스쿨링과 자기주도교육을 몰랐기 때문에 아이를 인가받은 몬테소리 학교에 보냈다. 이 학교는 공립학교와 매우 비슷한 모델이며 몬테소리 방법을 훈련하는 교사 양성소가 병설되어 있었다. 찬다는 몬테소리 교육 방법에 관심이 있어서 딸이 다니는 학교에서 대리 교사로 일하면서 결국 몬테소리 교원 자격증을 얻어 몬테소리 학교의 정교사가 되었다.

처음에는 아동 중심의 몬테소리 교육과정, 화려한 교실 환경, 그리고 유연한 교육 방법이 딸 아이에게 매우 적합한 것처럼 보였다. 그러나 점점 찬다는 교육과정의 기대와 가르치는 방법은 아이의 친자연학습과 절충한 결과라는 사실을 알게 되었다. 찬다는, 교실은 상당히 자기주도적이라고 말했지만 사실 한계가 있었다. "교실의 선반에는 쉬운 것에서부터 어려운 것으로 각 영역에 따라 자료가 놓여 있었다. 학생들은 무슨 영역을 배울지 선택할 수 있으나 선반 위에 마련된 자료만 사용해야 했다.

그러므로 특정 영역의 선반 위에 있는 자료로 특정 활동을 끝내지 못하면 다음 활동으로 넘어갈 수 없었다. 자료들은 오직 한 가지 방법, 즉 원래 의도했던 자료의 사용법에 따라 교사가 단계별로 가르쳤던 방법만 사용할 수 있었다."라고 그녀는 말했다. 아이의 교육과정 숙달 정도는 학력증강 프로그램 보고서에 따라 평가했다.

찬다의 딸은 이런 방법과 기대에 숨이 막히기 시작했다. 아이는 큰 관심이 있는 프로젝트를 수행할 시간과 공간이 없어서 크게 실망했다. 성취감 없는 과제완성이 지루하게 느껴졌다. 찬다도 딸이 특정 과목은 "잘하고" 다른 과목은 "못한다는" 신념을 내면화하여 수학과 미술을 포함한 다양한 과목에서 형성되는 고착된 태도를 발견했다. 4학년 말쯤 찬다와 남편은 몬테소리 학교에서 딸을 데리고 나와 탈학교 과정을 시작했다. 그들은 홈스쿨링을 시작했다. 그러나 궁극적으로 딸이 좋아하는 프로젝트를 추구할 시간과 공간을 확보하기 위해서는 언스쿨링과 자기주도교육이 더 적합하다는 정보를 알게 되었다.

현재 13살인 아이는 자기 목적을 추구하고, 자기에게 의미 있는 수업을 선택하고, 일상의 삶 속에서 배움을 키우면서 자기만의 교육 방법을 꾸준히 구축해 가고 있다. 뒤늦게 깨달은 찬다는 다른 교육의 선택보다 몬테소리 학교 교육의 선택이 더 기쁘다고 말했으나 언스쿨링과 자기주도교육이 자신의 어휘록에 담기기를 소망했다. "당신은 내가 학부와 대학원까지 쭉 학교 교육을 받았기 때문에 그렇게 했을 것으로 생각할 것이다!" 찬다는 계속했다.

> 나는 지금도 자기주도교육과 가정교육의 실천지식과 방법에 대해 초보 엄마다. 나는 이런 방식의 삶을 사는 가정의 모범이 되어 그들을 대변하는 목소리를 내고 앞으로 자기주도교육을 시도하려는 가족에게 다양한 선택의 기회를 제공할 수 있기를 희

망한다. 대중교육이 대중들에게 효과적이지 않다는 증거는 너무 많이 있다. 우리는 무엇이 효과적인지 잘 살펴보고 모든 가족을 위한 그런 선택에 돈과 에너지를 사용해야 할 것이다.

현재 언스쿨러의 1세대들이 성인이 되면서 자기주도교육의 효과성을 입증하려는 연구물들이 쏟아지고 있다. 아직 초기 단계지만 피터 그레이(Peter Gray)와 지나 라일리(Gina Riley)는 2013년에 200여 세대의 언스쿨링 가족을 대상으로 언스쿨링의 장단점에 관한 경험을 조사했다. 연구 결과에 따르면 언스쿨링 부모는 언스쿨링과 그 결과에 대부분 크게 만족하고 있었다. 그러나 연구자들은 정작 언스쿨러 자신들은 언스쿨링의 교육 경험을 어떻게 생각하는지 궁금해서 후속 연구를 수행했다.[23]

2014년 성인 언스쿨러를 대상으로 한 조사에서 그레이와 라일리는 언스쿨러들도 자신의 경험에 크게 만족하며 다양한 직업 경로에서 충만하고 자립적이며 자기주도적인 삶을 계속 유지하는 사실을 밝혀냈다. 특히 조사 대상의 언스쿨러 중 절반 이상이 다양한 분야에서 기업가로 성공했다는 사실은 큰 관심을 끌었다. 조사 대상인 언스쿨러들은 대부분 대학 진학에 앞서 형식적인 학업훈련을 거의 거치지 않고 곧바로 대학에 진학했는데도 불구하고 학문 분야에서 탁월한 성취를 나타냈다. 조사에 의하면 대학진학률은 언스쿨링을 단기간이나 중간에 시작한 언스쿨러들과 비교하여 "처음부터 계속한" 언스쿨러들이 가장 높았다. 대학에 진학한 언스쿨러들은 대부분 대학지원과정에서 특별히 복잡하거나 어려운 일은 없었다고 말했다. 그들 중 대다수가 고등학교 과정이나 GED(General Educational Development; 고등학교 학력인정시험), 그리고 SAT(Scholastic Assessment Test; 수학능력평가)나 ACT(American Collage Testing; 미국 대학입학시험) 시험에 응시하지 않은 사례도 있었다. 대안 교육의 아이들을 점점 더 많이 뽑거나 아니면 적극적으로 학생모집에 나서는 대학이 점점 늘고 있다. 대학진학에 뜻을 둔 언스쿨러는 지원과정을 준비하기 위해 대부분 4년제 대학 학위 프로그램에 앞서 지역사회 대학(Community College)에 등록하는 경우가 많았다.[24]

대학에 진학한 대부분 언스쿨러는 대학 생활과 형식적인 학문에 잘 적응했다. 그러나 그들의 가장 큰 불만은 "동료들의 동기와 지적 호기심의 부족, 제한적인 대학의 사회생활, 드문 경우지만 교육과정이나 학점 시스템에 의한 제약"[25] 등이었다. 지난 50년간 서드베리 밸리 학교의 졸업생을 대상으로 수행한 연구도 자기주도교육과 비슷한 결과를 보여주었다(8장 참고). 이런 성인 언스쿨러의 성과와 만족도에 관한 초기의 연구 결과는 적은 편이지만 전망은 매우 밝다고 볼 수 있다. 특히 이런 결과는 아이들에게 이런 교육방식을 고려하고 있는 오늘날 부모들에게 매우 고무적이라고 할 수 있다.

방종이 아닌 자유

언스쿨러들은 종종 교육과 양육에 대한 신념을 공유하지만, 오히려 매우 혼란스러운 상태에 있다. 언스쿨링 접근 방법의 스펙트럼은 매우 넓다. 언스쿨링은 대부분 자기주도적이지만 극히 좁은 교육과정(예를 들어 수학)에 의존하는 등 다양하거나 느슨한 홈스쿨링에서부터 언스쿨링 철학과 사상을 삶의 전 영역으로 확장하여 수면시간, 음식물 선택, 개인 위생, 영상시청 시간 등을 완전히 아이들의 자율적 결정에 맡기는 "급진적인 언스쿨링"까지 포괄범위가 매우 광범위하다. 현재 언스쿨링 가족은 이런 스펙트럼을 기반으로 아이의 나이와 발달단계에 따라 유동적으로 이동하고 있을 것이다. 하지만 대부분의 가족은 스펙트럼의 중간 어디쯤에 맴돌면서 내가 말하는 "개방적 언스쿨링(Open unschooling)" 접근 방법을 수용할 것이다.

1969년에 출판한 자신의 저서 **개방 교실**(Open Classroom)에서 콜(Kohl)은 학습환경을 권위적, 허용적, 개방적 환경 등 3가지 환경으로 분류했다.[26] 권위적 환경은 권위적 인물에 묵묵히 따르기를 요구하는 매우 일반적이며 엄격한 환경이다. 허용적 환경은 아이들이 멋대로 하는 행동을 수용하는 관대한 환경이다. 개방적 환경은 아이들과 성인들이 서로 통제하지 않기 때문에 심화학습을 촉진하는 환경이다. 우리는 언스쿨링을 둘러싸고 가끔 "언스쿨링은 비양육이 아니다."라는 말을 듣는다. 이는 개방적 환경 대 권위적 환경 또는 허용적 환경을 촉진하는 사례가 될 수 있다.

개방적 언스쿨링 환경은 존중, 강요로부터 자유를 공유하며 각 개인의 동기를 신뢰하지만 사회 계약을 수반한다. 계약의 내용은 각 언스쿨링 가족이나 단체에 따라 다를 수 있으며 계속 변하면서 진화한다. 닐의 말을 빌리면 이는 "방종이 아닌 자유"다. 자유는 간단히 규정할 수 있다. 즉 자유가 방종이나 허용으로 흐르지 않도록 보장하는 일은 자유를 주는 일보다 더 어려운 까닭에 개인의 자유가 다른 사람의 자유에 부정적이지 않도록 보장하는 정도에 따라서 달라진다. 1966년 닐은 자신의 저서, **방종이 아닌 자유다!**에서 이 개념을 상세히 설명했다. "지나치게 확장된 자유는 방종으로 흐르기 쉽다. 나는 방종은 다른 사람의 자유에 대한 방해라고 정의한다. 예를 들어 우리 학교에서 아이들의 수업 참여는 자기 일이기 때문에 자유다. 그러나 다른 사람이 공부하거나 잠자고 싶을 때 연주하는 트럼펫은 자유가 아니다."[27]

언스쿨링 가족들은 우선적인 가족의 사상과 가족의 가치를 바탕으로 방종이 아닌 자유 수준을 유지한다. 예를 들어 언스쿨링 부모는 아이들의 문제 풀이를 강요하지 않지만, 아이가 받은 생일선물에 대한 감사의 글을 쓰도록 권유할 수 있다. 아이에게 특정 공예품의 만들기를 요구하지 않지만, 친구가 가고 나면 침실 바닥에 널린 종이를 치우게 할 수 있다. 아이가 읽어야 할 책을 선택하지 않지만 잠자기 전에 원하는 아이에게 **호빗**을 소리 내어 읽을 수 있다. 그들은 아이들의 스크린 타임을 제한하지 않지만, 집안의 TV를 없애는 일은 선택할 수 있다.

자유, 방종이 아닌 자유는 언스쿨링 가족에 따라 각각 다른 모습을 띨 수 있다. 핵심은 상호존중과 책임공유다. 아이들이 참여하거나 참여하지 않을 활동 내용과 자기 시간의 사용 방법에 대해서는 완전히 자유다. 그러나 아이들은 가족 구성원, 가사, 공동체의 책임이 있다. 마찬가지로 언스쿨링 부모는 아이가 가진 교육의 자유를 이해하지만, 아이의 건강과 행복을 보살피는 좋은 부모가 되기 위해 아이의 욕구와 관심에 유의할 책임이 있다. 이는 상식의 문제다. 부모는 해로운 것, 특히 어린아이가 찾는 것 중에 악명이 높은 것으로부터 아이를 보호할 책임이 있다. 나는 내 아이가 걸음마를 뗄 무렵 이웃 친구를 만나기 위해서 차로를 횡단하고, 다가오는 시내버스 앞에서 마구 점프를 해댄 적이 너무 많아 일일이 기억할 수 없을 정도다. 그때마다 아직 어린 아기에게 그런 자제력이 거의 없는 점을 알기 때문에 아이의 손을 꽉 붙잡는다. 부모는 아이에 대해서 가장 잘 안다. 우리는 온당한 범위 안에서 자기주도성과 자제력을 장려할 수 있다. 닐은 **서머힐**에서 이런 점을 상기시킨다. "물론 자제력이 상식과 연결되지 않는다면 어떤 이론적 견해와 마찬가지로 위험하다. 오직 어린아이를 돌보는 바보만이 아기방에 난간 없는 창문이나 안전망 없는 난로를 설치할 것이다."[28]

가족의 가치

가족의 가치는 가정생활의 양태와 관계없이 반드시 언스쿨링에 영향을 주어 유년기의 경험과 노출 정도를 결정한다. 사이라 시드디키(Saira Siddiqui)의 보수적인 무슬림 관점은 세 명의 아이를 둔 텍사스 언스쿨링 맘의 역할과 양립하기 어려울 것이다. 하지만 사이라는 아이들에게 자유와 자율성을 허용하면서 종교적 신념에 따르는 생활이 가능하다는 사실을 알게 되었다. 사이라는 다음과 같이 말했다. "나는 보수적인 종교관은 언스쿨링과 모순된다고 생각할 때가 많았다. 예를 들어 내가 믿는 종교에는 여러 가지 훈육 방식이 있다. 사춘기 나이가 된 무슬림은 하루에 5번씩 기도해야 한다. 그것은 내가 내 개인적인 삶을 지키고 내 아이들도 그렇게 하기를 바라는 신앙의 표현이다." 하지만 사이라는 아이들의 신앙은 외부 권위자의 강제적 주입이 아니며, 아이들이 중요하게 생각하고, 질문하고, 토론함으로써 내적인 신념체제에서 저절로 나오는 것이라는 점을 분명히 했다. 현재 6살 난 아이와 9살 난 쌍둥이 아이들은 너무 어리기 때문에 신앙을 중요하게 가르치며 가정생활의 일부로 지키고 있다. 그러나 사이라는 신앙은 아이들의 내부에서 우러나와 지속적인 점검의 대상이 되어야 한다고 믿는다. 사이라는 다음과 같이 말했다. "나는 높은 경지에 오르는 신앙과 의심은 반대라고 생각하지 않는다. 나는 로봇 신앙인을 바라지 않는다."

사이라의 언스쿨링 방법은 유연한 양육의 흐름에 따른다. 사이라의 양육은 아이의 주도성, 욕구에 대한 반응에 따르는 한편 개인 발달을 촉진하는 가정환경을 조성한다. 교육학 석사학위 소지자로서 엄마가 되기 전에 교사로 일한 경력이 있는 사이라는 아이들을 공립학교에 보낼 계획을 세우고 있었다. 하지만 아이가 학교에 갈 나이가 되어 지역사회의 학교를 둘러본 후 생각이 바뀌었다. 학교가 모두 엄격하고 지나치게 하향식이라는 생각이 들었다. 사이라는 집 안에서 아이들의 배움이 어떻게 독창적으로 전개되는지, 그들이 어떻게 책, 대화, 탐험에 자연적으로 이끌리는지 자주 보고 관찰했다. 학교 교육은 아이들의 친자연학습과 개인의 성장을 촉진하는 데 한계가 있다고 느꼈다.

사이라는 아이들을 공립학교에 보내는 대신 홈스쿨링을 하기로 작정하고 성인이 선택하는 활동과 프로젝트를 기반으로 하는 전통적인 가정학교를 시작했다. 하지만 여러 차례의 시행착오를 겪은 끝에 마침내 언스쿨링 방식을 찾을 수 있었다. 사이라는 인기 있는 블로그의 시작과 거의 동시에 언스쿨링을 시작했다. **무슬림 맘의 고백**(Confession of a Muslim Mom)이라는 블로그는 수천 명의 팔로워를 두고 있다. 아동주도학습과 친자연양육에 대한 그녀의 생각은 종교와 세속적인 부모 모두를 위한 내용으로 꽉 차 있다. 현재 사이라의 아이들은 일련의 교육과정이 없이 자기 관심을 추구하면서 배운다. 가족들은 자주 여행하고 새로운 문화와 언어를 탐구하며 아이들의 배움을 형성하는 새로운 경험에 심취해 있다.

신앙은 가족의 삶과 배움의 핵심적인 특성 중 근본을 형성한다. 사이라는 언스쿨링이 비양육이 아니며 부모는 자신의 개인적인 철학적 신념을 아이들에게 확장할 수 있으며 확장해야 한다는 점을 통감한다. "특정 가치의 전수는 가정과 지역사회에서 살아가는 삶의 본질이다. 그것은 문화가 기능하는 방식이다."라고 사이라는 말한다. 사이라는 언스쿨링의 관점과 강한 종교적 신념, 또는 다양한 생활방식의 신념(예를 들어 완전 채식주의)과 화해하는 가장 좋은 방법은 두려움과 강요가 아닌 개방성과 자신감의 관점에서 이런 이데올로기에 접근하는 방식이라고 생각한다. 사이라는 다음과 같이 말한다.

종종 당신이 믿음을 지켜야 할 입장에 설 때, 아이들이 그 믿음을 좇지 않을 것이라는 두려움을 느낄 것이다. 그런 두려움은 당신과 아이의 상호작용방식에 악영향을 미친다. 나는 두려움에 사로잡힌 믿음이 다른 사람에게 그런 믿음을 심어 주는 최상의 방법이라고 생각하지 않는다. 두려움의 해독제는 완전한 자신감, 확신, 그리고 당신 자신의 신념을 더욱 확고히 하는 일이며 그렇게 되면 두려움은 사라질 것이다.

언스쿨링은 자유와 책임을 다양한 방식으로 정의하고 가족의 가치는 아이들이 살아가는 삶의 모습을 그릴 것이다. 하지만 이런 가족에게서 보편적 주제가 출현할 가능성이 있다. 즉 언스쿨링을 통해 완전히 하나로 통합된 삶과 학습이다. 이것저것으로 분리되는 일은 없다. 아이들이 "실제 세계"에서 분리되는 일도 없다. 이는 현실이다. 그레이스 릴렌즈(Grace Llewellyn)와 에이미 실버(Amy Silver)가 자신들의 저서 **게릴라 학습**(Guerrilla Learning)에서 쓴 것처럼, "언스쿨링은 '삶' 또는 '비제도적 성장'을 의미하는 환상적 용어"다.[29] 아이들은 자기 세계의 탐험과 발견을 몹시 열망한다. 그들은 자기 관심에 따른 의미 있는 일과 행동을 하면서 무한한 호기심에 이끌린다. 언스쿨링 부모인 우리는 아이들의 질문과 생각에 귀를 열고 아이들을 돕고 격려하여 아이들이 더 넓은 세계와 연결하도록 조력해야 한다. 무엇보다 중요한 목적은 아이들의 친자연학습, 강요로부터 자유를 촉진하는 일이다. 우리 자신을 학교화된 사고방식의 영향으로부터 분리하는 일은 더 벅찬 목적이 될 수 있다.

언스쿨링 팁

언스쿨러의 스펙트럼을 인정하라. 언스쿨링의 산하에는 다양한 접근 방법이 있다. 언스쿨링은 공동체의 모든 자원을 이용하는 관심 기반, 자기주도적 학습을 포괄하는 용어다. 자유, 아동의 개인 발달에 대한 존중, 확실한 열정은 언스쿨링의 핵심이다. "방종이 아닌 자유"는 기대와 가치가 서로 다른 까닭에 가족에 따라 다른 모습을 띤다.

관심에서 출발하라. 언스쿨링에 뜻이 있는 부모들은 어떻게 학교 교육의 모델에서 학습모델로 이동하여 언스쿨링을 시작할지 궁금해할 것이다. 아이의 관심에서부터 시작하라! 아마 아이들은 학업 외에 일주일을 채울 특별활동을 이미 마련해 두었을 것이다. 이것을 일주일의 중핵으로 만들라. 더 이상으로 "추가"는 없다. 아이가 즐기는 활동, 그리고 아이의 일상적인 공동체 생활에서 끊임없이 출현하는 관심거리는 아이의 교육이 된다.

비강제 학습의 진가를 인정하라. 언스쿨링의 주요 특징은 비강제 교육, 또는 '노'라고 말하는 능력에 초점이 있다. 아마 당신은 책상 위에 수학 문제집을 올려놓고 아이가 풀 것을 기대할 것이다. 아니면 아이를 위한 공예품을 만들어 놓았을 것이다. 아니면 미국의 독립전쟁에 관한 책을 읽어 줄 것이다. 아이는 '노'라고 말할 자유가 있다(항상 그렇게 해 왔을지라도, 당신이 소리를 내서 책을 읽거나 공예품을 만들기 시작하면 아이는 거기에 참여할 수 있다!).

어떤 사람의 '노'가 다른 사람의 '예스'를 침해할 때 비강제성은 더욱 곤경에 빠지게 된다. 이는 다시 "방종이 아닌 자유"의 관점으로 돌아간다. 가족이 좋아하는 숲속 하이킹의 문제를 상상해 보자. 한 아이가 싫다는 의견을 내면, 자연에서 보내는 시간을 중요하게 여기는 이유 등 가족

끼리 주고받는 이야기와 어느 정도 토의가 필요할 것이다. 아니면 정말로 하이킹을 싫어하는 아이는 친구나 친척 집의 방문과 같은 다른 선택을 할 것이다. 큰아이는 그냥 집에 있을 수 있을 것이다. 자신의 자유가 다른 사람의 자유에 부정적 영향을 미치지 않는 자유를 허용하는 것은 계속 진행되는 도전이며 각 도전에 따른 다른 해결책이 있을 것이다.

언스쿨링의 이분법을 수용하라. 언스쿨링 부모들은 깊이 관여하기도 하고 깊이 관여하지 않기도 한다. 그들은 아이들의 뚜렷한 관심과 개인의 학습 방법을 아는 일과 이런 관심을 더 넓은 자원에 연결하여 학습을 촉진하는 일에는 깊이 관여한다. 그러나 아이들이 스스로 배우고 성장할 때 자유를 주고 주변에서 맴돌지 않는 일과 아이들이 자신의 방식대로 세계를 탐험하여 이해하도록 격려하는 일에는 깊이 관여하지 않는다. 언스쿨링 부모들은 아이들의 생각과 행복에 주의를 기울이며 아이들을 풀어 주고 학습의 자유를 허용한다.

04

예전 같지 않은 어린 시절

"어떻게 어린 시절이 이처럼 잔인하게 되었는가? 왜 주류문화는 강아지에게 적용하면 불법일 수 있는 방식으로 어린 인간을 대하는가? 자연의 둥지와 굴 속에서 태어난 아이들은 지금 그곳에서 추방되었다. 지금 아이들은 한 세대 전에는 상상할 수 없었던 방식으로 실내에 갇혀 지내며 생생한 초록빛 세계와 단절되었다."

– 제이 그리피스, 어린 시절이라는 나라(Jay Griffith, A country Called Childhood)[1]

잘 익은 방울토마토를 넝쿨에서 바로 따먹은 적이 있는가? 아니면 어느 여름날 들판에서 따뜻한 햇볕에 반짝거리는 딸기를 즉석에서 입안에 넣은 적이 있는가? 아니면 어느 가을날 과수원에서 갓 딴 아삭아삭한 사과를 베먹은 적이 있는가? 그런 적이 있었다면 어떤 것도 자연식품과 비교할 수 없다는 사실을 알 것이다. 자연식품에는 딱히 꼬집어 말하기 어려운 진실이 숨어 있다.

마이클 폴란(Michael Pollan)은 음식 작가로 잘 알려진 사람이다. 그는 자신의 저서 **식품의 방어**(In Defense of Food)에서 현재 서양 음식에서 널리 전파된 그가 말하는 “식용 가능한 음식 같은 물질” 즉 가공된 실물 모조 식품과 진짜 식품의 차이를 비교했다.[2] 이런 가짜 식품은 심각한 피해를 가져온다. 최근 미국의 질병과 예방센터(CDC)의 자료에 따르면 미국 성인 중 40%가 비만이고 70% 이상이 과체중에 해당한다. 현재 아이들의 20%도 비만으로 판단된다. 비만은 종종 우리 사회의 제2형 당뇨병, 고혈압, 심장질환, 뇌졸중 등 만성질환의 급상승률과 관계가 있다.[3] 인간이 음식으로 발전시킨, 자연식품에서 너무 멀리 벗어난 이런 “식용 가능한 물질”은 우리 몸을 병들게 만든다.

인공식품이 피해를 가져오는 방식과 마찬가지로 인공학습도 똑같은 피해를 초래한다. 우리는 진정한 배움을 점점 더 “일괄교육 시스템”이나 학교 일(schoolstuff)로 대체하고 있다. 우리는 학교 일이 “식용 가능한 물질”처럼 그동안 심각한 피해를 초래하지 않고 오랫동안 우리 주변에 남아 있었다고 생각한다. 우리는 모두 작은 케이크인 트윙키를 먹고 학교에 갔다. 좋았었다. 그렇지 않았는가? 문제는 오늘날에는 우리 어린 시절보다 인공식품이나 학교 일이 더 많아진 점이다. 그렇다. 우리는 트윙키를 먹었다. 하지만 아마 집에서 점심용으로 구운 영양이 풍부한 식품이었을 것이다. 그렇다. 우리는 학교에 갔었다. 하지만 아마 하루 4시간 정도로 견딜 만한 시간이었을 것이다. 오후, 주말, 여름방학 시간은 완전히 비어 있어서 우리는 자유롭게 놀 수 있었다. 우리 인간은 식품과 배움에서 모두 인위성을 어느 정도 받아들여 적응할 수 있다. 하지만 비정상이 표준이 되면 우리는 그것을 잘할 수 없게 된다.

학교 일의 증가

불과 한 세대 만에 교육의 풍경이 극적으로 변했다. 현재 아이들은 전통적인 학교 교육과 비슷한 다른 교육환경, 즉 아동보호소, 방과 후 교실, 구조화된 특별 프로그램 등에서 이전보다 더 많은 시간을 보낸다. 2004년 미시간 대학의 연구소에서는 미국의 6~7세 아이들이 학교에서 보낸 시간을 조사한 보고서를 냈다. 이 보고서에서는 1981~1982년과 2000~2002년의 자료를 비교하여 분석했다. 연구 결과에 따르면 지난 20년 동안 2000년대 초반의 아이들은 1980년대 초반의 아이들보다 학교에서 훨씬 더 많은 시간을 보낸 것으로 나타났다. 모든 연령 집단의 아이들이 학교에서 보낸 시간은 20년 전보다 더 증가했으며 특히 6살에서 8살까지 어린아이들의 증가세가 두드러졌다. 이 아이들의 학교 교육은 1981~1982년 사이에 하루 평균 5시간이었으나 2002~2003년에는 하루 평균 7시간으로 증가했다.[4] 특히 이 자료에는 학교 밖 프로그램과 학교와 매우 유사한 아동보호 환경이 포함되지 않았기 때문에 실제로 더 심각한 결과가 나올 수도 있다.

그러므로 미시간 대학의 연구자들이 “활동적인 스포츠와 바깥 활동”에서 1980년대에 성장한 아이들보다 2000년대 아이들이 더 적은 시간을 보낸 사실을 밝혀냈다고 해서 놀랄 필요는 없을 것 같다. 놀이가 사라지고 있다. 아이들은 여름을 포함하여 1년 중 더 많은 시간을 학교 일에 소비하고 있다. 미국 노동부의 통계자료에 따르면 1985년 7월에는 아이들의 10%가 입학했으나 2016년 7월에는 무려 42%가 입학하여 대조적인 결과를 보여주었다.[5]

또 다른 연구자들은 학교 일의 증가와 동시에 자유 놀이 시간의 감소를 증명했다. 산드라 호퍼슈와 존 샌드버그(Sandra Hofferth와 John Sandberg)가 실시한 2001년의 연구에 따르면 1981년과 1997년 사이에 유년기 놀이는 16%가 감소했다. 자유 놀이가 감소한 원인은 학교를 포함한 구조화된 활동의 증가와 관련이 있다. 흥미롭게도 산드라 호퍼슈와 존 샌드버그는 이 기간에 일터로 쇄도한 워킹맘들이 학교 시간의 증가와 놀이 시간의 감소를 초래한 유일한 원인이 아닌 사실을 밝혔다. 비슷한 기간에 전업주부들도 학교 일에 더 많이 의존하기 시작했다.[6] 학교가 좋은 곳이었다면 더없이 좋았을 것이다 — 아니면 부모들이 그냥 좋은 곳이라고 생각했을 것이다.

우리는 대부분 동네 친구들과 함께 뛰고 놀았던 오후, 밝은 햇빛과 맑은 바람으로 온몸을 휘감았던 여름방학의 자유를 기억할 것이다. 주위에 어른들은 없었다. 휴대전화가 없었던 시대에도 불구하고 우리는 어른들을 찾는 법과 도움을 청할 장소를 알았다. 오늘날 자유롭고, 비구조화되고, 감독이 없는 이런 종류의 놀이는 실제로 존재하지 않는다. 오늘날 많은 아이는 대부분 어른의 관찰과 감독을 받는 많은 종류의 학교 일에 치여 깨어 있는 시간을 거의 모두 소비하며 지낸다. 길거리 하키, 깃발 풋볼, 이웃과 주고받고 즐기는 공놀이 등 기분 좋은 게임은 사라지고 걸음마 아이에서부터 10대에 이르기까지 모든 놀이는 구조화된 활동으로 대체되었다.

놀이가 사라진 쓸쓸한 동네는 학교 일이 증가하고 놀이를 멀리하는 추세가 초래한 유일한 결과는 아니다. 아이들의 놀이가 쇠퇴하면서 유년기의 정신 건강 문제가 증가했다는 증거들이 속속 드러나고 있다. 2011년 **미국 놀이 저널**(American Journal of Play)에 실린 논문은 놀이의 순차적인 감소와 동시에 일어난 유년기의 불안, 우울증, 무력감, 자아도취, 그리고 다른 정신질환의 지표 간의 인과관계를 주장했다.[7] 다른 연구자들도 놀이 박탈에 관한 충격적인 동향을 밝혀냈다. 소아과 전문 치료자인 안젤라

한스콤(Angela Hanscom)은 자신의 저서 **균형과 맨발**(Balanced and Barefoot)에서 자유 놀이의 중요성과 그것이 정서와 신체에 미치는 긍정적 영향을 설명했다. 그녀는 활동적인 자유 놀이가 감소하면서 감각과 운동 발달의 지체 현상이 점점 증가했다고 주장했다. 한스컴은 "오늘날의 아이들을 과거 세대와 비교했을 때, 과거 세대를 따라갈 수 없다는 점은 냉정한 진리다. 아이들은 점점 약해지고 회복력이 늦추어지고 상상력은 더 빈약해지고 있다."[8]라고 말했다.

성인이 지도하는 구조화된 활동에 더 많은 시간을 보낼수록, 아이들의 자유 놀이 시간은 점점 더 줄어들면서 아이들의 신체, 인지, 정서 등 전체적인 발달에 심각한 영향을 미치고 있다. 콜로라도 대학 연구소의 볼더(Boulder)는 2014년의 보고서에서 음악 교습, 단체 스포츠, 숙제와 같은 구조화된 활동에 더 많은 시간을 보낸 어린아이들이 자유 놀이, 흥미로운 독서, 도서관이나 박물관 방문 등 비구조화된 활동으로 시간을 보낸 아이들보다 "자기주도적 실행기능(self－directed executive functioning)"이 더 떨어지는 점을 규명했다.[9] 실행기능이란 목적을 설정하고 완성하는 능력을 말한다. 성인들로부터 자기 시간을 강하게 통제받는 아이는 실행기능의 평가에서 더 낮은 점수를 얻었다. 연구자들에 의하면 어린 시절의 실행기능은 또한 건강, 학업성취, 경제적 성공을 포함한 장기적인 수입의 중요한 지표였다. 아이들이 계획된 활동에 많은 시간을 보내게 되면 자기 주도능력은 떨어지기 마련이다.

이처럼 놀라운 학교 일의 증가와 놀이의 쇠퇴에도 불구하고, 이런 경향에 개의치 않는 부모들이 더 많다. 2017년 갤럽 보고서에 의하면 10살 이하 아이들을 둔 부모들은 자유 놀이가 "창의성과 문제해결력"을 촉진하는 사실은 인정했으나 특별히 이런 특성이 중요하다고 보지 않았다. 실제로 이 연구에서 아이들이 주도하는 비구조화 놀이는 부모들이 중요하게 여기는 항목 중 거의 맨 끝을 차지했다. 반면 학업능력은 높은 순위를 차지했다. 이 보고서는 많은 부모가 아동발달에 대한 비구조화된 어린 시절의 놀이가 갖는 중요성을 인식하지 못하고 아이들의 자유 시간을 걱정하는 경향이 있다고 주장했다.[10] 현재 부모들은 학교 일이 구식의 좋은 놀이보다 더 중요하다고 믿는 경향이 있다. 아동기의 초기 성공과 학업성취에 고도로 집중하게 되면 아이들은 한 세대 전보다 창의성, 협동성, 정서적 회복력이 크게 떨어지는 상태에서 성장하게 될 것이다.

유년기 시절에 창의성이 쇠퇴하는 경향은 심각한 문제이다. 학교 일의 증가와 놀이 쇠퇴의 현상은 문화 창의성의 요구 조건을 중요하게 여기지 않는 부모들과 결탁하여 이전 세대의 아이들보다 덜 창의적인 젊은이의 세대를 양성하는 결과를 초래했다. 놀랍게도 윌리엄과 메리 대학의 김경희 교수는 각 세대의 창의성 점수가 1990년까지 증가한 사실을 밝혀냈다. 그 시점부터 창의성 점수는 점점 낮아졌다. 김경희는 많은 사람이 창의성 측정 도구의 금본위제로 생각하는 토렌스 창의력 사고 검사(Torrance Test of Creative Thinking)에서 좋은 평가를 받은 수십만 명의 점수를 분석했다. 그녀는 1990년 이후 전반적으로 창의성이 유의미한 감소를 나타냈는데, 특히 유치원에서 6학년까지 가파르게 감소한 사실을 밝혔다.[11] 김 교수는 오늘날 미국인들은 25년 전보다 훨씬 덜 창의적이며 개선의 기미가 보이지 않는 점을 발견했다. 김 교수는 자신의 저서 **미래의 교육**(Creativity Challenge)에서 "오늘날 미국을 여기까지 몰고 온 모든 개혁에도 불구하고, 문화는 창의성을 살리기보다 죽이는 쪽으로 변했다. 미국은 가장 잘하는 것을 되찾아야 한다. 창의성을 촉진해야 한다."[12]라고 말했다.

작가이자 편집자인 댄 산체스(Dan sanchez)와 그 아내가 귀여운 딸, 에비(Evie)를 학교에 보내지 않은 이유는 유년기의 창의성을 보존하려는 생각 때문이었다. 딸이 성장하는 모습을 바라보는 한편 비강제적인 친자연학습의 책을 읽으면서 댄은 어린 시절의 학교 교육이 자신의 창의성과 열정을 얼마나 많이 빼앗았는지 깨달았다. "어린 시절의 나를 기억해 보면 늘 에너지와 열정이 넘치는 꼬마였다. 나는 집요할 정도로 내 관심에 깊이 집중했다. 내 관심은 동물학명의 수집에서부터 트랜스포머 캐릭터의 모든 상세한 특징의 암기까지 매우 광범위했다. 그러나 당시 학교는 그런 관심을 닳아 없어지게 했다. 주제에 대한 탐험은 강제적인 의무가 되어 나를 무관심하게 만들었다. 나 자신의 관심을 추구하는 대신 좋은 점수를 얻는 것이 목적이 되었다."라고 댄은 어린 시절을 회고했다.

댄은 현재 5살 난 딸에게서 자기와 비슷한 열정과 관심을 가지고 상상 놀이에 깊이 빠져들고 있는 모습을 보고 있다. 그는 그런 타고난 호기심과 창의성을 인위적인 첨가물이 가득 찬 학교 일의 식품으로 대체하기를 바라지 않는다.

> 나는 내 딸에게서 내가 아주 어린 시절에 가지고 있었던 열정과 매력적인 성향의 특성을 보았다. 내 딸은 장난감 캐릭터에 푹 빠져 있으며 집 안팎에서 자기주도성과 의지로 주제에 숙달하는 방법을 집요하게 배우고 있다. 그녀는 또한 자신이 스스로 발견한 세계야말로 쉽게 접근하여 즐길 수 있을 뿐 아니라 보상의 기회가 넘치는 매력적인 곳이라는 사실을 배우고 있다. 내 딸은 자기 자신에 대해 배우고 있다. 즉 자신은 유능하며 자기가 의미 있다고 생각하는 경험을 스스로 만들어 낼 수 있는 존재.

댄과 아내 모두에게 학교 교육이나 홈스쿨링은 매력적인 선택이 아니었다. 홈스쿨링은 전통적인 학교 교육보다 더 유연하고 더 아동 중심적이지만, 여전히 강요된 과제, 교육과정 지침, 암기학습과 단조로운 평가방식 등 학교화의 기대를 많이 받아들인다. 댄은 자기 집안에 이런 학교 일을 들이지 않는 대신 딸의 끝없는 호기심을 자극하여 어린 시절의 학습과 경험을 스스로 주도하도록 안내한다. "나는 전통적인 학교의 진짜 문제를 이해했다. 문제는 학교가 학교 교육을 잘못한다거나 부모가 집에서 학교 교육을 더 잘할 수 있다는 것이 아니다. 학교 교육이 어디에서 이루어지든지 장소가 아닌 그 자체가 문제다."

학교 교육은 공동체에서 아이들을 분리하여 아이들이 언제, 무엇을 알아야 할지에 대한 특별한 구조를 제공한다. 학교 교육은 집이든지 그 밖의 어느 곳에서든지 아이들 자신이 배우고 수행하고 싶어 하는 일에 관심이 없을 뿐 아니라 아이들의 강한 지식 욕구를 무시한다. 아이들은 배움을 열망한다. 부모로서 우리가 할 일은 아이들이 독특한 자기 관심과 시간표를 추구하면서 더 넓은 세계 안에서 그렇게 할 수 있는 자유와 기회를 허용하는 일이다. 댄의 결론처럼 학교 교육과 관련된 중요한 문제는 "아이들을 넓은 세계에서 분리하여 항상 성인들의 감독, 지시, 교정 아래 두려는 바로 그 생각이다. 비록 집이 수도원이고, 부모가 감독자, 교수자, 그리고 교정자일지라도 그것은 변함없는 사실"이다. 학교 교육이 문제다. 해결책은 넓은 세계 안에서 아이들이 자연스럽고 자유롭게 배울 기회를 주는 것이다.

양뿐만 아니라 질도 문제다

사람들이 단지 아이들을 병들게 하는 식용 가능한 식품 같은 물질을 더 많이 소비하는 것만이 문제가 아니다. 이런 물질의 구성물에는 예전보다 더 해로운 독성이 들어 있다는 점에 더 주목해야 한다. 마찬가지로 오늘날 더 많아진 학교 일만이 피해를 유발한 유일한 것은 아니다. 이전 세대와 비교할 때 현재 아이들이 소비하는 학교 일의 종류는 더욱 심각하다. 오늘날 전통적인 학교 교육은 이전보다 훨씬 더 표준화되고 시험 위주로 변했다. 2001년 미국 의회는 1965년에 제정한 초중등교육법 중 일부를 재인증하여 학습부진아 방지법을 통과시켰다. 학습부진아 방지법은 공교육에 대한 연방정부의 역할을 강화하고 잦은 표준화 시험을 강조하는 등 학교와 교사의 책무성을 더 강화했다.

그 후 몇 년에 걸쳐 거친 숨을 몰아가며 질주했던 표준화, 책무성, 정기적인 시험은 공통 핵심 국가 표준 이니셔티브(Common Core State Standards Initiatives)로 막을 내렸다. CCSI는 모든 공립학교 학생들에게 일련의 획일적인 교육과정과 시험의 구조를 확립하려는 방안이다. 이런 공통 핵심 표준 교육과정은 2009년에 대다수 주 정부가 채택했다. 연방정부는 주 정부가 이런 새로운 표준 교육과정을 채택하여 많은 예산을 지원받도록 유도하기 위해서 "정상을 향한 경주(Race to the Top)"의 정책 보조금을 제공했다. 2015년 12월 모든 학생의 성공법(Every Student Succeed Act)이 학습부진아 방지법을 대신하게 되었다. 비록 ESSA가 주 정부가 자체적인 표준과 평가 기준을 개발하도록 압박했을지라도 교육목적과 책무성에 대한 연방정부의 감독은 여전했으며 또한 모든 공립학교의 정기적인 표준화 시험을 유지했다. ESSA 아래서 주 정부는 "도전적인" 교육과정의 틀을 채택해야 했다. 이는 공통 핵심 기준이 될 수도 있고 그렇게 되지 않을 수도 있었다. 학생들은 3학년에서 8학년 그리고 고등학교까지 매년 시험을 치러야 했다. 이런 증가하는 학교 일에 경악한 부모들과 교사들은 다 같이 대안 모색에 힘을 모았다.

제시카 야모스크(Jessica Yarmosky)는 '미국을 위한 교육(Teaching for America)'이라는 비영리 단체에서 봉사한 후 하버드 교육 대학원에서 석사학위를 취득하고 대도시에 있는 한 공립고등학교의 영어 교사로 일했다. 처음에는 열성적이고 낙관적이었지만 곧 혼란스러워졌다. "인터뷰 중 나에게 던진 첫 질문은 내가 시험에 대해서 무엇을 알고 있는지였다. 그것은 위험을 알리는 신호기였다. 인터뷰의 질문 내용은 모두 시험에 관한 것이었다."라고, 제시카는 학생들의 필수 졸업 조건인 주 전체가 실시하는 10학년 표준화 시험을 설명하면서 말했다. 영어와 글쓰기를 가르칠 때 당부 받았던 방법은 정확히 시험의 요구에 초점을 맞춘 것이었다고 제시카는 회상했다. 그녀가 가르치는 것에는 특정 글에 대한 진정한 기쁨이나 글쓰기를 잘하는 방법이나 기술을 강조하는 것은 아무것도 없었다.

학생과 교사 모두에게 학습은 표준화된 시험 중심이었다. "나는 더 깊은 학습에 대한 강한 열정을 가지고 교실로 향했으나 가을 학기 중반에 너무 큰 실망감을 느꼈다. 표준화 교육과정과 시험 때문에 내가 생각하기에 학생들에게 제공해야 할 그런 조력을 거의 할 수 없었다."라고 그녀는 말했다. 나는 실제로 나를 속이고 있다는 느낌이 들었다. 나는 아이들이 나에게 "우리는 글쓰기를 좋아하곤 했다, 우리는 글 읽기를 좋아하곤 했다, 지금은 그것이 싫다"라고 말하는 것 같았다. 제시카는 짓누르는 억압적인 환경에서 그 이상 아이들과 공모할 수 없다고 결심한 채 교직을 떠났다. 그녀는 누군가가 자기주도학교를 시작했다는 말을 들었다. 이런 학교는 자신이 생각해 왔던 교육을 증명해 줄 수 있을 것 같았다. 제시카는 젊은이들은 합당한 처우를 받아야 한다는 자신의 신념과 일치하는 대안학교와 언스쿨링을 찾았다.

"아이들에게는 자유와 선택이 필요하다."라고 제시카는 말했다.

> 우리는 실제로 아이들이 일상적인 일을 선택하고 공동체의 일원으로서 다른 사람들과 협력하는 것을 금한다. 지금 우리는 아이들이 학교에 가기를 싫어하면 "학교 거부"라고 말한다. 학교 거부는 새로운 꼬리표로서 매우 나쁜 의미이다. 그래서 우리는 그 문제를 해결하기 위해 학술연구공동체를 만들어야 했

다. 아이들이 학교에 가기를 싫어하는 이유는 학교이기 때문이다. 아이들은 그곳에 있기를 원하지 않는다.

이 장에서 언급한 많은 교육자처럼 특히 제시카는 젊은이들이 언스쿨링과 자기주도교육을 더 많이 선택하는 기회 확장을 위해서 전력을 쏟고 있다. 그녀는 날로 증가하는 학교 교육의 표준화를 배격하고 언스쿨링이 교육의 미래가 될 것으로 전망하는 교사 중 한 명이다. 배움이 상처가 되어서는 안 된다.

지난 20년간 표준화 교육과정과 시험에 관한 관심은 이처럼 요란했을지라도 결과는 보잘것없다. 자체평가에 따르면 학교의 실패를 한눈에 알 수 있다. 최근 경제협력개발기구(OECD)의 자료를 응용하면 미국은 대부분 선진국보다 교육에 더 많은 예산을 사용했으나 현재까지 나타난 학교 교육의 결과는 초라하고 실망스러울 뿐이다.[13] 잘 알려진 국제학생평가프로그램(PISA)과 같은 국제시험과 비교해 보면 미국 학생들은 다른 나라 학생들의 꽁무니 뒤에서 엉금엉금 기고 있다. 15살 난 미국 아이들은 71개 국가에서 수학은 38위, 과학은 24위를 기록했다.[14] 나아가 국가별 성적표로 알려진 국제교육진보평가 보고서에 의하면 학생들의 읽기와 수학 성적은 2013년과 2015년 사이에 하락했다.[15]

표준화와 성취도 검사 운동은 효과가 없는 것도 문제지만 놀이 중심의 초기 유년기 교육을 제거한 문제는 더 치명적이다. 새로운 유치원 교육과정의 기준은 이전에 초등학교 1학년과 2학년에 있었던 교과를 유치원으로 내려보내고 유아 학교를 점차 학교 교육화하여 놀이를 대폭 축소했다. 우리는 우리가 아이였을 때보다 훨씬 더 어린 시기에 그리고 더 자주 아이들에게 학교 일을 제공한다. 전통적인 어린 시절의 놀이보다 이런 학교 일을 더 중요시하는 경향은 호기심이 더 빈약하고 더 정형화된 아이로 유도한다. 작가 에리카 크리스타키스(Erica Christakis)는 **아트란틱**

(Atlantic)에서 다음과 같이 썼다.

> 놀고 싶으면 먼저 "공부"를 마쳐야 한다고 교사가 아이들을 회유하면서 유아 학교의 교실은 점점 고통스러운 공간이 되었다. 유아 학교의 아이는 더 어린 나이에 학업 전 기술을 더 많이 배우고 있지만, 나는 아이들이 왜 그렇지, 어떻게 그럴 수 있지? 라며 이전 아이들보다 호기심이 더 적어지고 열심히 참여하지 않는다는 말을 여러 명의 교사에게서 들었다.[16]

아이들은 스스로 배우는 언스쿨링의 방법을 포기한 채 가르쳐 주는 일에 서서히 조건화되었다. 이런 조건화가 더 빨리 일어날수록 아이들의 창의적인 자기교육의 태도는 더 빨리 사라진다. 2011년 9월에 두 연구소는 어린아이에 대한 실험을 각각 별도로 수행했다. 그러나 직접 교수가 학습에 미치는 영향력의 결과는 비슷하게 나타났다. 매사추세츠 기술 연구소에서는 어린아이에 대한 직접 교수가 아이들의 전반적인 학습에 어떻게 영향을 미치는지를 알아보기 위한 실험을 했다. 연구진은 5살 난 아이들을 두 집단으로 나누어 한 집단에는 끽끽 소리를 낼 수 있는 4개의 관이 있는 장난감을 그냥 보여주고 방금 발명한 굉장히 새로운 장난감이라고 말해 주었다. 다른 집단에는 새로운 장난감을 보여주고 교수자가 작동 방법을 시범으로 보여주었다. 첫 번째 집단은 놀이와 탐구를 통해서 배우고 있었지만 두 번째 집단은 직접 교수를 통해 배우고 있었다.

연구자들은 두 집단이 장난감을 가지고 모두 끽끽 소리가 나게 했지만 가르침을 받았던 집단은 장난감의 특성들을 많이 발견하지 못한 사실을 밝혀냈다. 한편 가르침을 받지 않았던 집단은 일반적인 놀이와 탐험에서처럼 이런 장난감의 다른 기능에 대해 더 많이 알 수 있었다. 연구자들은 "직접 교수는 학습의 효율을 높이지만 대가를 치른다. 아이들은 가능성이 낮은 행동을 덜 좋아하지만 새로운 정보의 발견도 덜 좋아한다."라는 결론을 얻었다.[17] 바꾸어 말하면 교수는 정보를 빨리 전달할 수 있으나 놀고 탐험하려는 타고난 욕구를 시들게 하여 창의적인 발견을 제약할 수 있다는 것이다.

동시에 캘리포니아 버클리 대학의 연구자들은 4살 난 아이들을 두 집단으로 나누어 각각 새로운 장난감을 보여주었다. 한 집단은 가르치지 않았고 다른 집단은 직접 가르쳤다. 이 장난감에는 두 가지 장치가 설치되어 있어서 똑같은 그림을 동시에 누를 때 음악연주가 나오는 등 여러 가지 특징을 가지고 있었다. 첫 번째 집단, 직접 교수를 제공하지 않은 집단은 장난감이 음악이 나오도록 작동하는 기본적인 두 부분의 그림을 자기 힘으로 빨리 발견할 수 있었다. 연구자들은 두 번째 집단에게는 교사의 역할을 하면서 장난감이 작동하는 방법을 시범으로 보여주고 장난감이 음악이 나오게 하는 두 부분의 장면으로 끝맺음을 하면서 여러 가지 특징을 보여주었다. 이 두 번째 집단에 장난감을 주었을 때, 아이들은 그냥 교수자를 모방했다. 이렇게 배운 아이들은 자신들이 관찰했던 일련의 같은 장면을 단계에 따라서 수행했다. 그들은 가르치지 않은 집단이 자연적으로 발견했던 기본적인 두 장면이 나타나는 단계를 발견하지 못했다.[18]

UC 버클리 연구소의 수석 연구자 중 한 명인 앨리슨 고프니크(Alison Gopnik)는 직접 교수는 나름대로 존재할 가치가 있으나 친자연학습은 특히 어린아이에게 강할 수 있다고 말했다. 그녀는 "성인들은 종종 대부분 학습은 가르침의 결과이기 때문에 탐구적이고 자발적 학습은 별나다고 생각하는 경향이 있다. 하지만 실제로 자발적 학습이 더 본질적이다. … 이 사실을 안다면 아이들에게 이처럼 놀라울 만큼 자발적인 학습 능력을 스스로 통제할 자유를 허용해야 할 것이다."[19]라고 주장했다. 이런 두 가지 연구는 어린아이들이 발견과 학습에 얼마나 능숙한 선수들인지 보여주는 한편, 아이들의 타고난 학습 경향성의 스위치를 성인들이 얼마나 쉽게 끌 수 있는지 증명한다.

불평등의 영향

어린 나이에 학교 일이 더 많아질수록 아이들의 호기심과 창의성은 더 빨리 무뎌질 수 있다. 하지만 학교 일이 초래하는 피해는 그것만이 아니다. 강제적이고 제약적인 학교 교육 시스템이 가난한 소수계 아이들에게 더 치명적일 수 있다는 증거가 점점 늘어나고 있다. 대규모 학교 교육은 어린 나이의 아이 생활에 매우 심각한 불이익의 상처를 더 깊이 심는다. 학교 교육은 학교에서 교도소로 가는 거대한 파이프라인에 일조하여 불평등의 영속화를 가속화한다. 2013년에서 2014년 사이의 미국 교육부의 통계자료에 따르면 공립 **유아 학교**에 등록한 아이 중 6,743명이 한 번이나 그 이상 정학 처분을 받았으며 백인 아이들보다 흑인 아이들이 정학당할 가능성이 더 큰 것으로 나타났다.[20] 이 결과는 유아 학교의 아이들이 축출되는 미국 아동기의 현실에 대해 무엇을 말하는가?

이런 충격적인 현실을 넘어 기존의 대규모 학교 교육 모델에서 많은 소수계 아이들의 학업 수준이 뒤떨어진다는 폭로가 이어지고 있다. 미국 교육통계센터의 자료에 의하면 아프리카계 8학년의 14%, 히스패닉 8학년의 17%만이 읽기에서 상급 수준이나 그 이상의 점수를 얻었다.[21] 이런 실망스러운 결과는 더 많은 부모, 특히 소수계 부모들이 모두 대규모 학교 교육을 거부하고 대신 대안학교를 기웃거리게 하고 있다. 2012년 **흑인 연구저널**(Journal of Black Studies)에서 발행한 연구 보고서에서 템플대학의 아마 마자마(Ama Mazama) 교수는 흑인 가족은 점점 인종 보호주의 형태의 홈스쿨링 등 대안학교로 이동하는 추세를 밝혔다. 그녀는 아프리카계 미국인 홈스쿨링의 성장은 "인종차별의 주요 수술 부위 중 하나인 학교를 실질적으로 제거함으로써 인종차별주의를 패퇴시키려는 희망 가운데서 나온 영감을 바탕으로 한 선택의지의 행사"라고 주장했다.[22] **아트란틱**은 흑인 가족들은 홈스쿨러들 중 가장 빠르게 성장하는 인구 중 하나라고 보고했다.[23]

샤일란나 그레이엄(Shaylanna Graham)에게 홈스쿨링의 길, 궁극적으로 언스쿨링을 학습의 자유와 창조의 자유를 전제로 시작했다. 첫 아이가 6개월이 되었을 때 그녀는 결단을 내려야 했다. 즉 어린이집에 보낼지 아니면 아기와 집에서 지내면서 걸음마 아기의 욕구와 관심을 추구하기 위해 새로 시작한 일을 포기할지. 샤일란나는 영아인 아들을 위해서 여러 가지 유아 학교 프로그램을 조사한 후 곧 실망했다. "프로그램은 대부분 실내 위주, 학습 중점, 그리고 거의 유치원의 준비단계였다. 무엇인지 모르겠지만 내 안의 무언가는 유치원의 방식이 옳지 않다는 생각이 들었다. 나는 내 아들이 자유롭게 놀 수 있는 충분한 시간과 자기 상상력을 창조하는 환경에서 더 번성하는 점을 알게 되었다."라고 그녀는 회고했다. 샤일란나를 전업주부로 만들어 대안 교육을 선택하게 한 이유는 바로 여기에 있었다.

그녀는 곧 둘째 아이를 낳은 후 심한 개입을 하지 않아도 아들과 딸이 자연스럽게 성장하고 배우는 모습을 지켜보면서 자기 생각이 교정되어 가는 점을 알았다. "나는 아이들이 내 도움 없이도 충분히 배우는 것을 목격했다."라고 샤일란나는 말했다.

> 오늘날 전통적인 학교 교육 시스템이 어린아이들에게 수없이 요구하는 것들은 나에게 옳게 보이지 않았다. 그래서 아이 아빠와 나는 홈스쿨링을 하기로 했다. 우리가 아이들이 자기 관

> 심에 이끌려 독창적으로 배우고 자라도록, 정확하게 말하면, 아이들이 이미 집안에서 하는 일을 허용하는 방식이 옳다고 생각했다. 우리는 우리 가족이 이곳저곳을 이동하면서 생활하는 방식을 상당히 좋아하는 점도 알았다. 그래서 우리는 아이들과 함께 자유롭게 여행하고, 실제 세계를 탐험하고, 경험하면서 세계에 대해 배우기로 했다.

샤일란나가 홈스쿨링을 결정하게 된 계기는 인종도 큰 역할을 했다. 아프리카계 미국인으로서 그녀는 대규모 학교 교육이 특히 유색인종에게 불리하거나 해로울 수 있다고 판단했다. “분명히 유색 인종 아이들에게 따르는 불이익이 있으며 이런 불리함은 많은 유색인 아이들에게 정서적이며 심리적인 피해를 줄 수 있다.”라고 샤일란나는 말했다.

> 우리는 학교에서 그런 경험을 하는 우리 아이들을 위한 피난처가 필요하다고 생각했다. 우리는 아이들이 진실한 역사, 조상의 기원, 우리 아프리카 조상들이 세계사에 공헌한 위대한 영향을 확실히 배우기를 원했다. 분명히 우리 역사는 우리가 전통적인 학교에서 배웠던 것처럼 노예에서부터 시작하지 않았다. 우리는 우리 아이들이 피부 색깔의 색조가 다름에도 불구하고 자신을 모든 사람과 동등하게 보고 다른 사람처럼 위대한 존재로 생각하기를 원했다. 학교는 우리 갈색의 아이들을 마치 다른 사람들보다 더 적게 그리고 더 적은 처우를 당연하게 여기는 체계적인 프로그램으로 아이들을 대한다. 우리 목적은 우리 갈색의 아이들이 훨씬 더 많은 적극적인 삶의 경험을 누리게 하는 것이다.

샤일란나는 전업주부로서 자신의 새로운 역할에 적응하면서도 한편으로 자기 사업이 그리워졌다. “나는 경영학 학위의 소지자이다. 나는 사업을 좋아한다!”라고 그녀는 말했다. 그녀는 이 두 가지 일을 통합할 수 있는 방법을 찾았다. 샤일란나는 자기가 그리는 이상적인 아이들의 학습환경을 조성하고 자기 집에 총체적인 놀이 중심, 자기주도적 유아 학교를 세웠다. 샤일란나는 유년기 초기에 매우 중요한 자기주도학습과 자유 놀이에 관해 자신과 비슷한 신념을 공유하는 다른 가족들에게 자기 집의 유아 학교 서비스를 제공했다.

유아 학교를 운영하면서 자기주도학습을 실천하는 동안 샤일란나는 처음으로 자기 아이들에게 더 구조화된 교육과정 중심의 학습환경이 필요할지 모른다는 생각이 들었다. 아들이 유치원에 갈 나이가 되자, 샤일란나는 홈스쿨링 교육과정을 연구하기 시작했다. 그녀는 책임 있는 홈스쿨링 부모라면 높은 수준의 초등학교 교육과정의 선택이 확실한 길이라고 생각했다. 하지만 교육과정에 대한 여러 가지의 비평을 읽고 장단점을 찾아보면서 아이들이 자기 환경과 자기 힘으로 스스로 배우고 자라는 모습을 곁에서 지켜보기로 했다. “내 아이들과 유아 학교의 아이들을 관찰하면서 나는 아이들은 정말 성인들의 큰 도움이 없어도 배울 수 있다는 결론을 얻었다.” 그녀는 무교육과정 기반의 홈스쿨링 선택에 관해 궁금증이 들었다. 그러고서 홈스쿨링에 관한 유튜브 영상에서 언스쿨링의 개념을 발견했다. “나는 존 홀트의 책을 사고 ‘우와, 이게 바로 그것이야! 이제 우리는 언스쿨링이다!’라고 말했다. 그리고 지금 홀트가 말했던 것과 똑같이 아이들이 배우고 행하는 모습을 보고 있다.”라고 샤일란나는 회상했다.

샤일란나는 자신만의 친자연학습의 접근법이라는 명칭과 함께 점점 이런 교육의 선택에 자신감을 느끼고 있다. 이제 그녀의 아들은 6살이다. 그녀는 다음과 같이 말했다.

나는 아이가 원하는 것을 자유롭게 하도록 허용한다. 아이에게 질문거리가 있으면 아이는 묻고 나는 도울 것이다. 나는 아이의 일상생활이 아이 학습의 일부가 되도록 노력할 것이다. 우리는 요리, 빵 굽기, 측정하기, 돈을 구분하기 위해 식료품 가게에 가기 등 많은 활동을 하고 있다. 우리는 앉아서 연습문제집을 풀고 있는가? 아니다. 아이는 스스로 배우고 있다. 아들이 5살이었을 때 아빠에게 편지를 썼다. 나는 단 하루도 글쓰기 방법을 가르친 적이 없다. 내 딸은 3살이었을 때 완전한 자기 이름을 쓰기 시작했다. 다시 말하지만 나는 어떤 것도 가르치지 않았다. 우리는 벽에 알파벳 표를 붙여 놓았다. 아이들은 그것을 이용하여 스스로 글 쓰는 법을 배웠다. 아이들이 단어의 철자를 쓰는 데 도움이 필요하면 나는 그 철자를 써 주었다. 아이들은 알파벳 표에 있는 글자를 보고 내 도움 없이 종이 위에 다시 썼다.

아이들의 주변에 자료가 흘러넘치고 아이들의 욕구와 관심에 집중하는 일은 샤일란나가 아이들의 친자연학습을 촉진하는 방법이다.

샤일란나는 이런 언스쿨링의 방법을 무한정 계속할 작정이다. 그녀와 남편은 아이들이 가능한 한 자연 세계에 충분히 노출되고 도움이 필요할 때 도움을 받으면서 자신의 교육 방법을 구축하기를 희망한다. 그녀는 아이들에게 다음과 같이 말한다.

넌 대단한 아이다. 너는 창조자의 피조물이다. 넌 원하는 것이면 무엇이든지 창조할 수 있단다. 너희들을 학교에 보내면 너희들은 반대의 메시지를 듣게 될 것이다. 학교는 아이들에게 아무런 관심이 없단다. 나는 너희가 너희 자신의 중심이며, 자신의 현실을 창조하는 대단한 능력의 소유자들이고 자신의 환경과 우리가 사는 이 세계에 엄청난 영향을 미칠 변화의 방법을 아는 강력한 기반을 다지기를 바란다.

병적으로 간주하는 어린 시절

오늘날 학교 교육의 환경은 종종 자유, 놀이, 독창성을 희생하고 통제, 질서, 순응을 강조한다. 어릴 때부터 시작되는 학교 일의 강도가 높아지고 시간이 증가하면서 아이들은 적응의 임계점까지 내몰린 상태다. 학교와 관련된 행동과 주의력 결핍 장애 증상을 호소하는 아이들이 어느 때보다도 더 많아지고 있다. 그들은 종종 어린 시절의 정상 행동이 강제적인 학교 교육을 처음 시작하는 환경에서 병적으로 해석되기 때문에 강력한 향정신성 약물치료의 진단 가능성이 더 커졌다. 미국의 질병 통제와 예방센터는 4세에서 7세까지 아이 중 거의 11%가 ADHD로 진단받았고 그 수는 2003~2004년에서 2011~2012년 사이에 42%가 증가했으며 그들 중 대다수가 약물치료의 처방을 받았다고 보고했다. 이런 진단을 받은 아이 중 1/3이 6살 이하라는 사실은 아마 좀처럼 믿기 어려울 것이다.[24]

특히 어린아이들에게서 이런 "장애"는 그냥 도와달라는 외침일 수 있다. 심리학자, 엔리코 그라우아티(Enrico Gnaulati)는 자신의 저서, **정상으로 돌아가기 : 일반 아동기 행동이 ADHD, 조울증, 자폐증 스펙트럼 장애를 유발하는 원인**(Back to Normal: Why Ordinary Childhood Behavior is for ADHD, Bipolar Disorder, and Autism Spectrum Disorder)에서 다음과 같이 말했다.

> 오늘날 유치원 아이들은 이중고의 불행을 겪는다. 아이들의 전반적인 스트레스는 발달 수준을 초과하는 학업과 사회적 기대에 대면하면서 급증하기 시작한다. 아이들은 그런 스트레스를 극복할 수단, 즉 활기찬 운동, 상상 놀이 …… 를 박탈당했다. 아이들이 짜증을 내거나, 남을 때리거나, 꾸물거리거나, 몸을 비틀거나, 꽥꽥거리거나, 욕하는 행동은 종종 스트레스에 대한 단순한 부정적 반응일 뿐인데도 아이들은 유치원 정신의학의 수사망에 포착될 위험성이 있다.[25]

아이들은 어린 나이에 마주치게 되는 표준화, 시험 위주 등 학교 교육의 요구 조건을 이겨내기 힘들다. 이런 이유로 어린아이들은 발달상 비정상적인 학습환경에서 문제가 될 수 있는 유년기의 정상 행동에 ADHD라는 부적절한 꼬리표가 붙을 수 있다.

컬럼비아 대학팀의 일원인 버클리 대학교수들은 ADHD 진단의 증가는 학습부진아 방지법과 같은 연방정부의 교육 정책이 말해 주는 것처럼 일단 밀어붙이고 보자는 식으로 강행하는 표준화 시험과 높은 상관관계가 있다고 주장했다. 2015년 보고서에서 연구자들은 2003년과 2011년 사이에 고부담평가가 처음 널리 시행된 상황에서 ADHD로 진단받은 아이들, 특히 저소득층 아이의 ADHD 수가 급증하는 현상을 밝혀냈다. 열악한 상황에 있는 아이들이 표준화 시험에서 매년 진보하는 결과를 보여주기를 기대하는 학습부진아 방지법 때문에 특히 저소득층 아이들이 정책의 주요 대상이 된다. 학교에서 아이들의 약물치료추천금지법을 실행하는 주의 통계를 살펴보면 ADHD의 약물치료를 받은 아이들의 수는 2011~2013년간 약간 떨어진 점을 알 수 있다. 이는 그런 금지법이 없는 주에서 ADHD로 약물치료를 받은 아이들의 비율이 23% 증가한 수치와 매우 대조적이다.[26] 2000년대 이후 ADHD 진단이 급증한 원인은 적어도 강제적인 시험 요구를 충족하도록 아이들을 심하게 다그친 점이나 학교 당국이 어린아이들을 계속 자리에 앉혀 주의집중을 강화할 의도로 약물 치료를 추천하여, 시험점수를 높이려 했던 전략 때문일 수 있다.

심리학자인 피터 그레이는 학교 출석과 ADHD 진단 간의 상관관계가 급증하는 현상을 보여주는 연구 결과를 이상하게 생각했다. 그는 홈스쿨링이나 다른 형태의 대안 교육으로 전환하기 위해 전통적인 학교 교육을 그만둔 중퇴자들을 대상으로 비공식적인 온라인 조사를 했다. 그는 예전에 연구 대상이었던 아이 중 종종 불안 문제로 인해 ADHD 꼬리표가 붙었던 아들에게서 행동과 정서상 문제가 모두 급격히 감소하거나 사라진 점을 알아냈다. 중퇴자들은 전통적인 학교를 그만두면서 전반적으로 학습이 향상되었다. 그런 결과는 아이들이 자기주도교육이나 언스쿨링에 참여했을 때 특히 긍정적이었다. 아이들은 그곳에서 자기 학습에 대한 더 많은 자유와 책임을 소유한 것으로 보인다.[27] 그레이는 근본적으로 "표준화된 학교 교육의 조건에 대한 적응의 실패"가 ADHD로 나타났다고 주장했다.[28]

타린 앤더슨(Tarryn Anderson)의 아들 마일스(Miles)는 표준화된 학교 교육의 환경에 적응하느라 모진 고통을 겪었다. 모든 것은 유치원에서부터 시작되었다. "교사는 매우 친절했으나 마일스의 주의력이 문제였다."라고 타린은 회상했다. 교실에는 행동 점검표가 붙어 있었다. 마일스는 나쁜 행동에 표시되는 날이 많아졌다. 그는 5살이었다. "나는 행동 점검표를 보고 깜짝 놀랐다. 학교에서 일어난 아이의 잘못된 행동 때문에 내 아이를 부끄럽게 생각하는 나 자신을 발견했다."라고 타린은 말했다. 타린은 아직 그 밖에 무엇을 할 수 있을지 몰랐다. 그들은 맞벌이 부부이며 사립학교 수업료의 벽은 지나치게 높았다. 그들의 선택은 제한적일 수밖에 없었다.

마일스가 공립 초등학교 1학년 때 교사들은 아이의 주의력 문제와 과잉행동에 대해 계속 불평을 쏟아냈다. 그들은 마일스를 의사에게 데려가서 진찰을 받아보라고 재촉했다. 2학년이 되면서 타린은 마침내 동의했다. 의사는 마일스를 ADHD로 진단하고 약물을 처방했다. 타린은 의사의 처방을 받아들이지 않았다. 그녀는 이런 꼬리표나 약물치료는 자기 아들에게 필요하지 않다는 점을 직감했다. 타린은 마일스에게 나타난 증상, 여전히 학교에서 자리에 앉지 못하고, 교사에게 집중하지 않으며, 돌아서서 친구와 이야기하고, 연습문제집에 관심이 없는 것 등은 어린 소년들에게서 흔히 볼 수 있는 일반적인 행동이라고 믿었다. 그러자 약물치료는 교사가 아이에게 야단치는 방식으로 대체되었다. 타린은 결국 굴복하여 ADHD 약물치료를 허락했다.

일단 약물치료를 받자, 마일스의 주의집중과 행동 문제는 개선되었다. 교사는 아이의 주의 결핍에 대해 더 이상으로 불평하지 않았다. 마일스는 행동 문제가 해결되면서 학교 공부에 집중할 수 있었다. 당시 이는 승리한 것처럼 생각되었다. 옳았는가? 사람들은 마일스의 정신건강 문제는 적절한 진단과 적절한 처방을 받아 해결되었다고 주장할 것이다. 마일스의 ADHD 진단과 처방이 전통적인 학교 교육의 기대에 충분히 부응한 점은 부정할 수 없다. 그럴지라도 더 중요한 질문, 그 대가는 무엇인가? 마일스는 무엇 때문에 단념했는가?

그런 질문은 마일스가 3학년이 되었을 때 타린이 대답했다. 타린은 창의적인 패션 잡지의 기획자이며 항상 촘촘한 일정에 쫓기면서 바쁜 생활을 하고 있었다. 마일스가 새 학기를 시작할 시점에 갑자기 잡지발행이 중단되면서 타린은 예기치 않은 자유 시간이 생기게 되었다. 타린은 아이 학교에서 자원봉사를 하기로 했다. 그녀는 처음으로 학교에서 일어나는 일을 가까이서 생생하게 볼 수 있었다. "점심시간에 내 아이를 보았을 때, '내 아들이 아니다'라고 생각했다. 아이는 완전히 녹초가 되어 있었다. 학교에서 집으로 돌아왔을 때 약 기운이 떨어진 모습을 알아차렸다. 그는 보통 땐 아이였지만 나는 학교에서 완전히 다른 내 아이의 모습을 보았다. 나는 아이의 고통을 가슴으로 느낄 수 있었다. 약물은 아이에게 맞지 않았다."

타린은 자신의 선택을 놓고 연구하기 시작했다. 그녀는 홈스쿨링은 자기 생각과 너무 거리가 멀었다고 말했다. 그러나 그녀는 직업을 바꿔야겠다는 혼란 속에서 다음에 할 일을 망설이고 있었다. "나는 나 자신에게 '너는 인생을 어떻게 살고 있니?'라고 자문하는 바로 그 순간을 맞았다. 우리는 홈스쿨링을 시도하기로 했다." 타린은 마일스를 학교에서 데리고 나와 ADHD 약물치료를 끊었다.

홈스쿨링을 위해 전통적인 학교 교육의 환경에 따르는 많은 부모처럼 타린은 집안에 학교구조를 복원하여 전통적인 교육과정을 준비했다. 학교 교육이 없는 교육이란 도저히 상상조차 할 수 없었기 때문에 대부분 우리는 결국 학교에 다닐 수밖에 없었다. 학교 교육은 우리 일상의 대부분을 점령한 일반적인 문화 제도이다. 우리 중 많은 사람에게 교육과 학교 교육은 깊은 뿌리를 내리고 있어서 끊는 일은 불가능하다. 우리가 전통적인 학교 교육을 거부할지라도 우리는 어느 곳에서든지 여전히 그 구조를 복원하도록 이끌릴 수밖에 없다. 학교가 없다면 우리는 그 외 어떤 방법으로 배울 수 있겠는가?

타린이 처음 홈스쿨링을 시작한 몇 주 동안에 스스로 알게 된 통상적인 함정은 바로 이 점이었다. 그녀는 학교 교육의 표준 교과 영역과 표준 연습장과 평가지가 포함된, 값이 비싸고 전통적이며 일괄적인 홈스쿨링의 교육과정을 샀다. "나는 아동주도의 학습 방법에 더욱 이끌렸으나 표준 교육과정의 방법을 실행하면서 놀랐다."라고 타린은 말했다. 그녀는 마일스에게 집에서 학교 교육을 마치도록 강요하면서 표준 교육과정을 가지고 서서히 접근했다. 아이는 계속 저항했다. 그녀는 계속 몰아붙였다. 두 사람 모두에게 즐거운 경험은 아니었다. 아마 그들은 홈스쿨링의 실패를 예상했을 것이다.

전통적인 학교에서 가정학교로 옮겨가는 전형적인 유형은 역시 일반적인 전환점의 순간을 맞게 된다. 중단, 재평가, 반성의 촉매작용이 일어난다. 이런 식으로 배워야 하는가? 교육은 고통스러워야 하는가? 우리는 정말 학교가 필요한가? 타린은 거의 3개월간의 초보 홈스쿨링 여행을 한 후 이런 전환점에 도달했다. 그녀는 친구들의 방문 소식을 받고 아이가 과제를 빨리 마치도록 강하게 재촉했다. 다행히 친구들이 도착하기 전에 마일스가 과제를 모두 끝내서 타린은 매우 기뻤다. "그날 아이는 상상할 수 없는 불안발작을 일으켰다."라고 타린은 말했다.

일상적인 과제와 강압적인 전략으로 학교를 복원하려는 모든 기쁨이 최고조에 이르는 순간 결국 직격탄을 맞았다. 타린은 틀림없이 다른 방법이 있다고 생각했다. 그녀는 아동주도학습을 연구한 끝에 집안에 학교를 복원하지 않은 자기주도교육과 언스쿨링에 관한 정보를 알아냈다. "우리는 모든 것을 중단했다. 4천 달러의 교육과정, 우리집에 설치한 교실, 칠판, 모든 것을 중단하고 한동안 탈학교 과정을 거쳤다. 우리는 더 많은 프로젝트 중심, 다양한 홈스쿨링 방법으로 옮겨가면서 특정 프로젝트를 수행하거나 이런저런 교육과정을 얼마간 이용했다." 타린과 마일스는 결국 언스쿨링을 완전히 받아들여 학교 방식의 교육모델에서 완전히 친자연적 학습모델로 도약했다. 이제 그녀는 텍사스에서 사고지수(Thought Quotient)라고 부르는 언스쿨러를 위한 자기주도학습협회를 공동으로 창립했다.

어떤 곳에서든지 마일스와 같은 아이들이 있기 마련이다. 자주 불안감을 느끼는 어린아이들이 학교처럼 스트레스를 주는 상황에서 흔히 나타날 수 있는 적응반응에 난데없이 장애라는 꼬리표가 붙는 이상한 일이 일어나고 있다. 점증하는 수치가 울리는 경고음에서 알 수 있듯이 이런 진단 중 일부는 학교 일의 증가보다 다른 요인에 의해 유발될 가능성이 있다. 학교 일의 증가와 상응하는 놀이 감소는 아이들을 임계점 너머까지 몰고 갈 수 있다.

트레이시 벤토라(Tracy Ventola)는 전업주부가 되기 전 교사자격증 소지자로서 초등학교에서 스페인어를 가르친 경력이 있다. 트레이시의 부모는 모두 교사였다. 그녀의 아버지는 30년간 공립학교에서 특수교육을 가르쳤다. 언스쿨링은 트레이시가 생각하기에 받아들일 수 있는 마지막 선택이었다. 학교 교육에서 언스쿨링으로 갈아탄 많은 사람처럼 트레이시는 큰딸이 당면한 문제(처음에는 전통적인 유아 학교에서 나중에는 진보적인 사립학교에서)는 자기 딸이 아닌 학교 교육 때문인 사실을 알았다. "유아 학교에 등록한 이후 가뜩이나 수줍은 내 딸은 더 말수가 없이 조용해졌다. 아이는 자신 안으로 더 깊숙이 파고들어가 입을 닫는 상황에까지 이르렀다. 아이는 학교에서 겪었던 행동 때문에 선택적 무언증의 진단을 받았다. 한편 학교는 내 친구 아들에게는 정반대의 결과가 일어났다. 믿을 수 없을 정도로 똑똑하고, 말 많고, 활기 넘쳤던 내 친구의 아들은 더 소란스러워졌다. 그는 자신을 밖으로 더 멀리 발산시켜 ADHD 진단을 받았다. 이 두 아이에게는 아무런 잘못도 없다. 그들은 그냥 학교 스트레스를 다른 방식으로 대처하고 있었을 뿐이다."라고 트레이시는 말했다.[29]

많은 책을 읽고 영혼을 탐색하고 재검토한 끝에 트레이시는 마침내 남편과 함께 유치원 이후 초등학교에서 아이를 데리고 나오기로 했다. 결과는 놀라웠다. 아이는 무척 행복하고 말이 많아지고 쾌활해졌다. 부모는 즉각 언스쿨링에 매료되었다. 그들은 딸 아이에게 많은 스트레스를 주었던 학교 방식의 일상과 사고방식의 복원을 원하지 않았다. 그들은 느리고, 평화로운 일상의 리듬을 만들어 갔다. 그곳에는 충분한 놀이 시간, 장시간 도서관에 머물기, 오랜 시간 동안 공원 산책하기, 놀이터가 있었다. 트레이시가 탈학교를 시작하자, 딸 아이도 점차 자신감이 생겨나 더 외향적인 아이가 되어갔다. 그녀는 그리기와 만들기에서 관심을 키우고 그런 재능을 촉진할 뿐 아니라 홈스쿨링 공원의 날에 친구들과 함께 시간을 보냈다. 그녀는 9세 직전에 혼자서 읽는 법을 배웠다. 곧 열렬한 독서광이 되어 **해리포터**와 그 밖의 시리즈에 깊이 빠졌다.

지금 트레이시의 딸은 아직도 독서와 그리기를 좋아하는 활기와 기쁨이 넘치는 12살 언스쿨러이다. 그러나 그녀는 연극, 특히 코미디에 뜨거운 열정을 보인다. 학교 교육의 스트레스로 인해 무언증을 보였던 어린 소녀는 지금 수많은 방청객 앞에서 정기공연을 한다. 양육 본성에 대한 트레이시의 신뢰는 학교의 인위성에 대처하는 단순히 극단적인 적응반응에 불과한 아이들의 행동에 장애라는 꼬리표를 붙이는 일방적인 경향을 의심하게 했다. 많은 경우에 이런 "장애"는 학교 일에 대한 알레르기 반응일 수 있다.

너무 어린 나이에 학교 교육에 접하게 되면 일부 아이들은 적응하는데 오랜 시간이 걸린다. 그들은 종종 말썽꾸러기의 꼬리표가 붙거나 다양한 장애진단을 받는다. 아니면 실패자라는 말을 듣는다. 그들은 전령이다. 우리는 그들에게 귀를 열어야 한다. 이런 아이들은 우리에게 크고 분명한 목소리로 우리의 산업형 시스템, 시험 위주의 대중교육은 학습자를 기르지 않는다고 말한다. 오직 흉내 내는 사람만 배출한다. 학교 시스템에서 잘하는 아이들은 학교 교육의 규범에 효과적으로 적응하는 아이들이다. 그들은 훈련받지만 교육받지 않은 아이들이다. 더 많은 학교 교육이 정답은 아니다. 정답은 더 적은 학교 교육과 더 많은 학습이다. 케케묵은 공장형 학교 교육의 시스템을 변혁하고 대신 모든 젊은이를 위한 진정한 자기주도교육의 사상을 수용하는 것이 정답이다.

아이들이 아니라, 학교다

학교 교육의 대안을 수용하는 부모와 교육자들이 당면하는 가장 큰 문제는 아이들은 강제로 배우게 만들어야 한다는 오랜 신화와 싸우는 일이다. 오늘날 아이들은 게으르고, 부족하고, 파괴적이다. 아이들에게서 호기심과 투철한 직업의식을 찾기 힘들다. 어린아이들은 도대체 진지하게 앉아서 집중할 줄 모른다. 큰아이들은 숙제에 불만을 쏟고 그냥 비디오 게임만 한다. 10대들은 휴대전화와 소셜미디어에 너무 많은 시간을 빼앗기기 때문에 학교신문에 글을 쓰게 하려면 온갖 괴로움을 다 겪어내야 한다. 오늘날 아이들은 부족한 능력, 허약한 독립심, 빈약한 기개를 가지고 졸업하기 때문에 수월성은 거의 기대할 수 없다. 이런 아이들은 확실한 보상과 엄격한 처벌로 강하게 압박하지 않으면 아무런 쓸모가 없다. 그러나 우리는 아이들이 **학교에서** 어떻게 행동하고, **학교에서** 어떻게 배우는지 똑똑히 보았다. 얼룩말에게 동물원이 자연이 아닌 것처럼 아이들에게 학교는 결코 자연이 아니다. 학교에서는 자기 생각, 자기 관심, 자기 자유는 별로 중요하지 않다는 점을 아이들은 금세 배운다. 아이들은 학교의 게임을 금방 배운다. 교육이라는 이름으로 아이들의 타고난 학습 경향성을 파괴하는 주범은 바로 이런 일들이다. 황금별 스티커와 칭찬으로 회유당하고 특권 박탈과 굴욕적인 위협 속에서 학교에 길들여진 아이들은 냉혹한 세계에 적응해야 한다. 영아와 걸음마 아기 시절의 자연스럽고 재미있었던 배움은 고되고 힘든 일이 되었다.

어린 시절에 학교에서 공부 좀 했다고 거들먹거리는 아이들조차 점점 학교에 대한 사랑, 학습에 대한 사랑을 상실한 채 10대 초반 아이와 청소년으로 성장한다. 2016년에 갤럽에서는 거의 3,000여 개에 달하는 다양한 학교와 약 100만 명의 학생들을 대상으로 학생여론조사를 했다. 이 조사에 따르면, 학교에 대한 열정은 5학년과 12학년 사이에서 급락했다.[30] 2009년의 학생참여에 대한 고등학교 설문 조사는 하루도 빠짐없이 수업 시간이 지루했다고 응답한 고등학생이 66%에 달했다.[31] 이런 학생들은 학교에서 보내는 시간이 더 많아질수록 "요즘 아이들(kids these days)"의 행동을 더 많이 나타낸다. 이들은 강압을 피하여 프로그램화된 생활의 통제에서 벗어나는 방법을 열심히 찾는다. 학교 안의 많은 사람은 학생들의 생각, 행동, 결과를 감독하는 일을 한다. 심지어 매우 열심히 공부하는 학생들에게도 그런 강요는 대가를 치른다. 2003년 심리학자들이 수백 개의 초중등학교를 대상으로 대규모 조사를 수행하여 학생들의 일주일간 생활 과정을 추적한 연구가 있었다. 연구자들은 학생들에게 그들이 무엇을 하고 있으며, 어떤 기분을 느끼고 있는지 하루에 수차례에 걸쳐 기록하도록 순간마다 신호를 보내는 시계를 나누어 주었다. 그 결과는 아이들이 학교에 있는 동안에는 매우 불행했으나 학교 밖에 있을 때는 매우 행복한 모습을 보여주었다. 예를 들어 토요일에는 행복도가 가장 높았고 월요일에는 가장 낮았다.[32]

그게 인생이야, 일부 학생들은 공부는 재미없고 월요일은 우울하다는 생각에서 응답했을 수 있다. 하지만 그럴 필요는 없다. 우리는 전통적인 학교의 채무불이행에 도전하여 타고난 자기교육의 본성을 촉진하는 대안을 탐구해야 한다. 언스쿨러들은 학습은 즐겁고 즐거운 것이라는 사례를 보여준다. 와튼 경영대학 교수인 애덤 그랜트(Adam Grant)는 자신의 저서 **오리지날: 비순응자가 세계를 움직이는 방법**(Originals: How Non-Conformist Move the World)에서 현재와 늘 그래왔던 관행에 도전하기 위해 채무불이행 문제를 제기할 필요성을 주장했다. 그는 다음과 같이 말했다.

채무불이행 제도의 정당화는 체제 안정을 꾀하는 기능을 한다.

> 즉 정서적 진통제다. 세계를 이런 식으로 보게 되면 우리는 불만족할 필요는 없을 것이다. 하지만 침묵은 불의에 저항하는 도덕적 분노와 세계가 효과적으로 작동하는 대안적 방법을 찾는 창조적 의지를 꺾는다. 독창성은 채무불이행을 거부하고 더 나은 선택을 탐색할 때 비로소 그 품질을 증명할 수 있다.[33]

수많은 부모와 교육자들은 날로 증가하는 학교 일에 좌절하고 있다. 이들은 유년기 놀이와 창의성 파괴, 이에 따른 유년기 정신건강의 장애에 분노하고 있다. 이들은 삶과 학습은 즐거워야 한다는 의미를 일깨우고 있다. 이들은 전통적인 학교 교육의 채무불이행에 저항하고 있다. 이들은 전혀 학교와 같지 않으나 진실한 교육을 실천하는 교육 대안을 찾고 있다. 수많은 사례에서 보았듯이 이들은 모든 것과 모순되는 학교 교육의 채무불이행에 맞서면서 인간은 어떻게 배우고 지식은 어떻게 공유되는지 알게 되었다. 일단 우리가 알았던 것에 문제를 제기하면 우리는 앞으로 알아야 할 문제가 더 많다는 점이 더 궁금해지기 시작할 것이다.

언스쿨링 팁

채무불이행에 도전하라. 부모는 아이의 발달과 관련된 과도한 진단의 파도에 휩쓸릴 수 있다. 종종 이런 진단은 중요하며 도움이 되지만 종종 그 원인은 아이가 아닌 아이가 직접 겪는 학교 교육의 결과일 수 있다. 강제적인 학교 교육의 환경을 없애면 문제행동은 줄어들거나 완전히 사라질 수 있다. 부모들은 채무불이행, 문제아 꼬리표, 대안 모색에 도전해야 한다.

놀이를 우선순위로 정하라. 학교 일 증가와 놀이 쇠퇴는 아동기의 창의성을 파괴하고 정신건강의 장애를 증가시키는 주요 요인이 될 수 있다. 비구조화, 아동주도 놀이에 우선순위를 두라. 이런 놀이유형을 촉진하는 시간과 공간을 마련하고 철저히 보호하라. 무척 재미있을지라도, 아이들이 성인주도의 활동이나 수업에 참여하게 하려는 문화 압력을 피하게 하라. 대신 자유 놀이에 필요한 충분한 시간을 확보하라.

학교 일을 줄이라. 점차 증가하는 학교 일은 우리 가정에 교묘히 침투해 있다. 그런 학교 일은 놀이보다 공부, 자유 시간보다 수업 시간을 더 중요하게 여긴다. 특히 학교 일이 확산하여 널리 받아들여지면 더욱 그럴 수 있다. 너무 많은 트윙키를 먹지 않는 것처럼 마찬가지로 학교 일의 감소를 철저히 경계할 필요가 있다.

자기주도성을 강화하라. 종종 부모들은 아이들이 자기주도적이 아닐 때 어떻게 자기주도학습을 촉진할 수 있을지 묻는다. 무엇을 어떻게, 언제, 어디서, 누구에게 배울지 충분한 자유를 주게 되면 아이들은 거의 모두 자기주도적인 아이가 될 수 있다는 것이 내 대답이다. 이런 아이들은 자기교육에 대한 완전한 책임, 즉 그들이 무엇을 배우거나 무엇을 해야 할지에 대한 결정이 부모나 다른 성인들이 아닌, 자신들에게 있다는 사실을 알고 있다. 바꾸어 말하면 "교육된 것"이 무엇이고 교육되지 않은 것이 무엇인지를 부모와 성인들은 판단할 수 없다는 것이다. 아이들은 종종 지루해한다. 그들은 방황하거나 한곳에 가만히 있지 못하거나, 한가한 곳에서 기지개를 켜며 게으름을 피울 수 있다. 그것은 괜찮다. 이런 기간은 종종 과도기일 수 있다. 만약 아이들이 자신은 자기교육의 소유자들이고 자신의 현재와 미래의 목적을 설정하는 유일한 사람이라고 생각하게 되면, 이런 과도기는 새로운 관심과 탐구로 이어질 것이다. 당신이 할 일은 시간, 기회, 학습에 필요한 자원을 제공하는 일이다. 만약 아이들이 학교나 가정학교 환경, 그리고 배움은 어른들에게 나온다는 가정에 따라 조건화된 장소에서 언스쿨링을 하게 되면, 충분한 탈학교 기간은 필수적일 것이다. 실제로 결코 탈학교는 끝나지 않을 수도 있다.

05

자연 문해력과 수리력

"신이 금지했을지라도, 만약 우리가 어떻게 해서라도 아이들이 모두 각 또래 집단과 똑같은 성취를 이루게 한다면, 우리는 단조롭고 무표정하고 하찮은 인종을 생산하여 아름다움과 신비함은 지구상에서 모두 사라질 것이다."

– 매들린 렝글, 조용한 원(Madeleine L'Engle, A circle of Quiet)[1]

제이크(Jake)는 학교가 싫었다. 1학년에 입학했을 때 제이크는 떠들썩하고, 호기심 많고, 활달하고, 창의성이 넘치는 행복한 아이였다. 하지만 교실 공부를 강조하고, 고부담평가가 공통 핵심 교육과정에 기름을 부으면서 제이크는 더 힘든 상황에 직면했다. 제이크가 일상적인 학교 교육의 통제에 점점 반발하면서 ADHD를 대하는 교사의 조용한 목소리는 점점 더 거칠어졌다. 제이크는 글을 읽지 못했다. 6살. 예전에 큰아이들에게 가르쳤던 학교 공부를 점점 더 어린아이에게 강요하는 교육과정의 구조가 문제였다. 버지니아 대학의 다프나 바석(Daphna Bassok)과 그의 동료들은 1998년에 아이들이 유치원에서 글 읽는 법을 배웠다고 믿었던 교사는 31%에 불과했던 점을 발견했다.[2] 그러나 2011년에 그 비율은 80%에 달했다. 교사들은 걱정했다. 제이크는 반드시 글을 읽어야 했다. 교사들은 또래들을 더 빨리 따라잡기 위해서 제이크에게 학습 불능이라는 꼬리표를 붙이고 개별교육프로그램에 들어가게 했다.

제이크의 부모인 베스(Beth)와 마이크 해리스(Mike Harris)는 몹시 마음이 아팠다. 그들은 자기 아들은 똑똑하며, 에너지는 6살 난 아이들의 보통 수준이고, 끝내 글을 읽을 것이고, 이런 문제를 유발한 원인은 대중교육의 경직된 구조의 탓이라고 믿었다. 그러나 그들은 역시 교직원들로부터 부모가 개입하여 제이크를 "교정"하라는 압력을 받았다. 그들은 조금 더 기다리기로 하고 어떤 선택을 할지 토론하고 대안을 찾았다. 당시 집안 살림을 맡았던 마이크는 홈스쿨링을 제안했다. 베스는 거의 말을 하지 않았다. 그러던 어느 날 베스는 아들을 서점에 데려가서 원하는 책을 마음껏 골라보게 했다. 그녀는 아이가 제발 글 읽기를 중요하게 생각하여 배우려고 노력해 주기를 간절히 소원했다. 그러나 제이크는 서가에서 책을 낚아채 건너편으로 던지면서 "나는 책 읽기 싫어!"라고 소리쳤다.

일이 이렇게 되자, 베스와 마이크는 아이가 1학년의 절반을 마쳤을 때 학교에서 데리고 나왔다. 뒤도 돌아보지 않았다. 지금은 제이크가 책과 독서를 좋아하게 되어 감사하게 생각한다. 하지만 그렇게 되기까지는 학교화의 사고방식에서 언스쿨링 사고방식으로 넘어가는 과도기가 필요했다. 가족들은 처음에 탈학교 과정을 거쳤다. 그들은 몇 개월간의 휴식기를 주고 제이크에게 학교 방식의 행동을 강요하지 않았다, 그러나 가을이 되자, 그들은 학교로 돌아가는 신나는 기분을 느끼면서 발음 교수법을 도입했다. "이는 엄청난 발작을 일으켰다. 책을 몹시 싫어하는 그런 느낌을 상기시켰다."라고 베스는 기억했다. 곧 발음 교수법을 포기했다. "우리는 곧바로 도서관으로 달려가서 제이크에게 책을 읽어 주고, 다양한 책에 관한 이야기를 나누는 것으로 방법을 바꾸었다. 지금 내 지식의 수준에서 되돌아보면, 아이를 가르치지 않았어야 했다. 그 이유는 아이가 스스로 배우기 시작했던 시기와 가르치는 것을 중단하고 책을 즐기도록 촉진했던 시기가 거의 일치하기 때문이다." 제이크의 부모는 아이가 책을 읽도록 재촉하던 방법을 중단했다. 그들은 강요하거나 꾀거나 평가하지 않았다. 그들은 아이를 집으로 데려온 후 놀게 하고 자유를 주고, 자율성과 개성을 존중했다. 제이크는 글 읽는 법을 배웠다. 그는 자기 시간표에 따라, 자기 관심에 초점을 맞춰 자기에게 중요한 책을 선택하여 자기 스스로 그것을 해냈다.

주 정부에 제출하는 홈스쿨링 보고사항의 일부 규정을 준수하기 위해 제이크의 부모는 여러 가지 평가방식을 선택할 수 있었다. 4학년인 제이크와 2학년인 딸 애비(Abby)가 아이오와 주의 기본능력 시험에 응시했다. 제이크가 학교 교육을 경험한 이후 마이크와 베스는 애비를 학교에 보내지 않고 직접 글 읽는 법을 가르치는 어떤 일도 하지 않기로 했다. 애비는 처음부터 완전한 언스쿨링을 했다. 부모는 표준화 시험의 한계를 인식하고 있었지만. 일부러 그것을 선택하여 두 아이의 비교 성적과 주 정부 규정이 요구하는 제출서류로 사용했다.

시험 결과가 도착한 후 베스는 나에게 말했다.

> 학교가 1학년인 내 아이와 우리를 압박하여 글 읽기를 배우도록 강요했을 때 눈물을 흘렸던 바로 그 소년이 6학년 수준의 읽기 점수를 받았다. 전혀 읽기를 가르치지 않은 애비는 4학년 수준의 독서력을 보여주었다. 이제 애비는 2학년이 될 것이다. 나는 정말로 시험의 무용성을 안다. 그러나 당시에는 매우 어려운 결정이었다. 내가 아이에게 강요하지 않고 아이들을 신뢰

하여 배움이 자연스럽게 일어나게 한 것은 올바른 선택이었다고 생각한다.

지금 5학년이 된 제이크는 책 읽기를 매우 좋아한다. 그야말로 책에 빠져서 시간이 가는 줄 모르며 지낸다. 심야 독서를 중단시키면 과연 제이크가 자정 전에 잠자리에 들 것인지, 그것에 대한 궁금증이 현재 마이크와 베스에게 가장 큰 문제다! 현재 제이크가 심야 마라톤 독서를 하기 위해서 자기가 원하는 만큼 늦게 잠자리에 들 수 있는 것은 순전히 언스쿨링 생활방식이 갖는 유연성 때문이다.

제이크가 경험한 학교 교육은 슬프게도 흔한 일이며 더욱더 그렇게 돼 가고 있다. 나는 유치원 아이가 글을 읽지 못해서 발달이 지체될 위험성이 있거나 1학년 아이가 "학년 수준"의 읽기 능력에 도달하지 못해 학습 불능의 진단을 받았다는 이야기를 많은 부모에게서 듣는다. 불행하게도 대부분 부모는 이런 권고에 맞서 마이크와 베스처럼 도약하지 못한다. 대신 그들은 아이의 행동에 문제가 있다거나, 학습에 어려움이 있다거나 표준에서 벗어나는 다른 문제가 있다는 교육자들의 말을 철석같이 믿으면서 아이를 학교에 다니게 한다. 그들은 학교 일이 진짜 범인일 수 있다는 사실을 인식하지 못한 채, 오히려 자기 아이에게 결점이 있다고 보고 반드시 초기 간섭이 필요하다고 믿는다. 은퇴한 공립학교 교사이며 저작가인 존 테일러 가토는 학교에서 아이들에게 꼬리표를 붙이는 충격적인 현실에 대해 "26년간 부자와 가난한 집 아이들을 두루 가르치면서 나는 거의 '학습 불능 아이'를 만난 적이 결코 없다. 재능이 뛰어나거나 천부적 능력이 있는 아이들을 만난 적도 없다. 모든 학교와 마찬가지로 이런 것들은 인간의 상상력이 만들어 낸 신성한 신화이다. 그런 신화는 학교 교육의 신전을 보존하는 기능을 한다. 검증한 적이 없고, 실체가 없는 것들이다."[3]라고 썼다. 학교 교육은 차이, 다양성, 개성을 모두 중요하게 여긴다고 말한다. 그러나 실제는 그렇지 않다. 그렇게 할 수도 없다. 어린 시절의 힘과 열정은 학교 일과 양립하기 어렵다. 정해진 교육과정의 기준에 비추어 조금 더 늦은 글 읽기는 수용의 여지가 없으며 간섭의 이유가 될 뿐이다. 모두 같아야 한다.

언스쿨링은 차이와 다양성을 보물처럼 소중히 여긴다. 우리는 아이들의 문해력과 수리력을 재촉할 필요가 없다. 오히려 이 두 가지가 모두 소중히 여겨지는 상황에 집중할 때 우리는 이 중요한 개념을 자연스럽게 배우도록 도울 수 있다. 우리는 아이들은 읽고 셈할 수 있으며 그 방법은 오직 우리 아이들이 주도한다는 신념을 확실히 해야 한다. 이런 신념은 부모인 우리의 궁극적인 의무다. 우리는 우리 아이들을 문해력과 수리력이 풍성한 자원과 연결하여 그들이 가장 좋아하는 것을 자기 방법으로 탐구하도록 조력할 수 있다. 우리는 **딕과 제인**(Dick and Jane)의 책을 읽도록 강요하여 아이들의 문자 교육을 강조하거나 아이가 문제집을 완성하도록 재촉할 필요가 전혀 없다. 대신 우리는 아이의 관심에 주의를 기울이고 여러 가지 도구와 자원으로 주변 환경을 풍성하게 꾸밀 수 있다. 아이들의 자기 열정과 독특한 자기 시간표에 따라 비강제적이고 자연스러운 방법으로 읽고 셈하는 법을 배우도록 지원할 수 있다.

자연 문해력

1969년, 심리학 교수인 제인 토리(Jane Torrey)는 어떻게 하면 가르치지 않아도 아이가 스스로 글 읽는 법을 배울 수 있는지에 관한 사례연구를 했다. "교사 없는 읽기 학습"의 보고서가 **초등 영어**(Elementary english) 저널에서 발표된 후 자연 문해력의 모범 연구로 널리 인용되었다. 이 연구에서 토리는 한 가난한 5살 난 아프리카계 미국인 소년인 존(John)을 추적했다. 존은 미국 남부의 인종차별 학교에 다녔다. 교사들은 유치원에 들어오기 전에 존이 글읽는 법을 배운 사실을 발견했다. 시험 결과는 존의 평균적인 언어능력을 보여주었다. 존의 아버지는 트럭 운전사였고 어머니는 병원 잡역부였다. 가족 중 아이는 5명이었고 주택 보조금의 혜택을 받는 낮은 소득 계층에 속했다. 아이의 부모는 인종차별이 심한 미국의 남부에서 최소의 학교 교육을 받았을 뿐인데 어떻게 아이는 학교에 입학하기 전에 스스로 글 읽는 법을 배울 수 있었을까?

교사들은 존의 사례가 매우 놀라운 사건이어서 토리에게 연구를 계속할 것을 요청했다. 토리는 존의 집에서 수 주일 동안 하루에 몇 시간씩 보내면서 존의 가정환경과 글을 읽고 쓰는 모습을 관찰했다. 존의 할머니, 어머니와 이야기를 나누면서 토리는 존이 대부분 단순한 단어나 구절을 강조하는 TV 광고를 보고 자주 따라 하면서 자발적으로 읽는 법을 배운 사실을 알아냈다. 그는 부엌에 있는 통조림통에 붙은 친숙한 상표, 그리고 가족 소유이거나 도서관에서 빌려온 집안에 있는 책을 통해 글 읽는 법을 배웠다. 문해는 결국 대부분의 아이보다 더 일찍 존을 찾았다. 토리는 자신의 사례연구가 문해학습에 상당한 의미를 주었다는 결론을 내렸다.

> 문해는 가르침이 아닌 배움이다. 학교에서 교사들은 안내, 동기유발, 질문에 대한 대답만 할 수 있을 뿐이다. 교사는 아이에게 배워야 할 모든 것을 일일이 말해 줄 시간이 없다. 아이가 각 요소를 충분히 연습하게 할 시간은 훨씬 더 부족하다. 아마 문해학습의 핵심 요인은 아이가 자신의 환경에 대해 제기하는 적절한 질문일 것이다. 아이가 적절한 질문을 한다면, 그는 반드시 의식적으로 가르치는 성인이 없어도 다양한 자원에서 스스

로 답을 얻을 수 있을 것이다.[4]

이 사례는 분명히 한 소년에 관한 연구일 뿐이다. 하지만 토리는 문해는 **가르치는** 행위가 아니라 **배우는** 행위라는 점을 최초로 주장한 연구자 중 한 사람이 되었다.[5] 존을 관찰한 10년 후 토리는 "조기 문해자의 이력을 통해서 얻은 연구 결과는 아이들에게 읽는 법을 가르치지 않고 그냥 충분한 자극과 풍부한 자료로 에워싼 환경을 제공할 때 아이들이 스스로 배운다는 말로 요약할 수 있다."[6]라고 주장했다.

오늘날 전통적인 학교 교육의 환경을 벗어나 학교 밖에서 배우는 아이의 수가 증가하면서, 토리의 연구 결과를 더 큰아이들에게 적용하는 일도 가능해졌다. 언스쿨링 아이들에 대한 일부 보고서는 아이가 유창하게 읽는 평균 나이는 8살과 9살 사이라고 밝혔다. 그러나 더 객관적인 학술연구도 역시 비슷한 결과를 보여주었다. 앨런 토머스(Alan Thomas)와 해리엇 패티슨(Harriet Pattison)은 형식적인 학교 환경 밖에서 글 읽는 법을 배운 젊은이들은 대부분 형식적인 가르침에 자주 반발하면서 자발적으로 배우는 사실을 알아냈다. 이런 아이들은 주변에 있는 풍부한 읽기 자료와 기회를 이용하고 폭넓고 다양한 시간표를 정하여 글 읽는 법을 배웠다. 연구자들은 "우리 연구는 아이들은 특정 나이에 글 읽기를 배워야 하며 그러기 위해서는 아이들을 구조화하여 단계적인 학습 프로그램을 통과시킬 필요가 있다는 두 가지 견해에 많은 의문점이 있는 사실을 발견했다. 반대로 우리는 어떤 부작용도 경험하지 않고 많은 아이가 8살이나 그 이상 나이에 글 읽기를 배운 사실을 발견했다."[7]라고 말했다.

피비 웰스(Phoebe Wells)는 자연 문해의 습득이 각각 다른 나이에 각각 다른 방법으로 마치 드라마처럼 일어난 3명의 언스쿨러를 곁에서 지켜보았다. 그들은 지금 성인이다. 문해 습득이 매우 다양했을지라도 아이들은 문해를 촉진하는 환경에 둘러싸여 성인의 강요 없이 자신의 발달

시점에 따라 문해를 습득한 공통 배경을 가지고 있었다. 피비의 아들 중 한 명은 4살에, 한 명은 8살에 글을 깨쳤으며 한 명은 13살까지 글을 읽지 못했다. "심각한 지체" 문해자는 10살까지 전혀 읽지 못했다고 피비는 말했다. 당시 그는 축구에 심취해 있었다. 그가 최초로 읽은 글은 축구 일정표였다. 피비의 아들은 정말 배우려고 노력했는데도 글을 터득하지 못해서 실망하는 등 여러 가지 고비를 겪었다. 그래서 피비는 강요하지 않고 그냥 읽으려는 노력을 도와주었다. 그가 한 달 만에 "**모자 속의 고양이**에서 셰익스피어로 넘어갈 정도로 유창한 독서가가 된 것은 13살 이후였다."라고 그녀는 회상했다.

피비는 아들의 늦은 문해력을 특별히 걱정하지 않았다. 그녀는 홀트의 **학교 없는 성장**의 소식지에서 곧 유창한 독서가가 된 늦은 문해자의 이야기를 읽었다. 피비는 악보 읽기, 복잡한 암산하기, 연극 대사 외우기 등 아들이 잘했던 다른 것들을 많이 알고 있었다. "대다수의 사람은 문해가 지능을 나타낸다고 믿는다. 하지만 문해 지체는 결코 내 걱정거리가 아니었다."라고 피비는 말했다. "만약 아이가 오직 글 읽기만을 위한 읽기를 배우고 사물에 관심을 보이지 않았다면 문해는 더 오랜 시간이 걸리고 더 어려웠을 것이다."라고 덧붙였다.

피비는 아들의 다른 많은 강점과 재능을 인정했다. 이는 피비가 아이의 늦은 문해력을 기다리는 데 도움을 주었다. "나는 늘 글 읽는 법의 터득은 그렇게 어렵지 않은 것이라고 믿었다. 아니면 왜 그렇게 많은 아이가 글을 읽을 수 있는가?"라고 그녀는 말한다. 그녀는 아이들과 도서관에 가서 자주 책을 읽어 주고, 문해력에 초점을 맞춘 게임을 하는 등 아이들에게 문해가 풍부한 환경을 제공하기 위해서 늘 노력했다. 그러나 글 읽기를 강요하지 않았다. 문해 지체의 정도를 파악하기 위해서 아이를 시험하지도 않았다. "지체되기는 쉽다. 꼬리표 제거는 어렵다. 나는 시험의 위험성은 어떤 이익도 집어삼키는 블랙홀이라고 느꼈다."라고 그녀는 말한다.

피비의 아들은 지금 30살이다. 17살에 집을 떠나 전국적으로 명성을 떨치는 몇몇 발레단에서 공연하는 프로 발레 댄서가 되었다. 그는 공연 중 틈틈이 시간을 내서 온라인 강좌를 들었다. 피비가 말하는 것처럼 "결코 학교에 다닌 적이 없으며 글쓰기나 학문적 수학과 관련된 일은 아무것도 해 본 적이 없는 아이가 매우 고전적인 직업에 종사하면서 정말 순탄한 길을 걸어갔다. 그는 자신이 수학과 과학을 좋아하는 점을 알고 지역사회 대학에 진학했다. 발레단에서 은퇴하고 유명한 대학의 의학부 예과 프로그램에 들어갔다. 지금 의과대학을 목표로 MCAT 시험을 준비하고 있다. "그가 개별교육프로그램에 갇혔다면, 문해 불능자의 꼬리표가 붙여졌다면, 그가 감히 의학부 예과 학생일 수 있었겠는가? 나는 그 점이 의심스럽다. 나는 얼마나 많은 아이가 그 꼬리표에서 벗어나 뚜렷한 목적의식을 가지고 학문 지향의 직업에 종사하게 될지 모른다."라고 피비는 말했다.

피비의 아이들이 글을 읽고 쓰는 법을 배운 시간표는 현재 우리 학교의 맥락에서는 거의 불가능할 것으로 보인다. 이제 문해는 유치원에서 가르치고 있으며 3학년은 문해학습의 종점으로 생각된다. 3학년을 마치게 되면(또는 거의 8살이나 9살) 아이들은 유창하게 읽을 수 있을 것으로 기대한다. 3학년이 문해에서 그처럼 중요한 학년인 이유는 이 시기에 **문해를 위한 학습에서 학습을 위한 문해**[8]로 교육과정이 바뀌는 신호를 보내기 때문이다. 문해 유창성은 특정 시기에 정점에 이른다고 가정하는 학교의 교육과정은 4학년이 되면 바뀌게 되며 이때 아이들이 특정 교과를 특정 방법으로 배우기 위해서 그 내용을 이해하도록 요구한다.

3학년 이론(The third grade theory)의 문제점은 아이들에게 **학교에서** 배우는 방법을 다시 한번 강조하여 두 번의 고통을 주는 데 있다. 그렇다. 학교는 4학년 때 교육과정을 변경하여 글을 읽지 못하는 아이들에게 실제로 불이익을 주고 있다. 그러나 이는 반드시 **글 읽기** 문제, **아이**의 문제가 아니라 **학교 교육**의 문제라는 사실을 여실히 보여준다. 피비의 아이들처럼 언스쿨링 아이들이 학교 방식의 맥락 밖에서 늦게 글을 읽는 것은 단순히 좀 늦은 문해일 뿐이다. 우리가 그리는 글 읽기 학습의 정상 분포도에서 보면 늦은 문해는 왼쪽 맨 끝에서 일어난다. 피비의 아이 중 한 명은 종형 곡선의 왼쪽 끝에 있고 한 명은 오른쪽 끝에 있었다. 8살에 읽은 아이는 중앙에 있다. 학교에서 가르치지 않고 자연스럽게 읽도록 허용하면 대부분 아이는 중앙에 위치하게 될 것이다.

홈스쿨러와 문해력의 획득에 관한 더 많은 연구는 이런 자연 문해력의 종형 곡선이 존재할 가능성을 명확히 보여준다. 해리엇 패티슨(Harriet Pattison)은 자신의 저서 **글 읽기 학습의 재고**(Rethinking Learning to Read)에서 가정교육을 받은 400명의 아이를 대상으로 한 설문 조사의 결과를 분석했다. 이 분석에서 패티슨은 아이들이 처음 읽기를 배웠던 나이대가 매우 광범위한 사실을 발견했다. 연구 표집의 대상자 중 많은 아이는 7살 이후, 또는 그녀가 말하는 "명시적인 학교 표준"에서부터 글을 읽기 시작했다. 패티슨은 역시 늦은 문해자들은 유창성을 빠른 속도로 획득하여 글 읽기를 처음 배운 직후부터 복잡한 책을 매우 빨리 읽고 이해하는 사실을 알아냈다. 패티슨은 "이런 경험은 학교 아이들과 비교하여 얼마나 큰 차이가 나는지 충분히 강조할 필요가 없다. 읽기 학습을 재고할 때 이 중요한 증거를 고려해야 한다. 만약 그렇게 하지 않는다면, 우리는 읽기의 어려움으로 인하여 학교와 그 이후의 인생을 망칠 모든 아이에게 엄청난 잘못을 저지르게 될 것이다."[9]라는 결론을 얻었다.

우리는 몇몇 발달지표에 따라서 인간의 정상적인 발달을 인정하지만 다른 지표에 따르면 그렇지 않은 경향이 있다. 예를 들어 우리는 일반적으로 아이가 처음으로 뒹굴고 기거나 처음으로 걷는 행동은 서두를 필요가 없다고 생각한다. 그러나 학습에서는 다른 태도를 보인다. 아이가 점점 자라면서 우리는 아이의 학습에 개입할 필요성을 느낀다. 성인들이 아이들을 돕고 풍부한 자원을 제공하여 아이들이 자기 시간에 맞춰 자기 방법으로 배우도록 허용하는 대신 서둘러 가르치기 시작한다. 우리는 아이들만의 독특한 시간표에 개입하여 더 빠른 나이에 글 읽는 법을 배우기를 기대한다. 대다수 아이는 문해 환경으로 에워싸게 되면 자연적으로 글 읽기를 배운다.[10] 일부는 조기 문해자가 되고 일부는 만기 문해자가 될 것이다. 하지만 대부분 아이는 책에 의해서, 읽기에 의해서 그리고 책과 읽기를 소중히 여기고 촉진하는 성인들의 조력을 받아 스스로 글 읽는 법을 배울 것이다.

발달상 아이가 아직 준비가 덜 된 상태에서 글 읽기를 강요하면 득보다 해를 가져온다. 이런 위험성을 잘 아는 일부 연구자들은 유치원 아이들의 읽기 학습을 가속화하는 표준화된 학교 교육과정의 구조를 거부한다. **유치원의 읽기 학습 : 득보다 실이 더 많다**(Reading in Kindergarten: Little to Gain and Much to Lose)라는 보고서에서 교육학 교수 낸시 칼슨 페이지(Nancy Carlsson-Paige)와 동료들은 조기 읽기 학습의 위험성을 경고했다. 그들은 "아이들이 자신의 발달 수준에 맞지 않거나 자신의 학습 욕구와 문화에 부합하지 않은 교육을 경험하면 부적합성, 불안, 혼란과 같은 큰 피해를 초래할 수 있다."[11]라고 썼다. 칼슨 페이지와 동료들은 자연 문해력보다 발달연령에 적합한 읽기 학습을 주장했지만 조기에 강요하는 학습의 대가는 득보다 실이 더 많다는 점을 인정했다.

문해력의 정상분포 곡선, 즉 문해력 유창성의 평균 연령이 8세경이라는 주장을 수용하면 진보주의 교육자들이 설립한 일부 독립학교에서 문해력을 증강하기 위해 실행하는 방법을 설명하는 데 유리할 수 있다. 예를 들어 발도르프 교육은 읽기와 다른 학문적 주제를 유치원 단계에서 가르치지 않는다. "글 읽기 또는 다른 교과를 수업형식으로 진행하는 시간–특정적인 엄격한 목표가 없다." 발도르프 학생들은 1학년 때 이야기,

노래, 율동, 창의적인 미술, 놀이를 통해 문자와 문자의 소리를 배운다. 형식적인 읽기 수업은 2학년이 될 때까지 시작하지 않는다.[12] 이런 지연된 문해 수업 방법은 더 많은 아이가 자연적인 문해력 곡선의 정점에 들어갈 가능성을 높인다. 그러므로 발도르프 방법은 발달 면에서 읽기 준비에 적합할 가능성이 더 크다고 볼 수 있다.

2012년 대규모 학술연구에서 일단의 연구자들은 뉴질랜드 학생들의 두 집단이 얻은 읽기 성적을 조사했다. 한 집단은 5살에 형식적 읽기 학습을 시작한 전통적인 주립 학교의 학생들이었다. 다른 집단은 형식적 읽기 학습을 7살 이후에 시작한 발도르프 슈타이너 학교의 학생들이었다. 연구자들은 아이의 기존 어휘 능력, 사회경제적 지위, 가정의 문해 환경 등 여러 가지 변인을 통제했다. 세바스티안 수게테(Sebastian Suggate) 박사가 이끄는 연구팀은 빠른 문해 집단은 읽기 능력이 늦은 문해 집단보다 초반에는 더 높았으나 이런 차이는 7살 경에 사라지는 점을 발견했다. 실제로 연구자들은 초등학교 말쯤에 글 읽기를 시작한 늦은 문해 집단이 더 빠른 문해 집단보다 독해력이 훨씬 높은 것을 밝혀냈다.[13] 조기에 강요된 읽기는 역효과를 낳을 수 있다는 결과를 보여주는 연구였다.

많은 연구는 문해력 발달에 관한 학교 교육의 표준 시간표에 맞서 아이들이 자연적으로 글 읽기를 배우는 다양한 나이와 방법을 증명했다. 이는 부모들이 문해 유창성에 대한 학교 방식의 기대를 더 정직하게 검토할 기회를 제공했다. 하지만 부모들은 강하다. 만약 부모가 아이의 늦은 문해나 발달 영역의 어떤 요인이 정말 학습 불능이 될 수 있다고 생각한다면, 그들은 자신의 양육 본성을 믿고 당연히 적절한 조언을 구할 것이다. 하지만 나는 종종 자신의 아이가 2학년 말까지 글을 읽지 못해서 글 읽기 불능이라는 꼬리표를 달았다는 말을 여러 부모에게서 들은 적이 있다. 이 말은 사실이거나 아이가 아직 글을 읽을 준비가 덜 되어 있을 수도 있다. 하지만 3학년까지 글을 읽어야 한다는 학교의 기대는 인위적인 종결선언이다. **마침내 자유를 얻었다**(Free at Last)에서 다니엘 그린버그(Daniel Greenberg)는 비강제적인 서드베리 밸리 학교의 사례를 소개했다. 그는 처음 20년간 서드베리를 운영했을 때 난독증을 앓는 아이들을 보지 못했다고 보고했다. "우리는 실제로 학교에서 난독증을 관찰한 적이 없다. 그 이유는 단지 누구에게도 글 읽는 법을 배우도록 강요한 적이 없기 때문일 것이다."라고 말했다. 아이들에게 글 읽기를 강요하지 않고, 매우 이질적인 시간표에도 불구하고 서드베리 학생들은 모두 글 읽는 법을 배웠다.[14] 표준화된 학교 교육은 일반적으로 광범위하게 나타나는 아동기 발달의 차이, 그리고 인간이 자기 세계를 이해하고 협상하는 다양한 방식에 적절히 대응할 수 없다.

교육학 학자인 카를 휘틀리(Karl Wheatley)는, 언스쿨러는 읽기 학습에 대한 학교 방식의 가정에 맞선 결과 대규모 교육 정책에 영향을 주었다고 주장했다. 그는 "언스쿨러는 교육학자들이 말하는 소위 '글 읽기 성적'은 거의 낮은 수준의 읽기 영역을 평가한 점수이기 때문에 별 관심이 없다. 그러므로 '글 읽기 성적'에 대해 말할 때 우리는 낮은 수준의 능력은 초점 밖에 있고 진정한 능력은 '독해력과 독서 사랑'에 초점이 있다고 주장하는 말이 옳다."[15]라고 썼다. 자연 문해력의 배양은 일반적인 학교 방식의 문해학습보다 훨씬 더 효과적이라는 증거 자료로 언스쿨러는 이런 결과, 즉 강한 독해력과 독서 사랑을 자주 인용한다.

학교 방식의 문해학습 맥락은 종종 책을 문장으로 그리고 큰 생각을 의미 없는 잡동사니로 세분하는 인위적이고 어려운 과정을 포함한다. 학교에서 아이들은 "미리 읽지 마!"라는 무서운 경고와 함께 무엇을, 언제, 얼마나 오랫동안 읽어야 할지 등을 교사의 지시에 따라야 한다. 지금은 아이들에게 주어진 저녁 시간의 독서가 끝나면 신호음을 내는 디지털 책갈피가 있다. 아이들이 독서를 싫어하기 바란다면 아이들이 관심 없어 하는 것을 강제로 읽히고, 독서를 일상생활과 동떨어진 교과군에 배치하고, 강제로 숙제를 내주면 될 것이다. 그렇게 되면 독서는 시간을 재고, 독해능력을 평가하고, 꼬리표를 붙이게 되어 기쁨이 아닌 잡일이 될 것이다. 이 모든 일을 다 겪은 후에도 독서를 사랑하는 사람들은 여전히 꾸준한 독서를 유지한다. 이는 학교에서 그렇게 하도록 가르쳤기 때문이 아니다. 2016년에 미국인의 1/4 이상이 한 권의 책도 읽지 않았다는 조사 결과에 대해 어떤 궁금증도 들지 않는가?[16] 미국 성인의 29%는 "기본" 수준이거나 그 이하 수준의 책을 읽을 뿐이다.[17] 문해학습에 대한 학교 방식의 접근에는 아쉬운 점이 너무 많다.

내 아들 잭은 7살에 유창하게 글 읽는 법을 배웠다. 우리는 결코 글 읽는 법을 강요하거나 그와 함께 읽는 연습을 한 적이 없다. 우리는 아이가 단어를 소리 내거나 발음 연습을 시킨 적이 없다. 대신 우리는 아이에게 많은 책을 읽어 주고, 도서관에 자주 데려가고, 아이 주변을 문해가 풍부한 환경으로 꾸미고 독서 사랑의 모델이 되어 주었다. 7살에 고전인 **딕과 제인**(Dick and Jane)을 교과서로 이용하여 혼자 글을 깨우친 내 딸 애비와 달리, 잭은 빠른 문해자에게서 나타나는 어떤 행동도 하지 않았다. 잭은 그런 일을 어리석게 여겼다. 그는 문해가 자기 관심의 중요한 부분이 되고 자신에게 중요한 의미를 갖게 되었을 때 글 읽는 법을 배웠다. 그는 즐겨듣는 로큰롤 노래 가사를 통해서 처음으로 글을 배우기 시작했다. 우리는 잭이 좋아하는 노래 가사를 출력해 주었다. 그는 음악을 들으면서 집중적으로 가사를 보았다. 다음에는 사고 싶은 물건을 검색하고 돈 가치가 있는 상품인지 알아보려고 아마존닷컴에서 특정 상품에 달린 후기를 읽기 시작했다. 마지막으로 그는 최신 컴퓨팅, 모바일폰의 업데이트, 기술산업잡지에 실린 신기술에 관한 기사를 읽었다. 나는 그가 아이폰의 신상품 출시에 관한 **뉴욕 타임스** 기사를 소리 내서 완전히 읽었던 그날을 생생하게 기억한다. 모든 단어를 다 이해하고 있었다. 이제 9살인 그는 전기, 청소년 소설, 스케이트보드 잡지에 실린 기사를 좋아한다. 소프트웨어와 하드웨어에 관한 기술과 관련된 기사도 여전히 좋아하는 읽을거리이다. 이런 것은 잭에게 중요한 주제이며 다른 사람이 정해 준 주제는 중요하게 여기지 않았다. 우리는 잭의 관심을 알 때마다 그런 관심과 읽기 자료를 그와 연결해 주었다. 우리는 재촉하거나 강요하지 않았다. 지금 잭은 독서를 좋아한다. 제이크의 부모처럼 자정이 되기 전에 아이의 독서를 중단시킬 것인지 의논하는 일이 잭의 문해력에 대한 가장 큰 걱정거리다.

잭은 자연 문해의 종형 곡선에서 중간에 더 가까운 지점에서 읽는 법을 배웠다. 하지만 잭보다 훨씬 더 늦게 읽는 법을 배우는 언스쿨링 아이들이 있다. 피터 코왈케(Peter Kowalke)는 늦은 문해자는 언스쿨링의 환경문제가 아닐 수 있다고 회고했다. 피터는 말수가 매우 많은 아이였으나 정말 글을 읽을 이유가 없었던 점을 기억했다. 어머니가 피터에게 책을 읽어 주면 아이는 단어 대신 사진을 이용하여 많은 그림을 그렸다. 이런 행동은 글 읽기가 가장 시급한 10살 때까지 그치지 않았다. 피터는 "나는 지.아이.조(G.I.Joe)를 좋아했다. 지.아이.조의 장난감은 모두 가지고 있고 쇼도 모두 다 보았다. 그리고 지.아이.조의 만화책을 발견했다."라고 피터는 말했다. 어머니는 만화책을 읽어 주었으나 피터는 혼자 만화책을 읽을 때 더 큰 재미를 느꼈다. 간단한 단어와 흥미 있는 그림, 그리고 피터를 사로잡았던 내용만으로 피터는 글 읽는 법을 금방 배울 수 있었다. 그 후 몇 년 동안 피터는 거의 만화책만 읽었으나 13살이 되었을 때 독서 사랑에 빠졌다. 많은 다른 늦은 문해자들처럼 피터는 금세 유창해져서 만화에서 고전으로 점프했다. 그가 읽은 네 번째 책은 플라톤의 **국가론**이었다.

아이들은 어떻게 읽고 쓰는 법을 자연적으로 배우는가에 관한 기사에서 윌리엄 틸(William Teale)은 "문해력의 실천은 글을 쓰고, 이해하고, 독해하는 단순한 추상적 기술이 아니다. 아이들이 문해자가 되면 오히려 읽기와 쓰기를 이용하여 자신의 문화를 구성하는 규범을 실천한다."[18]라는 사실을 이론화했다. 아이들이 문해력이 풍부한 환경과 조력해 주는 성인들로 둘러싸인다면 자연적으로 읽기와 쓰기를 배우는 문해자가 될 것이다. 피터의 글쓰기는 오직 한 소녀와 관계에서 필요했다. 13살인 피터와 가족들은 미시간에서 열린 홈스쿨링 콘퍼런스에 참석했다. 피터는 거기서 좋아하는 소녀를 만난 후 계속 서로 연락하기로 약속했다. "내가 쓴 첫 편지는 길게 쓴 한 문장이었다."라고 피터는 회상했다. 그는 좋아하는 소녀에게 감동을 주고 싶었다. 이 소녀는 피터의 첫 여자 친구가 되어 지금까지 계속 좋은 친구로 지낸다. 피터는 예전에 영어 교사였던 어머니에게 문장구조, 문단 구성, 편집, 그 외 글쓰기 기초에 대해 처음으로 도움을 구했다. 여섯 번째 편지에서 그는 기본 문법과 글쓰기 기초를 모두 배웠다. 10대에 글쓰기에 낚인 피터는 홈스쿨러와 언스쿨러들을 위한 전국 잡지를 창간했다. 이 소년, 10살까지 글을 읽지 못했고 13살까지 글을 쓰지 못했던 피터는 대학에서 저널리즘을 전공하여(부전공은 수학) 뉴욕시에서 전문 언론인으로 일하고 있다.

해리스, 제인, 피비, 잭, 피터는 아이들의 광범위하고 다양한 문해학습의 시기와 방법을 강조한다. 일부는 빠른 문해자가 되고 일부는 늦은 문해자가 될 것이다. 대부분은 8살을 전후하여 유창하게 글을 읽을 수 있는 중간지대에 위치할 것이다. 어린 나이에 그리고 더 어린 나이에 글 읽기를 강요하는 전통적인 학교 교육 시스템은 임의적인 종결 시간, 즉 3학년 때까지 유창하게 읽기를 기대한다. 이런 비자연적인 문해 시간표를 강요하는 고부담 표준화 시험은 정해진 발달단계의 나이에서 아직 문해 준비가 덜 된 아이들에게 치명적인 피해를 줄 수 있다. 이는 전통적인 학교 교육을 받은 부모들과 언스쿨링 아이들에게 걱정되는 일이 아닐 수 없다. 두 집단은 당연히 이 표준화 교육의 폐지를 주장해야 한다. 홈스쿨러들에게 표준화 시험을 요구하는 주에 사는 사람들, 특히 언스쿨러들에게 교육과정의 준수, 정기시험의 요구 등은 아이들이 자기 시간표에 따르기보다 더 이른 시기에 읽기 학습을 강요함으로써 아이들에게 중요한 교육의 자유를 제한한다. 이런 규정의 변경을 위해서 열렬히 투쟁할 때, 부모들의 자율성은 더 강해지고 아이들의 학습 개인차는 더 존중받게 될 것이다. 학교 일, 심지어 주와 지역 정책에 어쩔 수 없이 발목이 잡힌 가족들은 학교 방식에 기반한 교육 구조를 제거하는 데 더 어려운 시간을 맞게 될 것이다.

자연 수리력

최근 어느 날 밤 몰리와 잭은 아빠와 수학 놀이를 하고 있었다. 나는 아이들이 점점 더 복잡한 계산에 들어가면서 내 남편을 번갈아 괴롭히고 있을 때 부엌에서 그들의 웃음소리를 들을 수 있었다. 웃음, 기쁨, 협력, 놀이는 내가 자랐던 시절의 수학과 관련된 개념이 결코 아니라는 생각이 떠올랐다. 나는 대학까지 결코 수학을 좋아한 적이 없었다. 학교에서 암기와 기억 게임을 배웠다. 그러나 수학을 좋아하지 않았다. 나는 결코 수학을 **배우지** 않았다. A를 받았지만 표면적이었다. 단기 기억의 표시이며 열성적인 학교 게임의 결과일 뿐이었다. 앤드루 해커(Andrew Hacker)가 자신의 탁월한 저서 **수학 신화: 그리고 또 다른 STEM**(The Math Myth: And Other STEM)에서 쓴 것처럼 "어떤 과목보다 수학은 교사가 원하는 정답을 정확히 대는 학생을 더 좋아하는 과목이다. 아마 수학이 뒤처지는 학생들에게 매력이 거의 바닥인 이유는 이런 특성 때문일 것이다. 다른 과목에 비해 유난히 수학에 Cs와 Ds와 Fs가 더 많은 경우도 이런 이유로 볼 수 있다."[19]

학교 교육을 받은 경험이 없는 아이들은 수학을 그냥 해야 할 것으로 간주하는 정신구조가 없다. 이들은 수학을 연습지나 퀴즈, 황금별 스티커나 무의미한 문자들과 관련짓지 않는다. 정말 수학을 좋아하는 아이들이다. 일상적인 삶과 배움 속에서 수학을 보고, 수학을 즐기고, 수학을 안다. 수학에 대한 두려움, 즉 수학을 어떻게 가르칠지, 어떻게 배울지, 어떻게 사용할지, 어떻게 좋아할지는 아이가 아닌 성인의 문제다. 수학을 좋아하지 않거나 수학능력에 자신감이 부족한 성인이 많다. 우리는 어렸을 때 수학을 배우면서 느꼈던 고통스러운 방법을 기억한다. 따분한 연습지, 지루한 강의, 칠판을 가득 메운 복잡한 계산, 시간이 정해진 시험, 문장식 문제. 모두 나쁜 기억만으로 장식되어 있다. 우리는 이런 기억을 무심결에 아이들에게 투사한다. 우리 중 많은 사람은 아이들에게 수학을 더 재미있게 만들기로 마음먹고 부끄러움과 부족한 자신감이 드러나지 않도록 열심히 노력한다. 아이들은 이것을 꿰뚫어 보고 수학은 일이라는 메시지를 받는다. 이제 "수학의 공포"는 아이들에게 흔한 새로운 꼬리표가 되었다. 흔해 빠진 문해 지체의 꼬리표를 붙이고 서둘러 개입하는 것처럼 학교 일의 증가로 생겨난 수학 꼬리표 붙이기는, 아이들이 나는 "수학을 못 한다."라는 신념을 내면화하는 단계로 진전된다. 다시 말하면 이는 학습이 아닌 학교 교육의 문제다.

정말 수학은 놀이고 재미있어야 한다. 몰리는 어린 나이에 수학에 이끌렸다. 우리는 수학에 관한 몰리의 관심을 알고 MIT에서 교육받은 수학자가 가르치는 지역 홈스쿨러 수학 교습소를 찾았다. 이 수학자는 30년 넘게 자기 집에서 수학 실력 향상 교실을 운영했다. 재능이 뛰어난 교사, 베스 오설리반(Beth O'Sullivan)은 수학을 제시하는 자신의 혁신적인 방법을 소개하기 위해서 민간인 신분으로 칸 아카데미를 방문하여 놀이로서 수학에 대한 논문을 발표한 경력이 있다. 아이들은 그냥 함께 게임만 한다. 내가 몰리에게 첫 수업이 끝난 후 무엇을 배웠느냐고 묻자, "우리는 진짜 수학은 배우지 않았어. 그냥 놀았어."라고 말했다. 실제로 몰리는 수업 시간에 진짜 수학적 개념에 관한 것들을 엄청나게 배웠다. 즉 분류, 논리, 계열, 전략, 추론, 고등 사고방식 등.

"놀이가 충만해지면 놀이는 아이의 상상력을 주변 세계와 결합한다." 라고 베스는 말했다.

> 아이는 이런 결합을 통해 수학을 발견한다. 모양, 대칭, 균형 등은 모두 아이가 자기 주변의 세계에서 발견한 것들의 일부분이다. 우리는 말을 가르치기 위해 어린아이들을 언어학교에 보내지 않는다. 그들은 처음부터 끝까지 어른들과 다른 아이들과 관계를 통해서 그리고 놀이를 통해서 말을 배운다. 아이들이 수학 언어에 노출되면 마찬가지로 수학을 배운다. 수학 언어를 재미있게 배울수록 아이는 수학을 더 찾고 더 배우게 될 것이다.

마찬가지로 몰리의 어린 동생들도 놀면서 수학을 배운다. 그러나 베스 선생님의 수업과 같은 그런 재미있는 놀이 수업은 그들에게 맞지 않았다. 지금 그들은 수학 이야기와 보드게임, 카드 게임, 온라인 수학 프로그램, 아빠와 함께하는 수학 놀이 등, 적어도 다른 방법을 더 좋아한다. 언스쿨링은 아이들에게 자유와 탄력성을 허용하여 자신들의 특별한 관심과 학습 스타일 대로 자연스럽고 비강제적인 방법으로 문해력과 수리력을 탐구하게 한다. 일부 아이들은 가르침이나 수업형식에 끌릴 수 있다. 어떤 아이들은 온라인 학습이나 대화형 기술 기반의 학습 방법에 끌릴 수 있다. 여전히 다른 아이들은 책, 게임, 직접적인 조작을 좋아할 수 있다. 핵심은 아이들에게 다양한 선택을 제공하여 그렇게 하도록 회유하지 않고 자신에게 의미 있는 방법으로 배우게 하는 일이다. 베스가 말한 것처럼, "수학은 원래 경이롭고 신비로운 세계다. 이 사실을 이해한다면 수학이 가지고 있는 장난스럽고 재미있는 특성을 곧 알게 될 것"이다.

이처럼 수학을 발견하는 자연적이고 재미있는 방법은 대부분 우리에게 존재하지 않았다. 우리는 암기와 고도의 압박을 가하는 반복을 통해 수학을 배웠다. 바브라 오클리(Barbra Oakley)는 자신의 저서, **마인드 시프트: 학습장애와 잠재력의 방해를 돌파하라**(Mindshift: Break Through Obstacles to learning and Disorder Your Hidden Potential)[20]에서 그녀가 어떻게 "수학과 과학을 철저히 경멸했으며 어린 시절에서부터 이 두 가지를 모두 잘하지 못했는지"를 자세히 밝혔다. 오클리는 초등학교에서부터 고등학교까지 계속 수학과 과학에서 낙제를 면하지 못했으며 자신은 그냥 수학을 잘하지 못한다고 믿었던 사실을 이야기했다. 하지만 성인이 되자 수학과 과학에 많은 관심이 생기게 되어 수학과 과학 두 가지를 모두 공부해 마침내 디트로이트의 오클랜드 대학에서 공학박사 학위를 받았다. 오클리는 현재 이 대학의 교수로 있다. 수학이 문제가 아니다. 놀이와 자기주도성을 무시하고 엄청난 좌절과 기피로 몰아가는 전통적인 수학교육의 방법이 문제다.

L. P. 베네제트(L. P. Benezet)는 전통적인 수학 교수 방법 때문에 특히 불우한 환경의 아이들이 나쁜 성적을 얻는 것을 보고 크게 실망했다. 베네제트는 1929년에 한 초등학교 교실에서 주목할 만한 실험을 시작했다. 그는 맨체스터 뉴햄프셔 교육감이었다. 베네제트는 수학 교육과정의 급진적인 변화를 시도했다. 특히 몇 개의 교실을 선택하여 6학년 미만의 모든 학년에서 형식적인 연산 수업을 모두 없앴다. 1935년 자신의 실험을 반성하면서 "실험 이전에 실행했던 저학년의 조기 연산 수업은 별 효과가 없었고 아이들의 추론 능력은 거의 마비된 점을 발견했다."라고 썼다. 베네제트가 계획한 초등학교 실험 교실의 아이들은 연산을 배우고 나눗셈과 오래 씨름하는 대신 일상적인 배움과 자연 문해력의 발달을 통해 수와 수학의 개념(시간과 측정 등)을 자연적으로 이해했다. 아이들은(거의

이민자 자녀) 6학년이 되고 나서야 형식적인 연산 수업을 시작했다. 그들은 그 시점까지 쭉 전통적인 연산 훈련을 받았던 아이들을 거의 1년 안에 빠른 속도로 따라잡았다.[21]

아마 연산에 뒤떨어졌던 아이들이 전반적인 수학 문제의 해결에서 전통적인 가르침을 받은 아이들을 계속 앞서간 점이 두드러진 특성일 것이다.[22] 베네제트의 실험은 연산 훈련에 깊이 배인 가정에 맞섰다. 수학은 어려워서 초등학교에서 반복과 암기를 통해 순차적으로 엄격히 가르칠 필요가 있다는 개념은 진실이 아닌 것으로 드러났다. 어린 시절에 문해력과 수리력이 풍부한 환경에 노출되게 되면 훗날 아이들은 빠르고 쉽게 수 개념을 배울 수 있다. 이런 연구 결과는 성인 언스쿨러들이 공유하는 많은 경험을 반영한다. 성인 언스쿨러들은 전통적인 연산 수업을 많이 듣지 않았는데도 불구하고 일반적으로 후에 형식적인 수학을 매우 빠른 속도로 배우고 잘할 수 있었다고 말한다. 다니엘 그린버그는 자신의 저서, **마침내 자유를 얻었다**(Free at Last)에서 서드베리 학교의 어린 언스쿨러들의 경험을 회고했다. 그린버그는 아이들이 수학을 배우려는 관심이 생기면 6학년 수학 교육과정을 모두 배우는 데 약 20시간이 걸리는 결과를 매년 반복적으로 발견했다고 말했다.[23] 20시간. 아이들이 준비만 되면 한 순간에 배우는 연산 수업을 교실에서 그처럼 많은 시간을 보내며 배우도록 강요하지 않았다면, 아이들은 초등학교 6년 동안 무엇을 배우고 무엇을 할 수 있었을지 잠깐 생각해 보자.

전통적인 수학 수업의 대안을 주장하는 존경받는 수학자 하슬러 휘트니(Hassler Whitney)는 현상 유지를 탈피하는 중요한 사례로 영국의 베네제트 연구를 강조했다. 그는 우리는 실생활에서 대부분 학교에서 배운 방법과 크게 다른 방법으로 수학을 이용하고 계산하지만 이처럼 자연스럽고 실용적인 수학의 접근 방법은 학교 밖에서 무시되는 경우가 허다하다고 주장한다. 휘트니는 “우리는 아이들에 대한 신뢰를 완전히 잃어버린 것 같다. 아이들이 어렸을 때 최고의 학습 능력을 보여준 사실에도 불구하고, 우리는 아이들, 특히 가정형편이 어려운 아이들이 학교 공부의 초기 단계에서부터 수학에서 허둥대는 모습을 예상한다. 그래서 우리는 교사와 아이들에게 더 강한 압박을 가하고, 더 많은 규칙으로 강제로 노력하게 만들어, 아이들을 더 좌절에 빠지게 한다."라고 썼다. 휘트니는 베네제트와 마찬가지로 전통적인 암기학습 방법을 배제하면서 수에 대한 더 자연스러운 접근을 주장했다. "베네제트는 6학년 이전까지 형식적으로 가르치는 수학교육을 모두 없앴다. 내가 보기에 고등학교까지 없앴더라면 더 좋았을 것이다. 교사가 인간의 내적 능력과 광범위하게 분산된 상호연관성의 요소를 모두 드러나게 하면, 아마 학생들은 대단한 일을 해낼 수 있을 것이다."[24]라고 휘트니는 말했다. 생활 주변의 모든 수학 개념에 대한 아이들의 타고난 호기심을 촉진하면, 수학을 잘 배울 뿐 아니라 더 사랑하게 될 것이다.

잭이 8살이었던 어느 날 우리는 거실 소파에 앉아 잡담을 나누고 있었다. 잭은 로마숫자로 표시된 벽걸이 시계를 보고 물었다. "왜 저 시계는 보통 숫자가 아니라 저런 모양으로 표시되어 있어?" 나는 좋은 질문이라고 생각했다. 하지만 로마숫자는 거의 모르는 상태였다. 좋아, 초등학교 때 배운 적이 있지. 나는 로마숫자가 고대 로마와 관련된 점은 알고 있었다. 시계에 그려져 있지 않은 또 다른 로마숫자가 있다는 점도 알고 있었다. 그러나 로마숫자가 무엇이며 어떤 중요성을 나타내는지 기억할 수 없었다. 나는 로마숫자가 올해의 슈퍼볼을 상징적인 의미 이외에 어떤 다른 현대적인 목적에 도움을 주는지 잘 알지 못했다.

나는 이 모든 사실을 잭에게 말한 후 나와 함께 조사하고 싶은지 물었다. 그는 동의했다. 우리는 구글에서 로마숫자를 검색하여 고대 기원에 관한 사실을 많이 찾아보고 현대에는 장식 이외에 다른 목적에는 거의 사용하지 않는 점을 알게 되었다. 우리는 시계에 없는 로마숫자도 찾아보았다. 잭은 나처럼 여전히 호기심이 넘쳤다. 그래서 나는 잭이 온라인 수학 강좌에 등록하여 이런 숫자와 관련된 놀이를 더 많이 배우고 싶은지 물었다. 아이들을 위한 여러 가지 온라인 수학 도구를 검색한 후에 우리는 정말 아이들이 좋아하는 수학 웹사이트를 발견했다. 이 사이트는 아이들이 1년 구독료를 내야 하지만 완료나 순차성에 따르지 않고 수학 영역을 모두 선택하여 탐색하는 장점이 있었다. 아이들은 선택하면 언제든지 이 수학 소프트웨어를 이용하는 방법을 알고 있다. 위의 사례에서 보았듯이 로마숫자는 잭이 자기 나이에 알맞은 방법으로 이런 특별한 로마숫자를 탐구하는 완벽한 도구였다. 잭은 원할 때 조력을 받고 그렇지 않으면 그만둘 수 있었다.

언스쿨러 부모들이 아이들의 주변을 책과 문해 자료로 에워싸고 독서 사랑의 모델이 되며, 도서관에 자주 데려가 글 읽는 법을 자연스럽게 촉진하는 방법과 마찬가지로 우리도 역시 아이들의 주변에 수리력이 넘치는 환경을 제공한다. 온라인 수학 도구와 개방적 게임, 연습문제집, 활동 수학의 제공 등을 이용하지만 필수는 아니다. 이는 아이들의 문해에 대한 사랑을 촉진하기 위해서 자주 책을 읽어 주는 것처럼 아이들과 수학을 가지고 정기적으로 노는 것은 수리력에 대한 사랑을 촉진한다. 그 밖에도 아이가 원하면 수학 문제를 함께 풀고, 이야기를 통하여 수학 개념을 소개하는 동화책들을 소리 내서 읽어 주고, 보드게임과 카드 게임을 하는 것 등이 있다.

캘리포니아에서 4명의 아이를 언스쿨링하는 어머니인 헤스터 스바니제(Hesther Svanidze)는 "나는 학교를 좋아했다. 그러나 지난날을 되돌아보면 너무 이른 시기에 내 학습의 책임을 모두 포기했다. 학기가 바뀌면 새로운 수업에 대한 기대로 부풀기는커녕 집에서(심지어 학교에서도) 강의 계획서를 읽고 도서관으로 달려가 흥분했을 교과와 관련된 책을 검색해 본 적이 결코 없다. 교사가 읽고 생각할 것을 말해 줄 때까지 기다리면

될 텐데 왜 내가 굳이 스스로 배워야 하는가? 나는 '학교에서 공부를 너무 잘해서' 스스로 동기를 부여하는 능력과 내 학습의 주도권을 잃었다."라고 말했다.

헤스터의 아이들, 학교에 다닌 적이 없는 아이들은 학교 게임에 낭비할 시간이 없었다. 대신 그들은 그냥 놀기만 했다.

> 내 아이들은 그냥 일상생활 속에서 연산의 기초를 모두 배웠다. 셀 수 있는 손가락과 발가락, 형제들과 나누어 먹는 쿠키가 있고, 어디든지 다양한 모양이 있었다. 우리 주변에는 무늬 블록과 거울, 퀴즈네르 막대, 10개의 기본 세트와 같은 "수학 장난감"이 넘쳐났다. 연습문제집은 항상 우리 곁에 가까이 있어서 원할 때면 언제든지 사용할 수 있었다. 아이들은 항상 두 달에 한 번 이상 연습문제집을 이용한다. 아이들은 이런 것에서 어떤 새로운 개념은 거의 배우지 않는다. 그들은 그냥 활자화된 수학을 볼 기회가 있을 뿐이다. 우리는 역시 머피의 초급 수학책(Math Start), 숫자 나라의 고양이(Cat in Numberland), 백만을 넘어서(On Beyond a Million)와 같은 수학을 다루는 많은 그림책과 가족 수학과 뫼비우스 띠(Family math and Moebius Noodles)와 같은 활동 수학책을 읽는다. 그리고 수많은 게임! 수학을 이용하는 보드게임을 매우 많이 한다. 수학이 아닌 것? 우리 아이들에게는 결코 어떤 수학도 강요한 적이 없다. 그래서 아이들은 수학을 그냥 다른 게임과 같은 활동처럼 본다.

우리는 대부분 여러 가지 면에서 수를 일상생활의 일부로 생각하지 않기 때문에 자연 수리력을 자연 문해력보다 더 두렵게 느낀다. 문해는 매우 쉽고 평범하게 보이지만 수에는 더 많은 것이 숨어 있어서 어렵다고 생각한다. 우리 일상에 대부분 수학의 개념이 들어 있다고 생각하면 아이들을 이런 행동과 통합할 수 있다. 예를 들어 아이들이 다른 사람들과 종종 함께 먹는 빵 만들기 활동에는 측정에서 분수와 시간까지 많은 수학 개념이 들어있다. 식품 가게는 아이들이 구매목록, 가격, 장소, 현금, 잔돈을 계산하는 절호의 기회가 될 수 있다.

우리의 일상적인 거래 중 많은 부분이 자동화되면서 이런 실제 생활의 몇 가지 수리에 아이들을 참여시키는 방법을 좀 더 생각해 볼 필요가 생겼다. 예를 들어 우리는 은행에서 잔액을 조회하기보다 온라인에서 확인한다. 우리는 아이들이 성인 세계와 실제 세계를 자주 궁금해하는 사실을 알기 때문에 은행 명세서나 예산을 출력하여 집안 주위에 놓아두고 아이들이 그것을 발견하여, 놀고, 조사하게 했다. 이 방법은 아이들이 글을 깨치기 전에 보드 북(표지와 내용이 두껍고 딱딱한 종이로 된 책)을 가지고 놀았던 사례와 비슷하다. 우리는 아이들을 성인 세계에 초대하여 자기 관심의 범위 안에서 예산, 재정관리, 소득세를 계산할 기회를 제공할 수 있다.

우리는 기술과 자동화로 우리들의 어린 시절보다 더 많은 계산과 수학적 거래를 아이들 몰래 한다. 하지만 기술은 아이들이 놀이를 통해 더 많은 수학 개념과 기술 개념을 발견하는 중요한 도구이다. 캐나다의 연구자인 카를로 리치(Carlo Ricci)는 아이들이 매일 디지털 도구, 즉 아이패드, 아이폰, 기술을 이용하는 여러 가지 기기를 가지고 놀면서 양적 개념을 발달시키는 방법을 증명했다. 그는 아이들이 자기 관심과 호기심을 바탕으로 자명종, 타이머와 스톱워치, 날씨 등 기기의 공통점을 탐구하면서 광범위한 수 개념을 배우는 사례를 보고했다. 리치는 최종적으로 우리는 반드시 "기술이 문해력과 수리력을 매우 자연스럽고 효과적으로 발달시키는 방법을 이해해야 한다."라고 주장했다. 자연스럽고 효과적인 기술 기반의 학습 방법은 놀이 과정에서 아이들이 기술에 자유롭게 접근할 수 있게 허용한다. 리치는 "아이들이 기술을 가지고 자유자재로 놀 수 있게 할 때, 아이들은 기술에 접근하여 자신들에게 알맞은 기술을 자연스럽게 발견할 수 있다. 이는 외부 사람은 조력할 수 없다는 뜻이 아니다. 학습자에게는 자기주장이 필요하고 실제로 결정하고 선택할 권한 강화의 필요성이 있다는 의미다."[25]라고 썼다.

수학교육의 방법이 아이들에게 초래한 피해복구는 특히 어렵다. 하지만 기술에는 재미있는 특성이 있어서 전통적인 수학 수업의 트라우마를 극복하는 중요한 도구가 될 수 있다. 수학을 잘하지 못하거나 수학은 불쾌하고 지루하며 어렵다는 신념을 내면화하는 학생들이 증가하는 추세다. 수학교육의 방법이 학교 방법과 같은 것(연습문제집, 연습지 등)이라는 생각을 잊고 상당 기간 탈학교를 하면 도움이 될 수 있다. 이 점에서 학교 방식의 수학 교육과정을 의심해 볼 필요가 있다. 모든 아이가 학교에 다니면서 대수학, 기하학, 삼각법, 미적분학을 배울 필요가 있는가? 언스쿨링 사고방식의 중요한 특징은 교육과정의 기준에 대한 도전이다. **수학의 신화**(The Myth of Math)의 저자인 해커(Hacker)는 고등학교에서 가르치는 고등수학은 대부분 사람에게 필요하지 않다고 말했다. 그는 "우리는 모두 첨단기술 시대를 향하여 나아가고 있기 때문에 21세기에는 대수학, 기하학, 삼각법, 미적분학을 알아야 한다."라는 신념이 우리 사회를 지배하고 있다고 말했다. "그것은 완전한 신화다. 실제로 수학, 직장에서 고등수학을 이용하는 사람은 기껏해야 5%이다."라고 그는 말했다. 해커는 결코 수학이 필요할 것 같지 않은 학생들에게 고등수학을 가르치느라 그 많은 시간을 소비하는 대신, 연방정부의 예산 이해, 기업 실적표 읽는 방법, 정치 캠페인 자금의 이해 등과 같이 더 고급이지만, 실제적인 수리 문해에 더 많은 시간을 사용해야 한다고 주장한다.[26] 아마 이런 것은 우리가 실생활에서 쉽게 경험하고 이해하는 수리 문해의 사례일 것이다. 언스쿨링 생활방식에서 이런 수리 문해력의 진행 과정에 아이들을 참여시키는 일은 매우 중요한 부분이다.

성인 언스쿨러들의 이야기도 학교 밖에서 수학을 배우는 방법을 강조한다. “우리집의 언스쿨링은 용어가 시사하는 것처럼, 매우 자유로우며 나와 내 형제들의 관심과 탐구를 목적으로 한다.”라고 아니 폰드(Ani Pond)는 회상했다. “우리 부모님은 우리와 함께 이야기하고, 놀고, 책을 읽으면서 많은 시간을 보냈다. 어머니는 초등학교 교사였지만, 형식적인 학교 교육의 방식에 동의하지 않았으며 내 형제들과 내가 놀이를 통해 자연스럽게 배우는 방법을 존중했다.” 아니는 수학 게임 놀이, 빵 만드는 재료 측정, 차 타는 시간, 목적지, 속도 측정, 일상적인 상거래를 통해 형제와 함께 수학 개념을 배웠다. 부모는 문해를 돕고 문해가 풍성한 가정환경을 제공했다. 아니는 자기는 물론 형제들도 정말 글 읽는 법을 스스로 깨우쳤다고 말했다. 그녀는 6살, 남동생은 10살, 동생은 8살에 문자를 해득했다. 아니는 “우리가 문해에 관심을 보이거나 우리가 스스로 고안한 목표를 추진하는 과정에서 알 필요가 있는 문제가 있으면 부모님은 일반적으로 ‘기초’ 학습에 집중했다.”라고 말했다.

아니가 10대가 될 무렵, 일상생활을 통한 학습과 자신을 자기교육의 주도자로 보는 점에 익숙해졌다. 그녀는 10대 시절에 가족과 함께 먼 여행을 했고 지역사회 대학에서 몇 강좌를 들었다. 혼자 스페인에서 몇 개월을 보내는 동안 베이비시터로 일하면서 스페인어를 배웠다. “나는 10대 언스쿨러로서 해방감과 독립심을 느꼈다. 내가 접할 수 있을 만큼 많은 책을 즐겁게 읽을 시간이 있었다. 장편과 단편을 쓰고 여행을 했다. 연극, 음악, 댄스, 운동에 열정을 쏟았다. 나는 내 10대 동안 다양한 자기창조적인 인턴십에 참여했다.” 지금 21살인 그녀는 시카고의 4년제 대학에 재학 중이며 이전에 지역사회 대학에서 얻은 학점을 모두 인정받았다.

아니는 언스쿨링 부모에게, 아이들과 생활하면서 함께 참여하지만, 교사가 아닌 촉진자로 자신의 역할을 생각하라고 조언했다. “아이들에게 자유와 자율성을 주고 신뢰하고, 기회를 제공하고 응원하고, 촉진하는 방법이 아이들을 위한 최고의 조력이다." 그녀는 다음과 같이 말한다.

> 비록 필요할 경우 암기나 반복을 통해 배울지라도, 아이들이 학교의 통상적인 방법, 즉 실제 생활과 동떨어진 정보의 암기와 반복보다 배우는 방법과 스스로 가르치는 방법을 배우면 무엇이든지 스스로 배울 수 있다. 언스쿨링 교육이 나에게 가르쳐 준 가장 중요한 교훈은 비판적으로 생각하고 새로운 상황과 환경을 헤쳐 나가는 나 자신의 능력에 자신감을 심어 준 것으로 생각한다.

언스쿨링의 기초가 되는 자연 문해력과 자연 수리력의 문해자가 되면 다른 내용의 영역은 아이의 특별한 관심과 열정을 바탕으로 탐구하고 발전할 수 있다. 이런 관심과 열정은 자유, 지역사회의 자원, 조력을 제공하는 성인들로 포진한 기회에서 일어난다. 아니와 다른 성인 언스쿨러들이 보여준 것처럼 언스쿨링에서 형식적인 학문이나 암기와 반복 학습이 전혀 불가능하지 않다. 성인 언스쿨러의 연구는 많은 언스쿨러가 전통적인 교과와 교육과정에 거의 노출된 적이 없는데도 불구하고 자신에게 최우선적이며, 강요가 아닌 선택일 경우, 학교 게임을 빨리 배우면서 형식적인 수업과 대학 생활을 성공적으로 해내는 모습을 보여준다. 이제 친자연 학습을 촉진하는 풍부한 자원, 특히 모든 사람이 광범위한 지식에 접근하게 만든 기술과 인터넷의 발달로 언스쿨링은 어느 때보다 훨씬 더 쉽고 더 적합한 시대를 맞게 되었다.

언스쿨링 팁

문해력이 넘치고 수리력이 풍부한 환경을 구축하라. 부모가 해야 할 가장 중요한 일은 아이들의 문해력과 수리력을 깊이 신뢰하는 일이다. 그러나 문해를 위해 학교 방식의 프로그램을 따를 필요는 없다. 아이들을 책과 수학 개념으로 에워싸고 일상적인 삶과 놀이를 통해 문해력과 수리력이 출현할 기회를 만들라. 도서관이나 박물관에 자주 가고 식료품 가게나 상거래에 아이를 동반하고, 보드게임을 하고, 기술을 이용하고, 새로운 관심을 지원하게 되면 모두 읽고, 쓰고, 계산하는 능력이 숙달될 수 있다. 이런 기초 능력은 아이들이 다양한 범주 안에서 다른 주제를 탐구하여 자기 관심과 열정과 결합하는 발판으로 작용할 수 있다.

함께 배우라. 언스쿨링의 중요한 부분은 우리가 학습에 대한 사랑을 재점화할 때, 우리 자신이 부모의 탈학교 과정에 참여하는 일이다. 당신에게 흥미 있는 책과 활동을 발견하고 당신 스스로 이런 주제에 빠져들어라. 새로운 기술과 씨름하고 새로운 취미를 시도하라. 새로운 주제를 탐구하고 아이들이 당신이 배우고, 실험하고, 향상하는 모습을 관찰하도록 초대하라.

타고난 인간의 다양성을 수용하라. 자연 문해력과 수리력의 발달은 아이들에 따라 천차만별인 점을 인정하라. 아이가 글을 읽고 계산하는 법을 알아야 할 때 학교의 채무불이행을 의심하라. 학습은 어렵다는 선형적인 교육과정의 구조와 신화에 맞서라.

형식적인 학문을 재고하라. 성인과 지역사회의 지원이 있으면 언스쿨링은 아이들이 자기 학습의 책임을 담당하여 자기 목적을 스스로 설정하게 한다. 그런 목적은 종종 형식적인 교과와 연결된다. 성인 언스쿨러들은 이구동성으로 언스쿨링은 대학과 그 이후 학문적 성공이 가능한 점을 강조한다. 언스쿨링은 학문적 성공을 보장한다.

무리하지 마라. 언스쿨링 부모는 가끔 너무 집중한 나머지 "친자연"학습을 강요한다. 이는 역설적일 수 있다. 매일 "강요하는" 빵 굽기나 스크레블 게임, 또는 문해력이나 수리력이 솟아날 희망 속에서 무한 반복하는 ABC 노래는 일상적인 삶을 매우 따분하게 느끼게 한다. 그저 삶 속에서 배우는 수많은 방법을 염두에 두고 하루를 보내라. 그러나 자연스럽게 전개되어야 할 과정을 강제적인 목적으로 바꾸지 마라.

06

기술 기반 언스쿨링

"기술은 중요하지 않다. 인간은 근본적으로 선하고 똑똑한 존재라는 신뢰가 중요하다. 인간에게 도구를 준다면, 그들은 놀라운 일을 이룰 것이다."

– 스티브 잡스(Steve Jobs)[1]

앙드레 울(Andre Uhl)은 매사추세츠 공과대학(MIT)의 유명한 미디어 연구소(Media Lab)의 연구원이다. 지난 30년간 이 연구소는 새로운 아이디어와 혁신기술의 인큐베이터로 공헌했다. 인공지능과 윤리가 앙드레의 주된 연구 분야다. 앙드레와 그의 아내 코코는 대안 교육과 특히 언스쿨링에 대해서는 문외한이었다. 코코는 대안 교육과 홈스쿨링이 거의 없는 일본 출신으로 현재 홈스쿨링이 불법인 독일에서 미국으로 이주했다. 앙드레 부부가 대안 교육에 뛰어든 일은 원래 이들의 계획이 아니었다. 하지만 잠깐 스친 강제적인 학교 교육의 경험이 부부의 생각을 바꾸었다.

큰딸 블리스(Bliss)가 공립 유아 학교에 배정되자, 부부는 학부모 방문일에 유아 학교를 찾아 등록상황을 확인했다. 블리스는 처음에 부모와 함께 가지 않으면 유아 학교에 가지 않겠다고 떼를 썼다. 앙드레와 아내는 이런 반응은 오랫동안 가족과 떨어진 적이 없는 4살 아이에게 매우 흔히 일어나는 이해할 만한 행동으로 여겼다. "우리는 적응기 동안 아이가 교사와 다른 가족들을 서서히 알아 가면서 신뢰를 쌓아 가도록 도와줄 생각이었다. 마침 그때 나는 독일에 거주하는 누나에게서 조카가 혼자서 유치원에 가겠다고 스스로 말할 때까지 몇 주 동안 누나가 조카와 함께 등원하여 같이 있었던 사실을 알았다." 독일에는 아이의 적응기 동안 부모가 함께 등원하여 참여하는 제도가 있었다. 앙드레와 코코는 이곳 미국에서도 똑같은 제도가 있을 것으로 기대했다. 하지만 다음 날 교사가 아이는 부모와 함께 할 수 없다고 하자, 부부는 화들짝 놀랐다. 교사들은 학교 정책에 위반하기 때문에 딸과 함께 할 방법이 없다고 말했다. 그래서 앙드레와 코코는 딸에게 내일부터 유치원에 갈 수 없는데 어떻게 하겠느냐고 물었다. 그러자 블리스는 유치원을 좋아하지 않는다고 퉁명스럽게 말했다. 블리스의 말을 듣고 교사가 "엄마가 없어도 걱정할 필요 없어, 여기는 네가 좋아할 장난감이 많단다."라고 친절하게 말했다. 그러자 블리스는 "장난감이 싫어요, 그냥 슬퍼져서 싫어요."라고 대답했다.

앙드레와 코코는 어린 딸의 말에 담긴 지혜에 깜짝 놀랐다. 그들은 딸의 감정을 무시하기보다 아이를 믿고 아이의 말을 존중해야겠다고 생각했다. 앙드레가 회고한 것처럼 "그날 우리가 만났던 사람, 교장, 교사, 부모, 아이들은 정말 좋은 사람들이었다. 이 사실이 우리를 매우 슬프게 했다. 그들은 모두 자기 아이들에게 최고의 유치원이 되기를 바랐을 것이다. 하지만 아이에게 최고를 보장하기 위해서 아이가 공포에 질려 비명을 지르더라도 주어진 규칙을 반드시 지켜야 한다는 방침은 어쩌면 그들에게 상식이었을 것이다." 앙드레와 코코는 "사람이 아니라 학교 교육 자체가 모든 사람에게서 연민을 박탈했다"라고 믿었다. 그날 블리스의 부모는 딸 아이의 감정을 왜곡하거나 무시하지 않고 있는 그대로 인정하고 존중하는 학습환경을 제공하겠다고 약속했다. "이리하여 우리는 지역사회 언스쿨러들과 가까이 지내게 되었다."라고 앙드레는 말했다.

지금 블리스는 관심 주제를 찾고 도서관과 박물관을 방문하고 서커스 수업을 듣고 친구들과 노는 등 대부분 시간을 주변 세계에서 배우며 보낸다. 블리스는 또한 언스쿨러의 자기주도학습센터, 마콤버 센터(Macomber Center)에 간다. 블리스는 목공소에서 서툰 작업을 하고, 음악실에서 연주하고, 공작실에서 공예품을 만들고, 레고로 블록 놀이를 한다. 10대들을 포함한 많은 친구와 함께 센터 주변의 들판과 숲속을 달리며 탐험한다. 이곳은 종종 아이들의 관심을 기반으로 다양한 주제 강좌를 제공한다. 하지만 수업은 필수가 아니다. 성인 촉진자들은 평안함과 조력을 제공하지만, 아이들이 알아야 할 내용과 행동해야 할 방식을 결정하지 않는다. 풍부한 자원과 조력하는 성인들이 주위에 있게 되면, 아이들은 자기 학습과 자기 활동을 주도하고, 주도해야 한다는 원칙이 언스쿨링 사고방식의 핵심이다.

학습자 – 주도 교육

블리스는 잘 성장하고 있다. 앙드레는 지금 자신의 연구목적 중 일부를 언스쿨링과 결합하여 더 많은 아이가 이용하는 방법에 집중하고 있다. 앙드레에게 이런 목적을 연구할 수 있는 매우 좋은 기회가 찾아왔다. 1985년 MIT 미디어 연구소의 설립자 중 한 사람인 시모어 파퍼트(Seymour Papert)는 신기술이 교육을 변화시키는 놀라운 방법에 주목했다.

수학자이며 인공지능의 최고 권위자였던 파퍼트는 장 피아제(Jean Piaget)의 이론에 영향을 받았다. 피아제는 스위스 출신으로 우리에게 잘 알려진 20세기 위대한 인지발달 심리학자다. 파퍼트는 일찍이 피아제의 이론을 연구하여 구성주의 인지발달론을 옹호했다. 구성주의는 아이들이 놀이와 실험, 그리고 기존의 경험과 새로운 개념 간의 상호작용을 통하여 자기 지식을 형성한다고 주장했다.

1980년 자신의 저서, **마인드스톰**(Mindstorm: Children, Computer, and Powerful Ideas)에서 파퍼트는 "아이들은 타고난 학습자다. 아이들은 학교에 입학하기 전부터 내가 주장하는 '피아제 학습' 또는 '교수 없는 학습' 과정을 통해 방대한 지식을 획득한다."[2]라고 썼다. 파퍼트는 가르침 없는 학습을 위해서는 아이들이 이용할 수 있는 자료가 중요하다고 생각했다. 그는 1967년에 로고(Logo)와 아동용 컴퓨터 프로그래밍 언어를 처음으로 발명한 후, 점점 복잡한 내용을 아이들에게 직접 가르치지 않고 스스로 배우는 친자연학습을 주장했다. 파퍼트는 이 과정에서 기술 시대의 도래와 엄청난 접근성이 가장 중요한 요인이 될 것으로 보았다. 파퍼트는 하향식 교수와 수동적인 학습을 바탕으로 하는 교수 모델을 비판했다. 그는 "아이들이 언어를 배우는 방법, 즉 의도적이고 조직적으로 가르치지 않아도 저절로 학습이 일어나는 과정을 효과적인 학습모델"로 믿었다. 기술에 기반한 친자연학습의 촉진은 그의 확고부동한 비전이었다. 파퍼트는 "오늘날 우리가 알고 있는 학교는 미래에 설 자리가 없을 것이다"[3]라고 주장하며 전통적인 학교가 맞게 될 종말의 징후를 예측했다.

지난 30년간 MIT 미디어 연구소의 연구자들은 파퍼트의 통찰력과 초기 연구에서 영감을 받았다. 그들은 새로운 기술을 계속 발명했으며 컴퓨터와 컴퓨터 프로그램이 비강제적이며 비개입적인 방법으로 아이들의 친자연학습을 증진하는 새로운 사고에 영향을 미쳤다. 근래 유명한 미디어 연구소의 발명품 중 하나는 스크래치 프로그래밍 언어(Scratch Progamming

Language)다. 이 언어는 온라인에서 제공하는 무상 코딩 프로그램으로 특별히 아동용으로 개발되었다. 내 아이들, 특히 내 딸은 접근 가능한 코딩 도구를 사용하여 재미있는 애니메이션 프로그램과 게임을 만드는 방법으로 스크래치를 좋아한다. 아이들을 위한 다른 온라인 무상 언어 프로그램처럼 스크래치는 코딩을 통하여 창의성과 협업을 촉진한다. 스크래치는 예술적이고 흥미진진해서 전 세계의 어린 코더(coder)들과 공유하는 기회를 제공한다. 진정한 프로그램 도구와 언어는 놀이와 발명의 정신에서 시작한다.

2007년에 처음 출시된 스크래치는 미디어 연구소의 평생 유치원 연구팀이 발명했다. 평생 유치원 연구팀을 이끄는 미첼 레스닉(Mitchel Resnick)은 유아기와 마찬가지로 아동기는 물론 아동기 이후에도 학습은 계속 자연스럽게 촉진되어야 한다는 파퍼트의 비전에 공감한다. 즉 아이들의 타고난 호기심과 관심, 놀이 정신을 기반으로 자기 학습을 추구하도록 조력하고 필요한 자원을 제공해야 한다는 것. 2017년 자신의 저서, **평생 유치원**(Lifelong Kindergarten)에서 레스닉은 오늘날 교육이 어떻게 유아기의 즐거운 친자연학습의 과정에서 나중에 전통적인 수업 방법으로 바뀌어 갈 수 있는지 몹시 개탄했다. 그는 "학생들은 교실에서 책상에 앉아서 빈칸을 채우고 교사의 설명이나 컴퓨터의 동영상을 보며 대부분 시간을 보낸다."[4]라고 말했다. 레스닉은 학습의 4P, 즉 프로젝트(project), 열정(passion), 동료(peer), 놀이(play)를 교육에 끌어들여 수동적인 교육에서 능동적인 교육으로 전환하여 창의성을 보존할 것을 주장했다.

강을 바라보는 MIT의 중앙에 자리한 거대한 연구소에는 레고 상자로 테를 두른 넓고 환한 방이 있다. 평생 유치원 연구소는 이 방에서 학습 이니셔티브(Learning Initiative)와 공간을 함께 사용한다. J. 필립 슈미트(J. Philipp Schmidt)가 이끄는 학습 이니셔티브는 인간은 어떻게 배우는가? 효과적인 학습을 어떻게 지원할 수 있는가? 그리고 지식을 창조하는 정보에 어떻게 더 쉽게 접근할 수 있는가? 등의 문제를 탐구한다. 슈미트는 P2P 대학(Peer 2 Peer University)의 공동 설립자다. P2PU는 대규모 개방형 온라인 교육용 프로그램인 칸 아카데미처럼 무크(MOOC)의 파생물 중 하나이다. P2PU는 공공 도서관과 협력체제를 구축하여 무상, 비강제성, 온라인, 개인교수의 웹을 증진한다.

에덱스(edX)와 코세라(Coursera)처럼 P2PU와 무크들의 과제는 교육을 인터넷으로 연결하여 교사 주도가 아닌 학습자 주도 교육으로 만들어, 학습자가 원하는 것을 언제, 누구에게서 배울지 스스로 결정하는 양질의 무상 코스를 모든 사람에게 제공하는 일이다. 기술은 교육격차의 평등화를 완화할 수 있다. 기술은 낡은 공장형 학교 교육 시스템을 변화시키고 창의적인 다양성과 자기 발전을 촉진함으로써 더욱 인간적인 교육 방법을 지향하게 할 수 있다. 2008년 두 동료 교수는 캐나다의 매니토바(Manitoba) 대학생들에게 캠퍼스 밖까지 확장하는 학습이론을 가르쳤다. 스티븐 다운스(Stephen Downes)와 조지 시만스(George Siemans)는 무상으로 정보를 공유하는 대중이 수업료를 내고 수강하는 학생보다 얼마나 더 수업에 관심이 있는지 궁금했다. 그들은 학점을 얻기 위해서 수업료를 내고 수강한 25명의 학생과 학점도 수업료도 없는 온라인 강좌를 수강한 2,300명을 가르쳤다.[5] 그 결과 무상으로 이용했던 개방적인 온라인 강좌에 대한 대중들의 관심과 수요는 폭발적으로 나타났다. 무크는 이렇게 탄생했다.

그 이후 무크는 급속히 성장했다. MIT 연구소와 하버드 대학이 한 팀을 이루어 에덱스를 개발한 온라인 강좌를 대중들에게 무상으로 제공했을 때, **뉴욕 타임지**는 2012년을 "무크의 해"라고 불렀다. 후에 다른 대학들이 에덱스와 코세라(Coursera, 2012년 시작)에 합류하면서 무상 온라인 프로그램을 공동으로 제공하는 대학이 늘어났다. 2011년 스런(Thrun)이 인공지능 및 컴퓨터 과학강좌를 무크에 개설했을 때, 무려 150,000명이 넘는 사람이 등록했다.[6] 이듬해인 2012년에 스탠퍼드 대학의 세바스티안 스런(Sebastian Thrun)과 동료들은 유다시티(Udacity)를 탄생시켰다. 거대한 규모에도 불구하고, 수많은 무크는 비디오 강좌에서부터 다운로드가 가능한 강의 계획서, 강의자료, 과제와 상호작용이 가능한 소규모 집단까지 수많은 종류의 학습자료를 제공했다. 2015년 무크의 보고서에 따르면 대규모 등록자들은 "취미 학습자" 또는 자기 관심과 능력향상을 위해 평생학습의 기회를 추구하는 자기주도적인 성인들로 밝혀졌다.[7] 새로운 지식에 열광하는 "취미 학습자들"이 무크의 핵심적인 구성원들이었지만 무크는 항상 창의성과 호기심을 촉진하지는 않았다. 실제로 스티븐 다우네스(Stephen Downes)는 2018년 최초의 "상호작용적이며 역동적인" 무크 플랫폼과 달리 많은 현대 무크는 "정적이고 수동적인" 전통 교육의 방법으로 되돌아갔다고 말했다.[8]

MIT의 슈미트와 레스닉은 미디어 연구소의 동료인 나탈리 러스크(Natalie Rusk)와 함께 무크의 수동성을 줄이기 위한 실험을 했다. 그들은 "현재 많은 사람에게 방송되는 짧은 비디오 콘텐츠는 학습자들에게 가장 중요한 일, 즉 실험을 장려하는 활기찬 환경에서 동료와 함께 열정이 이끄는 프로젝트를 수행하는 일을 놓치게 하고 있다."[9]라고 썼다. 무크가 하향식 수업을 지향하는 산업형 학교 교육의 모델로 되돌아가기보다 오히려 무크와 함께 교육을 재상상해 보는 진정한 기회가 있을 것이다. 신기술을 사용하여 구식 패턴을 복제하기는 매우 쉽다. 새로운 기술은 학습자가 주도하는 새로운 학습과 실행 방법의 가능성을 실현할 과제를 안고 있다.

기술 이용 학습

아직 무크가 출현하기 전인 1999년 수가타 미트라(Sugata Mitra)와 동료들이 인도 뉴델리의 빈민가에서 실시한 컴퓨터 문해 실험을 통하여 아이들의 학교 교육 없는 학습을 촉진하는 기술력을 충분히 증명했다. 미트라는 인터넷이 연결된 컴퓨터를 사무실 외벽에 설치하여 지나가는 사람이면 누구나 컴퓨터에 접속할 수 있게 했다. 가르치거나 도움을 주는 사람은 아무도 없었다. 컴퓨터에 관심을 보이는 어른들은 전혀 없었다. 그러나 아이들, 가장 가난하고 교육도 제대로 받지 못하고 컴퓨터나 영어라고는 전혀 모르는 아이들만 몰려들었다. 그들은 여럿이서 이것저것 만져보고 여러 가지 앱과 프로그램을 가지고 놀고, 서로 가르치며 아이콘과 마우스 등 컴퓨터 용어를 설명하기 위해 자신들만의 언어를 만들었다. 이런 비강제적이며 복합연령의 공간, 안전한 공공장소에서 아이들은 불과 수 주일 만에 놀랄 만한 컴퓨터 문해력을 습득했다.

이런 최초의 성공에 크게 고무된 미트라와 동료들은 인터넷이 연결된 컴퓨터 실험을 인도의 도시 빈민가와 농촌 지역으로 더 많이 확대하여 똑같은 결과를 얻었다. 미트라의 연구는 "벽 속의 구멍(hole in the wall)"이라는 실험으로 널리 알려졌다. 그들은 계속해서 인도 전역의 가난한 복합 연령 집단 아이들이 어떻게 스스로 협력하여 가르칠 수 있었는지 그 과정을 밝혀냈다. 미트라는 이 과정을 "최소 개입 교육(minimally invasive education)"이라고 명명했다. 몇몇 연구에서 미트라는 아이들(4~14세)을 통제집단과 실험집단으로 나누었다. 통제집단은 형식적인 교사 주도적인 환경에서 컴퓨터 문해를 배웠고, 실험집단은 "벽 속의 구멍" 실험을 통해서 아이들이 스스로 배웠다. 실험 결과 아동주도집단은 교사주도적인 통제집단과 비슷한 속도로 컴퓨터 문해력을 습득했다. 미트라는 자신의 연구가 교육에 시사하는 몇 가지 일반적인 사실을 밝혔다. 그는 "적정수준의 호기심을 자극하는 학습환경이라면 학습은 아이들 집단에서 자연적으로 발생할 수 있다. 아이들의 호기심과 동료 간의 상호작용과 동시에 아이들의 학습 욕구는 호기심을 충족하기 위해 환경을 탐구하게 한다."[10]라고 설명했다.

2013년 미트라는 "벽 속의 구멍" 연구에 대한 강연으로 테드 토크상을 받아 세계에 큰 영향을 미쳤다. 그는 이 자리에서 더 많은 연구 결과를 설명했다. 미트라는 이전에 글을 읽지 못했던 아이들이 스스로 문자를 터득하고 스스로 영어를 배울 뿐 아니라 인터넷 활용이 가능한 공공 컴퓨터에 접근하여 DNA 복제와 같은 첨단 과학 콘텐츠를 이해하는 능력 등을 추가로 밝혀냈다. 미트라가 아이들을 "구름 위의 할머니(Granny Cloud)"라고 부른 프로그램과 연결했을 때 특히 그 결과는 엄청났다. 미트라는 "벽 속의 구멍" 아이들이 난처한 상황에 빠지게 될 경우, 이들을 지원할 성인들이 필요했다. 그는 일주일에 한 시간씩 온라인을 이용하여 무료봉사할 여유가 있는 할머니들을 모집하는 광고를 냈다. 할머니들이 한 일은 가르치는 일이 아닌 격려와 지원이 유일했다. 가르치는 일은 전혀 하지 않았다. 미트라는 다음과 같이 결론지었다. "교육의 과정을 자기가 조직화하도록 허용하면 자연적으로 학습이 발생한다. 이는 외부에서 일어나게 만든 학습이 아니라 저절로 일어난 학습이다."[11]

무크를 포함한 오늘날 기술의 발전은 어느 때보다 언스쿨링과 자기주도교육의 접근을 더 수월하고 더 유의미하게 만들었다. 대부분 우리는 질문과 대답에 필요한 정보와 자원뿐 아니라 묵종에서 벗어나 혁신을 향해 나가는 사회적 욕구와 상호작용을 할 수 있게 되었다. 우리는 승객이 아닌 길을 안내하는 운전사가 필요하다. 미트라는 성인들의 지원과 함께 컴퓨터와 인터넷의 접속이 어떻게 교실 밖의 아동기 학습을 지원할 수 있는지 밝혀냈다. 그러므로 현대 기술은 우리가 배우는 거의 모든 것을 지원할 수 있다.

9살 난 내 아들, 잭은 스케이트에 열중하고 있다. 그는 8살에 주기적으로 도시 거리를 지나가는 스케이트 선수들을 보고 이 열정을 발견했다. 잭은 그냥 더 많은 것을 알고 싶었다. 잭은 헛간에 있던 낡은 싸구려 스케이트보드를 타고 놀면서 균형감과 동작을 느끼고 몇 가지 동작을 연습했다. 이 과정에서 현대 스케이트보드 운동과 몇 가지 핵심 특성에 관심이 생겼다. 우리는 스포츠 개척자 중 한 사람인 로드니 멀런(Rodney Mullen)의 테드 강연을 시청했다. 잭은 잡지에 실린 스케이트보드의 기사를 읽고 여러 지역의 스케이트 공원을 방문했다. 그는 요령과 기술에 관한 유튜브 영상을 시청하면서 많은 시간을 보내고 보드를 타면서 그 동작을 여러 번 반복했다. 마침내 우리는 젊은 스케이트보드광이 운영하는 스케이트 가게를 찾았다. 가게 주인은 잭의 나이쯤 되었을 때 스포츠에 열정이 생겼다고 말했다. 우리는 잭에게 실제 보드를 사 주었다. 잭은 스케이트 공원에서 가능한 한 많은 시간을 보내면서 더 경험 많은 보더들을 관찰하고 배우고 새로운 기술을 시도해 보고 신참자들을 도와주었다. 이 과정에서 잭의 스케이트 기술은 날개를 달았다. 스케이트보드 문화는 정말 특별했다.

스케이트는 1980년대 중반에 스케이트 선수들의 기술 수준이 갑자기 높아지면서 인기 스포츠가 되었다. 무슨 일이 일어났는가? 새로운 VCR와 VHS 기술이 현장에 출현할 시점에 경험이 많은 스케이트 선수들이 자신들의 최신 동작을 소개하는 교육용 비디오를 만들기 시작했다. 신지식으로 무장한 스케이트 선수들은 시행착오를 거치면서 이런 신기술 연습을 거듭한 후 완성된 기술을 공원에서 다른 스케이터들과 공유했다. 이런 스케이트 타기 현상을 다룬 **포브스** 기사에서 기고자인 존 그레이트하우스(John Greathouse)는 "잡지의 이미지로는 해독이 어렵게 보였던 기술을 친구들이 재빨리 숙달하여 스케이트 공원에서 뽐내는 모습을 보고 비디오를 보지 않은 아이들까지 큰 영향을 받았다."[12]라고 썼다. 유튜브는 학습 속도를 빠르게 하는 가장 최근의 기술이다. 특히 유튜브는 거의 모든 수행 방법을 쉽고 재미있게 배우게 한다. 최근 잭이 스케이트 기술을 관찰하는 일과 달리 애비는 벌레를 핀으로 고정하여 보존하는 방법에 열중한다. 내 남편은 화장실을 개선하는 방법을 알기 위해 끙끙거리고 나는 지금 셀러리를 써는 법을 배우고 있다. 오늘날 유튜브 사이트는 지식을 얻기 위해 들려볼 만한 가치가 있다.

1980년대 중반 스케이트 선수들의 액션 비디오를 통한 학습, 현재 잭의 유튜브를 통한 학습과 똑같은 방식으로 신기술은 자기주도교육을 지원할 수 있다. 중세까지 거슬러 올라가는 학교 교육이 출현하게 된 이유 중 하나는 부족한 지식이었다. 책은 귀했고 비쌌다. 대부분 주제에 관한 정보는 접근이 어려웠다. 오늘날 학습은 훨씬 더 평등해졌다. 성인과 아이들은 자신들에게 유의미한 지식을 다양한 도구와 자원을 이용하여 실시간으로 배울 수 있다. 내가 잭이 스케이트 비디오를 시청하는 모습을 관찰하거나 여러 가지 유튜브에서 인물화를 그리는 방법에 관한 개인지도의 영상을 검색하거나, 무료 온라인 사진 강좌에 등록하는 모습을 관찰하면서, 나는 잭이 어떻게 자기에게 맞는 교수자를 찾아내는지 깜짝 놀란다. 그는 자기가 찾았던 비디오와 강좌 중 일부는 금방 무시하고 다른 것에 매료된다. 잭의 선택은 종종 교사의 질이나 수업의 명료성에 따라 달라진다. 그는 자기 마음에 맞는 교수자와 강좌를 스스로 선택한다.

언스쿨링과 자기주도교육은 아이들이 교사에게 배우거나 다양한 주제의 강좌를 수강하거나 형식적 수업을 듣거나 형식적 과제를 마치고 시험으로 평가하는 방식으로 배우지 않는다. 언스쿨링은 아이들이 그냥 자신이 선택하기 때문에 마음에 들지 않으면 선택하지 않는다. 나는 마음에 둔 관심 주제를 가르치는 성인교육 수업에 등록한 적이 한 차례 있었다.

반환이 불가한 수업료를 전액 지불하고 수강 시 주의사항을 읽은 후 최고의 수업이 되기를 기대했다. 나는 교수자가 특별히 훌륭하다거나 내 시간을 소중하게 사용할 정도로 중요한 수업이라는 생각이 들지 않았다. 그래서 중간에 그만두었다. 나이를 불문하고 자기주도적 학습자에게는 모두 비슷한 선택의 자유가 있다. 즉 그들은 계속할 것인지 그만둘 것인지 등 자기 결정이 다른 사람에게 피해를 주지 않는다면, 당연히 수업을 듣거나 듣지 않을 자유가 있다. 방종이 아닌 자유. 아이들이 교사나 교수자를 선택하거나 선택하지 않을 수 있는 능력을 기르는 길은 성인들에게 제공되는 존중감과 자율성을 아이들에게도 똑같이 허용하는 방법뿐이다. 자유와 온라인 학습 도구의 접속이 풍성해지면 누구나 교수자와 교수 방법을 쉽게 선택할 수 있어서 전통적인 교수학습의 유형이 변한다. 그러므로 무엇을 어떻게, 누구에게서 배울지를 결정하는 자유 선택으로 학습자의 학습통제가 가능해진다. 즉 가르치고 배우는 일은 추구하고 공유하는 것으로 더욱 유동적인 과정이 된다.

여러 가지 측면에서 학습자의 학습통제권은 1970년대에 일리치가 **탈학교 사회**(deschooling society)를 저술하면서 그렸던 교육 비전이었다. 일리치는 “새로운 교육제도에 대한 탐색은 현재 제도와 정반대의 탐색으로 바뀌야 한다. **학습 망**(learning web)은 개인이 각각 자기 삶의 각 순간을 학습, 공유, 돌봄으로 변혁할 기회를 증대시킨다.”[13]라고 주장했다. 일리치가 이런 주장이 있는 후 더 많은 곳에서 더 많은 사람이 더 쉽게 기술자원에 접근하는 시대가 도래했다. 역사상 학습자가 주도하는 교육 혁명이 이처럼 좋은 기회를 맞을 수 있게 한 공신은 기술자원의 급속한 성장이다. 미디어 연구소의 학습 이니셔티브 선반 위에 탈학교 사회의 복사판이 놓인 것은 어쩌면 당연한 일이다.

원점에서 다시 상상하는 학습

2006년 교육자이며 작가인 켄 로빈슨(Ken Robinson)은 테드 강연에서 "학교는 창의성을 죽이는가?"라는 주제로 연설했다. 이 강연은 1,500만 명 이상이 시청하여 테드 역사상 최고의 시청자를 기록했다.

로빈슨의 전제는 간명하다. 즉 현재 우리 교육 시스템은 젊은이들의 타고난 호기심을 박탈하여 일차원적인 학문의 틀을 만든다. 이런 틀은 우리 중 일부, 특히 대학교수가 되기를 바라는 사람에게는 적합할 수 있으나 우리 중 다수에게는 그렇지 않다. 현대의 학교 교육은 에둘러 말하면 아이들의 타고난 능력과 샘솟는 열정을 무시하고 정직하게 말하면 파괴한다. 테드 강연에서 로빈슨은 다음과 같은 결론을 내렸다.

> 미래에 대한 우리들의 유일한 희망은 인간의 능력에 잠재하는 무한성 개념을 재구성하려는 인간 생태학의 신개념을 받아들일지에 달려있다. 우리 교육 시스템은 특별한 소비를 위해서 지구를 채굴하는 방식으로 우리의 마음을 채굴했다. 이는 우리 미래에 도움이 되지 않을 것이다. 우리 아이들을 교육하는 기본 원칙을 다시 생각해야 한다.[14]

과연 우리가 현재 학교 교육의 틀에서 교육을 근본적으로 재고할 수 있는지가 핵심 질문이다. 전통학교가 정해진 교육과정의 틀을 바탕으로 하는 교사 중심 수업에서 아이들이 무엇을 언제, 어떻게, 누구에게서 배울지 결정하는 아동 중심의 자기주도적 교육사상으로 완전히 바뀔 수 있는가? 분명히 대답은 "아마도"일 것이다. 만약 학교가 전혀 학교처럼 생각되지 않는다면 아마 학교는 교육의 기본 원칙을 재고할 수 있을 것이다. 만약 지난 165년간 학교 교육이 고수해 온 교수학습이론, 교육과정과 평가방침, 규정과 절차, 정책과 계획 등 모든 것을 폐기한다면, 아마 학교는 단순한 개선이 아닌 완전한 변혁이 가능할 것이다. 만약 기업가 정신으로 무장한 열정적인 부모와 교육자들이 그런 운동을 일으킨다면, 아마 학교 교육은 배움의 본 모습과 더 비슷해질 것이다.

교육에 대한 근본적인 재고의 문제는 정확히 알렉 레스닉(Alec Resnick)과 팀이 새로운 자기 주도 공립학교(self-directed public school)를 설립하는 과정에서 제기되었다. 알렉은 대학원생 신분으로 MIT에서 연구하는 동안 **탈학교 사회**를 읽고 강제적인 학교 교육의 문제와 대안 교육의 가능성에 눈을 떴다. 학교 교육이 사람들의 다양한 삶의 방식에 제도화된 사고방식을 강제로 주입하여 인간의 주체성을 파괴했다는 일리치의 강력한 메시지는 알렉의 마음을 크게 울렸다. 그는 MIT에서 공부하는 동안 처음으로 학습이 어떤 식으로 변화될 수 있는지 경험했다. 즉 열정 중심, 프로젝트 중심, 기술활용, 협업, 즐거움. 그는 시모어 파퍼트와 존 홀트의 저서 등 매우 다양한 독서를 했다. 알렉은 책을 읽으면서 교육을 교사 중심에서 자기 결정 중심으로 바꾸고 싶은 충동을 억제하기 힘들었다. 그는 몇몇 동료들과 함께 보스턴 외곽의 도심지에 사는 빈곤 아이들을 위해서 기술과 자기주도적 학습을 기반으로 하는 혁신적인 방과 후 학교를 설립했다. 보스턴 시장은 점점 방과 후 학교에 열정을 갖고 알렉 팀이 정규 학교를 설립할 수 있도록 지원했다. 그들은 시장의 장황한 주장을 인내심을 가지고 설득한 끝에 비로소 완전히 자기주도적 비협약 공립학교가 될 파우더하우스 스튜디오(Powderhouse Studio)에 대한 미래 계획의 밑그림을 그렸다.

학교의 "설립 필요성과 당위성"에 대한 이견으로 합의가 지연되면서 한때 설립이 무산되는 것처럼 보였다. 알렉과 팀은 전통학교와 전혀 다른 완전한 자기주도적인 공립학교의 설립 목적을 관철하기 위한 급선무는 무엇보다 전통학교의 정책과 절차에서 벗어나는 일이라는 생각을 굳혔다. 그들은 매사추세츠 주의 2010 혁신학교 입법의 적용이 가능한 사실을 알고 안심했다. 이 법에 따라서 알렉 팀은 교육구의 표준 계획과 단체교섭 협정에 구속받지 않고 교사를 모집하고 채용하며, 자신들의 교육과정과 교육계획을 선택할 뿐 아니라 예산집행의 권한까지 갖게 되었다.

알렉과 팀은 주 정부의 승인과 지역 차원의 문제가 아직 미결인 상태에서 파우더하우스의 비전을 확장했다. 아직 학교의 위치를 선정하지 못한 상태이며 해결해야 할 작은 일들이 산적해 있었다. 하지만 이들은 학교의 기본 골격에 집중하고 있었다. 즉 파우더하우스는 13~18세의 도시 젊은이들이 자기 관심을 추구하고, 지역사회 자원을 이용하며, 필요할 경우 촉진자의 도움을 받아 복합연령의 통합공간에서 함께 배울 수 있게 한다는 것. 이 학교는 학생들이 원할 때 등하교를 할 자유가 있고 넓고 개방적인 공간을 갖추고 있어서 전통학교라기보다 현대 연구소와 개발 실험실과 같은 느낌이 든다. 이 학교는 1년 내내 개방되며 학생들은 성인 노동자들처럼 자신과 가족에게 가장 적합한 시간에 휴가를 내거나 휴식을 취할 수 있다. 이 학교는 하루 내내 개방되며 학생들은 수시로 자유롭게 드나들 수 있다. 알렉은 "미래의 학습은 학교 방식처럼 보이지 않고 일과 비슷하게 생각될 것이다. 더 모호하고 더 통합적으로 보일 것이다."라고 말했다. 10대들은 다양한 교과 숙달과 관련된 설계, 관리, 그리고 집중적이고 심층적인 다년간 프로젝트의 책임을 맡게 되지만, 더욱 실제적인 실습 방법을 통해 수행할 것이다. 소속 학급, 학년, 시험 등은 전혀 없을 것이다. 그러나 프로젝트 완성은 종래 공통 교육과정의 기대와 전혀 다른 방식으로 평가할 것이다.

의무적인 표준화 시험은 어떻게 되는가? 매사추세츠는 고부담평가와 표준 교육과정을 최초로 채택한 주 중 하나이며 훗날 전국 공통 핵심 교육과정의 틀에 반영되었다. 이 방안에 따르면 공립학교의 모든 아이는 10학년이 되면 매사추세츠 주 종합평가제도(Massachusetts Comprehensive Assessment Ststem; MCAS)에 응해야 하며 통과 점수는 고등학교 졸업의 필수요건이다. 전통적인 교수-시험 모델이 아닌 완전히 자기주도적인 학습 환경에서 배우는 학생들은 어떻게 표준화 시험의 벽을 넘을 수 있는가?

파우더하우스와 비슷한 자기주도 프로그램을 시도한 공립 고등학교들이 없지 않다. 하지만 이런 학교들은 종종 학교 내 학교(school-within-a-school)나 혼합모델을 취하고 있어서 자기주도적 활동과 필수 교과 간의 수업 시간을 균등하게 분배할 수 있었다. 이 모델은 외부 감독이나 평가 없이 학습자가 완전히 이끄는 자기주도교육이 아닌 프로젝트 중심이나 자기 속도 모델을 통해서 배운다. 새뮤얼 레빈(Samuel Levin)과 수잔 엥겔(Susan Engel)은 자신들의 저서 **우리만의 학교**(A School of Our Own)에서 독립 프로젝트를 시작한 경험을 소개했다. 이 프로젝트는 또 다른 매사추세츠 공립 고등학교 내에서 수행했으며 학생들은 주 정부의 표준화 시험의 요구를 충족한 후 중학교나 고등학교에 다니는 동안에 이용하는 한 학기간의 자기주도 프로그램을 말한다.[15] 이는 파우더하우스와 다르다. 알렉은 파우더하우스는 "부모와 동반자 관계"라고 말한다. 만약 아이의 MCAS 응시를 원하는 부모가 있다면 알렉과 팀은 학생들에게 필요한 시험 준비나 개인 교사를 제공할 것이다. 부모와 학생이 MCAS에 관심이 없다면 파우더는 고부담평가를 피하여 본 대열에 합류시킬 것이다.

알렉과 팀은 비전을 지키면서 주 정부와 지역의 관료제를 자기들의 방식으로 설득하면서 천천히 진행해 왔으나 간혹 이 과정은 절망적일 때가 많았다. 2016년에는 잠시 중단하기도 했다. 당시 파우더 팀은 도시의 협력을 얻어 XQ 슈퍼 학교 프로젝트(XQ Super School Project)에서 천만 달러의 현금 보조금을 받았다. 이 단체는 고등학교 교육을 바꾸는 데 목적이 있으며 고 스티브 잡스의 부인인 로린 파월 잡스(Laurene Powell

Jobs)가 이사장으로 있다. 현금 확보와 전국의 스포트라이트를 받으며 파우더 프로젝트는 속도가 붙기 시작했다. 팀은 도시 중심부에 작업공간, 생활공간, 학습 공간을 연결하는 새로운 다용도 개발지역에서 학교를 지을 완벽한 부지를 찾았다. 이 학교는 2019년 가을에 개교할 예정이었으나 아직 몇 가지 내부 문제로 개교가 늦어지고 있다.

알렉을 처음 만난 건설 현장에서 나는 파우더하우스가 말 그대로 원점에서 건설되는 모습을 볼 수 있었다. 만약 파우더하우스가 정말 학교 교육의 패러다임에서 학습 패러다임으로 건축된다면 본의는 아니지만 기존 공립학교의 조건과 우리 조건을 비교하게 될 것이다. 그러므로 시작부터 완전하게 건축할 필요가 있다.

나는 알렉의 명료한 목적에 깜짝 놀랐다. 그는 이 프로젝트와 공교육의 재구조화 가능성에 온갖 열정을 쏟고 있다. 온화하고 부드러운 어조에도 불구하고 레스닉은 자기가 창조하기를 바라는 미래에 매우 단호한 모습을 나타냈다. "이 한 가지는 나에게 분명하다. 내가 소망하는 세계는 가족이 아이들에게 필요한 자원을 충분히 공급하고 그것을 효과적으로 분배하는 세계다."라고 그는 말한다. 알렉에게 공정성은 학교를 설립하는 중요한 요인이다. 그는 현재 도시에 있는 전통고등학교의 사회경제적인 다양성을 파우더하우스가 반영하기를 바란다. 그는 가중 복권 제도를 이용하여 취약계층의 입학 할당제를 보장할 계획이다. 공립학교에 언스쿨링을 통합하는 과정에서 장애물이 없지는 않다. 예를 들어 파우더하우스가 지역 정책의 여러 가지 표준요구사항을 면제받을지라도 설립팀은 교육감으로부터 직원 채용에서 "콘텐츠 전문가"를 추가할 것을 강력히 권고받았다. 그들은 역시 모든 학생의 프로젝트에 공통핵심역량과 고등학교 졸업 요건을 만족할 대책을 마련해야 한다. 이는 학생의 완전한 자율성을 제한한다. 파우더하우스는 자기주도적 학습을 중심으로 하는 열린 지역사회의 자유공간으로 재창조하기 위해서 노력하는 전통학교의 선도

모델이 될 수 있다.

현대적인 창작공간

파우더하우스에서 길을 따라 쭉 내려가면 언스쿨링의 원리에 기반하는 또 다른 흥미로운 학습 공간을 발견할 수 있다. 파트와 크래프트(Part and Craft)는 여전히 옛날 편의점의 빨간 차양에 찍혀 있는 LOTTERY와 SPICES 글자가 보이는 보스턴 외곽의 번화가에 자리했다. 이곳은 4~14살의 도시 아이들을 위한 매력적이고 유익한 친자연학습의 모델로서 기능한다. 갑자기 부상한 "해커 공간(hackerspace)" 운동에서 영감을 받아 설립한 파트와 크래프트는 언스쿨러들과 방과 후 학생, 캠퍼들이 이용하는 아동 중심의 창작공간(makerspace)이다. 파트와 크래프트를 창립한 윌 맥팔레인(Will Macfarlane)은 MIT 1학년 때 대학을 중퇴하고 대안 교육에 관심을 쏟았다. 그는 "학교가 한발 뒤로 물러나 비형식적인 학습 공동체와 파트너십을 형성하면 더 효과적일 수 있다는 사실"을 점점 더 확신하게 되었다. 윌의 교육관은 자신의 학교 경험에서 시작했다. 그는 어린 시절에 학교를 좋아하지 않았다. 어머니는 교사였지만 학교 성적이 아이들의 재능과 능력을 제대로 평가하지 못하는 점을 알고 있었다. MIT를 떠난 후 윌은 비강제적인 교육, 개인의 책임, 민주주의적 자치를 강조하는 서드베리 학습모델에 관심이 생겼다. 그는 닐의 서머힐을 읽고 한동안 오리건의 서드베리 학교에서 일하면서 자유, 자율성, 교육공동체 사상에 더욱 심취했다. 그는 팅커링(tinkering)과 기술 그리고 두 가지 결합에 매료되어 혼자서 컴퓨터 프로그램을 배워 건축회사용 소프트웨어에 관한 책을 썼다.

윌의 컴퓨터, 기술, 민주주의 교육모델, 지식공유, 팅커링은 2000년대에 급증한 해커 공간 운동과 궁합이 잘 맞았다. 해커문화는 1960년대와 70년대에 MIT 인공지능 연구소에서 발전했다. 미디어 연구소가 출현하기 전 그곳의 책임자는 시모어 파퍼트였다. 해커문화는 종종 마음이 통하는 사람들이 신기술을 가지고 만지작거렸던 작은 컴퓨터 클럽을 통해 천천히 퍼져 나갔다. 현대의 해커 공간은 1990년에 독일에서 처음 시작되어 금세기 초반에 유럽과 미국 전역으로 급속히 전파되었다. 팅거링은 다양하지만 대부분 해커 공간에서는 공동체 성원들이 함께 모여 지식과 팅거링을 공유하고 메뉴얼과 디지털 도구와 기계류를 제작한다. 이 공간에서는 개방적이며 공개적인 접속을 통한 협업이 이루어진다. 자율성, 자유, 접속, 실습, 협력, 아이디어와 자원의 공유, 위계 부재 등은 해커 공간이나 현재 창작공간으로 부르는 핵심적인 특성이다.[16]

윌은 해커 공간과 창작 운동(maker movements)에서 깊은 영감을 받았다. 그는 "나는 항상 기술에 관여했으나 기술산업을 곤혹스럽게 생각한다."라고 말했다. 이런 공동체와 기술중심의 공간 개념은 윌이 공감하는 교육, 자율성, 접근성에 기반한다. 윌과 친구들은 기술과 팅거링의 열정을 비강제적인 자기주도교육의 철학과 결합했다. "우리는 기술 도구를 들여와 사람들이 그것을 이용하는 개방 공간의 창조를 원했다." 그들은 아이들을 위한 여름 캠프를 시작했다. 캠프 만화경(Camp Kaleidoscope)은 간단한 전제를 중심으로 몇 해 여름 동안 운영했다. 즉 젊은이들이 스스로 결정하게 하자. 윌의 말처럼 "매우 단순한 아이디어였으나 우리가 익숙한 것과 크게 달랐다."

여름 캠프는 아이들에게 많은 자유를 허용하여 학기 동안 할 수 없었던 '실제' 학습을 자연적으로 회복하는 장소가 되었다. 부모들은 자기주도교육에 완전히 전념하지 않아도 여름이나 방과 후 학교 프로그램을 이용하여 언스쿨링 개념에 더 쉽게 접근할 수 있었다. 일부 부모는 자기주도적인 아이를 위한 해커 공간과 같은 캠프 만화경의 학습방식에 크게 매혹되어 여름이 지난 이후까지 연장하기를 원했다. 이런 부모들은 윌과 파트와 크래프트의 공동 창업자인 케이티 그라도스키(Katie Gradowski)에게 접근하여 만약 전일제와 선택제로 운영한다면 아이들을 학교에서 데리고 나와 이곳에 보낼 것이라고 말했다. 자기주도학습센터에 대한 부모들의 요구에 고무된 윌과 케이티는 2008년에 드디어 파트와 크래프트를 설립했다. 파트와 크래프트는 홈스쿨러와 언스쿨러를 위한 기술 영역의 비영리 민간 자료센터이며 주 정부의 인증을 받은 정식 학교가 아닌 아동보호 시설로 인증받은 기관이다. 파트와 크래프트가 학교인증을 받지 못하더라도 큰 문제는 없다. 가족들은 의무적인 학교 출석법과 교육과정의 요구를 피하여 1주일 1일 출석에서 5일 출석까지 유연하게 선택할 수 있다. 센터는 연중무휴의 "영업시간"을 통하여 공동체, 방학과 여름 캠프 프로그램, 모든 나이의 팅거들이 창작문화를 즐기는 방과 후 인기 프로그램을 제공한다.

센터의 철학은 도구, 자원, 책, 선택 수업, 성인 촉진자 등을 갖춘 창작 공간에서 자유 놀이, 자기주도적 학습, 아동 자율성을 보장한다. 센터가 표방하는 교육 비전을 지키는 기본적인 관점은 접근성과 자율성이다. 케이티는 다음과 같이 말했다. "무엇보다, 우리가 놀고, 빈둥거리고, 혼자 있는 공간을 제공하면 아이들은 가장 잘 배운다고 믿는다. 우리는 컴퓨터, 프로그래밍, 스크래치 프로그래밍 언어, 아동용 수륙양용차 만들기, 구성, 발명, 놀기, 그리고 주변 세계를 최대한으로 탐험하면서 많은 시간을 보낸다."

여름 캠프와 방과 후 프로그램은 그들이 준학습센터라고 부르는 파트와 크래프트의 언스쿨링 프로그램에 많은 기금을 댔다. 수업 시간은 8주 이상 운영하며 제공되는 프로그램은 언스쿨러와 스텝들이 함께 결정한다. 모든 수업은 선택이며 대부분 전통적인 교과와 관계가 없다. 최근 실시한 수업에는 공룡모델 만들기, 인형극 기술, 3D 애니메이션, 비디오 게임, 컴퓨터 제작과 만화 그리기 등이 있다. 아이들은 도서관의 코너에서 편안하게 독서와 보드게임 하기, 뜨개질이나 바느질하기, 다양한 회로를 이용하여 팅거링 하기 등 무엇을 하든지, 교실 수업에서 벗어나 자기 활동에 집중하며 하루를 모두 보낼 수 있다. "무엇보다도 우리에게는 거의 모두 아이들과 부모들을 위한 멋진 공동체가 있다."라고 케이티는 말한다.

> 우리 프로그램에 참여하는 많은 아이는 학교에서 부정적인 경험을 한 적이 많다. 나는 아이들이 어떤 상황에서 오든지, 그들이 홈스쿨러, 캠퍼, 또는 주말반 수강자, 중퇴자이든지 관계없이 나는 아이들이 자신들만의 생각대로 배움을 즐기고 또 즐기는 협업공간의 창조가 우리 프로그램의 진정한 가치라고 말할 것이다. 즉 사람들이 함께 참여하여 만들고, 구성하고, 재미있게 일하도록 친절하게 지원하는 공간의 창조가 근본적인 목적이다.

내 딸 몰리는 파트와 크래프트의 시간제 수업에 등록하여 출석한다. 몰리는 목공수업뿐 아니라 요리, 코딩, 만들기 등 모든 것에 완전히 푹 빠져있다. 몰리와 아이들은 오전에 시작하는 한 학기 과정의 목공수업을 선택했다. 케이티는 가르치는 비중이 상당히 많은 수업에 관심 있는 아이들이 참여하는 집단 프로젝트를 계획했다. 하지만 몰리와 아이들은 집단 프로젝트보다 개인 목공 프로젝트를 선택했다(몰리는 어린 남동생을 위한 목검을 만들 생각이다). 자기주도적 학습의 본질은 바로 이 점이다. 즉 이용 가능한 기회, 필요할 때 조력하고 지원하는 성인, 제공하지만 필수가 아닌 수업이나 형식적 지도, 지원, 협업, 복합연령의 환경에서 싹트는 관심

등. 이는 가정, 커뮤니티 학습센터, 또는 아마 이런저런 비강제적인 유형의 학교, 아니면 위에서 열거한 모든 곳에서 일어난다.

언스쿨링은 교육 방법이나 장소의 문제가 아니다. 그것은 틀이다. 윌이 말한 것처럼 "언스쿨링은 정말 교수 방법의 태도가 아닌 도덕적 태도이다. 교수학습의 강조가 아니라 사람이 서로를 대하는 태도를 강조한다." 윌은 부모와 성인의 명확한 역할을 자기주도교육의 모델에서 찾는다. 즉 "우리는 아이들에게 제안하지만 강요하지 않는다. 제안에 대해 우리가 더 잘 알 수 있고 아이들이 더 잘 알 수 있다. 그것은 관계다." 관계의 문제이기 때문에 어른들과 아이들의 상호존중과 개인 책임이 모두에게 중요하다. 예를 들어 어떤 아이가 특정 주제에 대한 가르침을 요구하거나 특정 프로젝트의 수행을 원했기 때문에 성인이 그것을 준비하기 위해 노력했을 경우, 나중에 아이가 참여하지 않기로 했다면 무례한 일일 것이다. 자율성과 개인 책임, 또는 방종이 아닌 자유는 언스쿨링을 실천하는 장소와 관계없이 언스쿨링의 가장 어려운 시험대이다.

파트와 크래프트의 가장 중요한 목적 중 하나는 접근성이다. 창립자들과 스텝들은 끊임없이 더 많은 가족, 특히 도시의 저소득층과 소외 가족들이 이 프로그램에 더 쉽게 접근할 방법을 찾고 있다. 그들은 더 많은 가난한 젊은이들에게는 "역량"과 "성적"을 더욱 강조하면서 한편으로 더 부유한 젊은이들에게는 "개인화"와 "자기주도성"을 중요하게 여기는 현재의 트랜드에 매우 당황한다. 더 많은 특권층의 아이들에게는 자유와 자율성을 더 강조하지만, 하위계층 아이들에게는 기술과 훈련을 더 강조한다.

가난한 배경 출신의 아이들은 제한적인 암기와 반복, 성적을 강조하는 학교 교육에서 타격을 입게 하면서 특권층의 아이들은 진보주의적이고 자기주도교육에 더 많이 접근할 수 있는 길을 열어 주는 이원적 교육 시스템의 사상은 파트와 크래프트 공동체를 몹시 당황하게 만들고 있다.

케이티는 다음과 같이 말했다.

> 우리는 생각하고 창조하고 손으로 만드는 능력, 즉 창작문화에는 사회변혁의 힘이 들어 있다고 믿는다. 이런 능력은 소득, 배경이나 사회경제적 지위와 관계없이 모든 아이가 이용할 수 있어야 한다. 우리는 시작부터 프로그램을 차등제로 운영하여 가족의 지급 능력과 관계없이 우리 프로그램을 이용할 수 있게 했다.

최근 해커 공간의 영역에서 팹랩(fab lab)이 대유행하고 있다. 팹랩은 제작 연구실(fabrication laboratory)의 줄임말로 소규모 제작과 작업실을 일컫는다. 파트와 크래프트는 창작문화를 더 넓은 공동체로 확산하기 위해서 도시 팹랩의 운영책임을 맡았다. 팹랩의 핵심 목적은 대중의 접근이 불가하거나 오직 제한적으로만 이용할 수 있는 디지털 기기와 도구를 더 많은 사람이 이용하도록 배려하는 데 있다. 팹랩은 MIT 연구소에서 출시한 또 다른 혁신이 낳은 결과물이다. 닐 게르센펠트(Neil Gershenfeld)는 팹랩에서 유명한 "만물 제작법"을 강의했다. 최신판 창작 운동인 팹랩은 레이저 커터와 3-D 프린터와 다양한 로봇 도구, 디지털 디자인 소프트웨어 등 최첨단 기술 장비를 갖추고 있다. 게르센펠트는 MIT 비트와 아톰 센터(MIT's Bit and Atom Center)를 운영한다. 그는 디지털 제작이나 디지털 기술을 사용하는 만물 제작법을 차세대 디지털 혁명으로 부른다.

게르센펠트는 1950년대에 MIT 연구소가 초창기 컴퓨터를 제분기와 연결하여 성공한 후 인간이 아닌 컴퓨터가 기계를 통제하는 광경을 직접 자기 눈으로 보았다. 그는 디지털 제작을 그것에 비유하여 새로운 개척자라고 믿는다. 게르센펠트는 "만물 제작법" 강좌를 처음 개설한 후에 나타난 엄청난 인기에 크게 놀랐다. 오직 10명만 수용할 수 있는 강의에 대부분 기술적 배경이 없었던 100여 명의 학생이 몰려들었다. 학생들은 모두 한결같이 무언가를 만들고 싶은 욕망뿐이었다. 첫 강의를 회고하면서 게르센펠트는 "어떤 사람은 괴짜 주인과 다툼을 피하기 위한 알람시계를 만들어 그 시간에 자신이 깨어 있었다는 사실을 증명했다. 다른 사람은 착용자의 개인 공간을 보호하는 센서가 부착된 전동 척추와 비슷한 구조의 옷을 만들었다. 학생들은 내가 요구하지 않은 질문에 대답하고 있었다. 즉 디지털 제작은 무엇에 좋은가?"[17]라고 썼다.

현재 공동체 중심의 팹랩은 전 세계에 걸쳐 100개 정도에 달한다. 팹랩은 다른 방법으로는 정교한 기술 접근이 불가능한 그런 개인 제작자의 관심과 아이디어가 제기하는 질문에 새로운 방식으로 대답하기 위해 노력한다. 팹랩과 창작공간은 종종 공공 도서관과 무상 접근이 가능한 공동체 공간과 통합을 시도한다. 미국 도서관 협회의 미겔 피구로아(Miguel Figueroa)는 "창작공간은 도서관의 확장된 사명으로서 지식의 소비가 아닌 새로운 지식의 창조공간이 되어야 한다."[18]라고 말한다. 파트와 크래프트 팀은 공립학교의 지하실에 자리한 지역사회 팹랩을 운영하고 있으며 대부분 주말 오후에서 저녁 시간에 모든 사람에게 무료로 개방한다.

몰리와 내가 그곳을 방문했던 첫날 밤, 몰리는 금방 3-D 프린터와 레이저 커터에 빠져들었다. 일부 지역사회 회원들은 컴퓨터 디자인 프로젝트를 수행 중이었고 일부 사람들은 복잡한 디지털 기계류의 다양한 성능을 상당 부분 이해하고 있었다. 전체 공간은 중학교 워크숍 수업과 약간 비슷했으나 분위기는 전혀 달랐다. 공간은 밝고 활기가 넘쳤다. 나이, 피부색, 다양한 배경 집단은 각각 자신에게 의미 있는 프로젝트를 수행했다. 그들은 그곳에 강제로 출석하지 않았고, 무엇을 해야 할지, 무슨 프로젝트가 적합한지 등 어떤 가르침도 받지 않았다. 몇 가지 아이디어를 내놓고 그중 하나를 선택하라는 제약도 없었다. 그들은 가장 최신의 기술 도구를 충분히 이용하고, 필요할 경우, 열성적이고 유능한 촉진자의 조력을 받으며 자신이 원하는 것이면 무엇이든지 자유롭게 만들었다. 그들은 공간을 꽉 채운 에너지, 동료와 공동제작자의 열성, 능숙한 촉진자의 지원을 활용하여 마음껏 창의성을 발휘했다.

게르센펠트는 "만물 제작"의 수업에서 자기 관심과 자기 발견을 다른 사람과 공유하려는 열정 때문에 학습이 촉진되는 모습을 발견했다. 어떤 사람이 새로운 기술을 배우거나 디지털 기능성을 새롭게 알게 되면 자기 경험을 랩 안의 공동작업자들과 열심히 공유했다. 일리치가 꿈꿨던 공동체 환경에 대한 교육 비전의 특징인 "학습, 공유, 돌봄"의 망은 이런 최첨단 기술을 이용하는 창작공간에서 여지없이 그 위용을 드러내고 있었다. 이런 공간은 학습 "망"을 증진하여 일리치와 많은 사람이 비판했던 전통적인 "교육방식"보다 오히려 관심과 욕구를 더 직접 연결한다. 게르센펠트는 자신의 저서 **팹: 데스크톱의 혁명이 다가온다**(Fab: the Coming Revolution on Your Desktop)에서 창작공간과 팹랩이 자기주도적 학습을 촉진하는 방법을 설명했다. "이 과정은 훗날 유용할 지식이 포함되었을 것이라는 희망 속에서 미리 정해진 교육과정으로 가르치는 전통적인 사례교육모델(just-in case educational model)보다 오히려 개인의 요구에 따라 가르치는 '적기'교육 모델(just-in time educational model)이라고 생각할 수 있다."[19] 인위적인 교육과정에서 벗어난 학습자 주도 교육으로의 전환은 아마 언스쿨링으로 나아가는 가장 근본적인 변화일 것이다.

창작 운동과 자기주도교육의 전망에서 영감을 받은 파트와 크래프트와 같은 단체가 내놓는 팹랩 공동체의 가능성에 대한 긍정적인 전망은 그다지 놀랍지 않다. 수많은 공동체의 성원들은 이곳에서 첨단기술의 팅거링을 하면서 가장 최근의 디지털 기술을 사용하여 거의 모든 것들을 만들 수 있다. 그들은 무엇을 할 것인지 안내할 교육과정이나 그것을 강요하는 교사가 필요하지 않다. 그들은 필요할 경우, 오직 강요하지 않고 실시간으로 조력하고 안내하며 자신의 타고난 창의성을 지원할 공간이 필요할 뿐이다. 파트와 크래프트는 스스로 "해커 공간, 자유 학교, 급증하는 가정학교 운동 간의 교차점에 서있는 소위 잡다한 공동체 공간"을 구축했다. 그들이 구상하는 독창적인 기술중심의 자기주도적 교육계획은 언스쿨링 아이들뿐 아니라 모든 나이의 학습자들에게 통합적, 비강제적, 공동체 기반의 자기주도교육의 방법을 제공하는 모델이 된다.

기술활용 학습: 축복인가 저주인가?

한 언론인이 "우리는 곧 서로에게 투명한 젤리같이 될 것이다."라고 말했다. 기술 과잉과 소셜미디어의 포화상태와 관련하여 우리는 흔히 이런 말을 듣는다. 단기간에 급속한 기술발전이 진행되면서 급증하는 영향력 관리가 사회문제로 대두했다. 특히 아이를 양육하는 부모인 우리는 기술이 아이들의 신체, 정신, 정신건강에 어떤 영향을 미칠지 우려하지 않을 수 없다. 우리는 상호 접촉을 촉진하기 위해 설계된 기술 도구가 어떻게 우리를 더 멀어지게 만들지, 또는 "서로에게 투명한 젤리"가 될지 걱정한다. 우리는 신기술에 중독되어 더 넓은 세계에서 소외될까 걱정한다. 위 인용문은 오늘날 거의 공황 상태에 있는 기술, 특히 아이들과 기술에 대해 조심스럽게 꺼내는 말이다. 사실대로 말하면 이 인용문은 인간적 친밀성의 파괴를 위협하는 최신 기술에 매우 초조했던 런던의 한 작가가 1897년에 썼다. 이 사악한 기술은 무엇이었는가? 전화![20]

인간은 신기술이 우리 문화를 위협할 가능성을 오랫동안 두려워했다. 벨이 전화를 발명하기 전에는 출판물의 대량생산이 가능해져 값싼 책이 역사상 최초로 가난한 사람들의 손에 들어가게 되었다. 출판기술에 자극을 받은 연재소설은 19세기의 비디오 게임으로 엄청난 비난의 대상이 되었다. 즉 연재소설은 시시할 뿐 아니라 정신을 혼미하게 만드는 오락 형식 때문에 우리를 황폐시킬 것이라는 우려와 비판이 팽배했다. 1845년 한 작가는 걷잡을 수 없이 쏟아져 나오는 연재소설에 대해 "소설을 많이 읽는 것은 유용할지라도 그것은 바른 독서법이 아니다. 소설 읽기는 크리켓 경기, 생생한 대화, 또는 주사위 놀이와 같이 건전한 여가활동이 아니다. 이는 우리를 비현실적인 흥분, 무아지경, 꿈의 상태에 빠뜨린다."[21]라고 말했다. 바꾸어 말하면 소량의 소설을 읽는 것은 괜찮겠지만, 대량의 독서는 더 고무적일 수 있는 다른 활동을 방해한다는 주장이다. 19세기 의무교육의 주창자였던 호러스 만은 특히 젊은이들의 정신을 타락시킬 가능성이 있는 소설을 우려했다. 예를 들어 그는 자신의 처남인 너새니얼 호손(Nathaniel Hawthorne)의 소설에 아이들의 노출을 허용하지 않았으며 심지어 찰스 디킨스(Charles Dickens)의 책도 금지했다.[22]

오늘날 특히 아이들을 중심으로 기술에 관한 비슷한 우려와 비판이 일고 있다. 비디오 게임과 소셜미디어의 중독성에 대한 경고가 넘친다. 젊은이들이 기술에 빠져드는 것을 보고 성인들이 페이스북이나 인스타그램 계정에 유혹될 가능성을 우려한다. 교사인 조 클레멘츠(Joe Clement)와 매트 밀스(Matt Milles)는 자신들의 저서 **스크린 스쿨드**(Screen Schooled)에서 고등학교 학생들이 스마트폰과 소셜미디어의 기술에 어떻게 중독되어 전보다 더 멍청해지고, 산만해지고, 단절되었는지 기술했다. 저자들은 다음과 같이 썼다.

> 당신은 아들딸이 아침에 집을 나와 저녁에 집으로 돌아오는 시간까지 무슨 일이 일어나는지 얼마나 알고 있는가? 당신이 보통 부모라면 충분히 알 수 없을 것이다. 교사들은 아이의 학교 행동을 가장 잘 아는 사람이다. 우리는 젊은이들이 기술 때문에 하룻밤 사이에 완전히 딴 사람으로 변한 모습을 직접 보았다.[23]

학교 교사는 아이들의 **학교** 행동을 가장 잘 알겠지만, 학교가 없는 상황을 가정한다면 반드시 아이들의 행동을 잘 안다고 말할 수 없을 것이다. 학교 아이들에게 스마트폰이나 스냅챗의 계정은 통제와 명령의 바다 위에 떠 있는 구명 뗏목일 수 있다. 학교의 젊은이들, 특히 장차 어른이 되어 참여하게 될 성인 세계에서 조직적으로 배제되는 10대들에게 기술은 프로그램화된 삶에 대한 약간의 자유와 자율성을 허용한다. 학생들이 학교 일에 점점 더 많은 시간을 소비하여 "실제 세계"로부터 단절될 때 기술은 연결에 필요한 도구다.

기술 옹호자인 다나 보이드(Danah Boyd)는 젊은이들이 배제되는 세계에서 기술과 소셜미디어가 어떻게 젊은이들이 더 넓은 세계와 연결하기 위해 사용하는 최신도구가 되었는지 그 이유를 설명한다. 보이드는 종래 10대들에 관한 연구가 쏟아냈던 비판과 반대로 기술이 실제로 아이들을 더 똑똑하고 더 집중적이고 더 연결하게 만든다고 주장했다. 보이드는 자신의 저서, **복잡한 문제: 네트워크로 연결된 10대들의 사회적 삶**(It's Complicated: The Social LIves of Networked Teens)에서 "대부분의 10대는 그런 기기에 매료되지 않는다. 그들은 우정에 이끌리며 기기에 매료되는 이유는 주로 사회적 목적을 위한 수단이기 때문이다. 더구나 사회적 상호작용이 학교에서는 방해일 수 있지만, 종종 학습에서는 방해가 되지 않는다."[24]라고 기술했다.

현대 기술에 대한 우려와 특히 젊은이들의 남용 가능성은 다른 것보다 **학교 교육**이 문제일 수 있다. 기술은 아이들이 단순히 학교에서 배우는 방식과 자연스럽게 배우는 방식, 즉 동료와 성인들로 둘러싸인 공동체에 매료되어 공통관심과 열정을 추구하면서 배우는 방식 간의 대립을 증폭시킬 수 있다. 실제로 학교에서 기술을 가르치게 되면 아이들은 기술을 인위적으로 변화시키려는 의도로 생각한다.

특정 기술, 특히 젊은이들의 비디오 게임 중독문제를 취급한 많은 저서가 출판되었지만 가장 최근의 연구들은 그런 개념에 반대하는 경향이 있다. **미국 정신의학 저널**에서 발표한 2016년의 한 대규모 연구에 따르면 비디오 게임의 중독에 관한 어떤 명확한 증거도 찾을 수 없었다. 사실 이 연구자들은 특정 종류의 인터넷 게임으로 인해 중독 장애를 경험한 사람은 거의 1%도 되지 않는 사실을 밝혀냈다.[25] 2010년 매사추세츠 종합병원의 셰릴 올슨(Cheryl Olson)은 아이들의 비디오 게임에 관한 연구에서 비디오 게임의 매우 다양한 동기를 밝혔다. 비디오 게임의 동기는 단순한 재미, 친구들과 공동작업에서부터 아이들이 할 수 없었던 것을 할 수 있는 기회, 도전, 경쟁, 탈출에 이르기까지 그 범위가 매우 광범위했다. 올슨은 다음과 같은 결론을 얻었다. "책, 영화, 라디오 등 다른 미디어와 비교했을 때 전자 게임은 매우 다양한 매력이 있어서 정서, 사회, 지적 욕구를 놀랄 만큼 충족시킨다."[26]

기술의 역할과 스크린 타임은 학교에 다니는 아이들이나 언스쿨링 아이들의 부모 모두를 괴롭히는 문제다. 우리는 혹시 온라인에 지나치게 많은 시간을 사용했는지 놀라면서 기술에 대한 불안감을 아이들에게 내비친다. 우리는 도움이 될 한계를 정해 놓고도 의도와 달리 기술금지를 더 매력적으로 생각한다. 이런 조바심은 아이들(그리고 우리 자신)이 자연스럽게 도달하는 만족 상태를 훼방할 수 있다. 우리는 기술이 우리 아이들의 행복을 해친다는 근거가 없는 이론에 유혹되기 쉽다. 나는 기술에 대한 비판자들의 지독한 경고에도 불구하고 결국 인쇄기와 전화기가 우리 지성과 사람들 간의 연결에 공헌한 점에 우리 대부분은 동의하리라 생각한다. 심리학자인 피터 그레이는 수렵-채집 사회를 연구했다. 그는 아이들의 컴퓨터 사용 시간을 제한하게 되면 아이들이 우리 문화의 가장 중요한 도구 중 하나에 대한 접근을 부정하는 꼴이 될 것이라고 말했다. 그는 다음과 같이 썼다.

> 왜 우리는 아이들의 컴퓨터 시간을 제한하려고 하는가? 현대 사회에서 컴퓨터가 가장 중요하고 유일한 도구라는 점은 자명하다. 우리가 아이들의 컴퓨터 사용 시간을 제한하는 일은 수렵-채집 사회의 성인들이 아이들의 활과 화살을 사용하는 시간을 제한하는 일과 다르지 않을 것이다. 아이들은 자신들이 태어난 문화에 적응하기 위해서 알 필요가 있는 주변의 것들을 조사하고 이해하도록 설계되어 세상 밖으로 나온다.[27]

그레이는 수렵-채집 사회에서 아이들은 위험한 도구는 물론 그 사회의 모든 도구를 다 가지고 놀았다고 말한다. 하지만 그는 어른들이 독이 묻은 화살이 아이들의 손에 닿지 않게 금지하는 점은 인정했다.[28] 오늘날 부모들은 아이들이 우리 문화의 핵심적인 도구를 가지고 자유롭게 노는 활동을 방해하지 않으면서 현대의 독화살이 아이들의 손에 닿지 않게 금지하는 대비책을 마련할 수 있다.

우리는 컴퓨터와 기술이 우리 생활과 학습의 많은 부분을 크게 발전시킨 점을 알고 있다. 언스쿨러들의 앞에 놓인 중요한 과제는 구식의 교수-시험의 구조를 단순히 새로운 첨단방법으로 포장하지 않으면서 기술이 어떻게 학습자의 권한을 강화하여 자기주도교육을 증진할 수 있을 것인지 문제다. 기술이 강력한 도구인 것만은 틀림없다. 기술은 양날의 칼로써 자기 행동과 운명을 담당하는 학습자로 만들거나 구식 교육모델을 껍질뿐인 디지털로 위장하여 새로운 교육모델인 것처럼 현혹할 공산이 있다. 온라인 네트워크, 학위 프로그램, 점점 첨단화하는 초중등 학습 소프트웨어 등은 마치 자기주도의 학습원리가 그런 프로그램에 들어 있는 것처럼 자주 광고한다. 정확한 의미에서 보면 그것은 자기 속도를 말한다. 대부분 이런 프로그램은 교육과정이 정해져 있고 학습 목표와 결과도 이미 결정되어 있다. 학습자는 단순히 자기 속도나 자기가 좋아하는 순서에 따라 정해진 과정을 통과하여 이동할 뿐이다. 이는 강의와 암기에서 진일보한 것이지만, 진정한 자기주도교육은 아니다. 외부의 누군가에 의한 가르침이다. 물론 학습자가 그런 과정을 자유롭게 선택하고 언제라도 그만둘 수 있다면, 전통적인 학교 교육의 특징인 강요와 강제와 아무런 관계가 없을 것이다. 이런 조건을 충족한다면 충분히 자기주도적 학습자의 선택으로 볼 수 있다.

일리치의 학습 망과 파퍼트의 컴퓨터를 통한 교육 변혁의 목적을 달성하려면 우리는 배우기 위해서는 반드시 학교가 필요하다는 낡은 사상에서 탈피해야 한다. 오늘날 기술은 어느 때보다 지식과 기술획득의 가능성을 더 쉽게 만들어 교육의 민주화에 박차를 가하고 있다. 지식은 더 새롭고 더 빠르고 더 향상된 기술의 덕으로 끊임없이 변하고 있다. 정적이며 하향식인 교육과정이 역동적인 네트워크 사회의 요구를 따라가기는 역부족이다. 미디어 연구소 팀의 말처럼 우리는 "제공방식에서 대화방식(presentation to conversation)"으로, "강의에서 공동체(course to community)"로 진화해야 한다.[29] 학습이 가장 의미 있고 지속적이 되려면 학습자 자신으로부터 흘러나와야 한다. 기술은 그냥 도구일 뿐이다. 진정한 돌파구는 사람들의 신념이다.

언스쿨링 팁

기술을 활용하라. 컴퓨터와 기술은 정보를 이용한 지식획득의 방법을 변화시켰다. 교실 중심의 수동적 학습은 더 이상 지식획득의 기본방법이 아니다. 오늘날 학습자는 온라인 강의, 유튜브, 개인교수, 소셜 네트워크 등 수많은 방법을 통해 실시간으로 자기주도학습을 수행한다. 기술활용

학습은 구식의 교육 위계를 제거하여 그 어느 때보다 더 많은 사람이 광범위한 정보와 자원에 접근할 수 있게 했다.

접근하게 하라. 아이들이 기술을 가지고 놀게 하라! 컴퓨터, 기술, 소셜 미디어의 이용 방법을 아이들이 모방할 경우, 완전히 접근할 수 있게 하라. 온라인 스크래치 프로그래밍 언어(scratch.mit.edu)와 그 외 소프트웨어 도구 등 아동용으로 개발하여 무상으로 제공되는 풍성한 교육 프로그램을 아이들과 연결하라. 아이들이 자기 질문을 연구하고 웹사이트와 비디오를 탐색하도록 장려하면서 탐험에 합류하기를 제안하라. 기술함정의 잠재성, 위험 감수성, 정보출처에 대한 검증의 중요성을 의논하라.

기술 제한은 협상하라. 부모는 아이가 스크린 타임에 반응하는 방법이나 가족의 가치체제에 따라 어느 정도 기술 제한이 필요하다고 생각한다. 지나치게 많은 설탕에 부정적인 반응을 보이는 아이들처럼 지나치게 많은 스크린 타임을 좋아하지 않는 아이들도 있다. 부모는 아이의 본성을 신뢰해야 한다. 기술 제한의 핵심은 기술의 역할을 놓고 우리 문화에서 떠도는 상상적인 우려가 아닌, 실제 효과에 근거해야 한다. 방금 학교에서 중퇴한 아이가 있다면, 그 아이는 자기 시간과 행동을 더욱 통제하기 때문에, 기술 문제는 탈학교 과정의 중요한 부분이 된다. 일단 아이가 새로 발견한 자율성의 수준을 완전히 알게 되고 새로운 관심이 생기게 되면, 기술사용은 퇴보하거나 변할 수 있다. 기술을 둘러싼 부모와 아이 간의 빈번하고 정직한 의논은 끊임없는 평가를 통하여 가능한 한계를 정하는 것이 최상의 접근 방법이다.

07

언스쿨링 자원센터

"나는 메이콤 컨트리 학교 시스템의 러닝 머신을 따라 느릿느릿 조금씩 움직이면서 무엇인가에 속고 있다는 느낌은 전혀 없었다. 나는 12년간 계속된 지루함을 모르고 보냈으며 이것이 바로 국가가 나를 염두에 둔 학교 시스템이라고 믿지 않았다."

– 스카우트, 하퍼 리의 앵무새 죽이기(Scout, in Harper Lee's To Kill a Mockingbird)[1]

데이비드 레인(David Lane)은 25년간 교직에 종사하며 다양한 교실 환경에서 10대들을 가르쳤다. 지금은 한 지역의 전통학교인 공립 고등학교 교사로 있다. 오랜 교직 경력을 통해 데이비드는 전통학교의 교육이 아이들의 개인 욕구를 최소로 수용하고 제한은 최대로 하는 현장을 보았다. 데이비드는 "우리는 새로운 방법을 시도하기보다 교육기술과 교육방법에 더 열중했다. 우리는 많으면 많을수록 더 좋다고 생각했다. 더 많은 수업 시간, 더 많은 책무성, 더 많은 표준화, 더 잦은 시험은 더 좋은 결과를 가져온다고 믿었다."라고 말했다. 데이비드는 자신이 근무하는 공립학교에서 새롭고 다양한 방법을 제안하면서 자기주도학습을 촉진하려는 내부변화를 위해 노력했다. 하지만 그런 노력은 진전이 없었고 교직원들의 저항만 높아질 뿐이었다. 데이비드는 날로 늘어가는 전통적인 표준화 교육과 친자연학습을 지원하려는 진정한 의지나 능력이 보이지 않는 학교 교육에 크게 낙담했다. 그는 결국 대안학교의 설립을 마음먹었다. "가르치는 일은 옛날의 그 일이 아니다. 10년 전에 알았던 그것은 이제 더 이상 존재하지 않는다. 하지만 우리는 대부분 이 사실을 인정하지 않는다."라고 데이비는 말했다.

데이비드는 맞서서 싸우기로 했다. 2016년 시에서 제공한 창업지원센터 안에 독창성 허브(Ingenuity Hub)를 설립했다. 이 허브는 10대 언스쿨링 아이들을 위한 자기주도자원센터이다. 이 안에서 젊은이들은 대규모 공동체와 연결하여 동료들과 성인들의 조력을 받으며 자기 관심을 추구하고 자기 프로젝트를 수행한다. 여기에 출석하는 젊은이들은 대부분 이전에 겪은 학교 경험의 아픔 때문에 탈학교 과정을 거치거나 언스쿨링의 자유와 자율성을 받아들이는 데 상당한 시간을 보낸다. 데이비드는 다음 같이 말했다. "우리 경험에서 볼 때."

> 어떤 아이는 "아무것도 하지 않은 것"처럼 보이는 멍한 한때를 보낸다. 그들은 종종 하고 싶은 일은 알고 있지만 시작하는 법에는 자신이 없다. 몇몇 아이는 학교에서 받은 압박감을 해소하는 데 많은 시간이 필요했다. 일부 아이는 모든 면에서 학교로부터 해방된 존재라고 느낄 시간적 여유가 필요했다. 다른 아이들은 자기가 하려는 일에 몰입했으나 학교 방침의 방해로 크게 실망했던 터라 원했던 것을 할 기회가 생기자마자 곧바로

> 실행을 감행했다. 나는 이는 다른 측면에서 이루어지는 탈학교 과정이라고 생각한다.

데이비드가 가르친 학교 아이들과 언스쿨링 아이들을 관찰하여 비교한 결과는 놀라웠다.

> 일반적으로 말하면 거의 모든 것을 대하는 학교 아이들의 접근 방식은 "나와 내 가족이 받아들이는 최소의 결과(예: 점수)를 얻기 위해서 내가 할 최소량의 공부는 무엇인가?"이다. 하지만 나는 아이들이 자기주도적인 학습에 편안히 적응하면서 크게 변해 가는 모습을 관찰했다. 그들은 실험의 가치를 알기 시작했다. 그들은 어떤 것의 "실패"에 대해서는 더 이상 이야기하지 않는다. 대신 어떤 것이 잘되지 않으면 다음으로 미뤄 둔다. 그런 결정에는 종종 나중에 그런 노력을 시도하려고 보류하거나 완전히 포기하는 것들이 있다.

데이비드는 선천적으로 낙천적인 성격이다. 특히 교육의 힘에 대한 그의 열정은 따라올 사람이 없다. 그는 자기주도학습의 원리가 전통학교의 교육과 통합하여 성공하리라 기대하지 않는다. "현상 유지를 지향하는 권력 구조가 여기저기 포진하여 자신들의 입장을 지지해 주기 때문에 설령 시스템의 문지기들이 그것을 바꾸려 한다고 해도 매우 오랜 시간이 걸릴 것이다. 그러므로 대안학교가 더 많이 성공해야 한다. 모든 공동체의 아이들은 이런 학교를 이용할 충분한 자격이 있다."라고 데이비드는 말했다.

언스쿨링 자원센터와 같은 대안학교가 전국적으로 급속히 확산하는 추세에 있다. 많은 교육자가 엄격한 시험 중심의 전통적인 학교 교육에

피로감을 느끼고 있다. 아이들의 타고난 호기심을 보존할 새로운 선택을 하는 부모들이 많이 있다. 언스쿨링 센터는 많은 가족이 자기주도교육을 이용하도록 젊은이들에게 필요한 지원을 제공하고 연결하는 혼합학습 모델을 지향한다. 이런 센터는 부모와 아이 둘 모두의 권한을 재강화한다. 일반적으로 부모들은 자신을 홈스쿨러로 밝히고 주나 도시에 홈스쿨러로 등록한다. 등록을 마치면 부모가 의무교육법의 준수에 필요한 법적 지정인이 되어 아이 교육의 감독과 책임을 담당하게 된다. 이렇게 되면 젊은이들은 센터에서 제공하는 프로그램과 가족의 필요에 따라서 항상 보통 사립학교보다 훨씬 더 저렴한 학비로 시간제나 정시제로 언스쿨링 센터에 등록하여 출석할 수 있다.

나는 항상 "와, 내 아이가 언스쿨을 할 수 있으면 정말 좋겠어요!"라는 부모들의 애석한 말을 자주 듣는다. 실제로 한부모 가정이거나 맞벌이 부부라면 전일제 언스쿨링은 힘들 것이다. 더구나 부부 중 한쪽이나 가족이 언스쿨링에 회의적이라면 더 어려운 장벽일 것이다. 오랫동안 학교에 다닌 아이라면 완전히 다른 학습환경은 생각만 해도 두려울 것이다. 이런 가족들에게 언스쿨링 센터는 어쩌면 실현 불가능했을 수 있는 자기주도교육의 공간을 제공한다. 언스쿨링 센터는 여러 가지 악기, 다양한 도구나 기계를 완비한 목공작업실, 풍부한 공예재료가 가득한 미술실, 흥미로운 주제를 정기적으로 선보이는 전문가들과 외부 강사 등 개인적인 접근이 어려운 자원들을 제공하기 때문에 많은 가족이 이 센터를 찾는다. 모든 언스쿨링 센터의 핵심 원리는 자유와 선택이다. 이곳에 오면 누구나 자원을 이용할 수 있고 성인의 조력을 얻을 수 있으며 젊은이들은 언제든지 원할 때면 활동을 중단할 수 있다(종종 자기주도학습센터는 공동체의 정기회의 참석, 청소, 공동체가 할당한 역할 등 몇 가지 공동체의 기본적인 의무가 있기 때문에 대부분이라고 말한다).

배우고 창조하는 자유

오늘날 전통적인 학교 교육의 극단적인 특성이 이런 전국적인 언스쿨링 센터의 급속한 확장을 가속화한 것으로 볼 수 있다. 그러나 1970년대 존 홀트가 주장한 현대 홈스쿨링이 부활한 이후부터 이 모델은 계속 존재했었다. 피터 버그슨(Peter Bergson)이 하버드 대학을 졸업한 후 첫 번째로 읽은 책 중 하나가 홀트의 **아이들은 어떻게 실패하는가**(How Children Fails)였다. 홀트의 영향력 있는 이 책은 피터의 교육관과 학습관을 영원히 바꿔 놓았다. 이제 피터는 70대의 다정다감한 할아버지가 되었다. 그는 1978년 펜실베니아의 교외에 부인과 함께 미국에서 최초로 자기주도학습센터의 문을 열었다. 그 이후 이 센터는 자기주도학습센터와 전국적인 대안학교의 모델이 되었다.

대학 졸업 후 피터는 곧바로 평화 봉사단에 들어갔다. 그는 필리핀 수학 교사들이 "구 수학"을 당시 크게 유행했던 "신수학"으로 교체하여 가르치도록 지원하는 일을 했다. 피터가 큰 매력을 느낀 것은 최근 유행하는 교육과정이나 지도 방법이 아니라, 수년간 학교 교육을 받고도 동료들이 수학의 개념을 거의 이해하지 못한 사실을 깨달은 점이었다. 수학의 개념 대신 계산을 가르치는 수업 방법은 많은 성인이 수학을 싫어할 뿐 아니라 광범위한 수학적 사고력을 빈약하게 했다. 이는 피터의 학습관 및 교육사상과 완전 반대였다. 평화 봉사단 임무를 마치고 그는 학습이론 연구에 뛰어들어 일반적인 학교 교육의 모델에 의문을 품기 시작했다. 당시 미국은 베트남과 전쟁 중이었으며 급진적인 교육자와 작가들이 아동 중심 학습에 초점을 맞추고 권위주의와 제도의 억압에 강하게 저항하던 시기였다. 피터는 홀트와 좋은 친구로 지냈다. 피터와 그의 부인 수잔

(Susan)이 4명의 아이에게 언스쿨링을 결심했을 때 홀트의 **학교 교육 없는 성장**의 소식지는 친자연학습의 영감과 지침으로 큰 도움이 되었다.

피터와 수잔은 자기주도학습을 자기 가족을 넘어 더 널리 확장했다. 그들은 펜실베니아의 델라웨어 컨트리에 홈스쿨러와 언스쿨러를 위한 친자연학습센터를 설립하고 오픈 커넥션(Open Connections)이라고 불렀다. 이 센터는 40년 동안 번영했다. 처음에는 유아 학교의 아이들과 유치원생들을 수용하는 비좁은 공간에서 소박하게 시작했으나 2000년에 들어 새로운 지역에서 크게 확장되었다. 현재 28에이커(약 113만 제곱미터)의 거대한 농장에서 4~18세 아이들이 놀고 있다. 현재는 언스쿨링 출신인 피터의 장성한 딸, 줄리아(Jullia)가 센터를 운영한다. 그녀는 설립 당시에 내세웠던 유년기의 자유와 창의성을 양육하는 공간이라는 오픈 커넥션의 비전을 계속 유지하고 있다. 아이들은 1주일에 2~3일만 학습센터에 출석하지만 캠퍼스에는 매일 90명 이상의 아이들이 바쁘게 활동하고 있다. 나는 줄리아에게 시간제로 운영하는 이유를 물었다. 줄리아는 "우리는 가족과 동반자 관계이지만 궁극적으로 교육 경로는 부모가 결정한다. 우리가 정시제를 운영하게 되면 아이의 교육책임이 부모로부터 오픈 커넥션으로 넘어올 것으로 생각한다."라고 말했다.

센터의 사명에서 명확히 제시한 것처럼 젊은이들에게는 당연히 배우고 창조할 자유를 허용해야 한다. 많은 언스쿨링 센터처럼 오픈 커넥션은 다양한 주제로 수업을 하지만 필수가 아니기 때문에 젊은이들은 어떤 것이든지 원하는 수업을 선택할 수 있다. 약 9살까지의 어린아이들은 개방적이고 완전히 자기주도적인 놀이 공간에서 시간을 보낸다. 내가 방문했을 때 마침 네 명의 촉진자가 아이들과 바느질과 그리기 등 구조화된 프로젝트를 수행하고 있었다. 이 프로젝트는 관심만 있으면 누구든지 참여할 수 있다. 하지만 대부분 아이는 책과 게임, 미술 용구와 만들기 재료, 장난감, 많은 몬테소리 조작 장치, 밝은 빛이 가득한 화려한 공간,

손 도구가 완비된 목공실에서 자유롭게 놀고 있었다. 줄리아는 아이들이 성장해 가면서 더 구조화된 활동을 원하기 때문에 센터에서는 10대를 위해서 주제 중심, 성인주도의 수업을 진행한다고 설명했다. 화요일에는 미술/인문학에 목요일에는 수학/과학을 강조한다. 내가 전체 공간을 돌아보는 동안 활동적인 12세와 13세의 아이들이 센터의 연구실 한 공간에서 열정적인 성인 촉진자들과 물고기 해부 수업을 하고 있었다. 한 어린 10대 집단은 촉진자들과 과학 프로젝트를 자기주도적으로 수행한 후 대규모 공동체가 개최하는 심포지엄에 참여하여 발표할 결과물을 준비하고 있었다. 오픈 커넥션은 센터에서 제공하는 공용 컴퓨터와 노트북을 제외한 기타 스크린은 모두 금지한다. 한 10대는 장의자에 앉아서 노트북을 이용하여 고대의 정수 시스템을 연구하는가 하면 다른 10대 아이는 성차별 인식이 사회에 미치는 영향을 연구하고 있었다.

10대 후반으로 보이는 한 집단은 센터의 헛간을 멋지게 복원해 놓은 넓고 편안한 2층 공간에 옹기종기 모여 앉아서 최근에 있었던 모금행사의 결과를 듣고 있었다. 10대 후반 집단은 매년 자신들이 선정한 집단 프로젝트의 수행을 위해 항상 대도시 여행을 정한다. 그 후 모금행사, 모든 여행계획, 예약, 요금협상, 참석자의 모든 여행비용을 완전히 결정짓는다. 첫 모금행사에서 10대 집단은 디너쇼의 대본을 쓰고 감독하고 제작하여 공동체에서 성공을 거두었다. 내가 방문했을 때 그들은 다음 모금행사를 결정하기 위한 브레인스토밍을 열심히 하고 있었다.

오픈 커넥션 등 자기주도적인 학습과 다양한 진보주의 교육 간의 중요한 차이점은 오픈 커넥션은 단순한 대안학교가 아닌 학교의 대안이라는 사실이다. 부모가 지역 당국에 홈스쿨러로 등록하면 교육의 자율권을 확보하기 때문에 아이의 관심과 관련된 시간제 프로그램을 이용할 뿐 아니라 출석, 교육과정, 평가를 둘러싼 의무교육의 법적 규제를 면제받게 된다. 이는 젊은이들이 성인이 정한 시간표 없이 무엇을, 언제, 어떻게,

자기가 원하는 사람을 선택하여 배울 자유를 허용한다. 자기주도교육에 참여하는 젊은이들은 성인들과 똑같은 선택의 자유를 누린다. 학습 공동체의 지원을 받는 10대들과 아이들은 자기 시간을 보내는 방법과 자기가 가장 관심 있는 주제를 추구할 방법을 결정한다. 때로는 구조화된 교실 방법을, 때로는 그렇지 않은 방법을 결정한다. 학습은 자기 결정이다.

동료들이 은퇴하여 쉬는 동안에도 피터 버그슨에게 중단이란 없었다. 그는 언스쿨링과 자기주도교육의 비전을 더 많은 가족과 더 많은 지역으로 전파하기 위해 열정적으로 일했다. 이제 거의 100여 가족들에게 봉사하는 25명의 헌신적인 스텝이 있는 오픈 커넥션은 피터와 팀원들이 30년 동안 돈독한 관계를 유지해 온 기부자들의 덕택으로 완전히 자립했다. 최근 피터는 필라델피아의 독일인 거주지에 자연 창의성 센터(Natural Creativity Center)를 설립했다. 피터는 자기주도교육은 모든 가족이 사회경제적 배경과 관계없이 모두 이용해야 한다는 신념을 오랫동안 간직해 왔다. "내가 내 직업의 대부분을 바쳐 오픈 커넥션의 존립과 성장을 사랑한 만큼 저소득층과 중간소득층 가족들이 자기주도교육을 이용하게 해야 한다는 생각이 내 머릿속을 떠난 적이 없었다."라고 피터는 말한다. 그는 부담능력과 관계없이 모든 가족이 오픈 커넥션을 이용할 방안을 찾기 위해서 수년간 쉬지 않고 노력했다. 그 결과 어려운 가족이 이용할 가장 좋은 방법은 도시 중심부에 언스쿨링 센터를 설립하는 것이라는 답을 얻었다.

2016년 1월 자연 창의성 센터는 지역의 한 교회 공간을 임대하여 문을 열었다. 현재 이 센터는 약 20여 명의 젊은이를 위한 친자연학습의 인큐베이터로 기능한다. 젊은이들은 대부분 센터의 주변 지역에 거주하며 수업료를 보조받는다. 오픈 커넥션처럼 자연 창의성 센터의 젊은이들은 모두 홈스쿨러로 등록한 상태이며 센터는 시간제로 운영하면서 아이들이 이미 가정과 공동체에서 수행하고 있는 학습을 보완하는 역할을 한다. 피터는 언스쿨링 자원센터는 각 개인의 학습 과정을 의논하는 공간이지만 어디까지나 교육의 책임은 개인에게 있다고 생각한다. 피터는 다음과 같이 말했다. "교육은 개인 안에서 일어나는 내적 과정이다. 나는 아이들을 교육할 수 없다. 아이들은 생산물이 아니다. 나는 아이들을 생각하게 할 수 없다. 나는 아이들에게 동기를 부여할 수 없다. 대부분 그런 일은 모두 개인의 내적 결정에 따른 결과일 따름이다. 전통적이며 구조적인 학교 교육은 아이들과 아이들이 원하는 것에 거의 관심이 없다."

자연 창의성 센터는 학습 과정의 촉진을 강조하기 때문에 "결과물"의 산출은 아이들의 손에 맡긴다. 센터에는 산더미 같은 책과 자료들이 화려한 벽을 따라 죽 늘어서 있다. 방 중앙의 거대한 퀴즈네르 막대 세트는 고급의자로 빙 둘러 있는 커피 테이블을 완전히 점령하고 있다. 수작업으로 만든 나무 놀이의 구조물은 푹신한 베개로 채워져 있고 독서와 휴식을 위한 아늑한 구석에는 매트가 깔려 있다. 너저분한 과학 실험에 집중하는 방, 손 도구와 최신 기계를 갖춘 완벽한 목공작업실, 그리고 지역 공동체 예술가들이 관심을 나타내는 아이들을 지도하는 큰 방이 있다. 내가 처음 자연 창의성 센터를 방문했을 때, 다른 방에서는 젊은 성인 촉진자의 응원 속에서 지하 감옥과 던전 앤 드래곤(D&D)의 큰 게임을 하고 있었다. 어린 소녀는 장의자 중 하나를 차지하고 앉아 두툼한 자주색 실로 뜨개질하고 있었고, 분홍색 양말을 신은 또 다른 어린아이는 근처에서 재봉틀 작업을 하고 있었다.

성인 스텝의 팀원은 매우 다양한 사람들로 구성되었으며 필요할 때마다 도움을 주었다. 방문하는 동안 이런 도움을 자주 볼 수 있었다. D&D 게임을 가까이에서 지원하는 일에서부터 아이가 거대한 십자말풀이 퍼즐을 미술 테이블 위에 맞추는 일, 잃어버린 어린아이의 인형을 찾아 주는 일, 아래층 체육관으로 이동하는 집단과 동행하는 일까지 스텝의 도움 범위는 매우 넓었다. 일부지만 심한 경제적 어려움을 겪는 센터의 어린아이에게 가장 큰 어려움은 교통수단이었다. 도시 버스가 오지 않자, 스텝 중 한 명이 집에 가서 어린아이를 차에 태워 센터로 데려왔다. 아이는 자기가 좋아하는 D&D 게임을 계속할 수 있었다.

자연 창의성 센터에서 젊은이는 자기 학습과 자기 행동에 전적인 책임을 진다. 센터에는 이들을 지원하는 자원과 촉진자들이 있다. 출석은 선택이며 수업에 참석하거나 참석하지 않을 수 있다. 프로젝트는 아무런 간섭없이 수행할 수 있다. 젊은이들은 사용할 시간의 양, 필요한 도움, 원하는 내용, 현재와 미래의 목적을 스스로 결정하며 점수를 얻거나 평가받는 일이 없다. 특정 교과군이나 배울 내용이 미리 정해진 것들은 이들의 학습과 관련이 없다. 그들은 무엇을 해야 할지, 무엇을 배워야 할지 어떤 교사에게 배워야 할지 질문하지 않는다. 젊은이들은 사용 가능한 자원과 멘토와 촉진자로 봉사하는 성인들의 조력을 받아 자기가 원하는 내용을 원하는 방법으로 배운다. 홀트는 **항상 배우기**(Learning All the Time)에서 다음과 같이 썼다.

> 우리는 아이들이 배워야 한다고 생각하는 것과 아이들에게 그것을 가르치는 독창적 방법으로 생각되는 것을 미리 정해 두지 않고 우리가 할 수 있는 한, 아이들이 세계에 접근하도록 돕고, 아이들이 하는 일에 세심한 주의를 기울이고, 질문이 있으면 대답해 주고, 아이들이 가장 관심 있는 것을 탐구하도록 안내함으로써 아이들이 스스로 배우도록 도울 수 있다.[2]

매우 짧은 기간이지만 피터는 이미 좋은 분위기를 느끼고 있다. 14살의 한 소녀가 공립학교에서 창의성 센터로 옮겨왔다. 피터에 따르면 이 아이는 "완전한 비문해자"였다. 친절한 촉진자들이 아이의 관심을 알아내고 자료와 연결하여 흥미 있는 학습 공간을 마련해 주자, 이 소녀는 매우 단기간에 극적으로 문해력을 향상할 수 있었다. 피터는 "아이들은 자신에게 의미 있는 단어의 형태를 보고 발음규칙을 이해하고 글 읽는 법을 배운다."라고 말한다. 일단 이 10대는 글 읽는 법을 개인적으로 의미 있는 관심거리를 탐구하는 유용한 도구로 보면서부터 문해력이 향상했다. 또 다른 청소년은 지역 공립협약학교에서 폭행과 집단괴롭힘을 겪은 후 센터를 찾았다. 이 10대는 개성과 독창성을 중요시하는 자연 창의성 센터에서 제공하는 양육적이고 따뜻한 학습환경 속에서 둥지를 발견했다.

친자연학습은 진정한 학습이며 학습자에게 전권을 맡긴다. 이는 인간의 타고난 자기교육력을 이용하여 자기 세계를 탐험하고 이해하는 학습이다. 학교에 다닌 적이 결코 없는 아이들에게 타고난 학습 욕구, 호기심, 세계에 대해 배우려는 학습 본성은 청소년기와 성년기까지 사라지지 않는다. 아이들이 학교를 중퇴하고 오픈 커넥션과 자연 창의성 센터와 같은 언스쿨링 센터에 합류하면 창의성의 불꽃이 다시 튄다. 학교에 다닌 경력이 있는 아이들이 성인들의 강요 없이 자기 학습과 자기 행동에 대한 책임을 담당하게 되면 학습에 영감을 받아 가르침을 기다리지 않는다. 피터가 다음과 같이 말한 것처럼 "우리는 '가르치고 시험 보는 방식(teach–em, test–em)'의 상충관계를 알기 때문에 자기주도적 학습 방법과 창의적인 과정을 최우선으로 삼는다."

학습은 자연적 본성이며 학교는 선택이다

1990년대에 피터 버그슨과 그의 부인이 오픈 커넥션을 확장할 때 캔 댄포드(Ken Danford)는 중학교 교사의 역할에 대해 점점 더 깊은 환멸을 느끼고 있었다. 8학년 사회과목을 가르쳤던 그는 전통적인 학교에 깊이 뿌리내린 문제를 알았으나 처음에는 몇 가지 조건이 충족되면 모든 것이 나아질 것이라는 신념을 잃지 않았다. 만약 학교가 더 많은 예산을 확보한다면, 만약 학교가 더 좋은 교육과정을 구성한다면, 학교는 더 나빠지지 않는다고 믿었다. 학교개선을 기다리는 동안 한 동료가 그레이스 릴린(Grace Llewllyn)이 쓴 **10대 해방 안내서: 학교를 그만두고 실생활을 하는 방법**(The Teenage Liberation Handbook: How to Quit School and Get a Real Life)이라는 책을 권했다. 캔은 이 책이 홈스쿨링과 관련된 것이어서 처음에 거절했으나 일단 읽기 시작하면서 중요한 사실을 알게 되었다.

> 나는 그 책을 밤새워 읽었다. 한마디로 마술이었다. 여기에는 학교에 가지 않고도 잘 성장하는 아이들이 있었다. 나는 나 같은 교사가 없어도 아이들이 실제로 배울 수 있는지 도저히 믿기지 않았다. 사실 내가 가르치는 학생들이 학교를 싫어하는 문제는 나에게 매우 심각했다. 나는 아이들이 배우기 싫어하는 공부를 강요했다. 교사로서 우리는 아이들의 삶을 엉망으로 만들고 있었다. 나는 정말 그 점을 의심하기 시작했다.

1996년에 캔은 사직서를 제출한 후 매사추세츠 서부에 북극성(North Star)을 설립했다. 북극성은 10대들을 위한 자기주도학습센터이다. 캔은 동료인 조슈아 호닉(Joshua Hornick)과 학교 중퇴자들과 홈스쿨러들을 지원하는 자원공동체센터의 문을 열었다. 죠수아도 역시 중학교 교사를 그만두었다. 캔은 “북극성은 진정한 언스쿨링이다. 하지만 홈스쿨링도 법률상 자기주도적 학습이 가능하다.”라고 말한다. 설립자들은 아이들이 모여서, 놀고, 여행하고, 원하면 개인 교습과 강의에 참여하는 공동체 센터가 되는 북극성을 상상했다. 북극성에는 성적도 출석 확인도 없을 것이다. 10대들은 출석을 강요받지 않을 것이고 특별히 무엇을 하도록 강제하는 일도 없을 것이다. 캔은 센터가 정시제 대안학교가 아닌 가족들과 10대들을 위한 시간제 대안학교가 되기를 원했다. 점점 10대들이 공간을 채워갔다. 그들 중 많은 아이는 센터에 오지 않는 날은 지역사회에서 일과 인턴십을 하고, 관심 중심 활동과 지역사회 운동경기에 참여했다. 아니면 지역사회대학의 강의를 수강하고 몇몇 지역 소재의 대학에서 청강하면서 시간을 보냈다.

캔은 센터를 찾는 많은 10대에게서 놀라운 변화를 관찰했다. 종종 전통적인 학교 교육의 덫에 걸려 불행하다고 느꼈던 10대들이 일단 자유롭고 강요가 없는 자유 공동체에 오게 되면 자신의 창의성, 개성, 학습의 즐거움을 다시 회복하기 시작한다. "이는 순전히 언스쿨링 접근 방법의 힘이다. 이 방법은 아이들의 질문을 허용하고 부정적인 대답을 수용하며 기본적으로 존경하는 마음으로 아이들을 대한다. 특별히 새로운 방법은 아니지만 어떤 면에서는 그렇게 볼 수 있다. 일단 10대들이 행복해지고 나면 그들은 자신들이 무엇을 원하는지, 어떤 위험을 감수해야 하는지 고민하기 시작한다. 행복은 성취를 일군다."라고 캔은 말한다.

캔은 이런 과정을 10대들이 직관적으로 이해하는 사실을 발견했다. 가끔 손을 잡아 줘야 할 사람은 부모다. 그는 부모가 아이를 중퇴시킨 후 북극성에 등록한 몇 가지 사례를 기억했다. 캔은 "그들은 나에게 '당신이 내 아이를 살렸습니다! 감사합니다! 우리 가족은 행복합니다. 당신은 정말 훌륭하신 분입니다. 그런데 지금 수학은 어떤가요?'라고 말할 것이다."라고 했다. 캔은 이런 걱정을 하는 부모들에게 이제 겨우 몇 달밖에 지나지 않았을 뿐이라고 말하며 일반적으로 대응한다. 아이들에게는 긴장을 완화하고 자연적인 학습 과정을 신뢰하기 위해서 노력하고 수년간의 강제교육에서 벗어나 탈학교를 할 충분한 시간이 필요하다. 부모들은 종종 이런 일을 할 수도 있고 할 수 없을 수도 있다. 나와 이야기를 나눈 적이 있는 많은 교육자는 이런 일을 진정으로 수용하는 부모가 있는가

하면, 그렇지 않은 부모도 있다고 하면서 언스쿨링과 자기주도교육에 대한 부모들의 다양한 참여 태도를 지적했다. 참여하지 않는 부모들을 위해서 북극성은 가끔 자기주도학습센터를 금주의 "비구조화된" 활동으로 이용하고 다른 날에는 학교를 재현하여 형식적 교과 활동으로 이용한다. 언스쿨링의 철학에 강하게 저항하는 부모들이 아이들을 전통학교에 재등록할 가능성이 큰 점은 놀랄 일이 아니다.

학교에 대한 대안으로 북극성을 설립 후 지금까지 5백 명 이상의 10대들을 배출했다. 그들 중 많은 아이는 승승장구하여 전국적인 경쟁력을 자랑하는 명문대학에 입학하는 등 삶과 직업 두 가지 모두에서 성공했다. 캔이 배운 것처럼 "아이들에게 학교는 필요가 없다. 학교는 구식 개념이다." 센터의 좌우명은 "학습은 자연적이며 학교는 선택이다."이다. 이는 학교 교육이 교육의 유일한 방법이 아니라는 신념을 반영한다. 2007년 북극성은 처음으로 주말 워크숍을 개최하여 다른 사람들과 혁신적인 교육모델을 공유했다. 이 워크숍은 다음해까지 연장되어 궁극적으로 비영리 단체인 해방된 학습자(Liberated Learners)를 창립하기에 이르렀다. 이 단체는 북극성에서 영감을 받은 부모들과 교육자들이 자기주도학습센터를 자신들의 지역사회에서 공동으로 운영한다. 이런 새로운 언스쿨링 센터는 지금 전 세계에서 수없이 생겨나고 있다.

삶을 배우라

2013년 고속도로를 달리던 조지 포팜(George Popham)은 차창으로 스치는 간판을 발견했다. 북극성: 10대를 위한 자기주도교육. 그는 이런 장소를 전혀 몰랐으나 무엇인지 알아보기 위해 곧 다음 출구에서 나가기로 했다. 공립학교 교사인 조지는 학교에서 일어나는 일에 환멸을 느끼고 청소년들을 위한 새로운 교육공간을 만드는 일에 동참하기를 원했다. 그는 무엇을 해야 할지, 어디서 답을 찾아야 할지 확실히 알지 못했다. 그는 "내가 가르쳤던 똑똑하고 재능 있는 많은 학생은 학교의 교육과정을 싫어했고 많은 학생은 노골적으로 학습에 대한 반감을 드러냈다. 나는 교사와 학생 간의 수직적인 권력 관계에 매우 실망했다. 즉 가르치는 일의 대부분은 학생에 대한 엄격한 통제로 이루어졌다. 모든 것이 학생들의 타고난 창의성과 내적인 열정을 죽이고 있던 사실이 분명했다. 그래서 나는 어떤 다른 교육방식이 반드시 있을 것으로 생각했다."라고 나에게 말했다.

조지가 고속도로를 벗어나 북극성을 방문한 후 해방된 학습자에 대해 알게 되면서 그는 곧 그것에 매료되었다. 그는 교직을 사직하고 2014년에 매사추세츠 학습센터의 문을 열었다. 처음에는 교회의 넓은 교육공간을 빌려서 20명이 조금 넘는 10~19세의 아이들을 데리고 시작했다. "삶을 배우자"를 좌우명으로 내건 매사추세츠 학습센터는 그 후 성장을 거듭했다. 지금은 시간제에서 정시제 선택을 원하는 가족들의 요구를 받아들여 1주일에 5일 출석하는 정시제 학교로 확장되었다. 다른 자기주도학습센터처럼 매사추세츠 학습센터에 출석하는 젊은이들은 부모가 전반적으로 아이 교육을 책임지는 홈스쿨러로 등록했다.

센터를 방문하는 동안 한 무리의 아이들이 창조와 발명의 창작공간에서 센터에 새로 들여온 3D 프린터기 등의 도구와 기술을 이용한 공동작업을 하고 있었다. 일부 아이들은 디스토피아 문학 수업을 듣기 위해 모여 있었다. 이 수업은 성인 촉진자 중 한 명이 지도했다. 나는 낡은 장의자에 앉아서 스마트폰이나 노트북으로 마인크레프트 비디오 게임을 하는 몇 명의 10대 소년과 이야기를 나누었다. 이 센터에는 스크린 제한이 전혀 없어서 젊은이들은 무엇을 선택하든지 자기 시간을 자유롭게 즐길 수 있었다. 전통학교의 교육 경험이 있는 젊은이들에게 이런 자유는 너무 신기해서 현실이 아닌 것처럼 생각되었다.

조지에 의하면 이전에 학교 교육을 경험한 젊은이들에게 탈학교 과정은 오랜 시간이 걸린다. 탈학교 과정은 개인에 따라 다르며 흔히 얼마나 많은 학교 트라우마가 있는지와 관련이 있었다. 하지만 조지는 공통된 유형을 찾아냈다. 먼저 젊은이들은 성인들에 대한 의심과 불신감 때문에 대개 조용하고 침울한 모습으로 지낸다. "마냥 무엇을 기다리는 것처럼 보인다. 그들은 방황하고 있을 것이다. '좋아, 당신은 언제부터 날 괴롭히기 시작했지? 당신은 언제부터 내 인생을 관리하기 시작했지?'"라고 조지는 말한다. 그들은 점점 이곳이 대안학교가 아닌 것을 안다. 이곳은 전혀 학교가 아니다. 그들은 둘러앉아서 아무것도 하지 않을 수 있고, 스마트폰으로 게임을 할 수 있고, 낮잠을 잘 수 있다. 그들을 제지하는 사람은 아무도 없다.

조지는 아이들이 학교생활의 충격에서 깨어나면서 센터의 다른 젊은이들과 교제하기 시작한다고 말한다. 그들은 스마트폰을 들고 장의자에 앉아 있겠지만 아이들과 더 많은 이야기를 공유할 것이다. 조지는 이런 현상이 수개월간 계속될 수 있어서 걱정하고 놀라는 부모들이 많다고 말한다. 사교 영역은 점점 젊은이들의 일상에서 중요하게 된다. 그래서 또래 집단은 다시 일어나서 센터가 제공하는 여러 가지 선택 수업 중 하나를 골라 들으러 갈 것이다. 예전에 침울했던 아이도 어느 날 그들과 동행할 것이다. 그는 자기 삶과 학습의 책임이 자기 자신에 있다는 점을 알게 되면 성인들을 신뢰하기 시작할 것이다. "그들은 권력 관계가 아닌 성인과 관계를 유지하는 방식을 알게 된다. 그들은 인간으로서 자신들에게 진정한 관심을 보이는 성인들이 여기 있다는 점을 깨닫게 된다."라고 조지는 말한다.

일반적으로 탈학교 과정은 아이의 가정생활까지 연장되어 부모와 가족 간의 관계가 극적으로 향상된다. "일반적으로 가정에서 갈등이 줄어든다. 이런 이유는 대개 학교가 주는 압박감의 강도가 약해지고, 교장실에서 걸려 오는 전화벨의 횟수가 적어지고, 아이의 숙제를 놓고 부모와 아이가 승강이하는 빈도수가 줄기 때문이다. 다른 이유는 아이가 스트레스를 적게 받아 반항하는 일이 적어지기 때문이다. 종종 부모들은 학교가 아이들에게 어떤 압박을 어떻게 가하는지 모르고 지내는 일이 많다.

매사추세츠 팀은 좋은 성과를 내고 있다. 젊은이 중 일부는 센터에 출석하는 시간을 주 2일 정도로 줄이고 지역사회 대학에서 강의를 듣고 나이가 되면 인턴십에 참여한다. 16살 난 한 소년은 나에게 동료들과 함께 대본을 쓰고 제작한 공상 과학 영화를 보여주었다. 그들 중 일부는 이 소년처럼 복잡하고 심층적인 프로젝트를 독자적으로 시작하여 그것에 심취한다. 일부는 센터가 제공하는 선택 수업의 콘텐츠에 매료되어 자신들이 선정한 주제와 관련된 책을 스스로 찾아서 읽고 탐구한다. 센터에 출석하는 아이 중 몇 명은 현재 대학에 진학하여 자신의 미래를 새롭게 계획하여 진로를 개척해 가고 있다. 나와 이야기를 나눈 14살 난 한 소년은 3년 전에 매사추세츠 센터에 등록한 일은 학교와 비교할 때 눈부신 발전이었다고 말했다. 그는 "나는 학교에서 관심이 없던 것, 이미 알고 있는 것을 억지로 배웠다. 여기에는 원하는 내용이 무엇이든지, 내가 원하는 방법, 원하는 때, 우월한 사람이 아닌 친구와 같은 교사들과 함께 배우는 자유가 있다."라고 말했다.

자기주도학습센터는 언스쿨링을 선택하는 많은 가족에게 현실적인 도움을 제공하며 학교생활에서 언스쿨링 생활로 갈아타는 과정에서 중요한 디딤돌의 역할을 한다. 내가 전국적으로 방문한 각 센터에는 각각 독특한 공동체 문화, 독특한 요구, 독특한 기대가 있었다. 오픈 커넥션 등 일부 센터에는 스크린 금지정책이 있으나 매사추세츠와 같은 다른 센터는 스크린을 무제한으로 허용했다. 자연 창의성 센터는 대도시의 중심지에 있으나 북극성은 멀리 떨어진 외딴 시골에 있었다. 이런 미묘한 차이점에도 불구하고 각 언스쿨링 센터는 풍부한 자원과 비강제적이며 조력하는 환경에서 친자연적인 학습력의 배양을 위해서 헌신하는 공통점이 있다. 센터의 설립자들은 아이들의 교육을 감독하는 가장 큰 책임은 부모에게 있다는 점을 잘 이해하고 있다. 이런 센터는 자기주도적 학습을 촉진하는 부모들을 조력할 수 있으나 권한 강화는 부모가 할 일이다. 일부 가족들에게 자원센터는 효과적인 언스쿨링의 구축에 필요한 단순한 보완적인 지원책일 뿐이다. 하지만 다음 장에서 기술하는 것처럼, 정시제 "언스쿨링 학교(unschooling school)"는 다른 가족들에게 더 훌륭한 선택이 될 수 있다.

언스쿨링 팁

인근의 자기주도학습센터를 찾아보라. 지역사회의 홈스쿨링 단체와 연결하여 여러 협회와 단체를 알아보거나 자기주도교육연합(http://self-directed.org)을 조사하여 학습센터와 최신의 세계 언스쿨링의 목록을 확인하라.

스스로 시작하라. 당신의 동네에 지역사회 중심의 비강제적인 학습 공간을 만들기 위한 지도력을 확보하라. 당신의 비전을 설정하고, 지역의 규제조건을 조사하고, 지역사회의 이익을 결정하고, 참여 가족을 모집하고, 공간을 확장하고, 간판을 올리라! 해방된 학습자와 같은 단체(http://liberatedlearners.net)와 신속한 변화를 위한 학습센터(Agile learning center;(http://agilelearningcenters.org)는 창업 안내와 방향을 제공한다.

센터를 대체물이 아닌 자원으로 보라. 자기주도학습센터는 이상적으로 말하면 언스쿨링 생활방식의 보완책이 되어야 한다. 센터는 지속적인 사교모임, 특정 수업, 자료, 멘토 접속, 학습과 성장의 중립적인 공간을 제공한다. 하지만 이런 것들은 언스쿨링 아이들이 대규모 공동체에서나 가능한 몰입형 학습(immersive learning)으로 대체해서는 안 된다. 학교와 달리 학습센터는 아이 교육을 전적으로 책임지는 공인된 홈스쿨링 가족들을 위한 자원이다.

08

언스쿨링 학교

"자기주도교육보다 더 훌륭한 교육은 없다."

– 닐 드그라세 타이슨(Neil deGrasse Tyson)[1]

뉴욕시에 있는 신속한 변화를 위한 학습 센터(Agile Learning Center; ALC–NYC)의 로비에 들어서자 한 손에 아이패드를 든 소년이 "9살은 강하다."라고 큰소리로 외치고 있었다. 아이의 진심을 알 수 있을 것 같았다. ALC–NYC에서 일어나는 언스쿨링의 소개는 적절하고 강렬했다. 할렘에 있는 굿 네이버 빌딩의 100년 된 교회의 꼭대기 층에 자리한 ALC–NYC는 5~18살 난 아이들이 자기교육을 담당하는 반갑고 따뜻한 공간이다.

앞장에서 설명한 자기주도학습센터, 즉 법적인 홈스쿨러 신분으로 인정받고 정시제나 시간제로 출석하는 센터와 달리 ALC–NYC는 정규 학교로 인가받은 독립학교이다. 뉴욕시에서 이런 학교로 인가받으려면 건강과 안전조건 준수, 면제 보고서 제출, 정기적인 소방훈련, 무석면 건물, 주 정부 의무교육법에 따른 출결 관리 등 몇 가지 조건을 충족해야 한다. 이런 행정적인 요구사항 이외에 ALC-NYC와 같은 언스쿨링 학교는 교육계획을 자율적으로 결정하고, 주 정부의 교육과정 지침과 시험 요구가 면제되는 등 학교가 무엇을 선택하든지 관계없이 독자적인 운영이 가능하다. ALC-NYC의 교육계획에는 교육과정이 없으며 완전히 자기주도적이기 때문에 젊은이들은 매일 자기 시간을 어떻게 보낼지 결정한다. 학교 회의에 참석하거나 매일 마지막 시간에 실시하는 교실 청소를 돕는 등 기본적인 공동체 책임을 제외하면 참석자들이 할 일은 거의 없다. 실제로 아이를 등록하기 전에 자기주도교육의 진정한 의미를 확실하게 이해하기 위해서 부모는 다음 규정을 읽고 따를 것을 강조한다.

> 나는 ALC가 학생들에게 자기 주도, 자기 동기, 자기 지식을 증진하기 위하여 실제 세계의 학습환경을 제공하기 때문에 결코 학생들에게 특정 수업이나 특정 활동의 출석을 요구하지 않는 점에 동의한다. 학교는 학생들의 학습요구를 수용하여 특정 교육과정에 따른 학습활동을 부과하지 않는다. 다만 학교는 학교 운영의 원활한 유지를 위해 특정 활동을 의무적으로 부과할 수 있다. 현재 이런 것에는 조회, 종례, 청소, 소방훈련, 불만 공개 등이 있다. 이 외의 선택은 아이들 각자에 달려 있다.

나는 밝은 빛으로 가득한 안락한 도심 공간의 이곳저곳을 기웃거렸다. 아이들이 소파 근처에서 베개로 요새를 만들고 있는 방이 있었고 데스크톱 컴퓨터, 휴대용 마인크레프트 게임기, 또는 유사한 비디오 게임을 즐기는 방도 있었다. 한 소녀는 도서관으로 설계된 방안의 아늑한 한쪽 구석에서 책을 읽고 있었다. 신발을 신은 사람은 아무도 없었다. 모든 사람은 어슬렁거리며 자유롭게 돌아다녔다. 기쁨이 묻어나는 웃음소리, 대화, 노는 소리가 들렸으나 혼란스럽거나 시끄럽지 않았다. 햇빛이 잘 드는 긴 테이블이 있는 방에서는 수학 수업이 한창이었다. 한 성인은 칸 아카데미 등 여러 자료를 혼합해 가면서 수업을 진행했다. 나는 뒤쪽에 있는 넓고 트인 부엌을 향해 걸어가는 동안 많은 방을 들여다볼 수 있었다. 그때 갑자기 한 가지 생각이 떠올랐다. 여기는 베개 요새와 모든 것이 갖춰진 우리집의 언스쿨링과 다르게 보이지 않았다.

1987년 다니엘 그린버그는 자신의 저서, **마침내 자유를 얻었다**(Free at Last)에서 자신이 설립한 서드베리 밸리 학교의 모습을 "이곳은 학교같이 보이거나 학교 같은 느낌이 전혀 들지 않는다. 표준적인 '학교 징후'는 사라지고 있다. 이곳은 많은 사람이 어울리는 가운데 여유롭지만 단호한 분위기에서 다양한 활동이 활발히 일어나는 보통 집과 매우 비슷한 풍경이다."[2]라고 기술했다. ALC－NYC도 이와 비슷한 분위기를 풍겼다. 이런 분위기는 나에게 내 아이들이 종종 수업을 듣거나 다른 사람들이 볼 때, "공부"와 같은 것을 하지만 그냥 놀고, 이야기하고, 탐험하고, 책을 읽고, 손으로 만들고, 창조해 가면서 자신들의 일상을 시작하는 방법을 상기시켰다. 사용하는 말은 전통학교의 교육과 크게 달랐다. 여기에선 "교사"라는 용어가 없었다. 성인들이 특정 주제의 수업을 지도할지라도 ALC－NYC의 성인들은 촉진자나 스텝이나 그냥 성인을 의미했다. 아이들은 그들을 첫 이름으로 불렀다.

나는 촉진자 중 한 사람, 멀로디 콤포(Meolody Compo)와 식탁에 마주 앉았다. 방 안에는 우리 말고도 근처의 소파에 앉아 책을 읽거나 스마트폰 게임을 하는 아이들이 몇 명 더 있었다. 식탁에서 점심을 먹거나 의자에서 책을 읽는 촉진자들도 있었다. 젊은이들은 식당을 들락거리면서 가끔 성인들에게 질문하거나 그들이 수행하는 일에 덕담을 나누었다. 가끔 점심을 먹기 위해 식탁의 자리를 찾거나 친구들과 잡담을 하는 젊은이들도 있었다.

나와 이야기하는 동안 멀은 손에 든 작은 나무 블록을 깎아서 눈송이 모양을 만들었다. 그녀는 ALC-NYC에 온 이후 자신이 경험했던 탈학교 과정을 이야기했다. 멀은 대학에서 처음 존 듀이와 진보주의 교육사상에 접하고 관심이 생겼다. 그러나 당시 그녀는 미국 기업에 취업하여 일했으나 보람을 느끼지 못하는 상태에 있었다. 한 파티에서 멀은 현재 ALC-NYC의 스텝인 대학 동기와 우연히 만나 이야기를 하던 중 학교에서 교사를 채용한다는 정보를 얻었다. 새로운 도전에 대한 열망과 대안교육에 대해 품고 있던 이전의 관심을 실현하기 위해서 제안받은 일자리를 즐거운 마음으로 수락했다. "그것은 나에게 어마어마한 탈학교 과정이었다. 나는 정답 시스템에서 성장했다. 나는 여기서 종종 정답이 없다는 점을 배우고 있다."라고 멀은 말했다. ALC-NYC에 취업한 후 얼마 되지 않아 멀의 태도는 이상할 정도로 변했다. 그동안 배웠던 세계에 대해 많은 의구심이 생겼다. 대학과 직업으로 이어지는 학교 컨베이어 벨트는 공허하기만 할 뿐 성취감을 주지 못했다는 생각이 머리에서 맴돌았다. "나는 모든 것들을 점검하고 좋은 점수를 얻고 우등생 명단에 들고 좋은 직장을 얻었다. 하지만 행복하지 않았다."라고 멀이 말했다.

멀은 ALC-NYC 공동체에 합류하여 새로운 활력을 회복하고 젊은이에게 자기 삶과 자기 학습에 대한 책임을 맡기는 자기주도교육을 알게 되었다. 자기주도교육은 행복하고 충만한 삶을 보장하는 필수 요소였다. "이곳은 바로 치유장소이다. 우리는 부모들과 우리 신입생들에게서 그런 눈빛을 보았다. 실제로 사람을 있는 그대로 대하고, 정말 깊이 알고 있다는 느낌을 받았다. 서두를 필요도 없고 정답도 없다. 우리는 여기서 정말 중요한 일을 한다."라고 그녀는 말했다. 멀은 처음에 이런 곳에서 어떻게 일해야 할지 잘 알지 못했다. 무엇을 해야 할지 승인을 요청하고 지시와 명령만 기다렸다. ALC-NYC에 출석하는 젊은이처럼 멀이 자기주도성을 발휘하는 권한 강화를 깨닫기까지 상당한 시간이 걸렸다. 어느 날 그녀는 도서관을 재배치하여 개선하기로 했다. 멀의 첫 번째 임무였다. 그녀는 그 일을 하는 동안 기쁨으로 씨름하고 열심히 노력하면 자기가 ALC－NYC의 중요한 활동에 참여할 수 있다는 사실을 깨달았다. “나는 주인 의식을 갖게 되었다! 그 일은 내가 이곳이 어떤 곳인지 정말 잘 알게 해 준 첫 순간이었다.”

그 순간부터 멀은 보람을 느끼는 일에 몸을 던져 묻혔던 많은 관심과 연결했다. 그녀는 듣고 싶은 아이들에게 **리어왕, 해리포터, 황금 나침반** 등 좋아하는 책들을 낭독해 주었다. 아이들과 스타워즈 영화를 보고, 보드게임을 하고, 시사 문제와 유행 문화의 이야기를 공유했다. 멀은 지금 인쇄물 제작법에서부터 창의적인 글쓰기까지 다양한 주말 선택강좌에서 강의를 담당한다. 그녀는 박물관, 공원, 역사 유적지 등 도시 주변의 현장학습에 참가하는 아이들을 안내한다. 나아가 ALC－NYC가 매주 주말에 제공하는 일부 프로그램의 조정을 돕고 있다. 이런 수업은 일본어나 발효와 같이 특별한 관심사나 전문성을 갖춘 외부 자원봉사자가 담당한다.

멀과 이야기하는 동안, 아이들이 부엌을 들락거렸다. 일부는 코트를 붙잡고 모퉁이 근처의 공원으로 향했다. 다른 아이들은 점심을 먹기 위해서 두 블록이나 떨어져 있는 좋아하는 식당으로 달려갔다. 나는 출입의 자유는 어떤지에 대해 멀에게 물었다. 아이들의 감독과 외부 출입의 자유는 부모가 결정한다고 설명했다. 촉진자들은 규칙을 만들지 않지만, 부모가 아이에 대해 무슨 기대를 하든지 존중한다. 감독에 대한 기대 수준과 관계없이 대부분 아이에게는 외출할 자유를 많이 허용한다. 촉진자들은 아이들을 가까운 공원으로 인솔하거나 지하철을 이용하여 도시의 여러 장소를 돌아다닌다. 도시 안팎의 학습은 ALC－NYC 스텝들뿐 아니라 아이들과 부모들에게 매우 중요한 일이다.

공동 책임자인 라이언 슐렌버거(Ryan Shollenberger)는 나에게 ALC－

NYC의 성인 역할에 대해 자세히 설명했다. 그는 먼저 언스쿨링의 스펙트럼에 관해 이야기했다. "방종이 아닌 자유"라는 닐 사상에 대한 광의적 해석이나 ALC－NYC가 말하는 "최소 간섭과 최대 지원". 스펙트럼의 한쪽 끝은 아이들의 학습과 수행에 전혀 영향이 닿지 않는 지점이고 다른 한쪽 끝은 아이들의 학습과 수행에 매우 직접적인 영향을 미치는 지점이다. 라이언은 ALC－NYC는 중간 지점에 머물도록 노력한다고 말했다. 그는 "우리는 개인의 자유와 공동체의 요구 사이에서 균형을 유지하려 한다."라고 말했다. ALC－NYC의 아이들은 자신들이 동의한 공동체 합의사항의 테두리 안에서 무엇이든지 자유롭게 할 수 있다. 예를 들어 한 아이가 얼마나 불놀이를 하고 싶어 했는지 라이언은 한 사례를 회고했다. 아이는 불을 피워 놓고 여러 가지가 동시에 타는 광경을 보고 싶었다. 방종은 아무런 규제도 없이 아이를 그냥 놓아주는 것이다. 방종이 아닌 자유는 아이가 학교의 규정을 위반하지 않고 공동체 성원의 안전을 위협하지 않는 선에서 불놀이 방법을 찾도록 허용한다. 아이는 학교 비상계단 밖의 넓은 곳에서, 물을 충분히 준비해 두고 성인 촉진자가 가까이서 지켜보는 가운데 불놀이를 했다.

ALC－NYC의 성인들은 젊은이들에게 완전한 지원을 할 수 있도록 개인의 목표나 의도를 항상 염두에 두어야 한다. ALC－NYC는 아이들의 학습과 성장을 조력하는 성인의 중요한 역할을 인정하면서 비강제적인 학습 공간을 창조하기 위해서 노력한다. "아이들은 매일 학교 밖에서 TV, 광고, 친척 등으로부터 엄청난 영향을 받는다. 우리는 제안도 하고, 아이들의 관심에 따른 수업을 하기도 한다. 우리는 이런 제안이나 수업을 철회하고 피하는 일이 아이들에게 도움이 된다고 생각하지 않는다." 하지만 언스쿨링 철학의 중요한 특성은 '노'라고 말하고 손을 뗄 수 있는 능력이다. 라이언과 ALC－NYC 팀은 비강제성을 매우 소중하게 여긴다. 모든 젊은이가 처음 합류할 때 알고 있던 사실, 즉 공동체의 가장 중요한 원리인 존중과 책임 이외의 규칙이나 기타 요구사항은 거의 없다. "아이들을 조력하는 촉진자가 있고 자원과 수업을 제공한다. 하지만 아이들이 관심 없다면 그것으로 괜찮다."라고 라이언은 말한다. "이 모든 것은 관계로 귀결된다."라고 덧붙였다.

신속한 변화를 위한 학습센터(ALC)는 미국과 전 세계에서 빠르게 성장하고 있는 자기주도학교의 네트워크와 홈스쿨링의 공동단체이다. 토미스 파커와 낸시 틸턴(Tomis Parker와 Nancy Tilton)은 노스캐롤라이나 주 샬럿에 ALC 학교를 공동으로 설립하여 운영한다. 이들은 급속히 발전하고 있는 신속한 변화를 위한 학습 촉진자(Agile Learning Facilitators) 단체의 일원이며 부모와 교육자들이 자기 고향에서 비슷한 공동체를 설립하도록 돕는 지원사업을 한다. 파커와 틸턴은 자기주도적 학습자들의 의도적인 공동체의 비전을 제공하고 창업을 안내하고, 마케팅 자료를 제공하고, 뜻이 맞는 사람 간의 부족결성을 제안한다. ALC는 기본적 교육 방법을 공유하는 한편, 각 공동체의 요구에 알맞게 도구와 실천 방법을 계속 변화시켜 발전하도록 설계했다. 일부는 홈스쿨러들이 참여하는 시간제 자기주도학습센터로 운영하고 다른 것들은 ALC－NYC와 같은 정규 학교 형태로 운영한다. 아서 브록(Arthur Brock)이 최초로 뉴욕에 도입한 ALC 교육모델은 민주주의/자유 학교, 언스쿨링 운동, 의도적인 공동체, 그리고 신속한 변화를 위한 소프트웨어 운동(agile software movement)에서 영감을 받았다. 1990년대 초에 시작해서 2000년대에 급증하기 시작한 신속한 변화를 위한 소프트웨어 운동은 유연성이 부족하고 선형적이며 정적인 소프트웨어의 창조과정을 역동적이고 협업 중심적인 적용형 모델로 대체하려는 일련의 원리와 실천을 지향한다. 이런 이론상의 신속한 실천은 지속적인 목적 설정, 팀워크, 지속적인 반성을 장려하면서 신속한 변화를 위한 학습센터 모델로 통합되었다. 핵심은 신속성이다.

많은 가족이 자기주도교육에 접근하도록 문턱을 낮추는 일은 ALC가

지향하는 목적과 깊이 관련되어 있다. 할렘의 중심에 있는 ALC-NYC는 지역의 인구분포를 반영하여 보통 수준의 수업료를 정하고 차등제로 지원한다. 일반적으로 언스쿨링 학교와 자기주도학습센터의 수업료는 전통적인 독립학교의 수준에 비해 저렴한 편이다. 한마디로 최저 비용으로 양질의 교육을 제공하는 모범 사례이다. ALC-NYC는 아직 수업료를 받는다. 수업료는 1년에 4,500달러로 보통 가정이 부담하기에 매우 높은 수준이다. ALC-NYC는 수업료를 낮출 수 있는 차등제 도입을 위해서 새로운 모금 방안을 찾고 있다. 하지만 일부 가족에게 수업료는 여전히 높은 벽일 수밖에 없다. 멀은 다음과 같이 말했다. "자기주도교육에 접근하는 문턱을 낮추는 일은 무상교육이 아니기 때문에 매우 어려운 문제다. 우리는 자기주도적이기 때문에, 시험을 치르지 않기 때문에, 그리고 정부로부터 예산지원을 받지 않기 때문에 무상 지원을 받을 수 없다."

일반적으로 자기주도교육과 언스쿨링이 공교육의 시계 밖에 있는 데는 중요한 이유가 있다. 전통적인 평가와 책무성의 측정, 그리고 특정 교육과정에 따른 특정 내용의 교수에 기반하는 학교 교육의 모델은 종종 젊은이들이 자기 학습을 담당하는 자기주도적인 교육모델과 양립하기 어려운 점이 있다. 언스쿨링 사상을 강제적인 학교 교육의 모델과 통합하는 작업은 이전 세대의 개혁가들이 알고 있었던 것처럼 현실적인 도전과제이다.

반교육문화

1960년대와 70년대를 휩쓴 진보주의 교육자들의 돌풍은 공립학교에 자유와 자기주도성을 도입하기 위한 길을 모색했다. 주로 미국의 베트남

참전에 대한 반동으로 일어난 당시 반문화 분위기에 고무된 진보주의 교육사상과 실천은 큰 호응을 얻었다. 교육자인 허브 콜(Herb Kohl)이 자신의 저서 제목으로 쓴 개방 교실은 학교 교육의 구조를 변화시켜 덜 권위적으로 만들려는 노력의 산물이었다. 교실 벽을 없애고 책상은 줄이 아닌 집단으로 재배치했다. 아이들에게 더 많은 자유가 허용되었고 수업은 더 활발한 상호작용 중심으로 진행되었다. 1967년 펜실베니아 주 필라델피아의 도시 공립학교 시스템은 파크웨이 프로그램(Parkway Program)을 시작했다. 일부 사람들은 이를 "벽 없는 학교"로 알고 있다. 이 프로그램은 젊은이들이 자기 수업을 선택하여 도시의 여러 장소를 탐방하면서 배우는 길을 열었다. 이런 장소에는 기업체, 박물관, 지역 소재 대학, 공공장소 등이 포함되었다. 파크웨이 프로그램은 젊은이들이 잘 배우기 위해서 내적 동기가 중요하다는 진보주의 교육사상을 받아들여 고등학교 학생들에게 학습 선택의 자유를 대폭 허용했다. 점수제 폐지를 제안하고 평가를 느슨하게 규정했다. 1970년에 뉴욕 타임즈는 단지 500명만 합격할 수 있는 파크웨이의 좁은 틈바구니에 만 명 이상의 학생이 지원한 사실을 놓고 파크웨이 프로그램을 "국가가 단행한 가장 과감한 공교육의 실험 중 하나"[3]라고 불렀다. 그런 격동의 시대에 학교가 스스로 혁신하여 사회 진로를 변화시킬 수 있다는 높은 희망을 품고, 전국의 수많은 도시에서 비슷한 교육 변화의 노력이 진행되고 있었다. 이런 공립학교의 노력과 함께 자기주도성, 참여자치, 비강제성의 원칙 아래서 수백 개의 사립 "자유 학교"가 설립되어 개교했다.

반문화가 유행하고 정치적 분위기가 출렁거렸던 1970년대가 지나자 이런 수많은 진보주의 교육 프로그램은 용두사미로 허망하게 끝났다. 교실은 벽을 다시 세우고 책상은 줄로 되돌아갔고 파크웨이 프로그램은 점점 대규모 교육청의 전통적인 교육과정으로 통합되었다. 반문화의 정치적 동력이 떨어지고 현상 유지가 재부상했다. 새로운 교장, 즉 이전의 전통적인 고등학교의 교장들이 궁극적으로 파크웨이 프로그램을 장악해 가면서 지역 교육청 산하의 학교에서 실제로 그것을 구별하기 어렵게 만들었다.[4] 심지어 대부분 독립 자유 학교도 1970년대에 베트남 전쟁이 끝나고 반문화의 탄력이 떨어지면서 문을 닫았다. 론 밀러(Ron Miller)는 **자유 학교, 자유민**(Free Schools, Free People)에서 "1970년대 미국 정치가 안정되고 히피 패션, 록 음악, 자연식품, 그리고 다른 반문화의 요소들이 상업적 소비상품으로 전환되면서, 의식과 정치, 개인의 완전성과 사회변화 간의 긴장이 분열로 발전하여 급진적 교육학은 그 구성 요소별로 쪼개졌다."[5]라고 썼다.

덜 강제적인 교육사상을 중심으로 학습을 재구조화하려는 수많은 노력은 "기초로 돌아가자."는 운동 속에서 생을 마감했다. 하지만 몇 개는 살아남아 번성했다. 콜로라도의 제퍼슨 카운티에서는 1969년 자기주도 학습, 선택, 자율성, 비표준화를 지향하는 개방 교실 사상에 기초한 공립 개방학교가 설립되었다. 거의 50년이 지난 현재 이 학교는 공립학교 시스템 안에서 전통적인 학교 교육의 대안에 영감을 주는 모델로 공헌해 오면서 이런 가치를 꾸준히 실천하고 있다. 올버니 자유 학교(Albany Free School)도 1969년에 뉴욕에서 독립학교로 개교한 이후 계속 운영되면서 미국 전역에 걸친 현대 자유 학교의 길을 닦고 있다. 서드베리 벨리 학교(Sudbury Valley School)도 마찬가지이다. 서드베리 벨리 학교는 2018년에 개교 50주년을 축하하는 행사가 열렸다. 1968년에 설립한 서드베리는 현재 새롭고 자기주도적이며 자치적인 학교의 설립을 열망하는 부모와 교육자들의 등대지기 역할을 하고 있다. 서드베리에서 영감을 받은 수많은 민주주의 학교들이 세계 방방곡곡에서 운영되고 있다. 결과적으로 부모들이 전통적인 학교 교육을 대체할 지속 가능한 가족 중심의 대안 교육을 찾고 있는 시점에서 반문화 운동의 뒤를 이어 홈스쿨링과 언스쿨링이 현대 사회에 부활하여 확장되기 시작했다는 점이 아마 가장 중요할 것이다.

1960년대와 70년대에 싹을 틔운 후 현재까지 남아 있는 자유 학교는 오직 소수 특권층만이 다닐 수 있는 조건을 유지했다는 점에서 심한 비판을 받는다. 진보주의의 교육 개혁자인 조너선 코졸(Jonathan Kozol)은 1972년 자신의 저서 **자유 학교**(Free School)에서 "내 신념에서 말하면 1972년과 같은 격동의 시대에 미국 같은 나라에서 부유한 백인 아이들이 다니는 상류층의 외딴 농촌 자유 학교는 아우슈비츠의 SS 친위대 아이들의 모래 상자와 너무 비슷하다."[6]라고 썼다. 오늘날 많은 자유 학교 지도자들은 그런 비난에 대처하기 위해 노력하고 있다. 그들은 가능한 한 많은 젊은이가 비강제적이며 자기주도교육을 이용할 방안을 찾고 있다.

아이들이 자유로운 곳

브루클린 자유 학교(The Brooklyn Free School; BFS)는 가로수가 줄지어 있는 번화가의 고전적인 브라운스톤 건물에 있으며 언스쿨링 사상과 민주적 의사결정, 사회정의를 위한 교육에 꾸준히 헌신해 왔다. 학교의 구성원들은 자신들의 노력을 다음과 같이 말한다. 즉 2017~18학년도 동안 BFS의 80명 학생 중 90% 이상이 수업료 차등제 혜택을 받았으며 학생 중 50%가 아프리카계 미국인, 히스패닉, 아시안, 또는 다인종들이다. 학교 행정가는 유아 학교에서부터 고등학교까지 학생들의 1/4 이상이 학업상의 어려움 때문에 전통학교의 주류 교실 밖에 소외되어 있다고 말한다. 학교 스텝의 60% 이상이 비백인이다. BFS는 2004년에 공립학교 교감을 지낸 앨런 버거(Alan Berger)가 독립학교로 인가를 받아 설립했다. 이 학교는 미국에서 가장 오래된 자유 학교이며 자기주도적 민주주의 자유 학교인 올버니 자유 학교의 철학과 실천에 영향을 받았다. 15번가 학교가 문을 닫았던 1975년 이후 BFS가 개교하기까지 뉴욕시에는 자유 학교가 하나도 없었다. 그러므로 BFS는 사실상 1975년 이후 뉴욕의 첫 자유 학교이다.

신속한 변화를 위한 학습센터, 언스쿨링 센터와 이 장에서 기술한 여러 센터처럼 BFS의 학생들에게는 필수 수업, 시험, 점수제가 없다. 수업은 아이들의 관심을 중심으로 진행된다. 아이들은 가벼운 마음으로 학교를 오가며 대부분 시간을 학교 밖 공원에서 보낸다. 아이들은 시내를 돌아다니고, 인턴십을 하고, 지역사회의 봉사활동에 참여한다. 표준 교육과정과 성적표를 제공하지 않는데도 BFS 졸업생들은 대학진학에 전혀 어려움이 없다. 내 안내자인 두 아이는 모두 전통적인 학교에서 BFS로 옮겨온 학생들이었다. 어린 안내자에게 이 학교에서 가장 좋은 것이 무엇이냐고 묻자, 그들은 거의 한목소리로 대답했다. "자유." 정말로 학교의 좌우명은 "아이들이 자유로운 곳"이었다.

복합연령 집단은 장려할 뿐 아니라 기대하고 소중히 여긴다. 언스쿨링과 자기주도교육의 주창자들은 일반적으로 나이가 다른 아이들 간의 자연스럽고 비강제인 상호작용이야말로 가장 효과적인 학습 방법이라고 주장한다. 나이에 따른 어린아이들의 분리는 질서와 효율성을 바탕으로 설계한 공장식 학교 모델의 산물이다. 역으로 복합연령은 종종 공동의 이익과 양립성을 신뢰하여 젊은이들이 사람들과 더 자연스러운 상호작용을 하도록 촉진한다. 언스쿨러들은 5살 아이는 오직 다른 5살 아이 하고만 놀고 중학교 학생은 오직 같은 나이의 동료들과 상호작용해야 한다는 생각을 지지하지 않는다. 이런 임의적인 구분은 친자연학습 환경의 틀에서 존재할 수 없다. 내가 오직 40대 사람들하고만 상호작용하지 않는 것과 마찬가지로 아이들은 출생연도가 같은 아이들끼리만 상호작용해야 한다고 강요해서는 안 된다. 동료 학습은 매우 효과적이다. BFS의 어린아이들은 큰아이들에게서 하향식이 아닌 교훈적인 방식으로 배운다. 그들은 단순히 큰아이들의 주변에서 어슬렁거리지 않고 관찰하고 모방하고 질문하면서 배운다. 마찬가지로 큰 아이들은 역할 모델로서 자신들의 자연스러운 지위를 인정하고 그것에 따라 자신의 행동을 규제하면서 어린아이들에게서 배운다. 큰아이들은 어린아이들을 부담스럽게 생각하지 않으며 어린아이들은 큰아이들을 위협적인 존재로 보지 않는다. 그들은 공동체에서 함께 배운다.

BFS를 방문하는 동안 나는 학교의 책임자인 노레카 래드웨이(Noleca Radway)와 한자리에 앉을 기회가 있었다. 노레카의 사상적 배경은 진보주의 교육이었으나 자기 딸에게 맞는 학교를 발견한 이후에 자기주도교육을 알고 관심이 생기게 되었다. 노레카의 딸은 2010년에 BFS에 입학했다. 노레카는 곧바로 BFS의 상담원으로 합류하고 이후 학교의 행정책임자가 되었다. 그녀에 따르면 이 학교의 가장 두드러진 특성은 민주적인 자치 원리를 강조하는 점이다. 학생들과 스텝들은 모두 똑같은 투표권을 행사하며 학교 경영과 관련된 모든 결정, 즉 직원 채용과 해고, 정책과 절차 수립, 수업 제공, 기대와 책임 등은 매주 마을회의 방식으로 열리는 토의와 공동체의 성원들이 모두 참여하는 민주적인 투표를 통해 결정된다. 이는 내가 공립학교에서 경험했던 "학생 위원회"의 모델과 다른 진정한 민주주의의 자치제도이다. 학생과 스텝들은 모든 규칙, 결정, 실천 등을 여기서 공동으로 결정한다. 수년간 학교 일에 참여하면서 노레카는 실제적인 단절 현상을 경험했다. "우리는 다양한 학생집단과 함께 생활하지만, 스텝은 모두 백인이었다." 노레카와 사람들이 묻기 시작했다. "권력과 특권에 대해 말하지 않는다면 우리가 어떻게 민주주의를 실천한다고 할 수 있겠는가?" 메시지는 큰 반향을 불러왔다. 학교 구성원들은 사회의 정의를 구현하기 위한 실천과제와 민주적 자유 학교가 지향하는 교육 이상과 통합을 꾀했다. 그들은 매우 다양한 집단의 스텝을 채용하고 학교 공동체 내부뿐 아니라 세계적인 사회정의의 문제에 폭넓게 도전했다.

비록 모든 공동체의 성원들이 민주적 의사결정을 통하여 평등한 투표권을 행사하지만, 성인들은 BFS 공동체에서 여전히 중요한 역할을 한다. 노레카는 다음과 같이 말했다. “우리는 젊은이들과 동반자 관계이다. 자기주도교육에는 성인의 역할이 없다는 생각은 무책임한 일이다. 우리는 교육과정을 포괄적으로 제공한다. 교사와 교육자를 존중한다. 제안도 한다.” 노레카는 아이들의 교육에 대한 최종적인 책임자는 부모라고 말한다. 자기주도적이며 비강제적인 교육모델을 바탕으로 학교는 최상의 문해력과 수리력을 보장하기 위해서 부모와 협력관계를 유지한다. 그녀는 “만약 뉴욕대학에 진학하고 싶은 아이가 있다면, ‘우리는 좋지, 수학이 필요할 것 같은데’라고 말할 것이다.”라고 말했다. 여느 민주주의와 마찬가지로 BFS 공동체에서 가끔 갈등이 발생한다. 하지만 공동체 성원들은 대화와 타협을 통해 문제를 해결한다. 여기에는 아동기와 성년기 동안 꾸준히 그런 기회를 허용하면 젊은이들은 자유 민주주의 사회에서 생활하는 법을 스스로 배울 수 있다는 강한 신념이 깔려 있다. 전통적인 학교교육에서 젊은이들은 대부분 오직 권위주의 밑에서 생활하는 법만 배운다. 진정한 민주주의 사상은 자유와 개인의 책임을 강조하는 언스쿨링에서 실현될 수 있다. 노레카가 강조한 것처럼 “민주주의는 유연해야 한다. 자유의 반대는 경직성이다.”

삶은 표준화되지 않았기에

벤 드레이퍼(Ben Draper)는 8살 때까지 언스쿨링을 했다. 1980년대 초, 홀트의 **학교 없는 성장**의 소식지는 홈스쿨링 운동의 확장을 지원하는 도구였다. 벤의 어머니 캐럴은 대학에서 교사가 되기 위한 준비를 하기 수년 전에 홀트의 **아이들은 어떻게 실패하는가**(How Children Fail)라는 책을 읽은 적이 있었다. 이 책은 배움이 어떻게 되어야 하고, 어떻게 될 수 있는지에 대한 비전을 제시하는 한편, 아이들을 자주 실패하게 만드는 전통적인 학교 교육의 방침에 숨겨진 비밀을 폭로했다. 캐럴은 공립 초등학교의 4학년과 6학년 교사로 일하는 동안 홀트의 아동 중심, 관심 중심 학습을 자기 교실에서 적용하려고 노력했다. 하지만 점점 전통적인 학교 교육의 경직성에 실망했다. 궁극적으로 캐럴은 교직을 그만두고 자기 아이들과 언스쿨링을 실천했다. 그녀는 **학교 없는 성장**과 홀트의 저서에서 영감을 받았다. 벤은 어머니와 함께 홀트의 보스턴 사무실을 방문했던 일을 기억한다. 어머니는 홀트에게 어떻게 하면 남편을 언스쿨링에 동의하도록 설득할 수 있는지 조언을 구했다.

초기 유년기에 벤과 언스쿨링은 궁합이 잘 맞았다. 그러나 8살이 되면서 많은 동료가 홈스쿨링을 그만두고 학교에 가는 바람에 그는 매우 따분해졌다. 어머니는 벤을 매사추세츠 프레이밍햄의 서드베리 밸리 학교로 데려갔다. 벤은 넋을 잃었다. 그에게 딱 맞는 학교였다. 이런 자기주도적인 학습환경에서 벤은 금방 포근함을 느꼈다. 그는 남은 유년기와 청소년기를 모두 그곳에서 보냈다. 어머니는 벤을 매일 한 시간 반씩 차로 등하교시켰다. 서드베리 밸리에서 벤은 자기 관심을 추구했다. 강요는 없었다. 아이들은 자기 자유가 다른 사람의 자유를 침해하지 않는 한, 그가 무엇을 선택하든지 자유롭게 할 수 있었다. 벤은 스케이트보드를 자주 타고 기타를 즐겼다. 그는 그림을 그리기 시작했다. 글을 늦게 깨우쳐서 10살까지 읽기에 관심도 없고 능숙하게 읽지도 못했다. 그 이후 벤은 서드베리 밸리를 졸업하고 별 어려움 없이 대학에 합격했다. 보스턴의 터프 대학(Tufts University)에 다니면서 예술가로 성공의 길을 걸었다. 벤의 몇몇 작품은 보스턴 미술관의 현대 예술의 날개와 다른 미술관에서 볼 수 있다.

현재 벤은 매컴버 센터(Macomber Center)를 운영한다. 이 센터는 매사추세츠 서드베리 밸리 학교 근처의 홈스쿨러들을 위한 자기주도학습센터이다. 여기서 그는 자신이 아이였을 때 자기가 가장 소중히 여겼던 공간처럼 자유롭고, 비강제적이며 자극적인 학습 공간을 만들기 위해 애쓰고 있다. 벤은 다음과 같이 말한다.

> 자기교육의 통제권을 아이에게 완전히 맡겨야 한다는 급진적 교육사상은 대부분 부모에게 생소하다. 우리의 사명은 아이에게 진정한 자유를 허용하려는 부모들이 풍성하고 활기 넘치는 공동체를 마음껏 이용하여 아이들이 건강하게 성장하도록 돕는 일이다. 나는 역시 내 책임은 미지의 세계로 도약할 용기 있는 부모들에게 격려와 자원을 제공하는 일이라고 생각한다.

서드베리 밸리의 시절에 영감을 얻은 벤은 여러 학교의 이상을 한데 모아 이 센터의 과업과 어린 두 아이의 양육을 통합했다. 자기주도교육의 최고 이상은 아이가 무엇이 되도록 주조하는 것이 아니라 그냥 자기 자신이 되게 하는 것이다. 그것은 아이들의 타고난 재능과 부상하는 관심을 발사대로 이용하여 불확실한 미래를 향해 날려 보내지 않고 적극적으로 지원하는 일이다. 그것은 미래가 아닌 현재다. 다니엘 그린버그는 서드베리 졸업생들에게 "우리가 그들에게 준 위대한 선물은 그들 자신이 되도록 모든 것을 그들에게 맡긴 일이다. 우리는 정말 그들 자신만의 것이었던 것들을 훔치지 않았던 까닭에 지금까지 많은 '공헌을 했던' 수많은 사람이 이룰 수 있었던 것보다 더 많은 것들을 그들에게 제공할 수 있었다."[7]라고 썼다.

1986년 연구자들은 서드베리 밸리 학교 졸업생들의 성취를 평가했다. 이들의 조사 보고서는 **미국 교육 저널**에 발표했다. 이 저널은 동료들의 엄격한 심사를 거쳐야 하는 권위 있는 학술지이다. 이 보고서는 교육과정, 평가, 혹은 성인이 주도하는 것은 아무것도 없었을지라도 서드베리 밸리 졸업생들은 "실제 세계"에서 성공적인 삶을 살았다는 결론을 내렸다. 대학진학을 원하는 학생들은 서드베리 밸리의 성적 증명서, 생활기록부, 시험 결과 등 아무것도 없는데도 불구하고 대학에 합격했으며 선택한 경우 대학원에 진학하여 연구를 계속했다. 대학의 형식 수업과 시험은 이런 서드베리 밸리 졸업생 중 일부에게는 태어난 후 처음 겪는 경험이었다. 하지만 연구 결과에 따르면 이런 졸업생 중 대학 강의의 형식적 구조에 적응하는 데 어려움을 느꼈다고 응답한 사람은 아무도 없었다. 이 연구는 또한 서드베리 밸리 학교 졸업생들은 여러 기업이나 전문직에서 매우 다양한 경력을 추구하는 사실을 밝혀냈다. 응답자 중 많은 사람은 이런 직업이 자기 관심과 직접적인 관계가 있었으며, 서드베리 밸리의 학창시절에 직업과 관련된 관심을 추구하면서 충분한 시간을 보낸 덕에 현재 직업에 적응하는 데 별 어려움이 없었다고 말했다.[8] 1992년과 2005년에 학교가 자체적으로 조사한 서드베리 밸리 학교 졸업생의 추가적인 두 보고서도 비슷한 결론을 얻었다.[9] 전통적인 학교 교육을 받지 않고도 자기주도적인 환경에서 완전한 조력을 받게 되면 젊은이들은 성공한다.

서드베리 밸리 학교는 부모와 교육자 둘 모두를 매료시키는 교육의 틀을 꾸준히 제공해 왔다. 서드베리에서 영감을 받아 비강제적인 학습과 민주적인 자치제도에 방점을 둔 학교들이 전 세계의 여기저기서 탄생하고 있다. 전 공립학교 과학 교사인 멜리사 브래드포드(Melissa Bradford)에게 서드베리 모델은 자신의 두 어린아이에게 매우 이상적인 학습환경으로 보였다. 멜리사는 아이들이 걸음마 단계일 때 작은 서드베리 스타일의 학교를 만들었다. 이후 그녀는 지역사회의 다른 가족들과 연합하여 언스쿨링 협동조합을 만들어 그들과 함께 언스쿨링을 실천했다. 멜리사는 2008년 아이들이 11살과 13살이었을 때 일리노이 주의 시카고 교외에 탈그라스 서드베리 학교(Tallgrass Sudbury School)를 설립했다. 아이들은 10대를 보낸 탈그라스 시절을 회고했다. 이제 20대인 멜리사의 딸은 대학에 다니고 있고 아들은 간호사 교육을 받고 있다.

시내 공립 중학교 바로 건너편에 있는 탈그라스는 예스러운 교회 건물 안의 넓고 매력적인 교육공간에 자리를 잡고 있다. 이 학교의 비전을 알리는 입구의 간판에는 "삶은 표준화되지 않았기에 교육의 표준화는 없다."라고 쓰여 있다.

내가 처음 탈그라스를 방문했던 시간은 오전 9시였다. 하지만 10시까지 지나가는 아이들을 볼 수 없었다. 인가받은 독립학교처럼 5~18세 나이의 탈그라스 학생들은 주 정부가 정한 의무교육 규정을 준수하기 위해 적어도 1주일에 5일, 하루에 5시간씩 학교에 출석해야 한다. 하지만 아이들은 캠퍼스를 떠나 이웃 주변을 탐험하고, 공공 도서관, 식당, 공원에 가는 등, 하루 내내 도시를 배회하면서 대부분 시간을 보낼 수 있다. 아이의 학교 밖 외출의 특권 정도를 부모가 결정하는 ALC와 달리, 탈그라스에서는 공동체와 공동으로 결정한다. 감독 없이 외출할 경우 아이들은 동료와 스텝에 세부사항을 알리고 "증명서"를 받아야 한다. 이런 허용의 범위는 학교 밖 놀이터에서 감독 없이 노는 것에서부터 공인된 다양한 지역 방문, 시카고의 도심을 비롯하여 어디든지 제한 없이 갈 수 있는 최고 단계까지 매우 광범위하다.

일반적으로 자기주도교육과 민주주의 교육에 기반하는 서드베리 모델의 핵심 원칙은 자치제도이다. 젊은이들은 스텝과 마찬가지로 학교 운영방식에 의견을 말할 수 있고 매주 열리는 학교 회의에서 의사결정을 한다. 모든 학교 성원들은 처음 5분간은 회의에 참여해야 하지만 이후 행동은 아이들이 자유롭게 선택한다. 내가 관찰한 학교 회의에서 구성원들은 재정에서부터 행정과 마케팅에 이르기까지 여러 가지 안건에 관한 소위원회의 보고를 들었다. 그들은 학교 사법위원회의 보고를 검토했다.

사법위원회는 학생들과 스텝이 선출한 기관이며 1주일에 수시로 만나 개인 간 갈등이나 규칙 위반과 고발사건을 처리한다. 학교 공동체의 모든 성원이 규칙을 결정하며 신입생은 그 규칙에 따라야 한다. 시행은 공동체가 주도하고 모든 경고나 처벌은 사법위원회가 관장한다. 공동체에서 민주주의의 실천은 어려울 수 있다. 탈그라스 같은 학교에서 민주주의를 가르치는 최고의 방법은 아이들이 그 안에서 함께 생활하면서 민주적 의사결정과 자치제도에 완전히 하나가 되는 일이다.

내가 관찰한 학교 회의의 다른 안건은 수업과 관련된 문제였다. 언스쿨링 학교와 비슷하게 탈그라스는 수업을 중요하게 여기지 않는다. 이는 수업이 자연스러운 학습 방법이 아니기 때문이 아니라 학교 방식에 의존하기 때문이다. 주요 모임 공간에 걸려 있는 커다란 일정표에는 탈그라스 스텝이 지도하는 스페인어와 수학 등 주간 학습 시간표가 나와 있다. 탈그라스의 거의 모든 일상처럼 그것은 항상 선택적이며 공동체 주도적이다. 가끔 학교 외부의 자원봉사자들이 건축, 의상 디자인 등 다양한 주제의 강의를 맡는다. 한 집단은 학교 회의에서 이런 자원봉사자들이 진행하는 수업 중 일부는 매우 인기가 높아서 출석률이 높고 다른 수업은 그렇지 않다고 하면서 복불복의 경향이 있다고 말했다. 다른 집단은 학습은 비강제적이라는 점을 재확인하는 한편, 전문성과 시간을 제공하는 자원봉사자들을 존중할 필요성을 진지하게 토의했다. 회의의 결론은 중요한 결정은 수업을 의뢰할 때 더 신중하게 알아볼 필요가 있으며 자원봉사를 하려는 강사에게 전문성과 비강제적인 자기주도적 학습개념을 정확히 전달해야 한다는 내용이었다.

젊은이들은 회의가 끝나자 여유롭고 매력적인 공간에 배치된 여러 개의 방과 아늑한 구석을 향해 뿔뿔이 흩어졌다. 일부 아이들은 게임기가 있는 방안에서 여럿이 비디오 게임을 하고 있었고 도서실이나 미술실에서 책을 읽는 아이들도 있었다. 다른 아이들은 한 소녀가 집에서 가지고 온 노래방 기계로 노래를 부르고 있었다. 한 무리의 아이들은 넓고 커다란 강당의 한가운데를 차지하여 고무매트를 펼치고 그 위에서 수레바퀴를 돌고 있었다. 나는 부엌에서 점심을 먹으려고 모여든 몇 명의 어린 소녀들과 한자리에 앉았다. 나를 수다스럽게 환영했다. 어린아이들이 처음 보는 사람에게 나타내 보이는 냉담함은 전혀 찾아볼 수 없었다. 그들은 내 연구와 언스쿨링에 관해 묻고 자신들의 학교 문화를 이야기했다. 공통분모는 자유였다. 소녀들은 공동체에서 다른 사람과 자기 관심과 학습을 추구하면서 하루 동안 학교 안팎에서 시간을 보내는 방법을 놓고 서로 이야기를 나누었다.

나는 이처럼 모든 것이 자기주도적인 환경에서 성인 스텝들이 자기 역할을 확실히 하는 모습을 보았다. 어린아이들은 성인들에게 편안하게 말을 걸고, 질문하고, 도움을 구하고, 웃고, 농담을 던졌다. 아직 겨울 코트를 입은 채 고개를 숙이고 땅을 쳐다보며 걸어오던 한 소년이 한동안 말없이 앉아 있었다. 그러자 한 스텝이 아이에게 접근하여 어깨 위에 가볍게 손을 얹고 부드럽게 말을 건넸다. 스텝은 소년의 표정을 확인한 후 자리를 떴다. 소년은 곧 농담을 거는 아이들의 무리에 합류했다. 마침내 소년은 코트를 벗고 안정을 찾았다. 성인 스텝 중 한 사람인 엘리자베스 룬드(Elizabeth Lund)는 "성인의 역할은 다양하다. 우리는 주어진 시간 중 절반은 학교 운영을 원활히 수행하는 행정업무에 집중하고 나머지 절반은 반드시 가르치는 일은 아니지만, 종종 그 일부분인 자원제공자의 역할을 한다. 우리는 대부분 질문에 답하고, 문제해결을 돕는다. 아이는 '나에게는 이런 문제가 있어요, 어떻게 해결하면 좋을까요?'라고 말할 것이다."라고 설명했다.

성인의 역할에 관한 엘리자베스의 견해는 가정, 센터, 학교 등을 불문하고 모든 형태의 언스쿨링과 상통한다. 성인은 모든 것을 원활하게 유지하는 일에 일부 시간을 보내고, 나머지는 학습자원으로서 활동하고, 탐험하고, 문제해결을 조력하는 일로 시간을 보낸다. 성인들은 공간과 학습자들을 빠짐없이 돌보고 친자연적인 학습 공간을 유지한다. 그들은 이런 일을 평가하거나 강요하지 않으며 오직 공동체의 정신과 돌봄 속에서 수행한다. 탈그라스 스텝인 미할 카이저니만(Michal Kaiser-Nyman)은 "여기서는 '내가 너희들의 왕이다.'라는 폭군이 없다. 아이들과 스텝은 권력을 공유한다. 그래서 여기는 집단괴롭힘이 없다. 권력투쟁은 있을 수 없다."라고 덧붙였다.

이 마지막 요점은 특히 언스쿨링 세계에서 가장 흥미롭고 공통적인 문제를 나타낸다. 강압이 없는 자유로운 학습환경에서는 실제로 집단괴롭힘이 존재하지 않는다. 당연한 말이다. 어린아이든지, 나이 든 어른이든지 자유가 거의 없고 통제 불가능한 환경에 처하게 되면 집단괴롭힘 행동이 일어나게 된다. 즉 집단괴롭힘을 당한 사람이 마음대로 떠날 수 없는 처지에 있게 되면 증오는 무한히 계속될 것이다. 작가인 커스틴 올슨(Kirsten Olson)은 집단괴롭힘을 "학교 교육의 어두운 면의 표출"로 보았다. 올슨은 "학교 시스템의 본질은 동기부여와 통제이며 강요, 억압, 위계, 실패 등이 학교 경험의 핵심적 특징이라면 이런 부정적인 경험에서 분출하는 에너지는 비상구를 찾게 될 것이다."[10]라고 썼다. 전통학교의 교육환경은 집단괴롭힘을 가속화하는 권력과 강요를 바탕으로 한다. 심리학자인 피터 그레이는 집단괴롭힘은 학교와 감옥처럼 사람들이 떠날 힘이 없는 제도에서 만연하다고 주장하면서 특히 이 점을 강조한다.[11] 강요가 사라진다면, 집단괴롭힘의 피해자가 그냥 자기 발로 나가기 때문에 집단괴롭힘의 발생 빈도는 훨씬 더 낮아질 것이다. 마찬가지로 비강제적인 환경에서는 집단괴롭힘의 가해자가 될 사람도 역시 자유스럽기 때문에 다른 사람에게 집단괴롭힘을 가할 이유가 적어질 것이다. 싸울 대상도 없고, 통제할 필요도 없다. 자유는 사회의 강력한 안전장치다.

자유와 책임

자유는 반드시 책임을 수반한다. 언스쿨링과 자기주도교육센터가 혼란스럽고 야만적인 **파리 대왕**(a Lord of the Files)의 10대 문화를 만든다는 신화는 자신은 물론 다른 사람에 대한 책임을 강조하기 때문에 실제로 존재하지 않는다. 성인 촉진자들이 경험과 조력을 제공하는 다양한 복합 연령 집단의 공간에서 학습의 자유는 공동체에 대한 헌신과 균형을 이루게 된다. 텍사스 주 휴스턴의 휴스턴 서드베리 학교가 표방하는 "자유와 책임"의 좌우명은 티셔츠의 문구부터 학교 구석구석에까지 아로새겨져 있다. 모든 사람은 그런 좌우명을 중요하게 생각한다. 카라 데부스크(Cara DeBusk)는 예전에 교사였으며 학교 설립자 중 한 명이다. 카라는 서드베리 모델에 영감을 받아 다른 부모들과 공동으로 학교를 설립하기 전에 수년간 자기 딸과 언스쿨링을 실천했다. 설립자들은 젊은이들이 공동체를 만들 수 있는 학교전용의 중립공간을 원했다. 마차와 동물 노점으로 유명한 도시 중심의 광활한 대지에 터를 잡은 휴스턴 서드베리는 학교가 임대한 기이한 단독주택이다.

학교를 방문하는 동안 나는 스텝의 일원인 아리에 그로스만(Aryeh Grossman)과 이야기를 나누었다. 어린 시절에 아리에는 어머니가 중학교의 대안을 찾기 전에 전통적인 공립학교에서 초등학교 시절을 보냈다. 그녀는 대학에서 교사가 될 준비를 하는 동안 닐의 **서머힐**을 읽은 적이 있었다. 닐의 사상은 아리에의 마음속에 깊이 남아 있었다. 이후 아리에의 삼촌이 이스라엘 정부의 지원을 받아 독립적으로 운영하는 서드베리 학교를 예루살렘에 세웠다. 아리에가 공립학교에서 5학년을 마칠 즈음 어머니는 더욱 혁신적인 학교를 찾아 나섰다. 마침내 편도로 1시간 30분거리에 있는 메릴랜드의 서드베리 학교인 페어하벤 학교(Fairhaven school)를 알아냈다. 가족들이 학교 근처로 이사하기까지 2년간 모자는 매일 통근했다.

페어하벤 학교의 스텝인 마크 맥크레이그(Mark McCaig)는 자신의 저서 **흐르는 물처럼**(Like Water)에서 언스쿨링의 철학, 즉 우리의 일상 경험을 바탕으로 학습이 자연스럽게 흐르듯 일어나는 사상을 명료하고 복합적인 방식으로 엮어냈다. 그는 "학생들은 대수부터 선(Zen)에 이르기까지 모든 것을 전통적인 교과수업을 통해서 배우지만 실제로 학습은 대부분 비형식적이며 경험적인 것에서 일어난다. 우리 아이들은 자기 삶에 책임을 지고 만족스러운 삶을 살면서 자기 삶을 배운다. 형식 수업이 없는 삶은 상대적으로 그 자체가 교육과정이 된다."[12]라고 말했다. 아리에에게 페어하벤은 특별한 선물이었다. 아리에는 "환상적이었다. 달리 설명할 말이 없다. 그 시점 전까지 학교생활의 삶은 다른 사람들이 나에게 무엇을 하라고 지시하거나 명령하는 것이었다. 지금 그것은 진실이 아니다. 나는 내 교육을 담당한다."라고 회고했다.

젊은이들은 자기주도교육을 통해서 자기 관심과 재능을 발견한다. 아리에는 서드베리 모델의 핵심인 민주적 의사결정 과정과 학교 회의의 방식에 매료되었다. 페어하벤의 학생으로서 그가 처음 참석한 회의에서 공동체는 일부 아이에게 주머니칼에 대한 불안감이 커지고 있는 상황에서 주머니칼을 금지할 대책을 논의하고 있었다. 이는 아리에에게 놀라운 일이었다. 아리에는 다른 학생들에게서 위험한 물건을 빼앗은 혐의로 공립학교에서 안전순찰대상에 오른 요주의의 인물이었다. 그는 페어하벤의 주머니칼에 대해서 "이런 일은 공립학교에서 들어본 적이 없었다."라고 말했다. 학교 공동체는 처음에 칼을 금지하는 안에 찬성했다. 그러나 아리에는 주머니칼을 금지하는 대신 안전실천과 보이스카우트 훈련 방법에 방점을 둔 내부 인증과정을 생각하면서 그 방법에 고심했다. 이 인증과정이 만들어지자, 학교 공동체는 재투표를 하여 궁극적으로 주머니칼을 허용하기로 했다. 아리에에게 그것은 민주적 의사결정, 주도성, 리더십, 그리고 자유와 책임의 균형을 보여주는 훌륭한 모범 사례였다. "사람들에게 그 정도의 자유를 허용하면 공동체에 깊은 관심을 나타내기 때문에 저절로 책임을 지게 된다. 그것은 결코 혼돈이 아니다."

아리에는 페어하벤을 졸업하고 지역사회 대학의 과정과 온라인 강좌를 듣기 시작했다. "나는 5학년 이후 어떤 형식적 교과를 공부한 적이 없다. 하지만 내가 듣는 수업이 조금도 어렵게 느껴지지 않았다."라고 아리에는 말했다. 수업내용의 초점은 창의적인 글쓰기, 철학과 수학에 맞춰져 있다. 수업에 참여하기 시작한 후 6개월 만에 그는 대학 수준의 수학인 대수학의 전 단계까지 도달했다. "무엇을 하려고 결심하면 그냥 앉아서 하기만 하면 된다."라고 아리에는 말한다. 대학 수준의 수업내용에 관심이 있을 무렵 어머니가 직장을 잃게 되었다. 그는 대학 수업을 뒤로 미루고 가족을 부양하기 위해 직장을 구했다. 그는 텍사스로 이사했다. 휴스턴에 개교한 새로운 서드베리 학교에 대한 정보를 접했을 당시 그는 판매업에 종사하고 있었다. 그는 자원봉사활동을 시작했다. 지금은 휴스턴 서드베리의 정규직 스텝이다. 아리에는 시간제 대학 수업으로 다시 돌아와 그가 가장 관심 있는 주제, 특히 글쓰기 강좌를 수강한다.

나는 아리에에게 내가 집필하고 있는 책의 대상은 주로 부모이며 부모의 관점에서 언스쿨링 사상을 공유하는 것이라고 말했다. 언스쿨링을 실천할지 확신하지 못한 채 걱정만 하는 부모들에게 그는 무슨 조언을 해 줄 수 있는가? "당신의 아이는 잘될 것이다. 아이를 망치는 일은 없을 것이다. 그것은 부모의 쓸데없는 걱정이다. 완전히 성공할 것이다! 부모가 그런 걱정을 하지 않으면 아이들은 잘못된 길로 나가지 않는다. 부모는 아이에게 가장 좋은 것을 원한다. 나는 이곳을 방문하거나 이런 사상을 탐구할 때 부모들이 매우 비판적인 관점을 견지하기 바란다."라고 그는 대답했다. 그러고서 아리에는 자기주도교육에 관한 설득력 있는 연구와 서드베리 동창생들이 어떻게 성공했는지에 대한 생생한 경험자료를 보여주었다. 이런 결과는 언스쿨링의 젊은이들이 그냥 괜찮은 것뿐만 아니라 한없이 행복하고, 유능하고, 충만한 성인기를 누릴 것을 재확인해준다. 부모들은 그것을 바라지 않는가?

언스쿨링 팁

언스쿨링 학교를 조사하라. 대안교육자료협회(www.educationrevolution.org)는 세계의 모든 대안학교에 관한 정보를 제공한다(일부는 자기주도교육이며 일부는 아니다). 당신이 스스로 시작할 수 있도록 지원하는 프로그램도 많이 있다. 국제 민주주의 교육 네트워크(www.idenework.org)는 자기주도적 학교에 대한 세계적인 자료를 제공한다.

비슷한 생각을 하는 가족을 찾으라. 내 아이에게 알맞은 학교의 대안을 만들기 위해 집단구성원들이 모여 헌신적으로 협력하는 가운데 수많은 언스쿨링 학교가 세워졌다. 지역사회에서 당신과 함께 이런 도약을 원하는 사람들을 찾으라.

당신의 숙제를 해결하라. 정규 언스쿨링 학교를 시작하여 운영하기 위해서는 할 일이 매우 많다. 종종 재정적 보상이나 기타 보장 같은 것은 거의 없다. 많은 창업자는 곧바로 학교 경영에 뛰어들기 전에 계획하고 준비하는 데 수년을 보낸다. 당신에게 영감을 주는 언스쿨링 학교를 연구하고 방문하라. 그러면 당신의 출발에 도움을 줄 것이다. 예를 들어 원조 서드베리 밸리 학교에는 온라인 서점과 유망한 서드베리 학교 창업자를 위한 안내 자료가 준비되어 있다(www.sudval.org).

09

학교를 중퇴한 10대들

"학교에서 아이들의 행동을 바탕으로 인간의 학습에 대한 자료를 수집하는 것은 바다에서 아이들의 행동을 바탕으로 범고래의 자료를 수집하는 것과 같다."

– 캐롤 블랙(Carol Black)[1]

모든 나이의 아이들은 학습의 자유와 혜택을 누릴 자격이 있다. 그러나 다른 어떤 집단보다 특히 10대들에게 언스쿨링이 훨씬 더 중요하다는 사실은 논쟁의 여지가 없다. 성인이 되도록 설계된 실제 세계에서 10대들은 완전히 배제되기 때문에 학교 교육을 받은 10대들은 대부분 독립과 자율성을 몹시 열망한다. 하지만 10대들은 성인에게서 마치 어린아이처럼 취급되어 외부 사람이 그들의 일상의 움직임과 행동을 통제한다. 왜 우리는 많은 10대가 무한한 세계와 연결되기 위해 스마트폰과 소셜미디어 계정에 빠지는 것에 놀라야 하는가? 10대들은 자유와 공동체를 갈망한다. 그러나 우리가 자유를 제한하고 인위적인 공동체의 참여를 강요하게 되면 우리는 이미 알고 있는 10대들의 불안감을 자극하는 환경을 조성하게 된다. 일반적인 청소년기의 특징인 불안감, 우울증, 위험한 행동. 하지만 그것은 일반적이지 않다. 청소년기가 문제가 아니다. 학교 교육이 문제다.

로버트 엡스타인(Robert Epstein)은 연구자이며 **심리학의 오늘**(Psychology Today) 저널의 수석 편집장을 지냈다. 그는 자신의 설득력 있는 저서, **10대 2.0: 청소년기의 교훈으로부터 우리의 아이들과 가족을 구하기**(Teen 2.0: Saving Our Children and Families from the Torment of Adolescence)에서 청소년기를 사회적 구성물로 설명한다. 엡스타인은 "10대들의 주요 욕구는 수천 년 전에 확립된 진화의 명령에 따라 움직이며 생산적이고 독립적인 주체가 된다. 사춘기 이후에도 10대를 아직 아이로 가정한다면 우리는 그들의 가장 기본적인 욕구충족에 실패할 것이다. 오히려 우리는 10대들에게 치명적인 고통을 안겨 줄 것이다."[2]라고 썼다. 이런 일부 고통은 일반적인 10대 시절의 난동으로 받아들이는 경향이 있다. 그러나 점점 이런 고통은 급격히 치솟는 불안, 우울증, 청소년 자살의 비율로 나타난다. 따뜻한 계절에 급증하는 성인들의 자살률과 달리 아이들과 청소년들의 자살률은 특히 여름철에 급감한다. 일단 학교가 가을에 새 학기를 시작하면 젊은이들의 자살률은 껑충 뛰어오른다.[3]

최근 연구를 보면 학교 출석률, 자살 충동과 실제 자살 간의 높은 상관관계를 확인할 수 있다. 2018년 **소아과**(Pediatrics) **저널**은 2008~2015년 동안 전국에 걸친 32개 소아병원의 입원자료를 분석한 결과를 발표했다. 연구 결과는 같은 기간에 자살 경향성과 5~17세 아이가 자해로 병원에 입원한 수가 놀랄 정도로 급증한 것을 보여주었다. 특히 10대 여자 중에서 가장 많이 증가했다. 이런 자살 경향성은 매년 가을에 학교로 돌아가는 시점에 최고점에 도달했다.[4] 연구 결과는 아이들 사이에서 증가하는 자살률을 조명하여 학교 출석이 큰 영향을 미칠 가능성을 시사했다. 미국의 질병 관리 센터(CDC)의 자료에 의하면 2007~2015년간의 자살률은 15~19세의 10대 여자에게서 두 배로 증가했으며 이는 10대 남자보다 30% 이상 증가한 수치이다.[5] 특히 10~14세 자살률도 2007년 이후 두 배로 증가한 점은 매우 걱정스럽다. 이 나이 또래 집단의 여자 자살률이 매우 가파르게 증가한 점을 보여주기 때문이다.[6]

청소년 갈등에 관한 연구에서 미국 심리학회는 10대들이 겪는 스트레스의 주요 원인은 학교이며 심지어 성인들보다 더 많은 스트레스를 경험하는 사실을 밝혀냈다. 2013년 13~17세 청소년 천 명을 대상으로 조사한 연구에 따르면 10대들의 학교 스트레스는 심각할 정도로 불량했다. 학교가 "어느 정도 또는 심각한 스트레스의 근원"이라고 응답한 10대의 비율은 83%였으며 학기 동안 "매우 극심한 스트레스"를 겪었다고 보고한 비율은 27%였다. 대조적으로 10대의 여름철 스트레스 수준은 놀랄 만큼 낮았다.[7]

엡스타인에 따르면 10대의 스트레스는 보통이든지 심각하든지 미국의 독특한 현상이다. 그는 "전 세계에 걸친 100개 이상의 문화권 내 10대들은 그런 어려움을 겪지 않았다. 우울증, 자살, 범죄도 없고 약물 남용도 없었으며 부모와 갈등도 없었다. 심지어 많은 문화권에는 우리가 청소년기라고 부르는 단어조차 없었다. 왜 미국의 10대들은 이런 소동을 겪어야 하는가?"[8]라고 썼다. 엡스타인은 계속해서 이런 10대의 고통은 대부분 청소년기를 제한하고 봉쇄하여 그들의 행동과 사고를 외부 사람이 관리하는 "유아화(infantilization)"가 주된 원인이라고 주장한다.

"청소년기"의 용어는 15세기 라틴어의 Adolescence에서 유래했으며 그 뜻은 "성장하다 또는 성숙해 가다"이다. 하지만 이 용어는 1904년 이전에는 없었다. 하지만 그 이후 미국 심리학 학회 초대 회장인 G. 스탠리 홀(G. Stanley Hall)이 인간발달을 단계별로 분리하여 그 특징을 밝혀내기 위해 "청소년기"라는 용어를 처음 사용하면서 등장했다. 1,400쪽에 이르는 홀의 저서, **청소년: 청소년 심리학과 심리학, 인류학, 사회학, 섹스, 범죄, 종교와 교육과 관계**(Adolescence: It's Psychology and It's Relations to Psychology, Anthropology, Sociology, Sex, Crime, Religion and Education)는 대규모 학교 교육의 확대를 학수고대하는 많은 교육자와 정책결정자의 마음을 울렸다. 이 책을 가장 좋아하는 팬 중에는 강제적인 의무교육의 상한선 나이를 더 연장하기 바라는 교육 정책 결정자들이 있었다.[9] 특히 10대들의 강제적인 의무교육 기간의 확대는 청소년기의 젊은이들을 훨씬 더 오랫동안 학교에 붙잡아 두는 것을 가능하게 했다. 이는 오늘날 계속되는 "전형적인 10대"라는 고정관념의 탄생에 공헌했다.

앞서 기술한 매사추세츠 학습센터를 운영하는 조지 포팜은, 청소년의 자유는 10대가 겪는 갈등의 강력한 치유제가 될 가능성을 증명했다. 많은 부모와 젊은이들이 포팜의 센터를 찾아오지만, 모두 예전에 결코 언스쿨링이나 자기주도교육을 생각한 적이 없는 사람들이었다. 사람들은 이런 교육의 개념조차 모르고 있었다. 학교 교육은 누구나 받아야 하는 매우 당연한 교육의 길로 생각했다. 그들은 전통적인 학교 교육이 초래한 불안이나 우울증의 정도가 견딜 수 없는 정점에 도달한 후에야 매사추세츠 센터를 찾았다. 조지는 다음과 같이 말했다.

> 우리를 찾아온 신입생들은 상당한 수준의 불안장애를 나타냈다. 우리는 센터에 합류한 수주일 안에 대부분 학생이 크게 변화된 모습을 발견했다. 나는 치료사를 불러 우리가 한 일이 무엇인지 물었다! 나는 우리가 하지 않은 일에 진실이 숨어 있다고 생각한다. 우리는 학생들을 위해서 모든 것을 결정할 필요가 없었다. 우리는 그들이 이용할 시간을 구조화하지 않았다. 우리는 그들에게 부자연스러운 형태의 징계를 강요하지 않았

다. 강요를 배제하면 모든 것이 바뀔 것이다. 실제로 10대들은 선천적으로 퍽 행복한 아이들이다.

우리는 10대를 위해서 만들어 놓은 인위적인 환경을 의심하는 것이 아니라 10대들은 선천적으로 자기 방식대로 행동하는 경향이 있다고 가정한다. 10대들은 결코 타고난 말썽꾸러기들이 아니다. 무엇보다 중요한 점은 성인기를 향해서 가는 적절한 길을 재안내하는 한편, 그들에게서 제약적이며 인위적인 제도적 환경을 제거하여 자연스러운 발달을 지원하는 일이다. 10대들이 학교에서 시작되는 불안과 우울증을 스스로 해결하도록 돕는 일은 매우 중요하다. 하지만 강제적인 학교 교육과 청소년기간의 진화 불일치(evolutionary mismatch), 즉 실제 환경과 최적 환경 간의 차이를 고려하는 것은 가치 있는 일이다. 10대들은 성인 멘토들과 동료들로 둘러싸인 환경에서 자기 생각과 행동을 통제하고 실제 세계의 경험과 생산적인 일에 완전히 몰입하도록 설계된 존재들이다. 대신 우리는 이런 10대들을 단절시키고 통제하고 약을 먹이고 훈육한다. 그들에게 최고의 약은 자유다.

학교 중퇴

닉 에버린(Nick Eberlin)은 몹시 지루했다. 그는 공립학교에서 모범생이며 우등상을 놓치지 않았다. 하지만 고등학교 3학년 이후 학교를 중퇴하고 언스쿨링 길을 선택했다. "나는 더 이상 학교 교육이 아닌 다른 교육을 추구하기로 마음먹었다."라고 닉은 말했다. 그의 결정은 오랫동안 고민한 결과였다. 닉은 부적절하게 생각되는 과제를 수업 시간을 이용하여 해결하고 학교 공부를 집으로 가져오는 일을 피하기 시작했다. "내가 학교에서 배운 내용은 대부분 늦어도 한 달 안에 모두 잊는다. 완전한 시간 낭비다."라고 그는 말했다. 그는 학교 게임이 자신은 물론 동료에게 영향을 미치는 방법을 잘 알았다. 닉은 부담감을 줄이기 위해서 숙제 거부와 같은 자구책을 마련했다. 그러나 그는 강제적인 학교 교육의 중압감 때문에 어쩔 수 없이 노력하는 동료들을 보았다. "학교는 분명히 10대들에게 부정적 영향을 미친다고 생각했다. 각 개인은 자기가 살고 싶은 삶을 준비하기 위해서 개인화된 교육 경험이 필요하다. 그러나 우리는 모두 암기와 기억학습을 숭배하고(나는 자원 활용이 가능해진 현대 사회에서 그것은 쓸모없는 짓이라고 생각한다) 아이들의 건강이 위험에 처하든지, 시험에서 부정행위를 하든지, 무슨 일이 있어도 높은 점수만 장려하는 획일적인 학교 교육을 받고 있다. 나는 학교 시스템은 모두가 똑같이 생각하고 행동하도록 똑같은 것들을 찍어낸다고 생각한다."라고 닉은 말한다.

닉은 학교 교육의 큰 결함을 발견하고 대안을 조사하기 시작했다. 그는 우연히 자기주도적 학습의 개념을 알고서 곧 언스쿨링 철학에 매혹되었다. 그것은 임의적인 교육과정이나 관료제의 요구와 무관하며 관심 중심, 자기주도학습이 최고의 교육이라는 자신의 견해에 딱 맞았다. 닉은 학교를 중퇴하고 앞에서 기술한 10대를 위한 언스쿨링센터인 독창성 허브에 등록했다. 많은 사람은 "그깟 것, 고작 1년이야."라고 말하며 중퇴를 말렸다. 하지만 닉은 단호했다. 언스쿨러로 변신한 닉은 자기주도교육을 지원하는 사람들과 함께 공동체의 실제 세계에 집중하여 관심 있는 실제적인 일을 하면서 진정한 자기 열정을 추구했다.

고작 8살 때 블로그를 시작했을 정도로 닉은 항상 기술에 큰 관심이 있었다. 그 후 닉은 웹사이트 구축에 착수하여 온라인 과정, 책, 웹 개인교수 등을 통해 HTML, CSS, 자바스크립트 등 다양한 프로그래밍 언어를 혼자서 배웠다. 닉은 학교 중퇴로 기술을 깊게 파고들 시간과 공간을 확보했기 때문에 능력과 지식이 크게 향상했다. 그는 고급 디자인 기술뿐 아니라 프랑스어, 기업가 정신, 시사적인 것을 배우고 싶었다. 10대 언스쿨러로서 닉은 자기주도학습센터의 자원을 이용하고 멘토링을 하면서 시간을 보냈다. 그는 몇몇 고객과 좋은 조건으로 계약을 맺어 웹 디자인 사업에 성공했다. "학교 중퇴는 내가 실제 세계에 도움이 되는 일에 더욱 집중할 수 있게 했다."라고 닉은 말했다. 이제 18살인 닉은 자기 사업을 시작하여 자기 경력으로 만드는 단계를 밟고 있다. 닉은 많은 10대로부터 "네가 진심으로 학교 중퇴가 바른 선택이었다고 느꼈다면, 그렇게 하라! 네 결정에 다른 사람의 의견이 끼어들지 못하게 하라. 네 행복이 중요하며 그것은 결국 충만한 삶을 보장할 것이다."라는 조언을 들었다.

10대 언스쿨링에서 다른 10대들과의 연결은 매우 중요하다. 일반적으로 청소년은 성인 멘토의 지원을 받고 자기 관심과 관련 있는 일을 할 기회와 동료와의 연결을 열망한다. 친구들이 중요하다. 닉이 고등학교 3학년 때 이용했던 자기주도학습센터는 동료 연결, 자원접근, 성인들의 조력을 충분히 보장했다. 건물의 물리적 구조는 훌륭한 기능을 하지만 10대의 발달을 촉진하여 현실적이며 본질적인 사회적 상호작용을 원하는 청소년들의 욕구를 충족하는 유일한 방법은 아니다. 10대 언스쿨링을 지원해 주는 또 다른 상자 밖의 자원에는 온라인 동료 네트워크, 10대 여름 캠프, 세계여행, 도제 프로그램 등이 있다.

10대의 동료 간 접속 지원

짐 플래너리(Jim Flannery)는 사회경제적으로 낙후된 지역의 공립 고등학교에 부임한 첫 일 년간 물리를 가르쳤다. 자칭 과학의 대가이며 "형이상학의 중독자"인 짐은 물리학을 통해 우주의 신비와 경이로움을 공유하고 몹시 흥분했다. 그는 특히 청소년들이 세계를 다른 방식으로 보고, 다양한 과학원리를 탐구하는 가운데 호기심이 실험으로 연결되면 큰 도움이 될 것으로 생각했다. "과학은 발견과 이해에 관한 모든 것이며 유의미한 질문을 제기하고 결과를 예측한다. 과학은 주변 세계로 우리를 초대하여 정말 흥미로운 렌즈를 통해 '우리의 실재가 무엇인가?'라고 묻게 만든다."라고 짐은 말했다.

짐의 당당한 기세는 얼마 가지 못하고 꺾였다. 개학 전날 그는 표준화 시험지를 받는 자리에서 학생들의 졸업이 시험 통과에 달려 있다는 말을 들었다. 과학에 대한 사랑을 10대들과 공유하려던 기쁨과 약속은 모두 하찮게 취급되었다. 그가 하는 일이라고는 자신이 믿지 않는 임의적인 시험에 아이들을 합격시키는 일이었기 때문에 정말 과학이 무엇인지를 전혀 반영할 수 없다는 느낌이 들었다. 그는 뾰족한 수가 없는 사실을 알고 할 수 있는 데까지 열심히 하겠다는 희망을 품고 새 학기를 시작했다. 짐은 학생들에게 가능한 한 많은 자유를 주겠다고 맹세했다. 하지만 "내 수업은 '화장실 수업'이 되었다. 나는 수업 중 아이들의 화장실 출입을 금하지 않았다. 그래서 다른 교사들이 '화장실에 가려면 F 교사의 수업을 들을 때까지 기다려라. 그러면 화장실에 갈 수 있다. F 교사는 누구에게나 다 허락한다.'라는 말이 주변에 돌기 시작했다. 미친 짓이었다. 실제로 나는 지나치게 많은 아이의 화장실 출입을 허락했다는 이유로 질책을 받았다."라고 그는 말했다. 짐은 교직을 최고로 만들기 위해서 노력했다. 그러나 통제, 시험 위주 환경, 전반적인 교사의 우월감과 아이들에 대한 존중감의 결핍은 너무 절망스러웠다. 그는 학교를 그만두고 학교 밖에서 10대들을 돕는 방법을 찾았다.

짐은 언스쿨링과 자기주도교육의 철학을 알고서 즉시 매혹되었다. 그는 학교 중퇴자들을 도와서 자기주도적 학습을 지원해 주는 기술 플랫폼을 만들고 싶었다. 처음에 짐은 10대들이 자기 콘텐츠를 만들어 다른 10대들을 가르치는 칸 아카데미 같은 도구를 상상했다. 그러나 막상 플랫폼을 만들어 놓고 언스쿨러들을 초대하여 합류하게 했을 때, 이런 10대들의 진정한 바람은 소통과 공유에 적합한 비형식적이고 사회 지향적인 포럼인 사실을 알게 되었다. 예를 들어 10대들은 XYZ의 방법을 직접 **가르쳐 주는** 동료를 원하지 않았다. 즉 그들은 실제로 XYZ를 **배우는** 방법에 관한 대화를 공유하는 플랫폼을 원했다. 짐은 동료 언스쿨링 네트워크(Peer Unschooling Network), 또는 PUN을 만들어 동료 교수를 넘어 동료 학습을 촉진했다. 짐은 다음과 같이 말했다.

> 내가 PUN에서 본 것은 다음과 같다. PUN은 언스쿨러가 여럿이 모여 교제하는 곳이다. 어떤 면에서 이는 상호 형식적 방법으로 "가르치고 배우는" 장소이다. 누군가가 무엇을 배우려 하면 PUN의 한 10대는 그들의 튜터가 되거나 유용한 자료의 공유자가 된다. 그러나 궁극적인 목적은 "학습 플랫폼"이 되는 데 있지 않다. 내가 언스쿨러들과 인터뷰를 했을 때 특히 그들은 기존 언스쿨러들과 새로운 언스쿨러들을 더 많이 발견하여 서로 연결할 기회가 있었으면 좋겠다고 말했다. 나는 PUN이 그런 목적에 공헌할 수 있다고 생각했다.

PUN은 학교를 중퇴한 후 어디로 가야 할지 알지 못하거나 학교의 대안을 찾느라 방황하는 10대들이 실제로 언스쿨링을 실천할 수 있게 해 준다. 이런 10대들은 PUN을 통하여 자기교육을 유의미한 방식으로 실행하는 다른 10대들을 만날 수 있다. "이는 먼 나라의 꿈같은 이야기가 아니다. 이들은 자신의 언스쿨링 경험을 직접 말할 수 있는 진정한 10대들이다."라고 짐은 말한다. 짐은 부모들이 학교를 중퇴하고 언스쿨링을 시도하려는 10대를 도와주기를 바란다. 하지만 그는 10대들이 언스쿨링을 주장할 때 필요한 권능 강화의 방법도 역시 PUN이라고 생각한다. "나는 부모들이 적극적으로 참여하지 않을지라도, 아이들이 서로 돕고 협력하는 가운데 배우기를 희망한다. 동료지원, 상호지원은 10대들이 학교 시스템을 떠날 때 느끼는 그런 두려운 공백과 그들만의 자기주도적인 학습 공동체의 구축을 연결하는 열쇠가 될 수 있다."라고 짐은 말한다.

학교 캠프로 돌아가지 않는다

짐의 아이디어는 전례가 없지 않다. 언스쿨링 주창자들은 수년간 10대 언스쿨러들의 상호 연결을 지원하기 위한 프로그램을 설계하여 실행해 왔다. 이런 노력에는 학교라는 감옥에 갇혔다고 느끼는 젊은이들의 탈출을 돕는 전략도 있다. 그 외는 모두 10대 언스쿨러들의 상호 연결에 집중해 있다. 언스쿨링의 초기 주창자 중 현재 짐의 사업에 영감을 준 사람은 그레이스 릴린(Grace Llewllyn)이다. 1991년 그레이스는 향후 수십 년을 살아갈 수많은 10대의 삶을 변화시킬 한 권의 책을 썼다. 전직 중학교 영어 교사였던 그레이스는 자신이 근무했던 한 작은 사립학교에서 학교 교육의 방침이 엄격한 통제 아래 놓여 있는 사실을 알고 불안감을 느꼈다. 그레이스는 홀트의 저서를 읽고 학교가 얼마나 멋있게 개혁될 것인지 관계없이 학교 교육 그 자체가 문제라는 홀트의 주장에 동조하기 시작했다. 그레이스는 학교를 사직하고 **청소년 해방 핸드북**(The Teenagers Liberation Handbook)이라는 책을 냈다. 이 책은 청소년들을 위해 그녀가 직접 저술한 언스쿨링의 자료이며 학교를 중퇴하고 자기주도교육을 하는 방법과 조언이 모두 실려 있다. 이 책은 학교라는 감옥에 갇혀 있다고 느끼는 청소년들을 겨냥하지만 당연히 이 장의 내용도 포함되어 있다. 궁극적으로 이는 학교를 그만두고 자기주도학습센터와 언스쿨링 학교를 창업할 수많은 교사를 위한 책이기도 하다. 그레이스는 자신의 저서 첫 페이지에 "소위 자유국가라고 칭하는 국가가 자국의 젊은이들을 전체주의 삶의 방식으로 훈련하는 일은 얼마나 괴상한 자기 패배적인가."[10]라고 썼다. 10대나 성인 모두에게 자유는 강력한 메시지다.

청소년 해방 핸드북의 파괴력은 즉각적이고 광범위했다. 수많은 10대가 학교를 중퇴하고 언스쿨링을 결심했고 수많은 교육자가 교직을 떠나 학교의 대안을 모색했다. 그레이스는 책의 영향력에 만족했다. 종종 독자들과 우편으로 통신하면서 그녀는 할 일이 많다는 사실을 알았다. 그레이스는 1990년대 콘퍼런스에서 한 무리의 10대 언스쿨러들 앞에서 강연하면서 생각했다. 언스쿨러들을 더 적극적인 방법으로 연결할 공간을 만드는 일을 하면 어떨까? 그녀는 일부 언스쿨러들은 뜻이 맞는 동료들과 공동체를 만들어 서로 연결을 유지하고 있으나 다수는 그런 공동체가 없다는 점을 알았다. 그녀는 어떻게 이런 10대 언스쿨러들을 모을 수 있을지에 관한 아이디어를 놓고 브레인스토밍을 했다. 10대를 위한 주간 여름철야 캠프가 완벽한 출발로 생각되었다.

'학교 캠프로 돌아가지 않기 캠프'는 1996년에 공동체와 10대 언스쿨러들의 연결을 촉진하는 방법으로 출현했다. 20년이 지난 지금, 캠프는 계속 번창하여 더 많은 지역으로 확대되어 그레이스가 처음 상상했던 것보다 훨씬 더 많은 10대가 한자리에 모인다. 언스쿨링의 원칙에 기반한 구조와 내용은 촘촘하게 조직된 공동체 안에서 관심 중심, 자기주도학습을 후원한다. "공동체 회의를 제외한 나머지 대부분은 완전히 선택이다."라고 그레이스는 말한다. 상호존중과 동의 지침서를 설명하고 허드렛일과 공동의 책임을 상세히 안내하는 오리엔테이션이 있다. 나머지 프로그램은 춤, 재능 발표, 작품전시와 같은 즐거운 여행과 혼합활동을 강조한다. 다양한 워크숍은 다른 스텝이나 캠퍼스에서 제공한다. 그 밖에 지속적인 공감과 연결을 장려하는 등 신뢰 구축을 위한 몇 가지 중요한 활동이 있다.

10대 언스쿨러들을 상호 유의미한 방식으로 꾸준히 연결하려는 그레이스의 처음 목적은 놀라운 성공을 거두었다. 매년 13세 이상의 젊은이들이 여름에 캠프에 참가하며 이들은 가끔 소셜미디어뿐 아니라 미리 약속한 방문이나 다른 모임을 통하여 일 년 내내 연결을 유지한다. 이전의 많은 참가자는 캠프 참가자들과 특정 도시에 살면서 평생 친구나 이웃이 된다. 일부 참가자들은 프로그램을 마친 후 주니어 캠프의 상담자와 상급 직원이 되기도 한다. 이들은 희망을 발견한 캠프에 봉사하기 위해 매년 여름마다 자신들의 일정에서 시간을 따로 비워 놓는다. 지금 '학교 캠프로 돌아가지 않기 캠프'는 이전 캠프의 아이들이 참가하기 시작하면서 새로운 단계에 접어들었다. '학교 캠프로 돌아가지 않기 캠프'에서 싹튼 오랜 관계는 그레이스에게 개인적으로 가장 큰 만족감을 준다. "최초의 캠프 참가자였던 최장기 근무자가 있다. 나는 여전히 캠프 참가자들과의 연결을 진정으로 즐기지만 내 인생에서 가장 중요한 사람이 된 동료와 친구들이야말로 나에게 깊은 의미를 준다."

소피 비들(Sophie Biddle)이 그런 사람 중 한 명이다. 소피는 애리조나 피닉스의 한 공립학교에서 불행한 생활을 보냈다. 그녀는 항상 1등을 독차지하는 최고의 학생이었으나 학교 안의 사회관계가 싫었다. 그녀는 똑똑했기 때문에 집단괴롭힘과 놀림의 대상이었다. "나는 A를 받았으나 그것이 싫었다."라고 소피는 말했다. 소피가 주중에 자주 찾는 생기 넘치는 장소는 학교 밖의 공동체 극장이다. 거기서 언스쿨링을 하는 에밀리(Emily)라는 16살의 친구를 만났다. "에밀리는 자기를 초중등 중퇴자라고 불렀다. 그녀는 나를 완전히 황홀하게 했다."라고 소피가 말했다. 함께 공연하는 동안 소피는 에밀리에게 자기가 얼마나 학교를 싫어하는지, 이런 학교생활이 계속 이어져 고등학교를 졸업할 때까지 자기운명이라고 생각하면 얼마나 우울한지 등 자기만의 비밀을 털어놓았다. 에밀리는 **청소년 해방 핸드북**을 읽어 보라고 했다. 소피는 그 책을 주문하여 하루 만에 다 읽었다. 그리고 자신이 학교를 중퇴하고 언스쿨러가 되어야 할 이유를 부모와 의논하기 위해 파워포인트 자료를 상세히 만들었다.

소피의 부모는 이해했으나 소피가 8학년의 마지막 몇 주를 마치고 나서 이번 가을에 미술 전문의 공립협약학교에 다니기를 권했다. 협약학교에서 두 달을 마친 후에도 소피가 여전히 중퇴를 원한다면 마침내 부모는 동의할 것이다. 소피는 새 학교에서 한번 새롭게 해 보겠다고 말했다. 협약학교에서 사회관계는 더 나아졌으나 소피는 지루하고 도저히 도전할 의욕이 없었다. 두 달 후 소피는 부모에게 언스쿨러가 될 수 있게 해 달라고 다시 간청했다. 부모는 동의했다. 처음에 부모는 소피가 지역사회 대학에서 적어도 학기마다 한 강좌 이상의 수학을 수강하라고 요구하는 등 미련을 버리지 못했다. 그녀는 14살에 수학 강좌를 들으면서 고등학교보다 대학을 더 좋아하게 되었다. 소피의 부모는 **청소년 해방 핸드북**을 읽고 그들 자신이 탈학교 과정을 경험하면서 점점 학교 공부에 대한 기대가 사라졌다. 소피는 연극을 계속하면서 지역사회 대학에서 수학 수업을 들었다. 그녀는 근처의 유기농 농장에서 일하면서 수백 마리의 닭을 보살피고 주중 농장 시장을 준비하는 일을 도왔다. 그녀는 거의 언스쿨러들로 구성된 지역 홈스쿨링 단체에서 활동하면서 견고한 연결 집단을 찾았다.

언스쿨링을 시작하고 처음 맞은 해, 여름날 소피는 오리건에 있는 '학교 캠프로 돌아가지 않기 캠프'에 등록했다. 친구 에밀리는 작년 여름에 참가했고 이번에 또 참가했다. 소피는 에밀리와 만남을 몹시 기다렸다. 15살인 소피는 2주간의 캠프에 갈 수 있었다. 그녀가 집을 떠나서 가장 오랫동안 머무는 시간이다. 걱정이 앞서면서도 흥분해 있었다. 소피는 "캠프는 너무 환상적이었다. 나는 금방 그 공동체와 연결된 중요한 사람으로 느껴졌다. 나는 캠프를 떠나면서 언스쿨링이 내 앞길을 더 명확하게 밝혀 줄 완전한 방법을 본 것 같았다."라고 첫 캠프 경험을 말했다. 소피는 득의양양하게 집으로 돌아와서 이전에 자신이 알았던 점에 다른 점을 추가해 새로운 목표를 정했다. 집에 돌아와 부모님께 "이제 나는 미국 수화를 배우기 시작할 겁니다. 댄스에 대해 더 진지하게 생각해 보고 수영은 그만둘 생각입니다."라고 말했다. 소피의 부모는 소피가 새로 발견한 목적이 너무 분명해서 그냥 그대로 받아 주었다. 지역사회 대학에서 수학을 수강하라는 요구는 뒷전으로 밀려났다. 소피는 완전한 자기주도적, 관심 중심의 언스쿨링 삶을 살기 시작했다.

캠프에 다녀온 가을, 소피에게 많은 변화가 일어났다. 소피와 가족은 오리건 포틀랜드로 이사했다. 이삿짐을 풀자마자 소피는 캔자스시티로 날아가서 3가구의 지역 언스쿨링 가정이 모인 20명의 캠프 참가자들과 추수감사절을 보냈다. 그녀는 포틀랜드로 돌아온 후 언스쿨링의 생명선이 될 탄탄한 교통 시스템을 보았다. 교통 시스템은 소피가 혼자서 도시를 돌아다니며 수업을 듣거나 아직 관심사로 남아 있는 댄스, 연극, 수화와 관련된 장소 등 어디든지 갈 수 있게 했다. 몇몇 언스쿨링 친구들에게서 소피는 근처에 평판이 좋은 자기주도자유학교가 있다는 정보를 얻었다. 소피는 학교의 모습이 어떤지를 알아보기 위해 거기에 학생 자격으로 등록했으나 2개월 후 그만두었다. "나는 철학과 스텝들을 좋아했지만, 내가 실제로 연결되지 않은 사람들과 하루 내내 함께 지내는 학교생활은 순탄치 않았다."라고 소피는 회고했다. 수개월 후 그녀는 어린아이들을 돌보고 지내면서 자기 관심을 추구하는 자원봉사를 하기 위해 학교와 연락을 취했다. 16살에 그녀는 지역사회의 가정에서 걸음마 아이와 유아학교 아이들의 베이비시터로 일했다. 그 후 5년간 그 일을 계속했다.

10대 언스쿨러로 생활하는 동안 소피는 자기 관심을 키우고, 어린아이들을 보살피는 일을 계속하면서 매년 여름에 '학교 캠프로 돌아가지 않기 캠프'에 참가했다. 지역사회 대학에서 강의를 듣고 과학에 특별한 관심이 생기자, 4년제 대학진학을 결심했다. 소피는 지역사회 대학에서 수강하는 수학의 수준을 높였다. 지역사회 대학에서 포틀랜드 주립대학의 학위 과정에 2학년으로 전학하여 21살에 사회학과 초등과학교육 학위를 받고 졸업했다. 현재 소피는 워싱턴 시애틀에서 '학교 캠프로 돌아가지 않기' 캠프 동창생들과 살면서 워싱턴 대학에서 젊은이의 권능 강화를 목적으로 하는 교육 분야에서 봉사활동을 하고 있다. 그녀는 매년 여름마다 '학교 캠프로 돌아가지 않기 캠프'의 스텝으로 일하기 위해 시간을 비워 놓는다.

소피는 언스쿨러로서 자신의 10대 시절을 회고하면서 그녀의 부모가 자신의 삶과 학습에 깊이 관여하기는 했으나 자신을 믿고 맡겨 준 여러 가지 일을 감사하게 생각한다. "어머니는 자신의 역할을 '볼링장의 범퍼'라고 표현했다. 어머니는 내가 가지 않은 장소가 없을 정도로 가도록 허락하는 좋은 일을 했으나 완전히 자유롭게 놔두지는 않았다."라고 소피는 말했다. 언스쿨링 부모들에게 주는 조언은 자신을 믿고 아이를 믿으라는 것이다. "젊은이에 대한 신뢰는 우리 사회에서 가장 급진적인 관념 중 하나이다. 하지만 아동기와 인간발달은 선형적인 길이 아니다. 진정한 여행길이다."

에반 라이트(Evan Wright)는 언스쿨링 출신으로 이전에 '학교 캠프로 돌아가지 않기 캠프' 스텝이었다. 에반의 언스쿨링 여정은 그의 인생을 바꾸어 놓았다. 학교는 그에게 맞지 않았다. "나는 정말 배움에 관심이 있었으나 학교에서 힘든 시간을 보낸 아이였다."라고 그는 회고했다. 12살에 그는 주의 결핍 장애(ADD) 진단을 받고 학교에서 공부에 더 집중할 수 있도록 리탈린(Ritalin)을 처방받았다. 15살에 비참하게 되어 간절히 학교 중퇴를 바랐으나 방법을 몰랐다. 그는 어느 날 서점에서 책을 검색하면서 우연히 **청소년 해방 핸드북**과 마주쳤다. "처음에 나는 그것을 그냥 비아냥 섞인 농담 정도로 생각했다. 그러나 책에 깊이 빠져들면서 이는 농담이 아니라는 사실을 깨달았다. 그것은 심각한 이야기였다. 나는 자신과 교육에 대한 많은 아이디어와 가능성에 진지하게 대응했다." 그레이스의 책은 에반의 마음을 알기라도 한 듯, 중퇴 사례를 부모에게 표현하는 방법을 상세히 설명하고 있었다. "예상처럼 부모님은 흥분하지 않았다." 라고 그는 말했다.

에반의 부모는 그냥 한순간의 생각으로 끝나리라 생각했다. 에반은 완강했다. 에반의 부모는 불행한 학교생활을 인정했다. 대화를 계속한 끝에 15살에 학교를 중퇴하고 언스쿨링을 하기로 최종적으로 결정했다. "단순히 내가 학교에 가지 않는 것이 아니라 나를 위해서 내가 원하는 다른 교육의 길이 있다는 사실을 부모님께 전달하는 방식이 매우 중요했다."라고 그는 말했다. 처음에 개인 교사를 채용하여 집에서 학교 방식의 공부를 하기로 부모님과 협상했다. 에반의 부모는 불과 몇 개월 사이에 일어난 변화를 보고 개인 교습을 중단하고 언스쿨링을 완전히 받아들였다.

> 나는 리탈린의 복용을 중단했다. 나는 교실에서 문제가 되었던 것과 똑같은 행동 특성이 그 후 내 생에서 강점이 된 사실을 알았다. ADD는 나에게 내가 정말 관심이 없는 일에 집중할 때 일어날 수 있는 어려움을 보여주었다. 그것은 학교 밖에서 내가 관심 있는 일에 집중할 수 있도록 나를 확실히 변화시켰다.

> ADD는 사람에 따라 다른 방식으로 나타날 수 있다. 하지만 나에게는 오직 교실에서만 문제가 될 뿐 학교 밖에서는 아무런 문제가 되지 않는 사실을 증명해 주었다.

에반은 도시 곳곳을 누비고 다니며 탐험했다. 박물관에 가고 책을 읽고 자전거를 타고 어디든지 달려갔다. 그는 가까운 노숙자 쉼터에서 자원봉사를 하고 탈학교를 하면서 많은 시간을 보냈다. "나는 언스쿨링의 초기 단계를 학교의 압박감으로부터 서서히 해방되는 데 많은 시간을 보냈다. 내 자신감, 지적 능력, 학습 능력은 수년간 심한 타격을 받았다. 휴식기를 갖는 것은 정말 중요했다."

에반과 가족은 캘리포니아로 이사했다. 그는 지역 해양재활센터에서 자원봉사를 시작했다. 이 센터는 부모를 잃거나 상처를 입은 바다 동물을 돌보는 기관이다. 그는 10대 언스쿨러들과 온라인으로 연결을 유지하면서 '학교 캠프로 돌아가지 않기 캠프'를 발견했다. "캠프는 깊은 확신을 주는 경험이었다. 다른 10대 언스쿨러들이 자기 삶을 사는 모습을 보고 영감을 받았다. 그곳에는 100명의 10대 언스쿨러들이 있었다. 나는 모두에게 이런 자유를 주게 되면 10대들에게 무엇이 가능한지, 그들이 어떻게 학습을 시작할지 생각했다."라고 그는 17살 때 캠프에 간 기억을 떠올렸다.

에반은 소피처럼 자기 삶과 교육을 책임지겠다는 분명한 목적을 가지고 '학교 캠프로 돌아가지 않기의 캠프'를 떠났다. 캘리포니아로 돌아와서 그는 해양 보호구역에서 인턴십 자리를 얻었다. 이는 내셔널지오그래픽과 국립해양대기청(Nation Oceanic Atmospheric Association; NOAA)과 협약을 맺고 있었다. 에반은 자기가 가장 좋아하는 우상인 최고의 과학자들로부터 해양과 바다 동물의 건강에 관한 것들을 충분히 배울 수 있었다. 에반은 캠프에서 깨달음을 얻어 혼자 여행을 떠났다. 그는 바다거북에 관한 연구를 돕고 열대우림을 탐험하면서 코스타리카에서 혼자 힘으로

한 달간 생활했다. 만약 그가 계속 학교에 다녔더라면 가능한 일이었는지 의심하면서 캘리포니아의 해안선에 관한 많은 연구를 했다.

에반은 지금 37세이며 시애틀에 거주한다. 에반은 '학교 캠프로 돌아가지 않기의 캠프'를 지도하고 10대 언스쿨러들이 일 년 내내 연결을 유지하도록 돕는다. 그는 성인 성 소수자(LGBTQ) 리더십 개발을 목적으로 하는 비영리단체에서 일하고 있다. 그는 성인으로서 자신이 일군 성취 중 많은 부분을 10대 시절의 언스쿨링 경험으로 돌린다. 에반은 "교육과 학교 교육이 똑같다는 통합사상은 각각 분리되고 해체되었다. 우리는 두 개념을 분리하기 시작했다. 학교 교육은 교육의 한 형태일 뿐이다. 교육은 학교 교육보다 더 광의의 개념이다."라고 말한다.

월드 스쿨링

레이니 리베르티(Lainie Liberti)는 교육이 얼마나 광범위할 수 있는지 알았다. 2008년 재정 위기는 그녀를 강타했다. 레이니는 캘리포니아에서 9살 난 아들 마리오와 함께 사는 싱글맘이다. 그녀는 그곳에서 친환경 고객을 위한 브랜드 가게를 운영했다. 은행 구제금융에 이어 불어닥친 경기불황으로 상당한 고객을 잃었고 이는 미래에 대한 전반적인 불확실성으로 확대되었다. 레이니는 희생자가 되기보다 근본적인 변화를 꾀하기로 했다고 말했다. 그녀는 사업을 접고 모든 재산을 정리한 후 마리오를 학교에서 중퇴시켰다. 레이니는 자본주의가 흔들리고 있어 단기간의 혼란이 있을 것으로 예상하고 아들과 함께 중앙아메리카로 떠났다. 친구들은 그녀를 만류하려고 애썼고 동료들은 직업상 자살이라고 말렸다고 말했다. 하지만 레이니는 큰 변화의 시점이라는 사실을 알았다. 그곳에서 레이니와 아들은 미국 사회의 일반적인 특징으로 생각하는 것, 즉 일과 소비의 끊임없는 순환 과정에서 휴식을 취할 수 있었다. 수년 후 레이니와 마리오는 상한 빵처럼 보였던 것이 그처럼 충만한 삶으로 변화된 현실에 감사하며 여전히 세계여행 중이다.

적은 저축으로 스트레스를 날리고 느린 삶을 사는 여행이 8개월째로 접어들었을 때, 레이니와 마리오는 미국으로 돌아가지 않기로 마음먹었다. 레이니는 홈스쿨링을 조사하면서 곧 언스쿨링을 발견했다. 언스쿨링은 생활학습으로 설명하는 교육의 접근 방법이며 그녀와 마리오가 경험했던 바로 그것이었다. 사실 그들은 언스쿨링을 넘어 "월드 스쿨링(world schooling)"을 하고 있었다. 두 사람은 스페인어를 배우는 중이다. 마리오가 더 유창하게 잘했다. 모자는 도시와 마을을 탐방하고 지역주민들을 알아가면서 작은 공동체에 흠뻑 매료되었다. 두 사람은 자신들의 호기심을 추구하고 자신들이 방문하는 지역의 역사와 문화를 탐구했다. "우리는 모든 것에 '긍정적'으로 대하는 법을 배웠다. 우리는 세계를 상상의 한계를 넘는 배움의 교실로 볼 수 있게 되었다. 교실 밖의 배움은 집과 세계에 모두 존재하는 기회를 만든다. 우리에게 공감을 가르친다."라고 레이니는 말했다.

마리오와 레이니는 라틴 아메리카에서 일 년을 보내면서 그들이 살았던 도시, 마을의 언어와 문화 속에서 고향처럼 편안함을 느꼈다. 그들은 몇 가지 기본생필품을 가지고 단순하게 살았다. 레이니는 프리랜서로 컨설팅을 시작했다. 하지만 모자는 내내 일하면서 사는 미국으로 돌아갈 생각은 전혀 없었다.

마리오가 14살이었을 때 두 사람은 미국에서 열리는 언스쿨링 콘퍼런스의 강연자로 초청받았다. 마리오는 처음으로 뜻이 같은 동료들의 공동체에 매료되어 득의양양했다. 바로 여기에 자신과 같은 아이들, 학교 없이 배우고, 자기 관심을 추구하고, 현대 청소년들을 옥죄는 제약을 받지 않고 자유분방하게 살면서 탐구하는 아이들이 있다. 월드 스쿨링에서 돌아온 마리오는 우울해졌다. 그는 자신이 먼 나라의 삶과 배움을 좋아하는 사실을 알았다. 마리오는 동료와 더 많이 연결하여 교제하기를 열망했다. 마리오와 레이니는 미국으로 돌아가는 방안, 언스쿨러가 많이 사는 지역에서 정착하는 방안 등 여러 가지 선택지를 놓고 브레인스토밍을 했다. 그러나 그들 중 아무도 그것을 원하지 않았다. 대신 그들은 프로젝트 월드 스쿨(Project World School)을 창업했다.

"우리는 언스쿨러들이 있는 곳으로 이동할 수 없는 것을 알았다. 그래서 우리가 언스쿨러들을 데려오기로 했다. 우리는 많은 것을 배웠다. 다른 사람들과 함께 배우고 또 배우는 일이 우리 삶의 목적이 되었다. 우리는 그것을 언스쿨러들과 공유하고 싶었다."라고 레이니는 말했다. 프로젝트 월드 스쿨링의 첫 시험 프로그램은 6명의 10대 언스쿨러들을 6주 동안 페루로 데려가서 공동 목적을 가지고 현지인의 삶에 완전히 몰입해보는 경험이었다. "우리는 세계를 사랑하고 이런 모든 국가의 사람들과 공동체에서 살기를 원한다. 우리는 시험 프로그램이 끝난 후 효과적인 점과 비효과적인 점을 구분하여 새롭게 만들어 우리 프로그램의 근본 방침으로 삼았다. 그것은 공동체 구축, 팀 구축, 신뢰, 새로운 경험에 '긍정적'으로 말하는 배움을 기반으로 했다."라고 레이니는 말했다.

현재 6년째 운영 중인 프로젝트 월드 스쿨링은 세계 여러 지역을 망라한 2~4주간의 여행 프로그램을 준비하여 10대 언스쿨러들을 모집하고 있다. 2017년의 월드 스쿨링 여행지에는 발리, 남아프리카, 맥시코, 페루, 그리스, 태국 등이 포함되었다. 통상 14세의 10대들이 여행 집단에 합류하며 이들은 협상과 합의 단계를 거쳐 종종 삶을 바꾸는 경험이 무엇인지를 공동으로 창출할 수 있다. "우리는 공동체와 자기주도성이 목적이라면 누구든지 받아 줄 것이다."라고 레이니는 말했다. 최근 그들은 학교에 다니는 몇 명의 아이들을 이 세계에 합류시켰다. 그것은 상당히 어려운 문제를 일으켰다. "그들은 나를 성인으로 인정하고 즉각 나를 권위의 자리에 앉히고 무엇을 할 것인지 내 지시만 기다렸다. 우리는 무엇을 할 것인지를 지시하거나 명령하는 일이 없으며 무엇을 할 것인지는 공동체가 알아서 결정해야 한다고 끊임없이 상기시켰다. 학교에 다니는 많은 아이들에게는 자신의 관점을 공유하여 공동 창출자가 되려는 동기 수준이 낮았다. 그들이 기본적인 탈학교를 하려면 많은 시간이 걸린다."라고 레이니는 말했다. 여행 후 평가에서 10대 재학생 중 한 명은 자기는 나이를 더 세세하게 분리하기를 바라며 13살 아이가 18살 형들과 함께 배우는 것이 싫다고 썼다. "그는 정말 언스쿨링과 월드 스쿨링 교육의 윤리를 이해하지 못한다."라고 레이니는 말했다. 다양한 사람과 다양한 장소에서 공동체와 자기주도적으로 배우는 핵심 원리는 프로젝트 월드 스쿨링 사명 중 가장 중요한 것이다.

지금 18살인 마리오가 다른 공동 촉진자들과 함께 조직 운영과 여행 추진 등 매우 중요한 역할을 맡는 까닭에 레이니는 10대들과 일 년에 7개월이라는 충분한 휴식을 취할 수 있다. 프로젝트 월드 스쿨링은 마리오가 세계 중심의 공동체에서 다른 사람들과 함께 살고 배우는 한편, 진정한 동료 관계를 유지하면서 소망하는 언스쿨러들과 우정을 지속할 수 있게 했다. 월드 스쿨링 이전의 삶을 회고하면서 레이니는 "나는 세계가 얼마나 아름답고, 얼마나 다양한지 알지 못했다."라고 말했다. "나는 강제로 학교에 다니면서 아이들의 행복을 보장한다는 말을 철석같이 믿고 자기가 아닌 다른 사람의 꿈을 추구하는 아이들을 생각하고 있다. 학교 교육은 배움이 아니다. 풍성하게 가꾸는 삶은 숟갈로 떠먹이는 무의미한 교육이 아니라 다양한 경험이다."라고 레이니는 말했다. 다른 사람에게 특히 10대들에게 세계의 문을 열어 주는 사업은 마리오와 레이니의 언스쿨링 여행에서 중요한 부분이다. 학교 교육이 제시하는 삶의 기대와 한계에서 벗어나면 새로운 발견과 뜻하지 않은 기회와 만날 수 있다. 언스쿨링은 학교 교육의 존재로 살았더라면 상상조차 할 수 없었던 새로운 경제적 기회와 전혀 새롭고 세계적인 삶으로 마리오를 안내했다. 우리가 학교 교실의 벽을 벗어나 교육을 새롭게 바라보고 우리 사고를 점점 탈학교화하면 우리는 우리 삶 속의 또 다른 울타리를 의심하기 시작할 것이다.

도제제도

노동은 그런 울타리 중 하나다. 19세기 산업형 학교 교육은 젊은이들을 순종적인 노동자가 되도록 훈련하는 효율적인 기계로 만들었다. 개인의 관심과 열정은 공장 노동을 강요하는 학교의 조립라인 아래서 뭉그러졌다. 크게 변한 것은 아무것도 없다. 오늘날 전통적인 학교 교육은 젊은이들이 많은 빚을 지면서까지 성취도가 낮은 일을 하도록 설계된 대학 경로를 강요하고 유년기의 호기심을 억제하며 창의적인 열정을 시들게 한다. 이상적으로 말하면 직업은 유의미하고 재능과 열정과 관련되어야 한다. 그렇지 않다면, 만약 우리 직업이 매우 하찮거나 평범한 일이었다면, 바라건대 대량 학교 교육은 우리의 창의적 열정을 파괴하지 않았을 것이다. 열정은 실제로 우리를 정의하고 영감을 준다. 우리의 열정을 기르면 궁극적으로 직업은 더 충만해진다. 작가이며 국제 전략가인 존 헤이글(John Hagel)은 다음과 같이 썼다.

> 이처럼 급변하는 세계에서 내가 사람들에게 보내는 중요한 메시지 중 하나는 열정을 발견하여 그 열정을 일과 통합하라는 것이다. 오늘날 도전과제 중의 하나는 모든 사람은 대부분 우

리 사회와 학교의 산물이기 때문에 보수를 위해 일해야 한다는 점이다. 물론 보수를 많이 받는 직업은 좋은 직업일 것이다. 그러나 보수가 좋은 직업은 당신의 열정을 추구하면서 생계유지의 방안을 마련하는 직업과 매우 대조적이다.[11]

10대 언스쿨러들은 자신들의 열정에 의지하여 성인기로 가는 대안적 경로를 보여준다. 언스쿨러들은 전통적인 학교 교육의 규율에 따르지 않는 자신만의 경로를 계획한다. 이런 경로에는 대학이 포함된다. 나와 대화를 나눈 많은 성인 언스쿨러들은 청소년기에 몇 개의 지역사회대학의 강좌에 등록했고 최종적으로 4년제 대학에 진학하여 학위를 받고 졸업했다. 일부는 직업, 여행, 공동체 봉사를 위해 대학진학의 유예를 선택했다. 그 이후에 대학진학의 실제적인 목적을 발견했을 때 비로소 대학진학을 선택했다. 많은 언스쿨러에게 대학은 필수 경로가 아니다. 대학은 선택이거나 개인의 현재 관심과 미래의 목적을 연결하는 근거가 되지 않는다. 카시 블랜턴(Carsie Blanton)은 대부분 어린 시절을 버지니아 시골에서 언스쿨링으로 보냈다. 그는 16살 때 시골을 떠나 오리건으로 이사했다. 카시는 학교 캠프로 돌아가지 않기 여름 캠프에서 젊은 성인 언스쿨러들을 만나 그들과 한집에서 살았다. 카시는 대학진학을 접기로 마음먹고 대신 자신의 창의적인 열정을 중심으로 차근차근 경력을 쌓아 갔다. 지금 34세가 된 카시는 음악가와 작곡가로 성공하여 자신의 10대 언스쿨링 경험을 회고했다.

나는 16살 때의 이사로 "언스쿨러답게" 변했다고 생각한다. 나는 두 밴드에 들어가 음악에 흠뻑 빠졌다. 공연, 작곡, 여행을 즐겼다. 책을 쓰기 시작하고 거친 시를 많이 쓰고 현대 시 낭송회에도 나갔다. 내가 그 나이에 학교에 있었더라면 그런 일을

> 할 수 없을 것이다. 이런 모든 것은 내 경력과 창의적인 생활의 도구가 되었다. 전업 작가와 음악가가 나에게 완벽한 직업인 것처럼 언스쿨링은 나에게 완벽한 교육이었다.

우리 사회에 만연된 "대학이냐, 죽음이냐"라는 통념은 젊은이들을 비싼 수업료와 불확실한 대학 진로의 비좁은 통로로 내몰아 선택이 아닌 경력 파산을 초래하고 있다. 나는 종종 대학은 내가 내 아이를 위해 정한 궁극적인 목적이 아니라고 말한다. 만약 아이들이 어떤 인생의 경로를 걷더라도 대학은 무조건 도움이 된다고 생각하여 대학에 가려고 한다면 그들에게 좋을 것이다. 하지만 그런 선택은 언스쿨링 접근 방법이 추구하는 최고의 성취는 아니다. 10대들이 성인기의 직업을 결정할 때 대학은 아이들 앞에 놓인 많은 선택지 중 하나가 되어야 한다. 폴 굿맨은 "우리의 목적은 성인의 길을 기존의 학교의 길을 따라 좁혀 가는 것이 아니라 곱셈이 되게 하는 데 있다."[12]라고 썼다. **강요된 잘못된 교육**(Compulsory Miseducation)에서 굿맨은 "목적이 분명한 여행이나 개인 창업과 같이 가능성 있는 자기 선택의 교육계획"을 제안하는 청소년들에게 직접 비용을 지원하자고 주장했다.[13]

도제제도는 청소년과 성인 세계의 실제적인 현장 경험의 연결에 필요한 소중한 시간-검증의 방법이다. 중세시대에 처음 출현한 도제제도는 10~15살 사이의 젊은이들이 항상 장인으로부터 실제 기술과 현장 훈련을 받는 기회의 장소가 되었다. 이런 청소년 도제들은 실제 생활의 경험과 성인 멘토에 둘러싸인 환경에서 점차 성인으로 성장해 간다. 현대 청소년과 그들이 배제된 실제 세계 간의 단절은 점점 가파르게 증가하는 청소년기 소요 발생률의 한 요인이 될 수 있다. 심리학자 로버트 엡스타인은 "한 세기 전 우리는 공장과 길거리에서 젊은이들을 구조했다. 지금 우리는 그들을 학교에서 구조할 필요가 있다."[14]라고 썼다.

10대들은 방과 후를 제외하고 거의 학교에 갇혀 지내면서 성인 세계로부터 배제되기 때문에 공장이나 노동 현장에서 장인들과 함께 일할 기회가 거의 없다. 그들은 실제 작업과 다양한 직업에 노출되는 일도 거의 없다. 그들은 종종 사회가 대학진학을 기대하기 때문에 대학이 자신의 적성에 맞는지를 따져 보지 않고 무조건 대학에 진학하는 경향이 있다. 청소년 도제제도와 10대의 시간제 일감은 점점 지난 시대의 잔재가 되고 있다. 미국 노동 통계청에 따르면 10대의 노동 참여율은 1979년에 58%로 최고치를 기록했으나 2015년에는 34%로 곤두박질쳤다. 2014년에는 24%로 추정되고 있다.[15]

이런 패턴은 아이작 모어하우스(Issac Morehouse)에게 힘든 문제였다. 어린 시절에 홈스쿨링을 했던 아이작은 놀면서 자기 관심과 재능을 탐구할 자유가 있었다. 그는 또한 실제 세계의 가치를 배웠다. 장애인 아버지의 가정에서 자란 까닭에 아이작과 형제들이 가정 살림의 책임을 맡았다. 이는 유년기의 단순한 잡일이 아니었다. 가족을 돌보고 원활한 가정 살림을 꾸려나가기 위해 그들이 하는 일은 필수적이었다. 그런데도 아이작은 유년기의 많은 시간을 레고 장난감을 가지고 놀면서 보냈다.

10대가 되자, 아이작은 고등학교 진학을 결심했다. 그는 고등학교가 어떤 모습인지 알고 싶었지만 새로운 꿈은 이내 사라졌다. "나는 누군가가 내 일정을 계획하는 것을 싫어한다. 취업을 위해서 오래 기다리는 것도 좋아하지 않았다." 그는 교사에게 지역사회대학을 가기 위해 학교를 중퇴할 생각이라고 말했다. 교사는 그런 생각을 못마땅해하면서 아이작은 대학에 지원하기에는 아직 미성숙하다고 조언했다. 어쨌든 아이작은 중퇴를 결행하고 16살에 지역사회대학에 등록했다. 대학은 더 나은 편이었으나 이상적이지 않았다. "나는 여전히 대부분 수업이 형식적이며 낭비적이라고 생각했다. 거기에 있기를 바라는 사람은 아무도 없었다. 하지만 취업을 위해서는 그렇게 해야 한다는 느낌이 들었다."라고 아이작은 말했다. 마침내 4년제 대학을 졸업했지만, 지금껏 그가 배운 것 중 대부분은 학교 밖에서 배웠다는 사실을 알게 되었다. 그는 졸업장과 학위, 면허장은 실력이 아닌 단순히 수학 기간을 표시하는 신호 기제(signaling mechanism)라는 개념을 이해했다. 브라이언 카플(Bryan Caplan)은 자신의 저서 **교육에 반하는 사례**(The Case against Education)에서 신호 요인에 대해 "학교에서 학생들이 배운 지식은 완전히 쓸모없는 것이다. 성적 증명서가 **생산성에 관한 정보**를 제공한다면 고용주는 추가로 지급하는 보수를 마다하지 않을 것이다."[16]라고 말했다. 종잇장은 학생의 지적 능력이나 가치를 증명하지 않는다. 그것은 고용주가 이런 자료에 의존하여 유망한 피고용인을 선별하는 장치일 뿐이다.

만약 대안적 신호를 만들 수 있다면, 만약 그가 최고의 노동자를 찾기 위해서 거르고 선별하려는 고용주의 욕구를 만족시키는 한편, 자기가 관심 있는 일을 하기를 바라는 사람들에게 봉사하면 어떨까? 라고 아이작은 생각했다. 이런 가능성에 영감을 얻은 아이작은 2014년에 프락시스(Praxis)를 창업했다. 프락시스는 나이 든 청소년과 청년들에게 그들이 열망하는 고용주와 도제로 연결하여 필수적인 훈련과 멘토링을 제공하는 도제 프로그램이다. 프락시스는 "행하다"를 의미하는 그리스어의 단어에서 나왔으며 아이작의 꿈이 현대 도제제도에 매혹되게 했다. 10대의 홈스쿨러와 언스쿨러들은 종종 가장 열정적이고 성공적인 도제들이다. 하지만 아이작은 대학에 다니면서 불행하거나 빚을 지거나 심지어 최근에 대학을 졸업하고도 여전히 무슨 직업을 원하는지조차 모르는 많은 사람을 돕는다. 프락시스의 도제들은 공통 업무용 소프트웨어(엑셀, 파워포인트 등)와 기업 소통과 이론과 관련된 기술을 배우는 단기과정, 온라인, 자기 속도에 맞춘 훈련 과정을 밟는다. 아이작에 따르면 가장 중요한 일은 훈련 중인 도제가 자기 기술과 관심을 홍보하는 방법을 배운 다음 유망한 고용주에게 자기 기술을 매력적으로 제시하여 채용 가능성이 있는 고용주를 찾는 일이다. 일단 도제제도 훈련을 마치게 되면 프락시스는 도제를 실제 작업에 투입하여 다양한 기업체의 고용주들과 연결한다. 나아가 도제가 도제훈련을 받는 동안 지속적인 멘토링을 제공하고 지원하는 등 최종적인 취업을 보장하기 위해서 노력한다. 이런 도제의 대부분은 고용주로부터 정규직 제의를 받거나 도제제도를 다른 직업이나 모험적인 직업의 도약대로 이용한다.

도제제도와 직업훈련 프로그램은 두 개의 사회계층을 형성한다고 비판받는다. 즉 대학의 경로를 따라 이동하는 더 높은 특권층과 대학 학위를 요구하지 않는 저임금, 미숙련 노동으로 몰아가는 더 낮은 계층. 도제제도의 주창자들은 여기에 동의하지 않는다. 그들은 도제제도가 불평등의 투쟁을 도와 기회를 촉진할 수 있다고 믿는다. 로버트 할퍼른(Robert Halpern)은 자신의 저서 **성장 수단: 청소년 발달 지원으로서 도제제도**(Apprenticeship as a Developmental Support in Adolescence)에서 다음과 같이 썼다.

> 몇몇 사례에서 보면 젊은이들의 도제 경험은 사회계급을 넘어 많은 젊은이가 대학에 진학하는 절묘한 길을 닦는 기초가 되는 사실을 알 수 있다. 언뜻 보면 도제제도는, 특권층 젊은이에게는 청소년기를 더 연장하여 학문적인 길을 걷게 하고 특권이 더 적은 젊은이에게는 조기에 성인 세계로 몰아 넣어 대부분 직업의 길을 걷게 함으로써 불평등을 재생산하는 것처럼 보인다. 그러나 불평등의 재생산 전략으로 보이는 이것이 문제를 해결하는 하나의 수단이다.[17]

지금 아이작과 그의 아내는 4명의 아이와 함께 언스쿨링을 하고 있다. 이들 부부는 아이들이 놀고 발견하고 관심과 재능을 나타내고 공동체에서 실제 세계의 사람들과 실제적인 일의 참여하도록 필요한 시간과 공간을 충분히 제공한다. "당신이 당신 삶의 주인이 되는 것은 빠를수록 좋다. 컨베이어 벨트 방식의 학교식 사고에서 벗어날 수 있으면 더 좋다. 우리는 도제제도를 통해 자기주도적인 사고방식을 일깨우기 위해 가능한 한 그런 기관을 더 많이 세우려고 한다." 아이작은 성인기의 유의미한 직업 진출의 경로뿐만 아니라 자기 가치를 결정하는 빈 종잇장에 의존하지 않고 자신의 신호를 만드는 사람들을 지원하기 바란다. 아이작은 다음과 같이 묻는다. "왜 모두가 대학에 가야 하는가? 사람들은 취업을 위해서 어쩔 수 없다고 생각한다. 왜 모두가 중학교에, 고등학교에 가야 하는가?" 아이작은 이런 사회적 채무불이행에 도전하여 10대와 젊은이들에게 다른 선택의 길을 제공하여, 더 많은 젊은이가 자신의 삶과 생활의 능동적인 자기주도적 지도자가 되는 일에 공헌하기를 희망한다.

10대들이 전통적인 학교 교육의 억압에서 해방되어 진정한 자기 공동체 문화에 더 깊이 참여하게 한다면, 그들은 더 크게 성장할 것이다. 스트레스, 불안, 우울증 등 오늘날 청소년들의 특징을 나타내는 징후는 자기 관심을 추구하고, 자기 재능을 발달시키게 되면, 멘토링과 지원을 제공하면 사라질 것이다. 10대들에게 충분한 자원을 제공하고 용기를 북돋는 자기주도학습센터든지, 지역사회 대학과 온라인 네트워크든지, 위에서 열거한 모든 기관을 통해서든지 10대들은 답답한 교실에서 벗어나 성인 세계에서 능동적인 일꾼이 될 수 있다. 10대는 능력과 역량의 소유자로 깊이 신뢰하고 자유와 존중으로 대하게 되면 그들은 스스로 열정적 넘치는 행복한 성인이 될 것이다. 우리가 할 일은 10대들을 걸음마 아기로 대하기를 그만 멈추고 더 넓은 세계로 나가도록 그들을 환송하는 일이다.

언스쿨링 팁

정형화를 믿지 마라. 10대들이 천성적으로 냉담하고, 불쾌하고, 변덕이 심하고 동기가 부족한 존재라는 말은 신화이다. 그들의 분노를 일반적인 현상으로 가정하기 전에 먼저 환경을 조사하라. 실제 세계에 완전히 그리고 독립적으로 참여해야 할 시기에 구속과 통제를 받는 청소년들에게는 성장할 자유가 필요하다. 그들에게 자유를 주라.

공동체와 연결하려는 10대의 욕구를 이해하라. 대부분 청소년은 동료와의 상호작용, 충분한 사교 시간, 그리고 큰 공동체에서 인정받아 소중하고 완전한 성원이 될 기회를 열망한다. 10대를 넓은 공동체와 연결하여 성년기로 접어들도록 현실과 가상공간에서 이런 연결을 촉진하라.

가능성이 열려 있다. 강제적인 학교 교육의 제약이 없다면, 전 세계는 10대들의 실제 세계의 교실이 될 수 있다. 당신의 10대들이 그들의 관심을 추구할 기회를 제공하는 가까운 지역을 찾아서 뜻이 같은 동료들과 연결하라. 그리고 멘토를 구하여 의미 있는 일을 발견하라. 프로젝트월드스쿨(www.projectworldschool.com) 이외에도 자기주도적 학습의 주창자이며 작가인 블랙 볼스(Black Boles)가 운영하는 또 하나의 월드 스쿨링 여행 단체, 언스쿨어드벤처(www.unschooladventure.com)가 있다. 언스쿨어드벤처는 1년간 언스쿨러의 글쓰기 수련회를 개최하는 것으로 유명하다. 월드 스쿨링 센터(www.worldschoolingcenter.com)는 한 가족이 전 재산을 정리하여 언스쿨과 세계여행사를 설립했으며 세계를 교실로 사용하기 바라는 여행 가족과 연결하는 온라인 공동체다.

컨베이어 벨트에 의문을 제기하라. 아마 대학은 10대 교육의 종착점이 아닐 것이다. 평생 학습자로서 언스쿨러는 대학진학에 대해 특별한 접근 방법을 취한다. 그들은 대학이 목표를 향해 의미 있고 도움이 된다고 생각할 때 추구하지만, 잘사는 삶에 대한 필수적인 기대로 보지 않는다.

10

학교 밖 언스쿨링

"흔히 놀이는 진지한 학습이 아닌 것처럼 이야기한다. 하지만 아이들에게 놀이는 진지한 학습이다."

– 프레드 로저스(Fred Rogers)[1]

유년기는 더 자기주도적이었다. 나는 방과 후, 주말, 여름 내내 이웃 아이들과 놀고 시간을 보내며 성인으로 자랐다. 아주 어릴 적부터 우리는 성인들의 눈을 벗어나 우리 마음대로 놀았다. 우리는 나무에 오르고, 숨바꼭질하고, 안전모 없이 자전거를 타고, 요새를 짓고, 도토리 싸움을 했다. 우리는 넘어지고, 무릎이 깨지고, 다시 일어났다. 우리는 가끔 지도자로서 가끔 추종자로서, 가끔 소외되는 아이로서 그리고 가끔 다른 사람을 따돌리는 못된 아이로서 사회적 상호작용 망에서 협상하며 놀았다. 우리는 항상 집에 갈 수 있다는 것을 알았다.

오늘날 유년기는 전혀 다르게 변했다. 유년기는 지속적인 감시 아래

몰개성적인 교실과 인조 잔디 위에서 구조화된 활동으로 시간을 보낸다. 아이들에게 우리가 누리는 것과 같은 자유와 독립심을 길러 주려는 의도적인 노력과 지속적인 주의가 필요하다. 많은 부모가 언스쿨링을 하려는 주된 이유는 가속화되는 유년기의 속도를 늦추길 바라기 때문이다. 더 천진난만하고, 놀이가 충만하고, 자율적인 유년기를 허용하기 위해 부모들은 더 빠른 조기교육, 더 많은 수업일수, 더 많은 학업보강을 강요하는 주류에서 벗어나고 있다. 그들은 오늘날의 아찔한 유년기의 속도를 피해가기 위해서 개방적이고 비구조화된 놀이와 사라져 가는 백일몽을 꾸는 시간과 공간을 체계적으로 개발하고 있다. 자기주도적 놀이를 지키기 위한 저항행위의 강도가 점점 더 높아지고 있다.

몇 년 전 우리가 새집으로 이사했을 때 우리 도시의 이웃에 사는 어린 아이들이 밖으로 쏟아져 나오면서 그 사건이 일어났다. 아이들이 놀면서 떠드는 소리, 차가 지나갈 때마다 하키 네트를 옆으로 옮기는 오후의 길거리 모습은 나에게 아직 유년기는 사라지지 않았다는 밝은 희망을 주었다. 4명의 아이가 사는 우리집은 샛길 가운데에 있어서 동네 놀이터의 중심지가 되었다. 어느 날 우리는 우편함에서 길 건너 사는 이웃이 보낸 메모를 발견했다. 발신자는 근처 하버드 대학에서 연구하는 20대 초반의 대학원생들이었다. 메모의 내용은 우리가 이사 온 이후 오후 길거리의 소음 수준이 높아져서 학생들의 연구를 방해한다는 내용이었다. 그들은 아이들의 놀이 시간을 정확하게 알 수 있도록 주간 놀이 시간표를 보내 달라고 부탁했다. 우리는 점잖게 거절했다. 우리는 도시의 어떤 소음법령도 위반하지 않았고 아이들이 밖에서 놀고 언스쿨링을 지속할 것이라는 의사를 분명히 밝혔다. 그 일 이후 더 이상의 간섭은 없었다. 그러나 그 후 나는 그들이 도시계획 학위를 준비하고 있었던 사실을 알았다! 자유 놀이를 박탈당한 아이들 세대는 성장하여 부모가 되고 미래의 정책결정자가 된다. 유년기 자유 놀이를 앞장서서 보호하는 일은 당연히 우리 모두에게 가장 긴급한 과제이다.

어떻게 우리는 여기까지 왔는가? 레노어 스케나지(Lenore Skenazy)는 자신의 저서 **방목하는 아이들**(Free-range kids)에서 지난 30년간 유년기의 자유 놀이와 독립심을 급속히 감소시킨 다양한 집단을 분류했다. 2008년 스케나지가 9살 난 아들을 혼자서 뉴욕시 지하철을 타게 한 후 전국 미디어는 그녀에게 "최악의 미국 맘"이라는 별명을 붙였다. 우리가 누리는 것과 같은 자유와 책임을 아이들에게 허용하는 부모는 이제 사회 낙인이 찍히고 최악의 경우 아동보호소로부터 소환장을 받는 처지에 놓였다.[2] 우리는 아이의 일거수일투족을 관리하고 아이들 주위를 맴도는 "헬리콥터 부모"를 공개적으로 조롱하고 그들의 아이들을 유약하고 의존적인 세대의 젊은이들이라고 비난한다. 그럴지라도 우리는 사회적으로는 손을 뿌리치며 반대하기보다 이런 거슬리는 헬리콥터 부모들을 더 좋아한다. 유년기는 재판 중이다.

유능한 작가이며 사회 운동가인 스케나지는 유년기의 자유와 자율성이 사라지는 이유는 대부분 막연한 두려움과 사회규범의 변화에서 비롯한다고 설명한다. 범죄 자료가 정반대의 현상을 보여줄지라도, 미디어의 선정주의는 오늘날 세계가 우리 어린 시절보다 덜 안전하게 생각하도록 유혹한다. 일하는 부모들은 종종 너무 바쁜 나머지 이웃과 알고 지내기가 매우 어려운 것이 현실이다. 신상품과 유용한 도구는 아이들을 더 안전하게 보호할 것이라고 선전하면서 그것을 사지 않으면 아이들이 위험에 빠질 수 있다고 유도한다.[3] 이런 모든 것들은 유년기 놀이의 유형을 급속히 변화시키는 주범으로 공헌해 왔다.

하지만 자유롭고 자기주도적인 놀이로 되돌아가는 일은 아직 늦지 않았다. 언스쿨링 부모와 교육자들은 곧 이런 대세에 합류하여 아이들의 놀이 공간을 발견하고 창조하여 우리가 어린 시절에 누렸던 자유와 독립을 맛볼 기회를 아이들에게 제공하고 있다. 한편 언스쿨링을 선택하지 않았거나 언스쿨링자원센터나 자기주도적인 학교에 접근할 기회가 없는 부모들도 자유, 관심 중심, 유년기 놀이 등 언스쿨링의 원리를 이용할 수 있다. 자기주도적 여름 캠프와 방과 후 학교의 프로그램은 물론 공동체 중심, 아동주도의 놀이계획 등이 날로 증가하고 있다. 이런 사업은 언스쿨러는 물론 전통적인 학교 아이들의 부모들에게 유년기를 탈환할 많은 기회를 제공한다.

그냥 여름 캠프가 아니다

뉴욕 주 북서부에 있는 스텀핑 그라운드 캠프(Camp Stomping Ground)는 아이들의 자유 천국이다. 대부분의 여름 캠프와 달리 스텀핑 그라운드 캠프는 아이들에게는 감독이 필요하다는 통념에 맞서 아이들이 매일 잠자리에서 일어나 자기가 하고 싶은 것을 결정한다. 비록 여름 캠프가 아이들에게 구조화된 활동을 많이 제공할지라도 아이들이 학업에 집중할 것을 강하게 요구하는 문화추세 속에서 그런 캠프들은 유년기 자유와 놀이를 허용하는 몇 개 남지 않은 장소 중 하나인 것만은 틀림없다. 스텀핑 그라운드 캠프는 그런 유행을 강하게 거부하며 가장 자유주의적인 여름 캠프의 모델을 넘어 언스쿨링 사상을 완전히 포용한다.

협동적인 삶과 학습, 복합연령 집단의 스텀핑 그라운드 캠퍼와 성인 스텝들은 전체적으로 캠퍼가 주도하는 유의미한 여름철의 경험을 함께 나눈다. 필수활동도 없고, 언제 무엇을 해야 할지 아이들에게 요구하는 일도 없다. “근본적인 공감”은 스텀핑 그라운드의 초석이다. 젊은이들과 성인들은 완전히 자기주도적인 상호작용의 모델 안에서 모든 사람에 대한 존중과 안전을 보장한다. 자유를 배우는 것은 또한 책임을 배우는 것을 의미한다. 캠프의 창업자이며 책임자인 로라 크리겔(Laura Kriegel)과 잭 스콧(Jack Scott)은 다음과 같이 말한다.

> 우리는 인류 역사상 가장 흥미 있고 중요한 시대에 살고 있다. 그러나 그 어느 때보다도 가능성이 많은 세상에서, 우리 아이들의 삶은 더 프로그램화되고 더 많은 제약을 받는다. 우리가 아이들에게 그런 흥미로운 세계의 존재를 보도록 허락하지 않는다면 어떻게 이처럼 가능성이 넘쳐나는 세계에서 아이들을 행복하게 준비시킬 수 있겠는가?

그런 목적을 위해서 로라와 잭은 자신의 시간을 보내는 방법, 함께 지내고 싶은 사람, 탐험할 장소 등 모든 것을 캠퍼가 스스로 결정하도록 철저히 보장한다. 정시제 언스쿨링 프로그램을 이용하지 않는 부모와 아이들에게 학교 밖 언스쿨링의 확장은 매우 시급한 과제다. 스텀핑 그라운드와 같은 자기주도적 캠프 프로그램은 아이들에게 자기주도성과 비강제적인 방법을 배우는 좋은 기회를 제공한다.

얼핏 보면 캠프 스텀핑의 구조는 정시에 제공되는 급식, 넓은 실내 오락공간, 뛰놀 수 있는 광활한 숲과 들판, 매혹적인 수변공간을 갖추고 훈련된 상담자가 봉사하는 점에서 일반 캠프와 별반 차이가 없어 보인다. "차이가 있다면 모든 것이 선택이라는 점"이라고 잭이 말했다. 이 캠프에서는 오전과 오후 시간에 다양한 활동을 제공한다. 주요 활동에는 사진, 양궁, 카누, 불피우기와 원시 기술, 수영, 보물찾기, 지하 감옥과 D&D 게임, 연극, 우쿨렐레 등등이 있다. 캠퍼는 이런 활동 중에서 어느 하나를 선택하거나 오락공간이나 들판 놀이를 선택할 수 있다. 아이들은 언제든지 그만둘 수 있다. 어떤 아이가 양궁을 시도했으나 자기와 맞지 않으면 그만두고 대신 다른 것을 선택할 수 있다.

그렇게 하면 아무것도 하지 않지 않는 아이가 있지 않을까? 특정 시간에 이루어지는 특정 활동의 참가를 요구하지 않으면 아이들은 그냥 배회하지 않을까? 궁금하게 여기는 사람이 있을 것이다. 캠프 스텀핑 그라운드는 외딴 지역이라서 접속은 오직 주요 오락공간에서만 가능하다. 그럴지라도 젊은이들은 스크린 타임의 제약을 전혀 받지 않는다. 아이들이 하루 내내 컴퓨터 게임만 하면서 놀지 않을까? 로라는 말한다. "부모들은 스크린 타임을 걱정한다. 집에서 전자 게임을 많이 하고 놀았던 아이를 둔 부모들이 스크린을 크게 걱정하는 모습을 우리는 종종 발견한다. 하지만 일단 여기에 오면 이런 아이들은 곧바로 스크린을 멀리하는 경향이 있다. 이 아이들은 매우 활동적이고 제멋대로 노는 아이들이다. 그냥 놀 기회만 찾는 아이들이다." 잭은 "'탈학교' 과정의 한 부분으로 캠프에 오는 일부 아이들은 도착하자마자 처음에는 내내 스크린에만 붙어 있다가 창밖에서 아이들이 비누 거품으로 뒤범벅이 된 채 벌리는 거대한 거품 전쟁을 보게 된다. 누가 그것을 놓치기 원하겠는가?"라고 덧붙였다.

매우 다채로운 놀이, 선택 활동, 자원에 둘러싸인 캠퍼들은 좀처럼 스크린에 매력을 느끼지 못한다. 특히 유년기의 자유 놀이가 급속히 사라지는 세계에서 그것을 갈망하는 아이들에게는 더 그렇다. 대부분 아이에게 유의미하게 즐길 것들이 많이 있는데 아무것도 선택하지 않을 이유가 없을 것이다. 로라와 잭은 역시 스크린과 관련된 광범위한 사회의 편집증에 동의하지 않는다. "기술은 아이들 공동체를 구축하는 도구가 될 수 있고 특히 자폐 스펙트럼 장애가 있는 아이들에게는 공유된 경험일 수 있다. 아이폰으로 비디오 게임을 보면서 신경질적으로 웃음을 터뜨리는 두 명의 아이는 훌륭한 접속을 하고 있을 수 있다."라고 로라는 말했다. "그럴지라도 정직하게 말해서 우리는 스크린이 캠프에서 큰 인기를 끄는 것을 보지 못했다. 하루에 한 시간 동안 3명에서 4명이 비디오 게임을 한다. 그러나 설사 그렇다 하더라도 그 밖의 모든 아이는 스크린을 간헐적으로 이용한다. 즐길 일이 너무 많다."

창업자들은 스템프 그라운드 캠프를 시작하기 전, 초기 단계에서 전국의 캠프를 방문하던 중 처음으로 언스쿨링 철학을 우연히 알게 되었다. 여행 중에 그들은 자신의 공동체에서 여름 캠프를 운영하는 한 언스쿨링 아버지를 만났다. 잭과 로라는 책, 자료, 교육에 관한 새로운 사고 방법 등의 이야기를 나누며 그에게서 영감을 받았다. 스템핑 그라운드 캠프는 그런 영감에서 싹텄다. 그들은 지금 여름 캠프가 많은 가족이 1년 내내 언스쿨링 원리를 실천하는 강력한 발판이 될 수 있다고 믿는다. 스템핑 그라운드를 찾는 캠퍼의 절반가량이 자기주도나 언스쿨링 출신이며 나머지 절반은 전통학교 출신이다. 잭과 로라는 가족들이 "학교 교육에서 언스쿨링"으로 갈아타서 대다수 아이의 학습 방법이 근본적으로 변혁되기를 바란다. "우리는 아이들이 다르게 배울 기회를 제공하는 세계를 재상상하고 있다. 나는 미래에 대해 희망적이다. 우리는 자기주도적 특성 때문에 이 캠프가 매우 매력적이라고 말하는 사람들과 많은 이야기를 나눈다. 나는 학교의 부적절성에 대한 불안감이 날로 높아질 것으로 생각한다."라고 잭은 말했다.

잭과 로라의 목적은 아이들을 위한 여름 캠프가 지향하는 자유와 놀이를 더 확대하여, 강력하고 진정한 언스쿨링 학습을 다른 사람들에게 교육하는 데 있다. 캠프 창업자는 부모 교육뿐 아니라 언스쿨링 철학을 이해하고 받아들이는 새로운 교육자 양성에 전념하고 있다, 그들은 캠프 상담자들을 모집하여 자기주도적 교육 원리에 기초한 교육 실천을 중요한 사명으로 여긴다. 이전의 상담자들은 캠프를 넘어 언스쿨링에 종사할 희망을 품고 여전히 상담자 동문 모임에 부지런히 참여한다. 잭은 다음과 같이 말한다. "학교가 얼마나 끔찍한지 상담자들은 생생하게 기억하고 있다. 특히 18~25세 연령대는 많은 일을 더욱 가능하게 할 정도로 능력이 넘치는 유능한 집단들이다."

아마 더 많은 부모가 언스쿨링 철학을 자신의 삶으로 통합하겠지만, 그들은 종종 무엇을 어디서부터 시작해야 할지 알지 못할 것이다. 예를 들어 스텀핑 그라운드 캠프의 창업자는 자기주도교육을 희망하지만 언스쿨링을 효과적으로 실천할 방법을 모를 뿐 아니라 인근의 자기주도학습센터나 언스쿨링학교를 이용할 형편도 안 되는 부모들의 하소연을 자주 듣는다. 그들이 무엇을 할 수 있겠는가? 언스쿨링의 핵심은 사고방식이다. 학교 교육을 역사적 관점에 조명하고 현대 사회에서 그 역할과 한계를 이해하는 사고방식이 매우 중요하다. 최근 학교 교육을 별로 중요하게 생각하지 않는 부모들이 증가하는 추세다. 어쩌면 사람들은 언스쿨링의 사고방식을 이처럼 간단하게 받아들일 수 있다. 숙제 폐지나 고부담평가를 거부하는 부모의 대열에 합류하거나 더 많은 휴식 시간과 더 많은 자유 놀이를 위해 투쟁하는 방안이 있다. 학교 밖 일정을 단순화하고, 특별교육과정 활동의 선택을 줄이고, 아이들이 자기만의 방식으로 즐기도록 놀이 시간을 더 비구조화하고 감독을 최소화하는 방안이 있다. 박물관과 도서관, 그리고 이미 자기 관심이 이끄는 자기주도적, 비강제적인 학습을 장려하는 장소에서 더 많은 시간을 보내는 방안도 있다. 그런 사례에는 이웃 놀이를 부활하려는 풀뿌리 노력이거나 아마 위에서 열거한 모든 것일 수 있다.

공동체 기반의 자유 놀이

제니스 오도넬(Janice O'Donnell)에게 사라져 가는 유년기 놀이는 중요한 동인이었다. 로드 아일랜드 프로비덴스 아동박물관에서 오랫동안 책임자로 일한 제니스는 도시 빈민 지역 아이들이 참여하는 여름 모험 놀이터 프로그램인 프로비덴스 놀이단(PlayCorps)를 설립했다. 그녀는 "아이들은 놀이를 통해 배우지만, 지금 아이들은 놀지 못한다."라고 탄식한다. 제니스는 지난 40년간 극적으로 감소하는 유년기의 자기주도적 놀이를 목격했다. 언스쿨링 철학에 관한 그녀의 관심은 닐의 **서머힐**을 처음 읽었던 대학 시절로 돌아간다. "그것은 나에게 자기주도적 학습 사상을 노래했다. 금방 이해할 수 있었다. 내가 배웠던 곳은 항상 학교가 아니었다. 나는 내가 할 일을 의무적으로 수행했고, 좋은 점수를 받았다. 하지만 내 실제 학습은 항상 학교 밖에서 일어나는 점을 알았다."라고 제니스는 말했다. 1960년대와 70년대의 진보주의 교육 운동에 관한 그녀의 관심을 고조시킨 책 가운데는 존 홀트와 허브 콜뿐 아니라 조지 데니슨(George Dennison)의 **아동의 삶**(The Lives of Children)과 조너선 코졸(Jonathan Kozol)의 **어린 나이의 죽음과 자유 학교**(Death at an Early Age and Free school) 등이 있었다. 제니스는 이런 책을 탐독하는 동시에 자신의 어린아이들이 자기주도적인 학습 본성에 따라 경이로운 방법으로 배우면서 성장하는 과정을 지켜보았다. 제니스는 자기주도적인 학습 사상에 기반하는 부모 협력학교의 설립을 지원했다. 1979년에 신프로비덴스 아동박물관에서 일을 시작하여 1985~2014년까지 책임자로 일했다.

제니스는 아이들에게 더 많은 실습과 체험을 제공할 수 있도록 수년간 박물관을 체계적으로 정비했으나 유년기 놀이가 사라지면서 절망했다. 중핵 교육과정의 구조와 고부담평가의 도입으로 학업 내용보다 놀이를 더 강조하는 아동박물관은 중요하지 않게 되었다.

아이들이 구조화되고 성인이 지도하는 방과 후 학교와 주말 프로그램에서 보내는 시간은 대폭 증가하고 관심이 있는 활동이면 무엇이든지 자유롭게 탐험할 수 있는 박물관의 개방 프로그램에서 보내는 시간은 대폭 감소했다. 제니스와 팀원들은 학교 집단과 영합 관계를 중단했다. 그녀는 그런 관계는 결코 박물관에 적합하지 않으며 특히 학교 권한에 끌려가면 더 큰 문제가 될 것을 우려했다. 제니스는 일정이 빡빡하게 잡힌 대집단은 아이들이 좋아하는 것에 매혹되지 못하게 방해한다고 생각하고 "박물관은 학교 집단과 어울리지 않는다."라고 말했다. "실제 학습은 무엇을 배우기 원할 때 일어난다."라고 덧붙였다.

학교 집단을 환영하는 기조에는 변화가 없었으나 박물관은 환심을 사려는 노력을 중단하고 학교 방식을 따르는 교육과정의 요구를 받아들이지 않았다. 대신 제니스와 팀원들은 놀이를 통한 가족 중심, 아동 중심의 박물관 학습 프로그램을 두 배로 늘려 나갔다. 나아가 그들은 박물관의 벽을 넘어 위탁 아이들과 함께 지역주민을 위한 봉사활동 프로그램을 확대하여 도심의 빈민 지역에 방과 후 놀이 중심 프로그램을 지원했다. 지역 도서관과 더 유연한 관계를 지속하고 건전한 놀이와 탐험을 강조하는 단체와 돈독한 협력관계를 구축했다. 이 과정에서 제니스와 박물관 동료들은 놀이에 관한 입장을 분명히 밝혔다. "우리는 놀이라는 단어를 다시 쓸 것을 결정했다. 우리가 하는 일은 놀이라고 당당히 선언했다. 아이들의 놀이가 중요하다는 선언이 우리의 메시지이다. 놀이는 배움에 매우 소중하며 놀이 결핍은 아이를 심각하게 해친다."라고 그녀는 말했다.

2000년대 초반 제니스가 유년기 자유 놀이를 보존하는 일에 헌신하기 시작하면서 불안감은 점점 더 커졌다. 제니스의 박물관은 놀이 중심이었고 아이들은 박물관의 벽 안에서 탐험하는 자유가 있었다. 그러나 그것은 목적지였다. 박물관은 대부분 성인이 아이들을 소풍을 목적으로 데려오는 장소로 변했다. 제니스는 동네 놀이에 다시 불을 밝힐 필요성을 느꼈다. 그것은 그녀의 어린 시절에서 기억하는 놀이의 종류이며 지금은 거의 사라진 것들이다. 제니스는 놀이가 박탈된 현대 사회의 아이들을 돕는 가능한 방법은 동네 놀이라고 인식하고 모험 놀이터 운동(adventure playground movement)에 관해 더 많은 것들을 배우기 시작했다.

언스쿨링처럼 모험 놀이터는 새로운 개념은 아니지만 새로운 관심의 대상이 되고 있다. 모험 놀이터의 원조는 1943년 덴마크에서 "잡동사니 놀이터(junk playground)"라는 신조어를 달고 개장했다. 오늘날 그 명칭은 대부분 모험 놀이터로 분류된다. 그곳에는 폐자재, 도구와 못, 건축자재, 판지 상자, 재활용품 등이 쌓여 있다. 이 아이디어는 상상력이 빈약한 놀이터보다 더 비구조화되고 더 자기주도적인 영역에서 아이들이 만들고 헐고, 만들고 파괴하는 공간을 모든 나이의 아이들에게 허용하려는 의도에서 나왔다. 칼 테오도르 쇠렌센(Carl Theodor Sørensen)은 최초로 모험 놀이터를 세운 조경 디자이너였다. 그는 아이들은 자신이 건축한 계획된 놀이터보다 다른 모든 종류의 놀이터에 훨씬 더 많은 관심이 쏠리는 모습을 발견했다. 아이들은 놀이터의 인위성을 금방 알아채고 자신들의 놀이에서 더 거칠고 더 진정한 것을 열망했다.

모험 놀이터는 20세기 중반 유럽을 통해서 널리 퍼져 나갔다. 지금은 전 세계에 천 개가 넘는다. 이런 대부분 놀이터는 미국의 외곽에 있으나 그 운동은 여기서 일어나고 있다. 제니스는 모험 놀이터 모델에 강한 흥미가 생겼다. 그녀는 장기간 런던에 머물면서 도심의 빈민 지역인 이스트 앤드 이웃에 있는 유명한 모험 놀이터를 방문했다. 제니스는 고무되었다. 여기는 도심지의 동네 아이들에게 꼭 맞는 공간이 있었다. 이곳에서 아이들은 자유롭게 오가며 많은 폐자재를 가지고 완벽한 자기주도적인 놀이를 하고 있었다. 훈련된 놀이 도우미들은 아이들의 안전은 보장했으나 놀이는 가르치지 않았다. 언스쿨링 부모와 교육자들처럼 놀이 도우미들은 아이들의 개인 놀이를 방해하는 일 없이 관심을 확인하고 촉진하면서 자기주도적 학습 공간을 유지했다. "놀이 관리는 가르치지 않고 아이들의 놀이를 돕는 능력이다."라고 제니스는 말했다. 그녀는 놀이 도우미를 해변의 안전요원에 비유하여 설명했다. 안전요원은 정말 심각한 위험이 생기면 즉석에서 돕지만, 바닷조개로 다양한 모양을 만드는 아이의 모습을 보면 귀퉁이를 돌아가면 더 많은 바닷조개가 있다는 정보를 슬쩍 흘려

줄 것이다. 놀이 도우미들은 보호하고 촉진하는 역할을 한다. 간섭하거나 가르치는 일을 하지 않는다.

유년기의 자유 놀이를 보존하고 증진하려는 새로운 열정으로 무장하고 제니스는 미국으로 돌아왔다. 그녀는 모험 놀이터 모델을 도입하여 프로비덴스의 아이들을 위한 작업에 착수했다. 박물관은 도시공원에 다양한 "번개 모험 프로그램(pop-up adventure program)"을 제공하고 하루 내내 이벤트를 열어 수백 명의 사람을 끌어들였다. 그러나 제니스는 무엇인가 더 지속적이고 영구적인 프로그램을 바랐다. 그녀는 놀이단이라는 여름 모험 놀이의 프로그램을 개발하기 위해 프로비덴스의 여러 단체와 협력관계를 구축했다. 프로비덴스 아동박물관과 도시 건강 위원회 사무실과 공원 부서가 상호 협력한 끝에, 2014년 여름에 사업을 시작할 수 있었다. 도시 전역의 공공택지 옆에 인접한 저소득층 지역에 몇 개의 공공 공원과 놀이터가 들어서자, 매년 여름마다 주중에 젊은이들이 모여들었다. 그들은 여러 가지 폐자재, 도구, 판지와 접착테이프, 낡은 종이와 옷, 공과 밧줄, 페인트와 분필과 물, 그리고 다른 흥미로운 물품을 가지고 완전히 자기주도적인 공간에서 시간 가는 줄 모르고 놀았다. 그들은 공원을 자유롭게 오간다. 놀이단은 놀이 관리의 실습 훈련을 받은 성인들이 운영하며 여름 공원에서 연방정부가 지원하는 무상점심 프로그램을 공급한다. 여름 내내 총 10만 달러의 비용으로 3,500명 이상의 아이에게 봉사하는 놀이단은 작은 것이 먼 길을 갈 수 있는 사실을 보여준다. 비용은 대부분 흔히 대졸이거나 최근 대학을 졸업한 놀이단의 도우미에게 지급한다. 그들 중 많은 사람은 놀이단의 부근에서 자란 토박이들이다. 기금은 공적 자금과 사적 자금을 뒤섞어 사용한다.

놀이단은 놀이를 촉진하고 아이들이 자기주도적 학습의 개념에 더 가까이 접근하게 하는 중요한 발걸음이지만 제니스는 현실에 만족하지 않는다. "나는 더 멀리 가고 싶다." 제니스는 동네 공간에서 운영하는 연중 프로그램은 지역사회 기반, 자기주도적 학습을 향상하는 다음 단계가 될 것이라고 설명하면서 말했다. 그녀는 여름 프로그램은 아이들이 사는 동네 중앙에 위치하는 것이 유리하지만 그것도 결점이 있다고 말했다. 놀이터에서 지역 돌보미 프로그램을 실행할 경우, 놀이단의 팀, 놀이 규칙, 감독이 크게 달라지는 것처럼 공공 공간의 공유는 까다로운 문제가 될 수 있다. 프로비덴스의 도시뿐 아니라 전국의 모든 도시와 마을에서 일 년 내내 아이들이 무료로 이용하는 영구적인 모험 놀이터는 제니스의 꿈이다. "20대의 젊은이들은 놀이 경험이 적은 세대들이다. 이제 그들은 부모가 될 것이다. 가장 중요한 점은 자기주도적 놀이의 가치를 확산하여 우리 아이들이 놀이를 놓침으로써 어떻게 상처를 입는지 설명하는 일이다."라고 제니스는 말한다.

여기서 할 수 있으면 어디서도 할 수 있다

놀이에 대한 제니스의 헌신적인 비전을 공유하면서 뉴욕에 또 다른 여름 모험 놀이터가 출현했다. 거버너스(Governors) 섬에 위치하는 play:ground NYC(놀이: 뉴욕시 운동장)라고 부르는 모험 놀이터다. 면적은 150에이커(약 0.61제곱킬로미터)에 달하고 예전에 군사기지로 사용되었던 무인도다. 맨해튼과 브루클린에서 연락선을 타면 곧바로 도착하는 짧은 거리에 있으며 자유 여신상의 뛰어난 전망을 볼 수 있다. 놀이터 자체는 5만 제곱피트(약 465만 제곱미터) 정도이다. 거버넌스 섬의 재개발 권한을 소유한 비영리 재단이 시에 제공하여 지역사회가 이용할 수 있게 되었다. 봄부터 가을까지 주말에 아이들은 잡동사니 놀이터에서 마음껏 놀 수 있다. 잡동사니 놀이터에는 폐기물, 여러 가지 부품, 망치와 못, 먹다 버린 음식과 아이들의 이상적 공간에 필요한 재활용품 등이 널려 있다. 여름캠프의 주중 프로그램은 대중들이 주말 모험 놀이를 무료로 이용할 수 있도록 비용을 보조해 준다. play:ground NYC는 아이들이 연락선을 타고 혼자 오가기가 어려운 장소인 까닭에 아이들은 항상 부모를 동반한다. 하지만 부모들의 놀이터 출입은 금지된다. 대신 놀이 관리의 훈련을 받은 스텝들이 아이들을 가르치지 않고 안전을 보장하는 일을 한다. 부모와 아이들이 놀 수 있는 가족 모험 놀이터는 중앙 놀이터의 이웃에 있으며 6살 전후 아이들이 이용한다.

play:ground NYC가 두 명의 뉴욕시 언스쿨링 부모의 아이디어라는 사실에 놀랄 필요는 없다. 알렉산더 코스트(Alexander Khost)와 이브 모셔(Eve Mosher) 두 사람은 아이 생일파티에서 우연히 만나 자유 놀이와 모험 놀이터에 관한 대화를 나누었다. 그들은 자기주도적 놀이와 자신들이 실천하는 자기주도적 양육 간에 많은 유사점을 발견했다. “그것은 진심으로 아이들을 신뢰하고 아이들이 놀 시간과 공간을 결정하도록 허용하고 한 걸음 뒤로 물러나는 일이다.”라고 알렉스는 말했다. 알렉스는 첫 대화를 마친 후 뉴욕시 초중등학교의 학생들을 가르칠 수 있는 미술 교사의 자격증을 얻었다. 알렉스와 이브는 놀이 세계에 자신을 내던졌다. 모험 놀이터에 관한 지식을 쌓고, 지역 소재의 대학에서 뜻이 같은 동료를 찾고, 도시공원에서 번개 놀이터 이벤트를 주최하고, 비영리단체를 조직하여, 크라우드펀딩 캠페인을 시작했다. 개장하기 일 년 전에 play:ground NYC 팀은 브루클린 아동박물관과 협약을 맺고 모험 놀이 전시회를 개최하여 수백 명의 방문객을 불러 모았다.

2016년 5월, play:ground NYC는 뜨거운 열정과 후원을 받으며 문을 열었다. 현재 이 놀이터는 섬과 도시 전역으로 확장하여 아이들의 접근성을 더 높이려는 목적을 향해 날로 번창하고 있다. “play:ground NYC는 이런 일이 일어날 수 있다는 현실을 보여주는 놀라운 장소이다. 뉴욕에서 그것을 할 수 있다면 어디에서도 그것을 할 수 있다."라고 알렉스는 말한다.

방과 후 언스쿨링

놀이터에 근무하지 않을 경우, 알렉스는 브루클린 애플 아카데미(Brooklyn Apple Academy)에서 자기 시간을 보낸다. 애플 아카데미는 전일제로 운영한다. 하지만 일반적으로 언스쿨링 가족이 주 3일씩 센터 프로그램을 이용하는 자원센터이다. 애플 아카데미는 브루클린의 사우스 슬로프 근처의 호텔 주변에 있는 밝고 매혹적인 공간이다. 이 공간은 목공실, 식료품으로 가득한 부엌, 보드게임과 놀이 매트로 구성되어서 마치 넓게 트인 대회의실 같은 느낌을 준다. 주방에서 나가면 두 개의 작은 방으로 나뉜다. 하나는 도서관으로 컴퓨터와 오래된 소파가 있고 다른 하나는 미술실로 큰 테이블과 공예용품이 있다. 내가 애플 아카데미를 처음 방문했을 때 알렉스는 공간을 재정비하고 있었다. 일부 아이들은 미술실에서 심각한 표정으로 '리스크' 보드게임을 하고 있었다. 여기에 두 명의 어머니가 합세하여 즐겁게 구경하고 있었다. 두 명의 다른 소년은 컴퓨터 방에서 자신의 기기로 게임을 하고 있었다. '리스크' 게임이 끝나고 스크린이 빛을 잃자, 아이들은 곧 놀이 중심 구역으로 모여들어 레슬링을 하거나 주변을 뛰어다녔다. 알렉스는 놀이터에 가든지 근처의 스케이트 공원에 가서 에너지를 발산하라고 제안했으나 아이들은 추운 오후에는 보드게임을 하고 싶다고 말했다. 이제 곧 학교 수업을 마친 아이들이 구조화된 일상으로부터 더 많은 자기주도적인 휴식을 취하기 위해 이곳에 도착할 것이다.

노아 애플 메이어(Noah Apple Mayer)는 2010년에 시간제 자기주도학습센터로 브루클린 애플 아카데미를 시작한 후 도시에 사는 언스쿨링 아이들에게 다양한 수업과 현장학습 프로그램을 제공했다. 애플 아카데미는 시간이 지나며 확장을 거듭하며 발전했다. 최종적으로 현재의 위치에 정착하여 다양한 프로그램을 제공한 결과 언스쿨링 공동체를 능가할 수 있었다. 노아는 8학년 때 메인주의 외딴곳에서 일 년간 홈스쿨링을 할 때 처음 대안 교육을 접할 기회가 있었다. "되돌아보면 그것은 대학교육을 포함한 내가 받은 최고의 교육이었다."라고 그는 말했다. 노아는 성인이 되어서 뉴욕으로 이사한 후 브루클린의 자유 학교에서 일했다. 이어 뉴욕시의 몇몇 홈스쿨링 부모들이 자기 아이들을 위해서 시작한 "마이크로 학교"에서 일했다. 이 학교는 학교 교육과 언스쿨링을 혼합한 형태로 운영했다. 마침내 노아는 자기주도교육을 중점적으로 지원하는 장소로 브루클린 애플 아카데미를 시작했다.

브루클린 애플 아카데미는 평일에는 언스쿨링 프로그램뿐 아니라 선택 수업을 제공하며 센터의 목공실을 중심으로 방과 후 팅거링 프로그램을 지원한다. 아이들은 언제든지 도움을 주는 성인과 함께 자신의 팅거링 프로젝트를 수행할 수 있지만, 모든 것은 자기주도적이다. "방과 후 학교 프로그램에 참여하는 많은 아이의 일정은 거의 완벽할 정도다. 아이로서 내가 상상하는 수준보다 그들의 일정표는 훨씬 더 촘촘하게 잘 짜여 있다. 지금은 이것이 일반적이다. 아이들이 여기에 오게 되면 학교에서 받은 스트레스는 날아간다."라고 노아는 말했다. 그는 아이들이 목공실에서 한 시간 또는 그 이상을 보내고, 소파에서 한 시간 정도 만화책을 보고, 한 시간 정도 보드게임을 하면서 시간을 보낸다. 엄밀히 따지면 3시간짜리 방과 후 학교의 팅거링 수업이지만 자기주도적인 공간 철학은 아이들이 적어도 그 시간만은 자유롭고 자기주도적으로 자기 관심을 추구하는 점을 의미한다. "자유는 모든 사람이 이용해야 한다."라고 노아는 말했다. 노아는 전통적인 학교 교육의 대안이든지, 학교생활의 보완이든지 더 많은 가족이 언스쿨링과 자기주도적 학습을 더 많이 이용할 방안을 적극적으로 찾고 있다.

놀이가 거의 없는 교실에서 성인이 가르치는 구조화 된 활동으로 대부분 시간을 보내는 젊은이들에게 자기주도적 방과 후 학교 프로그램은 생명선이다. 텍사스 휴스턴의 자기주도적 방과 후 학교 프로그램은 우연히 패리시 학교(Parish School)의 모험 놀이와 만났다. 패리시 학교는 의사소통과 학습장애가 있는 아이들이 다니는 사립학교이다. 대부분 자폐스펙트럼 장애, ADHD, 감각 처리 장애, 난독증 등을 진단받은 학생들이다. 2008년 이 학교의 교장은 패리시 학생뿐 아니라 지역 아이들도 이용할 수 있는 혁신적인 방과 후 학교 프로그램을 도입했다. 학교 뒤쪽에 있는 3에이커(약 1.2만 제곱미터) 구획 위에 모험 놀이터가 탄생했다. 주간에 학교 도서관의 사서로 일하는 질 우드(Jill Wood)가 개장 이후 패리시 학교의 방과 후 모험 놀이를 관리했다. 6~12세 아이들은 빈틈이 없는 이 공간에서 만들고 돕고 난관에 대처하고 가능한 어른의 개입을 최소화하면서 마치 아이들이 하는 것처럼 갈등을 해결했다.

학교에서 수행하는 질의 역할은 비구조화된 자유 놀이가 아이들에게 변화를 일으키는 특별히 중요한 관점을 나타낸다. 내가 방문하는 동안 질은 실내화를 고무장화로 바꿔 신고 놀이 관리자로 변신하면서 "사서와 놀이 간에는 실제적인 관계가 있다. 사서는 자유, 정보, 선택, 비검열, 학습환경의 비판에 대한 열렬한 지지자."라고 나에게 말했다. 교사가 주도하는 구조화된 환경에서 어려움을 겪는 아이들은 방과 후 학교 공간을 통해서 교실에서 배우기 힘든 매우 중요한 자신감과 능력을 향상하며 번성한다. 이 공간은 언스쿨링 아이들과 지역사회의 아이들에게 매력적이지만 패리시 학교의 학생들에게도 큰 도움이 된다. "아이들은 도대체 믿을 수 없는 능력자다."라고 모험 놀이터에서 아이들을 돌보면서 질이 말했다.

만약 우리가 한 발 뒤로 물러서면 아이들은 마술을 만들어 낼 것이다. 전혀 과장이 아니다. 아이들이 여기서 만드는 창조물들을 우리는 믿을 수 없다. 우리는 놀이에 반대하는 사람들을 직접 상대하고 있다. 우리는 교실에서 골칫거리였던 많은 문제가 여기에서는 전혀 문제가 되지 않는다고 생각한다. 아이가 힘든 시간을 겪고 있다면 우리 성인들은 어떻게 아이들을 바꿀 것인지가 아니라 어떻게 아이들의 욕구에 맞게 더 좋은 환경으로 바꿀 것인지 우리 자신에게 물어야 할 것이다. 오히려 교실에서는 구조화된 환경 때문에 많은 것들이 방해받고 있다.

나는 어느 따뜻한 겨울날 오후에 패리시 학교의 모험 놀이터에 도착했다. 금속 조각, 큰 PVC 파이프, 양철 캔, 낡은 타이어, 플라스틱병, 구부러진 훌라후프, 돗짚자리, 목재 더미, 버려진 화환, 너덜너덜한 시트, 정교하게 만든 놀이 구조물 위로 태양이 내리쬐고 있었다. 아이들은 이 모든 것을 한데 모아 예쁘게 꾸몄다. 놀이터의 한쪽에 금속으로 된 쇼핑카트가 뒤집혀 있었고 다른 쪽에는 낡은 여행용 가방이 누워 있었다. 근처에는 깨진 도자기 조각들이 흩어져 있었다. “지금 만들어도 될까요?” 맨 먼저 도착한 아이가 물었다. 아이는 낡은 플러시 천, 파스텔 페인트가 칠해진 장난감 말, 활 모양으로 휘어진 무거운 나무 막대의 끝부분을 잡아끌고 잔디를 지나 근처의 놀이 구조물로 가져갔다. 곧 많은 아이가 도착하여 공간을 누비고 다니며 숨이 찰 때까지 소리를 질러댔다. 여기 있는 것이 해방이다. 여기에 오기 직전까지 하루 일상을 온통 채우고 있던 것들, 즉 “해야 하고” “반드시 해야 하고” “하지 않아야 하는” 모든 것을 내려놓는 기회이다. “괴성을 지르는 것이 치유법이다.”라고 질은 웃었다.

방과 후 모험 놀이터는 부모들의 출입을 금지한다. 모험 놀이터는 학기 내내 1주일에 4일씩 오후에 문을 열며 정시제 선택의 경우 부모는 한 달에 450달러의 비용을 부담한다. "부모들은 이 공간을 위험하게 만들 수 있다."라고 질은 말한다. 솔직히 나는 이 말을 듣고 당황했다. 부모가 위험을 초래하는가? 부모는 위험으로부터 보호하는 것이 맞지 않는가? 놀이를 즐기는 아이들을 관찰하면서 나는 질이 말하는 의미를 이해할 수 있었다. 질과 그의 동료인 웨스 햄너(Wes Hamner)는 놀이 관리자 실습을 받았다. 그들은 간섭하지 않고 관찰하는 방법, 통제 없이 촉진하는 방법, 그리고 아마 가장 중요한 점이라고 할 수 있는 위험 중의 위험을 구별하는 방법을 알고 있었다. 이는 부모들에게 어려운 문제다. 나는 높은 구조물에 올라가거나 특별한 방식으로 놀고 있는 아이들을 보고 "조심해"라는 말을 하지 않을 수 없었던 순간을 고백한다. 내 아이가 그처럼 높은 곳에 올라가 있었다면 나는 평정심을 보여주지 못했을 것이다.

부모로서, 심지어 자기주도 놀이의 중요성을 잘 알고 있는 우리조차도 우리 아이들의 안전을 걱정하지 않을 수 없다. 자칫 이런 걱정이 자기주도 놀이를 위험하게 할 수 있다. 내 부모님은 내 가을 도토리(아이 때 내 별명)가 이웃 아이와 싸우는 것을 봤다면 틀림없이 싸움을 말리고 당연히 우리에게 조심하라고 말했을 것이다. 그러나 부모님은 우리를 보지 못했다. 그래서 우리는 마음껏 놀 수 있었다. 우리는 놀이 과정에서 자제하는 방법을 배우면서 우리 행동에 대한 책임 의식이 생기게 되었다. 우리는 우리 한계를 시험하고, 우리가 스스로 정한 한계까지 우리를 내몰아가면서 위험을 판단하는 방법을 정확히 배웠다. 우리는 우리 판단에 따라서 공동 목적을 위해서 다른 사람과 협력하는 방법을 배웠다. 우리는 막다른 골목에 서로 부딪혀 논쟁을 벌였다. 종종 다치고 울 때도 있었다. 이는 모험 놀이의 단면이며 질이 놀이 관리자 훈련에서 발견한 매우 중요한 점이다. 어른들이 공간을 감독하고 위험을 알리고, 한계를 정하고, 갈등을 해결한다고 아이들이 생각하는 순간, 놀이 공간은 독창성이 사라지고 더 위험하게 된다. 그런 경우 안전의 책임은 아이가 아닌 아이 밖에 있다. 질은 모험 놀이터는 일반적으로 인근의 전통적인 놀이터보다 부상자가 더 적다는 점을 강조했다.

질과 웨스(Wes)는 현대 부모들에게 미안한 마음을 가지고 있다. 도시 젊은이들을 위한 공동체 파쿠르(Parkour) 프로그램을 공동으로 이끌었던 웨스는 다음과 같이 회고했다.

> 우리는 자라면서 아버지의 스크랩 파일과 도구상자를 가지고 놀았다. 그러나 오늘날 아이들은 현대 사회의 엄격성 때문에 그런 자유 속에서 양육되지 않는다. 사회 전체가 변했다. 아이를 거리에서 놀게 하려면 부모는 경찰에 신고해야 한다. 사람들은 아이들이 구조화된 활동을 하기를 기대한다. 하지만 그런 일은 "책임감이 강한" 부모들이 하는 일이다. 이렇게 되면 아이가 부모의 눈치를 살피지 않고 항상 스스로 위험을 평가할 수 없게 만든다.

질은 덧붙였다. "부모들에게 가해지는 중압감이 너무 심하다. 우리는 중재자이다. 이것은 뒷문을 열고서 아이들이 숲속에서 5시간 동안 뛰게 하라는 것은 아니지만 그것은 자유다."

여러 가지 의미에서 이는 현대 문화의 슬픈 비평이다. 현대 사회는 우리 대부분이 어린 시절에 감독자 없이 즐겼던 자기주도적 놀이와 비슷한 놀이를 장려하기 위해 지정된 공간을 마련하고 도우미를 배치해야 한다. 그러나 많은 아이에게 특히 프로비던스, 뉴욕, 또는 휴스턴 등의 도시 아이들에게 모험 놀이터는 유년기 자유가 남아 숨 쉬는 몇 군데 안 되는 희소한 기회 중 하나이다. 텍사스의 햇빛 아래 앉아서 거의 잊혀 가는 놀이를 즐기는 아이들을 바라보면서, 몇 가지 질문이 머리에서 떠나지 않았다. 왜 미국의 모든 지역에는 모험 놀이터가 없는가? 왜 우리는 기존의 방과 후 학교 프로그램을 재발명하여 전통적인 학교의 젊은이들에게 적어도 오후 시간의 일부나마 자유와 자기주도성을 허용하지 않는가? 왜 우리는 언스쿨링에서 영감을 받은 놀이로 풍성한 여름 캠프와 공동체 여름 프로그램을 확장하여 일 년 내내 이용하지 않는가? 왜 우리는 소수가 아닌 대다수 아이가 놀면서 시간을 보내도록 하지 않는가?

이런 질문의 대답은 우리에게 달려있다. 부모인 우리는 아이들과 공동체의 중요한 문제를 결정하는 사람이다. 우리가 중요하게 생각하는 것이 무엇인지 서서히 모습이 드러날 것이다. 우리가 우선으로 생각했던 것들은 종말을 고할 것이다. 우리 공동체 프로그램과 공공 공간은 우리 가치와 우선순위를 직접 반영하게 될 것이다. 정말 중요한 질문은 바로 이것이다. 우리가 변화를 촉진하기 위해 유년기의 자유와 자기주도적인 놀이에 충분한 관심을 쏟고 있는가?

언스쿨링 팁

학교 밖 언스쿨링을 확장하라. 아이들의 건강과 행복을 위해 자유와 비구조화 놀이의 중요성을 인정하라. 놀이를 통한 자기주도적 학습을 강조하는 언스쿨링 여름 캠프와 방과 후 프로그램을 찾아보거나 개발하라.

동네를 변화시키라. 당신의 동네에서 유년기 놀이를 되살리라. 지역 공무원들과 협력하여 차 없는 오후와 주말 놀이를 하도록 길거리 차단 운동을 전개하라. 비구조화되고 감독자가 없는 아이들의 놀이에 애정 어린 관심을 보내는 이웃과 힘을 모아 이런 환경을 재창조하는 방법을 놓고 브레인스토밍하라. 지역 공원에서 번개 모험 놀이터 이벤트를 개최하라. 모험 놀이터를 만들거나 기존의 방과 후 학교나 여름 프로그램을 놀이의 중요성을 알리는 공간으로 바꾸도록 지원하라.

공동체 자원과 연계하라. 도서관, 박물관, 지역의 공원 부서는 자기주도적 놀이와 학교 밖 언스쿨링을 확장하고 지원하는 훌륭한 동맹자가 될 수 있다. 이미 많은 사람이 그렇게 하고 있다.

11

언스쿨링의 미래

"나는 교실이 아닌 도서관에서 태어났다. 교실은 사람들의 관심을 봉쇄하는 감옥이었다. 도서관은 개방적이고 무한하며 자유로웠다."

— 타네히시 코츠(Ta-Nehisi Coates)[1]

우리에게는 학교 교육의 세기가 아닌 교육의 세기가 필요하다. 대량 학교 교육이 만들어 낸 순응, 복종, 권위주의는 우리 사회가 직면한 현재와 미래의 도전에 대한 우리의 대응을 무력화한다. 더욱이 이런 방식의 학교 교육이 인간이 지닌 잠재력의 완전한 발현을 방해하는 점은 가히 치명적이다. 산업 시대의 유물인 전통적인 대량 학교 교육은 아이들의 창의성을 파괴하고 충만한 자신감을 억누르고, 타고난 호기심을 질식시키며 발명에 족쇄를 채웠다. 이런 인간의 경향성, 즉 창의성, 충만함, 호기심, 독창성은 새로운 이미지 시대가 요구하는 필수적 자질과 역량이다.

좋은 소식은 우리가 이런 역량을 가르칠 필요가 없는 점이다. 우리는 다만 그것의 파괴를 중단할 필요가 있을 뿐이다. 그런 자질은 이미 모든 아이가 태어날 때부터 가지고 있는 것들이다. 우리가 할 일은 이런 자질을 배양하여 우리 아이들이 고도로 창의적이며, 자신감이 충만하고, 호기심이 넘치는 독창적인 존재가 되는 것, 즉 그들 자신이 되도록 조력하는 일이다. 아이들은 이미 이런 재능을 가지고 있다. 그것을 빼앗지 말라.

우리는 지금 산업 시대를 떠나 상상력의 시대로 향하고 있다. 그러나 우리의 교육 시스템에는 아직도 공장형 학교 교육의 잔재가 고스란히 남아있다. 점점 더 강압적이고, 표준화되고 시험 위주로 나아가는 학교 교육의 환경이 아동 형성기의 대부분을 점령하고 있어서 상상력의 시대적 요구와 이를 실현할 기회가 양립하기 어려워지고 있다. 자신의 저서 **이제 당신은 그것을 알 수 있다**(Now You See It)에서 캐시 데이비슨(Cathy Davidson)은 초등학교 입학생의 65%가 아직 출현하지 않은 미래의 직업에 종사할 것으로 예측했다. 캐시는 "이처럼 거대한 변혁의 시대에 우리는 고조 할아버지 세대를 위해 설계한 수업 계획서와 시험을 아이들에게 강요한다."[2]라고 썼다.

변화의 시대, 이전 세대들이 수행했던 조립라인의 작업을 점점 로봇이 대신하는 현시대에서 무엇보다 가장 시급하고 중요한 점은 아이들의 타고난 호기심을 보유하면서 탐구하고 발명하려는 욕구를 꾸준히 지원하는 일일 것이다. 언스쿨링은 후기 산업화 시대에 인간의 잠재력의 극대화가 가능한 교육 패러다임을 제공한다. 2016년 직업의 미래에 관한 세계경제포럼의 보고서에 따르면, 오늘날 가장 많이 필요로 하는 기술과 직업은 5년 전이나 10년 전에는 존재하지 않았다.[3] 대량 학교 교육의 모델은 획일적이며 고정된 교육과정과 미리 정해진 결과에 기초한다. 이는 혁신 기반의 경제 요구를 충족하기에는 비참할 정도로 부족하다. 우리는 앞으로 몇 년 후에 젊은이들이 무엇을 알 필요가 있는지 솔직히 우리 자신도 모른다. 그런데 어떻게 젊은이들이 미래에 알아야 할 것들을 미리 정해 놓고 거기에 맞춰 교육할 수 있겠는가? 하지만 우리는 젊은이들이 주변의 실제 세계에 매료되고 그런 세계에 노출될 때 자연스럽게 생기는 관심을 탐구하고 자기교육을 주도하도록 허용함으로써 자신의 역량을 배양하도록 지원할 수 있다.

일부 교육 개혁가들은 현대 사회의 요구와 가치에 맞게 전통적인 학교 교육을 개혁하기 위해서 상자 밖에서 더 많이 생각할 것을 요구한다. 그들은 더 많은 아동 중심의 교육과정, 더 적은 시험, 더 통합적인 학교 교육 환경을 추진할 것이다. 하지만 상자 밖의 생각으로는 불충분하다. 강제적인 대량 학교 교육이 시작된 이후 수많은 진보주의 교육자들이 강제적인 학교 교육의 모델을 약간 변경하여 고쳐 보려고 노력했다. 그러나 여러 가지 이유로 전통적인 학교 교육은 한층 더 제약적으로 변했다. 우리는 모든 상자를 배척하고 전반적으로 새로운 기하학의 모양을 만들 필요가 있다. 학교 교육은 상자이다. 학습은 어떤 모습이겠는가?

다행스럽게도 앞에서 기술한 것처럼 학교 교육이 없는 몇 가지 성공적인 학습모델이 있다. 점점 더 많은 가족이 학교 교육을 거부하고 언스쿨링을 선택할 수 있는 시대가 도래했다. 자기주도학습센터와 언스쿨링 학교의 규모가 급속히 확장되어 많은 젊은이가 쉽게 이용하고 있다. 언스쿨링 철학을 반영하는 자기주도형 여름 캠프와 방과 후 학교 프로그램은 연중무휴로 이용할 수 있다. 10대 몰입과 도제 프로그램은 더 성장할 가능성이 있다. 모험 놀이터와 지역사회 기반을 우선시하는 다양한 노력, 즉 아이들의 자기주도적 놀이는 전국의 각 지역사회에서 싹트고 있다. 우리는 구조화되고 성인이 가르치는 활동과 학교 일로 아이들을 포위하여 압박하기보다 아이들이 공공 공간으로 돌아오도록 격려해야 한다. 이런 자기주도적인 기회를 지원하는 것은 모든 사람이 지식과 정보를 무한으로 이용하여 이미지 시대를 정의하는 방대한 기술의 플랫폼이다.

이런 사례 이외에도 우리 공동체가 모든 사람에게 자기주도적이며 비강제적인 교육을 지원하는 다양한 방법들이 있다. 대부분 그것은 이미 존재하고 있다. 우리 도시, 마을, 동네의 우수한 공공 자원을 빠짐없이 조사하여 학교 교육의 강요 없이 친자연학습을 지원하는 새로운 방법을 찾을 수 있다. 현상 유지에 반대하는 교육자를 지원하여 전혀 학교같지 않은, 전체적으로 완전히 새로운 공립학교를 구축할 때, 강제교육에서 벗어나 자기 결정 교육으로 나아갈 수 있다. 기업가 정신을 촉진하여 혁신적인 교육모델에 집중적으로 투자함으로써 아직 상상의 여지가 있는 새로운 가능성을 찾아낼 수 있다. 학교 없는 교육을 통해서 고품질 교육을 제공하는 사회의 청사진이 바로 우리 눈앞에 놓여 있다. 우리는 산업사회의 산물인 학교 교육의 실험을 땅속 깊숙이 묻어두고 상상의 시대와 그 너머의 시대에 맞춰 학습자가 자기교육을 촉진하는 학교의 대안을 찾아야 한다.

공동체 자원

처음 텍사스 매클런(McAllen) 빌딩에 들어섰을 때 눈길을 끈 것은 그 규모였다. 12만 3천 제곱피트(약 40만 제곱미터)를 자랑하는 1층 구조는 웅장했으나 우리를 따뜻하게 맞아 주었다. 새 창, 눈부신 벽, 현대식 조명, 호화찬란한 카펫과 의자, 부드러운 장의자는 웅장한 규모에도 불구하고 넓은 공간과 아늑하고 조용한 공간이 뒤섞여 매혹적인 공간 분위기를 연출했다. 116대의 컴퓨터 연구실(아동용은 10대), 완벽한 서비스카페, 자원봉사자가 운영하는 서점, 최첨단 화상 회의 설비를 갖춘 회의실, 180석의 객석을 갖추고 있었다. 이는 모두 무료이며 대중들에게 연중무휴로 개방하고 있다. 이 특별한 곳은 어디인가?

매클런 공공 도서관.

2012년 새롭게 단장한 도서관은 지역 공동체 요구를 충족하기 위해 예전 월마트 점포의 구조를 변경하여 탄생했다. 새로운 빌딩이 들어서고 학습, 연결, 공동체 참여에 필요한 공간과 자원을 더 많이 제공하게 되면서 이용자들이 두 배 이상 증가했다.[4] 도서관은 최고의 공교육이다.

도서관의 예산이 감축되면서 전국 각지의 공공 도서관은 엄청난 구조조정이 일어났다. 이는 더 적은 예산으로 많은 서비스 제공이 가능하게 되어 지역사회의 모든 구성원에게 학습 공간을 무료로 개방하고 있다. 공공 도서관이 단순한 책 대여 이상의 기능을 하면서 점점 더 추가적인 서비스를 제공한다. 이는 지역사회의 다양한 교육 욕구를 충족하는 데 크게 공헌했다. 캘리포니아 주의 새크라멘토(Sacramento) 공공 도서관은 재봉틀, 우쿨렐레, 카메라, 보드게임을 대여한다. 미시간 주의 앤아버(Ann Arbor) 공공 도서관 이용자들은 망원경과 현미경을 대여한다. 미네소타 주의 그랜드 래피즈(Grand Rapids) 공공 도서관 이용자들은 낚시도구를 빌린다. 메인주의 비드-디포드에서는 설피, 코네티컷의 노스 헤이븐에서는 케이크 팬도 빌릴 수 있다.[5]

미래의 언스쿨링 모습이 어떠할지 상상해 보면 공공 도서관은 매우 이상적인 기관이다. 국가 예산과 종종 개인의 기부에 의존하는 도서관은 진정한 의미에서 무료이며 자기주도적인 학습 공간이다. 공립학교와 달리 도서관에는 나이에 따른 차별이 없다. 이용자들은 법적으로 출석을 강제하기 때문에 도서관에 가지 않는다. 도서관에는 기본적인 건강과 안전 규칙 이외에는 어떤 제한도 없다. 공동체의 이용자는 필요할 때 도움을 제공하는 유능한 사서들과 자원봉사자들의 안내를 받으며 자기가 선택한 도서관을 자유롭게 이용하여 탐구할 수 있다. 도서관에는 강좌, 컴퓨터 수업, 제2외국어로서 영어 수업, 그리고 사서가 지도하는 이야기 시간과 북클럽 등 강좌나 참여 프로그램 등이 많이 있다. 이런 이벤트는 지역사회의 모든 성원이 이용하며 모두 선택이기 때문에 강제가 있을 수 없고 무엇을 배우고 해야 하는지 지시하는 사람도 없다. 일부 지역사회의 공공 도서관은 연방정부의 무상점심 급식과 점심 급식 할인프로그램을 일 년 내내 실시하여 아이들에게 영양분을 공급한다.

미국 전국 각지의 도시와 마을 도서관은 세금으로 운영하고 무료이며 연중 이용이 가능한 효과적인 자기주도적 학습 공간의 모델이다. 도서관에서는 다양한 자원과 수업을 제공하기 때문에 유능한 직원들은 친자연 학습을 촉진하고 나이와 경험이 다양한 지역사회의 성원들은 아무런 제약도 없이 자유롭게 배운다. 기업가와 철학자인 안드레 카네기는 도서관은 "지역사회가 주민들에게 제공하는 다른 어떤 이익을 능가하고도 남는다. 그것은 사막의 봄이다."[6]라고 말했다.

1848년 13살의 어린 나이에 미국에 도착한 스코틀랜드의 가난한 이민자, 앤드류 카네기(Andrew Carnegie)는 형식적인 학교 교육을 거의 받지 못했다. 그는 주로 책을 자신의 교사로 삼고 자기교육을 했다. 카네기의 전기를 쓴 데이비드 나소(David Nasaw)는 "앤디는 자기교육을 매우 진지하게 했다. 그는 장인이나 기계공이나 사무원이나 상인이나 관계없이 시민이라면 누구나 독서는 필수라고 생각했기 때문에 폭넓은 독서를 즐겼다."[7]라고 말했다. 19세기 중반 미국에서는 책값이 비싸 책을 곁에 두기가 쉽지 않았다. 그러나 카네기는 1850년 기업가인 제임스 앤더슨(James Anderson) 대령이 자기 고장인 펜실베이니아의 알레가니에 처음 도서관을 설립했을 때 행운을 잡았다. 앤더슨 대령은 마을 소년에게 매주 토요일마다 자기 도서관에서 책을 빌려주고 다음주에 반납하도록 했다.[8]

앤더슨의 행동은 카네기에게 깊은 영감을 주어 자신이 모은 재산의 상당 부분을 25,000개 이상의 도서관 설립에 봉헌했다. 카네기 도서관은 전국의 도시와 마을에 설립된 최초의 무상 공공 도서관이었다. 그것은

"개가식" 도서관 모델의 선례가 되었다. 이용자들은 사서가 책을 찾아 가져올 때까지 기다릴 필요 없이 스스로 검색할 수 있었다. 20세기 초에 문을 연 카네기 도서관은 처음으로 아이들을 위한 교실을 설계한 것으로 유명하다. 많은 도서관은 활기가 넘치는 지역사회센터, 볼링장, 음악당, 당구장, 수영장, 체육관으로 활용한다.[9] 카네기는 자신의 전기에서 "소년과 소녀들에게 그처럼 생산적으로 돈을 지원할 방법은 없다. 지방 자치단체를 지원하는 일은 곧 지역사회 공공 도서관의 설립이라는 결심은 내 어린 시절의 경험에서 나왔다."[10]라고 썼다. 역동적인 자기주도교육의 센터로 존속하면서 계속 확장하는 공공 도서관의 유산은 학교 교육이 없는 비강제적인 학습의 중요한 원형이다.

자유 이용이 가능하며 공동체 기반의 자기주도적인 학습의 허브로 존재해 온 유일한 모범사례는 도서관만이 아니다. 전국의 수많은 박물관도 공동체의 모든 성원에게 자원을 이용할 기회를 널리 확대하면 무슨 일이 일어날지 주시하고 있다. 예를 들어 워싱턴 DC에 있는 스미스소니언은 공공 기금과 개인의 기부, 두 가지를 모두 혼용하여 도약하는 학습과 발견 센터를 설립했다. 1846년에 설립된 스미스소니언은 19개의 박물관과 미술관에 특별히 국립 동물원까지 갖췄다. 대부분은 모두 무료이며 일 년에 364일 개장한다(크리스마스만 제외). 무료로 입장하는 다른 박물관처럼 스미스소니언에서 이용자들은 자기 속도에 따라서 관심이 가는 영역에 더 오래 머물고 관심 없는 영역은 피해 가면서 전시물을 탐구한다. 유능한 큐레이터, 직원, 자원봉사자들은 질문에 대답하고 내용을 설명하는 등 큰 도움을 준다. 참가를 반기거나 반기지 않는 이용자 모두에게 항상 선택강좌, 전시, 실습 경험을 제공한다. 공공 도서관처럼 모든 지역사회에 박물관이 있어서 자기주도교육을 지원하고 촉진한다고 상상해 보라.

공공 공원과 해변, 지역사회 공공 센터, 대중 교통기관과 같은 자원뿐 아니라 공공 도서관과 공공 박물관은 공공재와 강제기관 간의 차이점을 잘 보여준다. 전자는 자발적이고 개방적 접근이며 비강제적이다. 후자는 그렇지 않다. 나는 최근 초등학교 나이의 딸과 엄마 간의 대화를 우연히 엿들었다. 어린 소녀는 그날 통학버스에서 옆에 앉아 못되게 굴었던 아이에 대해 불평을 늘어 놓았다. 엄마는 아이에게 버스에서 어느 날은 네가 좋아하는 아이 옆에 앉을 수 있고 어느 날은 그렇지 않을 수도 있다고 말하면서 딸을 안심시키려고 애썼다. "그것은 시내버스 같은 거야."라고 엄마가 말했다. 그렇지 않은 것만 제외한다면 정말 시내버스에는 매일 당신 옆에 새로운 사람들이 앉아 있을 것이다. 결정적인 것은 당신은 버튼을 누르고 다음 정류장에서 내릴 수 있다는 점이다. 강제적인 학교 교육은 원래 강제적이다.

강제적인 학교 교육에서 벗어나 넓은 의미에서 교육을 정의하고 다양한 기회를 제공하는 비강제적인 공공재의 교육모델로 나아가면 우리는 모든 시민의 창의성, 자신감, 호기심을 촉진할 것이다. 폴 굿맨(Paul Goodman)은 **강요된 잘못된 교육**(Compulsory Miseducation)에서 "자유는 오직 내적 동기에서만 성장하기 때문에 교육은 강제가 아닌 자발적이어야 한다. 교육의 기회는 다양해야 하고 다양한 형태로 관리되어야 한다. 우리는 독점적인 현재의 학교 시스템을 확대하기보다 축소해야 한다."[11]라고 썼다. 공공 도서관과 공공 박물관뿐 아니라 그 밖의 많은 다른 공공재는 강제력에 대한 자유의 힘을 나타낸다.

교육자

공립학교의 베테랑 교사팀이 언스쿨링의 원리를 바탕으로 근본적으로 전혀 다른 유형의 학교를 설립했던 원동력은 자유에서 나왔다. 그들의 사명을 살펴보면 단순히 벽과 책상을 제거하고 아이들에게 상당한 선택권을 허용함으로써 학교 교육을 조금 덜 불쾌하게 만드는 것만으로 충분하지 않았던 점이 분명하다. 스콧 에반스(Scott Evans)와 가브리엘 쿠페(Gabriel Cooper)는 캘리포니아 팀의 일원들이며 2017년 가을에 개교한 산 후안 언스쿨 학교(UnSchool San Juan)의 설립자였다. 여기에는 점수, 시험, 숙제 등이 없다. 학생들을 1학년이나 2학년으로 부르지 않는다. 학생들은 관심과 목적에 기반한 복합연령, 범 학문집단 내에서 상호작용하며 학교에는 대규모 창작소, 풍부한 도구, 기술 등이 있다. 산 후안 언스쿨 학교의 중요한 내부 학습환경은 공동체의 성원들이 구성하며 외부 도제제도는 중요하게 생각한다. 앞에서 설명한 보스턴 외곽의 파우더하우스 학교처럼 산 후안 언스쿨 학교에는 학교 교육에서 학습으로 전환하는 거대한 실험을 지원하는 교원노조가 있다.

스콧과 가브리엘은 각각 이 지역 학교에서 약 20년간 학생들을 가르친 경력이 있다. 해가 지날수록 그들의 절망은 깊어 갔다. "많은 아이가 시스템에 실패하고 있으며 이는 학생 탓이 아닌 시스템 탓이다."라고 가브리엘은 말한다. 이 팀은 새로운 학교를 세우기 위해 지역 교육감을 찾아가 비정통적인 계획을 제안했다. 젊은이들이 자기 관심을 탐구하고 자기 프로젝트를 수행하고, 어떤 진로를 선택하든지 그들을 돕는 자원과 멘토로 둘러싼 자기주도공립고등학교를 설립했다. 교육감은 협조적이어서 전통적인 학교 교육의 구조와 태도를 평가하는 프로젝트에 운명을 맡기고 기꺼이 모험에 동참했다.

일부 현대 공립학교는 젊은이들에게 더 많은 개인의 통제와 선택을 허용하는 소프트웨어나 시스템을 실행하고 있다. 그러나 그것은 여전히 정해진 교육과정과 표준화 평가 아래서 운영되고 있다. 이 방식은 학생이 자기만의 시간과 자기가 선택한 순서에 따라 과제를 통과하는 자기 속도의 개념일 수 있지만 실제로 내용은 학생이 아닌 학교가 감독한다. 산 후안 언스쿨 학교는 전통적인 교육청의 관장 아래 있으면서도 그 이상의 일을 추진한다. 스콧은 수동적이며 전통적인 교수−시험 중심의 학교 방침을 따르는 것보다 여러 가지 면에서 교육청의 요구사항이 느슨해졌을 때조차 자기만의 학습과 활동에 대한 책임을 맡는 일이 얼마나 더 힘든지 설명하면서, "교육을 받기에 언스쿨 학교는 가장 어려운 곳이다."라고 말했다.

스콧과 가브리엘은 전국 표준화 시험에 응시하는 학생을 부정적으로 보지 않는다. 하지만 시험 선택은 부모와 학생의 결정에 따를 계획이다. 학생들이 산 후안 언스쿨 학교에서 고교 졸업장을 받기 원하면 핵심 내용의 영역과 관련된 요구사항을 충족해야 한다. "우리 학생들은 여전히 전통적인 핵심교과에 대한 교육청의 요구사항을 이수하는 점수를 얻을 필요가 있다."라고 가브리엘은 말했다. 산 후안 언스쿨 학교의 모든 학생은 자기 관심과 관련된 프로젝트를 수행하고 있지만, 그들은 프로젝트에서 교과의 요구사항을 충족하는 폭넓은 핵심 역량을 보여주어야 한다. 학습과 학습의 숙달을 증명하는 방법은 학생이 결정한다. 이런 목적은 학생이 조언자의 조력을 받으며 가능한 한 자연스러운 학습을 끌어내는 데 있다. 예를 들어 산 후안 언스쿨 학교에서 한 학생이 고대 투석기인 노포를 만든다고 가정하자. 학습 목표는 학생이 결정하겠지만 그는 자기 프로젝트 과정을 통해서 역사, 수학, 물리와 관련된 개념을 조사하고 그 내용에 대한 충분한 이해 수준을 보여주어야 한다. 이해 정도는 학생의 개인적 학습 목표와 직접 관련이 있는 내용을 전제로 하며 매우 느슨하게 평가한다. 그러나 교과에 대한 교육청의 이런 요구사항은 전통적인 교육청의 관리를 받지 않는 언스쿨러들이 피하고자 하는 내용과 평가를 둘러싸고 약간의 제약이 있을 수 있다. 가브리엘은 이 점을 지나치게 걱정하지 않는다. 그는 "학습에는 구조가 없는 것이 아니다."라고 말한다.

이런 제약이 있을지라도 산 후안 언스쿨 학교의 젊은이들은 전통적인 학교 방식의 교육에 따르는 동료보다 훨씬 더 많은 자유와 자율성을 누린다. 가브리엘과 스콧에 따르면 학교 교육을 받는 젊은이들은 점수는 곧 능력이라는 훈련을 받는다. 그것은 예측 가능한 선형적 과정이다. 전통적인 모델에서 자기주도적이고 관심 중심의 모델로 이동할 경우 주요 정신과 정서에 변화가 일어나야 한다. 설립팀은 학생들에게서 예측할 수 있는 탈학교 과정을 발견했다. 이는 언스쿨러들이 보통 전통적인 학교 환경을 떠나는 과정에서 겪는 경험과 비슷했다. "그들은 수개월간 가만히 앉아 있다가 갑자기 정신을 차리고 일어선다."라고 가브리엘이 말했다. 그들은 자기교육에 대한 책임을 깨닫는다. 책임은 자기 자신들에게 달렸다. 부모는 종종 아이들의 신념과 태도에서 매우 극적인 변화를 경험한다. "부모는 결코 아이가 인간으로 성장하는 모습을 본 적이 없다고 말한다. 아이는 지금 놀라운 사람으로 변했다."라고 가브리엘이 말했다.

가브리엘과 스콧은 학생들과 더불어 자신들의 탈학교 과정을 지속할 것이라고 말한다. 그들은 성적 수준이나 성적과 관련 있는 용어를 학생들에게 말할 때처럼, 전형적인 학교 교육의 언어를 사용할 때 문득 자기 자신을 발견하곤 한다. 이는 성인이나 학생 모두에게 중요한 학습 곡선이다. "나는 결코 내 교직 경력에서 이처럼 내 안전지대로부터 멀리 벗어난 적이 없다. 종종 나는 위험지대에 있다."라고 가브리엘이 말했다. 그는 18년 경력의 교육자이며 현재 산 후안 언스쿨 학교의 교장이다. "부모들이 이 과정에 참여하기 위해 혹시 너무 무리하지 않는지 상당히 두렵다. 부모들의 최악의 두려움은 학생들의 꿈을 해치는 일이다. 나는 정말 부모들을 조심스럽게 대한다. 나는 이 일이 잘될지 확신할 수 없다. 하지만 전통적인 학교도 잘될지 확신할 수 없기는 마찬가지다. 이는 롤러코스터를 타는 것 같지만 인생도 마찬가지다."

전통적인 학교 시스템의 내부에서 일어난 혁명, 산 후안 언스쿨 학교는 그 가능성을 보여주었다. 열렬한 교육자들이 적극적으로 지원한다면,

혁신 사상을 수용한다면, 그리고 학교 교육보다 학습의 우월성을 인정한다면, 전통적인 학교는 언스쿨로 재창조될 희망이 있다. "시간이 말해줄 것이다."라고 가브리엘은 말한다. "'학교'라는 그리스의 어원은 여가를 의미하며 즐거운 곳이었다. 현재의 시스템은 붕괴했지만, 관심과 발견이 학습의 모든 부분을 차지했던 학교의 원형으로 되돌아가는 일은 가능하다." 그러므로 산 후안 언스쿨 학교는 시금석이다. 이런 교육자들은 자기주도공립학교에 대한 비전을 계속 유지할 수 있을까? 전통적인 교육과정과 책무성 평가는 필경 더 심하게 압박할 수 있을까? 학생의 자율성은 전통적인 교육구에서도 지속할 수 있을까? 산 후안 언스쿨 학교는 신공립학교의 교육 시대에서 성공할지, 아니면 수많은 전례처럼 지배적인 학교 시스템으로 재흡수될지는 두고 보아야 할 것이다. 가브리엘이 말한 것처럼, "벼랑 끝에 서 있는 느낌이다. 우리는 물러서야 할 것인지, 전진해야 할 것인지 알 수 없다."

사업가

가브리엘과 스콧과 같은 교육자들은 전통적인 학교 교육의 내부에서 개혁이 일어나기를 희망한다. 그러나 다른 사람들은 현재 시스템의 밖에서 완전히 새로운 시스템을 창조하는 방안을 모색하고 있다. 마니샤 스노이어(Manisha Snoyer)와 같은 기업가는 부모와 교사의 권한을 모두 강화하는 새로운 교육모델을 창조했다. 2009년에 마니샤는 예술가들을 가르치며 여분의 돈이 필요했다. 그래서 그녀는 성인들을 위한 외국어 학교를 시작했다. 마니샤는 가르치는 일과 학생들과 긴밀하게 지내기를 좋아했지만, 마케팅과 청구서, 그 외 행정적인 일로 너무 많은 시간과 에너지를 쓰는 사실을 알고 실망했다. 그녀는 서류작업이 아닌 교수학습에 전념했으면 좋겠다고 생각했다. 마니샤는 비슷한 교육 프로그램의 출시를 원하는 유능한 교사－친구들을 만났다. 그러나 그들에게는 마케팅 전략과 그런 일을 할 지식을 갖춘 창업에 능한 사람은 거의 없었다.

이 무렵 마니샤는 지난 4년간 뉴욕시의 여러 곳에서 아파트를 임대하여 에어비앤비(Airbnb) 사업을 하고 있었다. “나는 궁금하기 시작했다. 에어비앤비가 주인에게 하는 일을 시장이 교육 혁신자들에게 하게 하면 어떨까? 마케팅과 지급처리 과정을 없애면 교사들은 믿을 수 없을 정도로 놀라운 프로그램을 만드는 데 집중할 수 있지 않을까?”라고 마니샤는 말했다. 그녀는 이 사업을 위해 코티지클래스(CottageClass)를 창업했다. 2017년에는 에어비앤비의 공동 창업자 네이트 블리어치크(Nate Blearczyk)와 여행사 부사장 조셉 자데(Joseph Zadeh)에게서 엔젤 투자를 약속받았다. 두 사람에게는 모두 어린아이가 있었다. 코티지클래스는 현재 아이들을 위한 다양한 교육 프로그램을 개발하여 가르치는 교사와 프로그램을 이용하는 부모를 모두 지원하고 있다. 한편으로 코티지클래스는 이런 “에듀프레니어(edupreneurs)”들의 모든 행정업무를 관리하고 대규모 지역사회의 가족들과 학습자들이 이런 교사들을 요구할 경우 서로 연결하는 역할을 한다. 에어비앤비가 공유경제 안에서 기능하면서 단기간에 숙박업을 개조한 것처럼 코티지클래스와 이와 비슷한 벤처기업도 교육의 변화와 혁신에 공헌할 수 있다. 마니샤는 다음과 같이 말했다. “우리는 코티지클래스를 창립하여 가족들이 풀뿌리 학습계획(grassroots learning initiative)을 쉽게 발견하고 교사와 부모들이 새로운 사업을 쉽게 시작할 수 있도록 조력했다.”

마니샤는 동반자 관계의 부모들이 종종 과밀학급과 엄격한 시험 위주의 전통적인 학교 교육에 절망하는 모습을 보았다. 대부분 사람은 이전에 학교에 대한 대안을 생각해 본 적이 없었지만, 대량 학교 교육에 너무 좌절한 나머지 다른 것을 찾을 수밖에 없었다고 그녀는 말했다. 마니샤에 따르면 "우리가 소위 '주류 가족'이라고 부를 사람의 수가 증가하고 있다. 일반적으로 이들은 틀을 깨지는 않지만 다른 무엇보다 절망적인 상태에서 현상 유지에 대한 대안을 고려하면서 표준화 시험을 거부하거나 전통적인 학교 시스템을 선택하지 않는다." 코티지클래스는 이런 가족들과 지역사회에서 학교 교육의 대안과 연결하고 이런 "주류" 가족이 실제적인 대안 교육의 열렬한 옹호자가 되도록 부지런히 안내한다. "그들은 아이들에게 나타나는 긍정적인 효과와 자신들이 속한 멋진 공동체를 보면서 어쩔 수 없이 모두 대안 교육의 옹호자가 된다."라고 마니샤는 말했다.

코티지클래스는 교사와 학습자의 회원 가입은 무료이며 교육자들이 특별한 프로그램을 개발하도록 지원한다. 부모들은 수업료를 내기 전에 재정적 부담 없이 다양한 프로그램을 탐색할 수 있다. 코티지클래스 플랫폼을 이용하여 학습자들이 등록하면 회사는 등록비의 일정 비율을 갖는다. 현재 제공하는 프로그램에는 워크숍, 일회성 강좌, 아동 양육, 여름캠프, 방과 후 학교, 유아 학교 프로그램, 자기주도학습센터와 "미니학교" 등이 있다. 이런 프로그램은 주로 디다 아카데미(Dida Academy)에서 제공한다. 뉴욕시 브루클린의 중심지에 있는 디다는 자기주도센터와 10대들을 위한 멘토링 자원센터다. 디다의 공동 창업자인 다니엘레 레빈(Danielle Levine)은 코티지클래스는 디다 브랜드를 만들고, 신규 학생들을 모집하고, 같은 뜻을 가진 교육자들의 공동체를 구축하고, 계산서와 등록을 관리하는 기관이었다고 설명했다. 코티지클래스는 일반 책임보험과 단체회원에 재산상 손해보험을 보장한다. 다니엘은 이런 보험은 매우 드물며 소규모의 신생 교육단체에는 엄청난 보너스라고 말했다. 코티지클래스가 제시하는 종일제 학습센터의 비용은 일반적으로 보통 사립학교의 절반 수준이고, 교사에게 20% 이상을 지급한다. 코티지클래스는 교사와 부모가 직접 주도할 경우, 고부가 가치, 저비용 교육의 가능성을 보여준다.

코티지클래스는 프로그램의 내용을 관리하거나 통제하지 않는다. 그러므로 제공되는 프로그램이 모두 언스쿨링의 가치를 반영하는 것은 아니지만 대부분 반영한다고 볼 수 있다. 프로그램을 제공하는 교육자들은 내용을 구성하고 전달하는 과정에서 완전한 자유를 보장한다. "당신이 사람들에게 그처럼 많은 자유를 주게 되면" 마니샤는 다음과 같이 말한다.

> 사람들은 필연적으로 자유와 자기주도성을 믿는 사람들의 마음에 매혹될 것이다. 모든 아이(그리고 모든 인간)는 타고난 호기심을 가지고 있으며 배움과 성장에 대한 생물학적 갈증을 느낀다는 것이 우리 신념이다. 교육자와 양육자로서 아이들에게 기본 욕구(음식, 피난처, 사랑)를 제공하고 그들이 가장 잘하는 것, 배움을 조력하는 것이 우리 일이다.

코티지클래스에 대한 마니샤의 비전은 담대하다. 그녀는 이런 분권적인 모델이 부모와 교사들의 권한을 모두 강화하여 미국의 교육을 근본적으로 개조하기를 희망한다. 코티지클래스가 지원하는 가족은 이미 400명 이상을 넘어섰다. 현재 이 단체는 뉴욕을 기반으로 다른 도시로 확장하고 있으며 이미 전국 각지의 77개 도시에서 2,500명의 교사로부터 요청을 받았다. 코티지클래스의 성장 과정에서 마니샤는 공통된 맥락, 즉 표준화, 전통적인 시스템에 숨이 막힌 열성적인 교육자, 더 좋은 교육을 소망하는 절망한 부모들을 알게 되었다. "우리는 부모가 각각 옳다고 생각하는 방향으로 아이들을 안내하여 다양한 과정, 학교, 경험 활동을 선택하기 바란다. 우리 사명은 교육을 잘 아는 사람들, 즉 교사, 부모, 아이들이 우리 교육 시스템을 밑바닥부터 끝까지 개조하는 것이다."라고 마니샤는 말한다.

부모

이 모든 것은 부모가 결정한다. 언스쿨링의 미래를 향해 앞으로 나갈지 결정하는 주체는 부모다. 아이들의 교육을 되찾을지 결정하는 주체도 물론 부모다. 정말 나쁜 전통적인 학교 교육은 여전히 득세할 것인가? 여전히 형편없는 베이비시터는 없는 것보다 더 나은가? 모든 사람이 그런 베이비시터에 의지한다면 베이비시터는 더없이 훌륭하지 않은가? 충분히 만족할지는 부모들이 선택할 것이다. 전통적인 미국 초중등학교에 매년 6천억 달러 이상을 쏟아부을지, 아니면 모든 젊은이를 위해 비강제적이고 자기주도적인 교육의 선택에 집중할지는 부모들이 결정할 것이다. 교육은 학교 교육에서 해방될 수 있다.

학교 없는 교육이지만, 고품질의 교육받은 사회를 보장하는 기관이 있다. 언스쿨링 가정, 자기주도학습센터, 언스쿨링 학교, 학교 밖의 언스쿨링 자원 등이다. 이들 졸업생은 모두 젊은이들이 학교 교육 없이 성장할 때, 호기심, 열정, 학습에 대한 흥미를 잃지 않고 평생 보유하는 사실을 증명한다. 기술과 공동체 자원은 이미 성인들의 이용 방법을 기존 시스템에 제공하여 더 많은 젊은이에게 자기주도적이고 비강제적인 교육을 확대하고 있다. 공공 도서관과 박물관은 납세자가 기금을 내지만 오랫동안 비강제적인 친자연학습과 평생 학습의 허브로서 모범적 역할을 하고 있다. 교육자와 기업가들은 언스쿨링을 촉진하는 새로운 기회를 창출하여 더 많은 교육의 자유와 선택의 기회를 제공하고 있다.

아이들은 제품이 아니다. 아이들은 어린 시절에 10년 이상 광택이 날 정도로 배워서 조립 라인에 설 필요가 없다. 교육은 내용과 문화를 이해하여 종합하는 자연스러운 과정이다. 교육은 인간의 학습을 유발하는 호기심과 상상력을 파괴하지 않으며 다양한 방법으로 지원할 수 있다. 학교 없는 교육의 미래는 단순하지만 모든 젊은이를 위한 비강제적이고 자기 주도적인 교육이라는 혁명적인 교육사상을 상상해 본다. 그것은 친자연 학습을 지원하는 실제적이고 생생한 자원을 활용하면서 가르치는 성인이 아닌 촉진하는 성인에게 의존한다. 학교 교육을 벗어나 교육을 더 넓은 사회적 이익으로 아우르기 위해 새로운 학습 가능성을 활짝 열어젖혀야 한다. 나는 이런 몇 가지 모범사례를 공유했다. 아직 구축해야 할 가능성이 많이 남아 있다. 부모로서 우리는 전통적인 학교 교육의 기반인 산업형 모델의 늪에서 계속 허우적거릴 것인지, 아니면 특이한 고품질의 교육으로 아이들을 양육하는 학교 없는 교육의 미래를 환영할 것인지 결정해야 한다. 중요한 첫걸음은 내가 먼저 나 자신을 언스쿨링하는 일이다.

⁝ 감사의 말 ⁝

내 남편 브라이언과 사랑하는 내 아이들에게 감사한다. 이들은 내가 이 프로젝트를 마칠 수 있는 시간과 힘을 주었다.

특히 이 책의 가능성을 알아보고 훌륭한 시카고 리뷰 출판사 팀과 연결한 내 대리인 질 마살에게 감사한다.

초고를 읽고 또 읽어 준 내 어머니 조앤 맥도널드, 초고 편집에서 깊은 통찰력을 제공한 내 친구 수잔 코치너와 레이철 채니, 내 연구를 도와준 테일 리차드, 지속적인 조언과 격려를 아끼지 않은 월터 그라인더, 찰스 해밀턴, 로렌스 리드 등 모두에게 감사의 말을 전한다.

언스쿨링의 이상을 고양하여 언스쿨링 교육철학을 더 많은 가족이 더 많이 접근하도록 돕기 위해 지칠 줄 모르고 헌신하는 피터 그레이와 자기주도육연합(ASDE)의 동료들에게 감사를 전한다.

끝으로 이 책에서 학교 교육 없는 학습의 비전과 자신들의 이야기를 공유한 부모, 교육자, 언스쿨러들에게 마음을 다해 깊은 경의를 표한다.

: 부수자료 :

서적

A White Rose: A Soldier's Story of Love, War and School, by Brian Huskie Art of Self-Direted Learning, by Blake Boles
Better Late Than Early, by Raymond and Dorothy Moore
Better Than School, by Nancy Wallace
Big Book of Unschooling, by Sandra Dodd
Challenging Assumptions in Education, by Wendy Priesniz
Creative Schools, by Ken Robinson
College Without High School, by Blake Boles
Compulsory Miseducation and the Community of Scholars, by Paul Goodman
Deschooling Our Lives, by Matt Hern
Deschooling Society, by Ivan Illich
Dumbing Us Down, by John Taylor Gatto
The End of School, by Zachary Slayback
Free at Last, by Daniel Greenberg
Free-Range Kids, Lenore Skenazy
Free Range Learning, by Laura Grace Weldon
Free Schools, Free People, by Ron Miller
Free to Learn, by Peter Gray
Free to Live, by Pam Laricchia
Growing Up Absurd, by Paul Goodman
Guerrilla Learning, by Grace Llewellyn and Amy Silver
Hacking Your Education, by Dale Stephens
Home Grown, by Ben Hewitt
Homeschooling Our Children, Unschooling Ourselves, by Alison Mckee
How Children Fail, by John Holt
How Children Learn, by John Holt
In Defense of childhood: Protecting Kids' Inner Wildness, by Chris Mercogliano
Learning All the Time, by John Holt
Like Water, by Mark McCaig

The Lives of Children, by George Dennison
The Modern School Movement, by Paul Avrich
Passion-Driven Education, by Connor Boyack
Pedagogy of the Oppressed, by Paulo Freire
Radical Unschooling, by Dayna Martin
Summerhill School: A New View of Childhood, by A. S. Neill
Schools on Trial: How Freedom and Creativity Can Fix Our Educational Mal-practice, by Nikhil Goyal
School Free, by Wendy Priesnitz
School's Over: How to Have Freedom and Democracy in Education, by Jerry Mintz
Starting a Sudbury School, by Daniel Greenberg and Mimsy Sadofsky
The Teacher Liberation Handbook: How to Leave School and Create a Place Where You and Young People Can Thrive, by Joel Hammon
Teen 2.0: Saving Our Children and Families from the Torment of Adolescence, by Robert Epstein
The Teenage Liberation Handbook, by Grace Llewellyn
Teaching the Restless: One School's No-Ritalin Approach to Helping Children Learn and Succeed, by Chris Mercogliano
Teach Your Own, by John Holt and Patrick Farenga
The Unschooling Handbook, by Mary Griffith
The Unschooling Unmanual, by Jan Hunt
Weapons of Mass Instruction, by John Taylor Gatto

영화

Class Dismissed, Jeremy Stuart
On Being and Becoming, Clara Bellar
Self-Taught, Jeremy Stuart
Schooling the World: The White Man's Last Burden, Carol Black
The War on Kids, Cevin Soling

웹사이트

African American Unschooling (http://scwalton0.tripod.com)
Agile Learning Centers (http://agilelearningcenters.org)
Alliance for Self-Directed Education (http://www.self-directed.org)
Alternative Education Resource Organization (http://www.educationrevolution.org)
Alternatives to School (http://www.alternativestoschool.com)
Camp Stomping Ground (http://campstompingground.org)
Christian Unschooling (http://www.christianunschooling.com)

The Classical Unschooler (http://www.purvabrown.com)
Confessions of a Muslim Mom (http://www.confessionsofamuslimmommaholic.com)
CottageClass (http://cottageclass.com)
Eclectic Learning Network (http://www.eclecticlearningnetwork.com)
European Democratic Education Community (http://www.eudec.org)
Fare of the Free Child (http://www.akilahsrichards.com)
Freedom to Learn (http://www.psychologytoday.com/us/blog/freedom-learn)
Free Range Kids (http://www.freerangekids.com)
Growing Minds (http://www.growingminds.co.za)
Happiness Is Here (http://happinessishereblog.com)
I'm Unschooled. Yes, I Can Write. (http://www.yes-i-can-write.blogspot.com)
International Democratic Education Network (http://www.idenetwork.org)
John Holt/Growing Without Schooling (http://www.johnholtgws.com)
Joyfully Rejoicing (http://www.joyfullyrejoycing.com)
Let Grow (http://letgrow.org)
Liberated Learners (http://www.liberatedlearners.net)
Life Learning Magazine (http://www.lifelearningmagazine.com)
Living Joyfully (http://livingjoyfully.ca)
Natural Child Project (http://www.naturalchild.org)
Not-Back-to-School Camp (http://www.nbtsc.org)
Peer Unschooling Network (http://peerunschooling.net)
Praxis (http://discoverpraxis.com)
Project World School (http://projectworldschool.com)
Secular Homeschool (http://www.secularhomeschool.com)
School Sucks Project (http://schoolsucksproject.com)
UnCollege (http://www.uncollege.org)
Unschool Adventures (http://www.unschooladventures.com)
schooling Dads (http://www.unschoolingdads.com)
Unschooling Mom2Mom (http://unschoolingmom2mom.com)
Worldschooling Central (http://www.worldschoolingcentral.com)

미주

들어가며

1 Albert Einstein, *Autobiographical Notes*, trans. Paul Arthur Schlipp (La Salle: Open Court, 1979), 17.

2 John Holt, *How Children Learn*, rev. (New York: Da Capo Press, 2017), xi.

3 Peter Gray, *Free to Learn: Why Unleashing the Instinct to Play Will Make Our Children Happier, More Self-Reliant, and Better Learners for Life* (New York: Basic Books, 2013), x-xi.

4 Ivan Illich, *Deschooling Society* (London: Marion Boyars, 1970), 47.

5 John Holt, *Instead of Education* (Boulder, CO: Sentient Publications, 2004).

1. 학교 게임

1 Henry David Thoreau, *The Writings of Henry David Thoreau, Journal II: 1850-September 75, 1851,* ed. Bradford Torrey (Boston: Houghton, Mifflin & Co., 1906), 83.

2 Robert L. Fried, *The Game of School: Why We All Play It,* How It *Hurts Kids, and What It Will Take to Change It* (San Francisco: Jossey-Bass, 2005), x.

3 Cevin Soling, "Why Public Schools Must Be Abolished," Forbes, February 27, 2012, http://www.forbes.com/sites/jamesmarshancrotty/2012/02/27/why-public-schools-must-be-abolished/#d99c7732e377.

4 The Film Archives, "Education Is a System of Indoctrination of the Young -Noam Chomsky," YouTube video, June 1, 2012, 7:35, https://youtube/JvqMAlgAnlo.

5 Film Archives, "Education Is a System of Indoctrination."

6 Kirsten Olson, *Wounded by School: Recapturing the Joy in Learning and Stand-ing Up to Old School Culture* (New York: Teachers College Press, 2009), xv.

7 MHton Gaither, *Homeschool: An American History* (New York: Palgrave Mac-Millan, 2008), 9.

8 Sheldon S. Cohen, *A History of Colonial Education; 1607-1776* (New York: John Wiley & Sons, 1974), 46.

9 Eric R. Eberling, "Massachusetts Education Laws of 1642, 1647, and 1648," *Historical Dictionary of American Education,* ed. Richard J. Altenbaugh (Westport, CT: Greenwood Press, 1999), 225-26.

10 Samuel Bowles and Herbert Gintis, "The Origins of Mass Public Education," *History of Education: Major Themes, Volume II: Education in Its Social Context,* ed. Roy Lowe (London: RoutledgeFlamer, 2000), 62-63.

11 Carl Kaestle, *Pillars of the Republic: Common Schools and American Society, 1780-1860* (New York: Hill and Wang, 1983), xi.

12 Thomas Jefferson, Letter to Charles Yancy, January 6, 1816, http://tjrs.monticello.org/letter/327.

13 Thomas Jefferson, *The Writings of Thomas Jefferson,* ed. Andrew A. Lipscomb (Thomas Jefferson Memorial Association, 1904), 423.

14 Bob Pepperman Taylor, *Horace Manns Troubling Legacy: The Education of Democratic Citizens* (Lawrence: University Press of Kansas, 2010), 8.

15 Charles Leslie Glenn, *The Myth of the Common School* (Amherst: University of Massachusetts Press, 1988), 107.

16 Glenn, *Myth of the Common School,* 79.

17 Heather Andrea Williams, *Self-Taught: African American Education in Slavery and Freedom* (Chapel Hill: University of North Carolina Press, 2005).

18 Bowles and Gintis, "Origins of Mass Public Education," 78.

19 US Bureau of the Census, *Education of the American Population, A 1960 Cenws Monograph,* by John K. Folger and Charles B. Nam (Washington, DC: US Government Printing Office, 1967), 113.

20 Mans A. Vinovskis, *Education, Society, and Economic Opportunity: A Historical Perspective* (New Haven, CT: Yale University Press, 1995), 109.

21 David B. Tyack, *The One Best System: A History of American Urban Education* (Cambridge, MA: Harvard university Press, 1974), 30.

22 Paul E. Peterson, *Saving Schools: From Horace Mann to Virtual Learning* (Cambridge, MA: Belknap Press, 2010), 26.

23 Taylor, *Horace Mann's Troubling Legacy,* 33.

24 Jonathan Messerli, *Horace Mann: A Biography* (New York: Alfred A. Knopf 1972), 429.

25 Michael S. Katz, *A History of Compulsory Education Laws," Phi Beta Kappa* (Fastback Series No. 75, 1976), 17.

26 James G. Carter, Essays upon Popular Education: Containing a Particular Examination of the Schools of Massachusetts, and an Outline of an Institution for the Education of Teachers. (Boston: Bowles 8 & Dearborn, 1826), 48–49.

27 Messerli, *Horace Mann,* 429.

28 Pierce v. Society of Sisters, 268 U.S. 510 (1925).

29 Charles Leslie Glenn, *The Myth of the Common School* (Amherst: University of Massachusetts Press, 1988), 76.

30 Carla Shalaby, *Troublemakers: Lessons in Freedom from Young Children at School* (New York: New Press, 2017), xx.

31 John Taylor Gatto, "I Quit, I Think," *Wall Street Journal,* Op–Ed, July 25, 1991.

32 John Taylor Gatto, *Dumbing Us Down : The Hidden Curriculum of Compulsory Schooling* (BC, Canada: New Society Publishers, 1992), 7–8.

33 Raymond S. Moore and Dorothy N. Moore, *Better Late Than Early: A New Approach to Your Child's Education* (Camas, WA: Reader's Digest Press, 1976), 52.

34 Margaret L. Kern and Howard S. Friedman, "Early Educational Milestones as Predictors of Lifelong Academic Achievement, Midlife Adjustment, and Longevity," *Journal of Applied Developmental Psychology* 30, no.4 (2008): 419–430.

35 Graeme Paton, "Bright Children Should Start School at Six, Says Academic," Telegraph, May 16, 2012, http://www.telegraph.co.uk/education/educationnews/9266592/Bright–children–should–start–school–at–six–says–academic.html.

36 Nancy Wallace, *Better Than School* (Burdett, NY: Larson Publications, 1983), 33.

37 US Department of Education, National Center for Educational Statistics, *Homeschooling in the United States: 2012,* by Jeremy Redford, Danielle

Battle, Stacey Bielick, and Sarah Grady, Open－file report 2016－096.rev, National Center for Education Statistics (Washington, DC, 2017), https://nces.ed.gov/pubs2016/2016096rw.pdf

38 Brian Ray, "Research Facts on Homeschooling," National Home Education Research Institute, January 13, 2018, https://www.nheri.org/research－facts－on－homeschooling/ ; US Department of Education, National Center for Education Statistics, "The Condition of Education 2017," Open－file report 2017－144, J. McFarland, B. Hussar, C. de Brey, T. Snyder, X. Wang, S. Wilkinson－Flicker, S. Gebrekristos, J. Zhang, A. Rathbun, A. Barmer, F. Bullock Mann, and S. Hinz, National Center for Education Statistics (Washington, DC, March 2017), https://nces.ed.gov/pubs2017/2017144.pdf.

39 William Heuer and William Donovan, "Homeschooling: The Ultimate School Choice," Pioneer Institute for Public Policy Research, white paper no. 170, June 2017, https://pioneerinstitute.org/featured/study－states－provideparents－infbrmation－homeschooling－options.

40 US Department of Education, National Center for Education Statistics, "Parent and Family Involvement in Education: Results from the National Household Education Surveys Program of 2016," September 2017, https://nces .ed.gov/pubsearch/pubsinfb.asp?pubid＝2017102.

41 Tara Bahrampour, "Muslims Turning to Home Schooling in Increasing Numbers," *Washington Post,* February 21, 2010,http://www.washingtonpost.com/wp－dyn/content/article/2010/02/20/AR2010022001235.html.

42 JaweedKaleem, "Homeschooling Without God," *The Atlantic*, March 30, 2016, https://www.theatlantic.com/education/archive/2016/03/homeschooling－without－god/475953.

43 Richard G. Medlin, "Homeschooling and the Question of Socialization Revisited," *Peabody Journal of Education* 88, no. 3 (2013): 284－297.

44 Wallace, *Better Than School,* 237.

45 Wendy Priesnitz, *School Free: The Home Schooling Handbook* (St. George, ON: Alternate Press, 1987), 17, 19.

46 Laura Grace Weldon, *Free Range Learning: How Homeschooling Changes everything* (Prescott, AZ: Hohm Press, 2010).

2. 언스쿨링은 무엇인가?

1 Akilah S. Richards, "The Freedom of Unschooling: Raising Liberated Black Children Without the Restrictions of School," *Student Voices,* February 21, 2016, https://mystudentvoices.com/the-freedom-of-unschooling-raising-liberated-black-children-without-the-restrictions-of-school-58347bf5919.

2 J. Gary Knowles, Stacey Marlow, and James Muchmore, "From Pedagogy to Ideology: Origins and Phases of Home Education in the United States, 1970- 1990," *American Journal of Education* 100, no. 2 (1992): 195-235.

3 Wendy Priesnitz, "The Words We Use: Living as if School Doesn't Exist," *Life Learning Magazine,* http://www.lifelearningmagazme.com/definitions/the-words-we-use-living-as-if-school-doesnt-exist.htm.

4 Karl F. Wheatley, "Unschooling: A Growing Oasis for Development and Democracy," *Encounter: Education for Meaning and Social Justice* 22, no. 2 (2009): 27-32.

5 Franklin Bobbitt, *The Curriculum* (Boston: Houghton Mifflin, 1918), 42.

6 David Hamilton, *Towards a Theory of Schooling* (London: Falmer Press, 1989), 45.

7 Karl F. Wheatley, "Questioning the Instruction Assumption: Implications for Education Policy and Practice," *Journal of Education and Human Development* 4, no. 1 (March 2015): 27-39.

8 Wheatley, "Questioning the Instruction Assumption."

9 M. G. Siegler, "Eric Schmidt: Every 2 Days We Create as Much Information as Did up to 2003," *TechCrunch,* August 4, 2010, http://techcrunch.com/2010/08/04/schmidt-data.

10 Charlie Magee, "The Age of Imagination: Coming Soon to a Civilization Near You," Second International Symposium: National Security and National Competitiveness: Open Source Solutions, 1993, http://www.oss.net/dynamaster/file_archive/040320/4a32a59dcdcl68eced6517b5e6041cda/OSS1993-01-21.pdf.

11 Drew Hansen, "Imagination: What You Need to Thrive in the Future Economy," *Forbes,* August 6, 2012, https://www.fbrbes.com/sites/drewhansen/2012/08/06/imagination-fiiture-economy/#2718867356dc.

12 Harry Bnhrick and Lynda Hall, "Lifetime Maintenance of High School

Mathematics Contend" *Journal of Experimental Psychology : General* 120, no.1

13 Ansel Adams, *An Autobiography, with Mary Street Alinder* (New York: Little, Brown, 1985).

14 Ronald Swartz, *From Socrates to Summerhill and Beyond* (Charlotte, NC: Information Age Publishing, 2016), 174.

15 John Holt, *How Children Learn, rev.* (NewYork: Da Capo Press, 2017), xii−xiii.

16 Herbert R. Kohl, *The Open Classroom: A Practical Guide to a New Way of Teaching* (New York: New York Review, 1969), 12.

17 Rebecca M. Ryan, Ariel Kalil, Kathleen M. Ziol−Guest, and Christina Padilla, "Socioeconomic Gaps in Parents' Discipline Strategies from 1988 to 2011," *Pediatrics* 138, no. 6 (December 2016), http://pediatrics.aappublications.org /content/early/2016/11/

3. 언스쿨링의 뿌리

1 John Dewey, "My Pedagogic Creed," *School Journal* LIV, no. 3 (January 16, 1897): 77−80.

2 Matthew Josephson, *Edison: A Biography* (New York: John Wiley & Sons, 1992), 21.

3 Josephson, *Edison,* 22.

4 Josephson, *Edison,* 412

5 John Locke, *Some Thoughts Concerning Education* 2nd ed, (London: Cambridge University Press, 1889), 53.

6 Jean−Jacques Rousseau, *Emile, or, On Education: Includes Emile and Sophie, or, The Solitaries,* trans. and ed. Christopher Kelly and Allan Bloom (Hanover, NH: University Press of New England, 2010).

7 Ann Taylor Allen, "Spiritual Motherhood: German Feminists and the Kindergarten Movement, 1848−1911," *History of Education Quarterly* 22, no. 3 (1982): 319−339.

8 Richard Bailey, A. S. Neill (London: Bloomsbury, 2013), 24.

9 Ranald Swartz, *From Socrates to Summerhill and Beyond* (Charlotte, NC:

Information Age Publishing, 2016), 14; Bailey, A. S. Neill, 26–27.

10 Sidney Hook, "John Dewey and His Betrayers," *Change* 3, no. 7 (1971): 26.

11 Paul Goodman, *Compulsory Miseducation and the Community of Scholars* (New York: Vintage Books, 1962), 44.

12 Bailey, *A. S. Neill,* 24–25.

13 Bailey, *A. S. Neill,* 26–27.

14 Homer Lane, *Talks to Parents and Teachers* (New York: Schocken Books, 1969), 177.

15 Lane, Talks to Parents, 13.

16 A. S. Neill, *Summerhill School: A New View of Childhood, rev.* (New York: St. Martin's Griffin, 1992), 9.

17 Neill, *Summerhill School,* 15.

18 Paul Goodman, *New Reformation: Notes of a Neolithic Conservative* (New York: Random House, 1970), 67–68.

19 Ivan Illich, *Deschooling Society* (London: Marion Boyars, 1970), 1, 2.

20 John Holt and Patrick Farenga, *Teach Your Own: The John Holt Book of Homeschooling, rev.* (New York: Da Capo Press, 2003), 279.

21 Patrick Farenga, "Homeschooling Summarized in the Congressional Quarterly Researcher," *john Holt GWS,* March 18, 2014, https://www.johnholtgws.com/pat–farengas–blog/2014/3/18/homeschooling–summarized–in–the–congressional–quarterly–researcher.

22 US Department of Education, National Center for Education Statistics, "Parent and Family Involvement in Education: Results from the National Household Education Surveys Program of 2016," Codebook, September 2017, https://nces.ed.gov/nhes/data/2016/cbook_ecpp_pu.pdf.

23 Peter Gray and Gina Riley, "The Challenges and Benefits of Unschooling, According to 232 Families Who Have Chosen that Route" *Journal of Unschool–ing and Alternative Learning* 7, no. 14 (2013), https://jual.nipissingu.ca/wp–content/uploads/sites/25/2014/06/v72141.pdf.

24 Peter Gray, "Survey of Grown Unschoolers I: Overview of the Results," *Freedom to Learn* (*Psychology Today* blog), June 7, 2014, https://www.psychologytoday.com/blof/freedom–learn/201406/survey–grown–unschoolers–i–overview–findings.

25 Peter Gray, "Survey of Grown Unschoolers II: Going on to College, *Freedom to Learn (Psychology Today* blog), June 17, 2014, https://www. psychologytoday. com/blof/freedom-learn/201406/survey-grown-unschoolers-ii-going-college.

26 Herbert R. Kohl, *The Open Classroom: A Practical Guide to a New Way of Teaching* (New York: New York Review, 1969), 15.

27 A. S. Neill, *Freedom—Not License!* (New York: Hart Publishing Company,

28 Neill, *Summerhill School*, 36.

29 Grace Llewellyn and Amy Silver, *Guerrilla Learning: How to Give Your Kids a Real Education With or Without School* (New York: John Wiley & Sons, 2001), 11.

4. 예전 같지 않은 어린 시절

1 Jay Griffiths, *A Country Called Childhood: Children and the Exuberant World* (Berkeley, CA: Counterpoint, 2014), ix.

2 Michael Pollan, *In Defense of Food: An Eater's Manifesto* (New York: Penguin, 2008), 1.

3 Felix Gussone, MD, "America's Obesity Epidemics Reaches Record High, New Report Says," *NBC News,* October 13, 2017, https://www.nbcnews.com/health/health-news/america-s-obesity-epidemic-reaches-record-high-new-report-says-n810231.

4 F. Thomas Juster, Hiromi Ono, and Frank P. Stafford, "Changing Times of American Youth: 1981-2003," Institute for Social Research (Ann Arbor: University of Michigan, 2004), http://ns.umich.edu/Releases/2004/Nov04/teen_time_report.pdf.

5 Teresa Morisi, "Teen Labor Force Participation Before and After the Great Recession and Beyond," US Bureau of Labor Statistics, February 2017, https://www.bls.gov/opub/mlr/2017/article/teen-labor-fbrce-participation-before-and-after-the-great-recession.htm.

6 Sandra L. Hofferth and John F. Sandberg, "Changes in American Children's Time, 1981-1997," *Advances in Life Course Research* 6 (2001): 193-229.

7 Peter Gray, "The Decline of Play and the Rise of Psychopathology in Children and Adolescents," *American Journal of Play* 3, no. 4 (2011).

8 Angela Hanscom, *Balanced and Barefoot* (Oakland, CA: New Harbinger Publications, 2016), 30.

9 Jane E. Barker, Andrei D. Semenov, Laura Michaelson, Lindsay S. Provan, Hannah R. Snyder, Yuko Munakata, "Less-Structured Time in Children's Daily Lives Predicts Sief-Directed Executive Functioning," *Frontiers in Psychology* 7 (June 17, 2014): 593.

10 "Time to Play, a Study on Children's Free Time: How It Is Spent, Prioritized and Valued," Gallup, August 2017, http://news.gallup.com/reports

11 Po Bronson and Ashley Merryman, "The Creativity Crisis," *Newsweek*, July 10, 2010, http://www.newsweek.com/creativity-crisis-74665.

12 K. H. Kim, *The Creativity Challenge: How We Can Recapture American Innovation*. (New York: Prometheus Books, 2016), 20.

13 Associated Press, U.S. Education Spending Tops Global List, Study Shows, *CBS News,* June 25, 2013, https://www.cbsnews.com/news/us-education-spending-tops-global-list-study-shows.

14 Drew Desilver, U.S. Students' Academic Achievement Still Lags That of Their Peers in Many Other Countries," Pew Research Center, February 15, 2017, http://www.pewresearch.org/fact-tank/2017/02/15/u-s-students-internationally-math-science.

15 Lauren Camera, "Student Scores in Reading and Math Drop," *U.S. News World Report,* October 28, 2015, https://www.usnews.com/news/articles/2015/10/28/student-scores-in-reading-and-math-drop.

16 Erika Christakis, "The New Preschool Is Crushing Kids," *Atlantic,* January/February 2016, http://www.theatlantic.com/magazine/archive/2016/01/the-new-preschool-is-crushing-kids/419139.

17 Elizabeth Bonawitz, Patrick Shafto, Hyowon Gweon, Noah D. Goodman, Elisabeth Spelke, and Laura Schultz, "The Double-Edged Sword of Pedagogy: Instruction Limits Spontaneous Exploration and Discovery," *Cognition* 120, no. 3 (September 2011): 322-30.

18 Daphna Buchsbaum, Alison Gopnik, Thomas L. Griffiths, and Patrick Shafto, "Children's Imitation of Causal Action Sequences Is Influenced by Statistical and Pedagogical Evidence," *Cognition* 120, no. 3 (September 2011): 331-40.

19 Alison Gopnik, "WhyPreschool Shouldn't Be Like School," *Slate,* March 16, 2011, http://www.slate.com/articles/double_x/doublex/2011/03/why_preschool_ shouldnt_be_like_school.html#cx.

20 Cory Turner,"WhyPreschool Suspensions Still Happen and Howto Stop Them," NPR, June 20, 2016, http://www.npr.org/sections/ed/2016/06/20/482472535/why-preschool-suspensions-stiU-happen-and-how-to-stop-them.

21 US Department of Education, National Center for Educational Statistics, Status and *Trends in the Education of Racial and Ethnic Groups,* by Susan And Mary Ann Fox, and Angelina KewalRamani, Open-file report 2010-015, National Center for Education Statistics (Washington, DC, 2010), https://nces.ed.gov/pubs2010/201015.pdf.

22 Ama Mazama and Garvey Lundy, "African American Homeschooling as Racial Protectionism," *Journal of Black Studies* 43, no.7 (October 2012): 723-48.

23 Jessica Huseman, "The Rise of Homeschooling Among Black Families," *Atlantic,* February 17, 2015, https://www.theatlantic.com/education/archive/2015/02/the-rise-of-homeschooling-among-black-families/385543.

24 US Department of Health and Human Services, Centers for Disease Control and Prevention, *Diagnostic Experiences of Children with Attention-Deficit/Hyper-activity Disorder,* by Susanna N. Visser, Benjamin Zablotsky, Joseph R. Holbrook, Melissa L. Danielson, and Rebecca H. Bitsko, National Health Statistics Report 81 (September 3, 2015), https://www.cdc.gov/nchs/data/nhsr/nhsr081.pdf.

25 Enrico Gnaulati, Back to Normal: *Why Ordinary Childhood Behavior Is Mistaken for ADHD, Bipolar Disorder, and Autism Spectrum Disorder* (Boston: Beacon Press, 2013), 32.

26 Brent Fulton, Richard Scheffler, and Stephen Hinshaw, "State Variation in Increased ADHD Prevalence: Links to NCLB School Accountability and State Medication Laws," *Psychiatric Services* 66, no. 10 (October 2015): 1074-82, https://ps.psychiatryonline.org/doi/pdf/10.1176/appi.ps.201400145?code=ps-site.

27 Peter Gray, "Experiences of ADHD-Labeled Kids Who Leave Typical Schooling," *Freedom to Learn* (*Psychology Today* blog), September 9, 2010, https://www.psychologytoday.com/blog/freedom-learn/201009/experiences-adhd-labeled-kids-who-leave-typical-schooling.

28 Peter Gray, "ADHD & School: Assessing Normalcy in an Abnormal Environment," *Freedom To Learn (Psychology Today* blog), July 7, 2010, https://www.psychologytoday.com/blog/freedom-learn/201007/adhd-school-assessing-normalcy-in-abnormal-environment.

29 Tracy Ventola, "A Solution to ADHD and Other School−Based Disorders, *OFF KLTR!* (blog), October 2, 2014, https://offkltr.com/2014/10/02/a−solution−to−adhd−and−other−school−based−disorders.

30 Valerie J. Calderon and Daniela Yu, "Student Enthusiasm Falls as High School Graduation Nears.," Gallup, June 1, 2017, http://news.gallup.com/opinion/gallup/211631/student−enthusiasm−falls−high−school−graduation−nears.aspx.

31 Ethan Yazzie−Mintz, "Charting the Path from Engagement to Achievement: A Report on the 2009 High School Survey of Student Engagement," Center for Evaluation and Education Policy (Bloomington, IN: 2010), https://www.wisconsinpbisnetwork.org/assets/files/2013%20Conference/Session%20Material/HighSchoolSurveyStudentEngagement.pdf.

32 Mihaly Csikszentmihalyi and Jeremy Hunter, *Journal of Happiness* Studies 4 (2003): 185−99.

33 Adam Grant, Originals: *How Non−Conformists Move the World* (New York: Viking, 2016), 7.

5. 자연 문해력과 수리력

1 Madeleine L'Engle, *A Circle Of Quiet* (New York: HarperCollins, 1972), 54−55.

2 Daphna Bassok, Scott Latham, and Anna Rorem, "Is Kindergarten the New First Grade?" *AERA Open* 1, no. 4 (January−March 2016): 1−31.

3 John Taylor Gatto, "I Quit, I Think," *Wall Street Journal,* Op−Ed, July 25, 1991.

4 Jane W. Torrey, "Learning to Read Without a Teacher: A Case Study," *Elementary English* 46 (1969): 550−556, 658.

5 William Teale, "Toward a Theory of How Children Learn to Read and Write Naturally," *Language Arts* 59, no. 6 (1982): 558.

6 Jane W. Torrey, "Reading That Comes Naturally: The Early Reader," *Reading Research:* Advances in Theory and Practice. Vol. I, ed. T. G. Waller and C. E. MacKinnon (New York: Academic Press, 1979): 123.

7 Alan Thomas and Harriet Pattison, "The Informal Acquisition and Development of Literacy," *International Perspectives on Home Education,* ed. P. Rothermel (London: Palgrave Macmillan, 2015): 57−73.

8 Annie Murphy Paul, "Why Third Grade Is So Important: The Matthew Effect," *Time,* September 26, 2012, http://ideas.tiine.com/2012/09/26/why-third-grade-is-so-important-the-matthew-effect.

9 Harriet Pattison, *Rethinking Learning to Read* (Shrewsbury, UK: Educational Heretics Press, 2016): 138-39.

10 Peter Gray, "Children Teach Themselves to Read," *Freedom to Learn* (*Psychology Today* blog), February 24, 2010, https://www.psychologytoday.com/blog/fireedom-learn/201002/children-teach-themselves-read.

11 Nancy Carlsson-Paige, Geralyn Bywater McLaughlin, and Joan Wolfsheimer Almon, "Reading Instruction in Kindergarten: Little to Gain and Much to Lose," Defending the Early Years (2015): https://www.deyproject.org/uploads/1/5/5/7/15571834/readinginkindergarten_online-1_1_.pdf.

12 Arthur M. Pittis, "Literacy, Not Just Rending." *Waldorf Education: A Family Guide,* eds. Pamela Johnson Fenner and Karen L. Rivers (Amesbury, MA: Michaelmas Press, 1995), 73.

13 Sebastian Suggate, Elizabeth Schaughency, and Elaine Reese, "Children Learning to Read Later Catch up to Children Reading Earlier," *Early Childhood Research Quarterly* 28, no. 1 (October 2013): 33-48.

14 Daniel Greenberg, *Free at Last: The Sudbury Valley School* (Framingham, MA: Sudbury Valley School Press, 1987), 31, 35.

15 Karl F. Wheatley, "How Unschoolers Can Help to End Traditional Reading Instruction," *Journal of Unschooling and Alternative Learning* 7, no. 13 (2013), http://jual.nipissingu.ca/wp-content/uploads/sites/25/2014/06/v71131.pdf.

16 Andrew Perrin, "Who Doesn't Read Books in America?," Pew Research Center, November 23, 2016, http://www.pewresearch.org/fact-tank/2016/11/23

17 "The U.S. Illiteracy Rate Hasn't Changed in 10 Years," *Huffington Post,* September 6, 2013, https://www.huffingtonpost.com/2013/09/06/illiteracy-rate_n_3880355.html.

18 William Teale, "Toward a Theory of How Children Learn to Read and Write Naturally," *Language Arts* 59, no. 6 (1982): 558.

19 Andrew Hacker, *The Math Myth: And Other STEM Delusions* (New York: The New Press, 2016), 138.

20 Barbara Oakley, *Mindshft: Break Through Obstacles to Learning and*

Discover Your Hidden Potential (New York: Tarcher Perigee, 2017), 3.

21 L. P. Benezet, "The Teaching of Arithmetic!: The Story of an Experiment," *Journal of the National Education Association* 24, no 8 (November 1935): 241–44.

22 Hassler Whitney, "Coming Alive in School Math and Beyond," *Educational Studies in Mathematics* 18, no. 3 (August 1987): 229–42.

23 Daniel Greenberg, *Free at Last: The Sudbury Valley School* (Framingham, MA: Sudbury Valley School Press, 1987), 18.

24 Whitney, "Coming Alive in School Math," 229–42.

25 Carlo Ricci, "Emergent, Self–Directed, and Self–Organized Learning: Literacy, Numeracy, and the iPod Touch," *International Review of Research in Open and Distributed Learning* 12, no. 7 (2011): 135–46.

26 "Thinking about Math in Terms of Literacy, not Levels," *PBS News Hour*, August 2, 2016, audio transcript, https://www.pbs.org/newshour/show/thinking–math–terms–literacy–not–levels.

6. 기술 기반 언스쿨링

1 Jeff Goodell, "Steve Jobs in 1994: The Rolling Stone Interview," *Rolling Stone,* June 16, 1994, https://www.rollingstone.com/culture/news/steve–jobs–in–1994–the–rolling–stone–interview–20110117.

2 Seymour Papert, *Mindstorms : Children, Computers, and Powerful Ideas,* 2nd ed. (New York: Basic Books, 1993), 7.

3 Papert, *Mindstorms,* 8, 9.

4 Mitchel Resnick, *Lifelong Kindergarten: Cultivating Creativity through Projects, Passion, Peers, and Play* (Cambridge, MA: MIT Press, 2017), 13.

5 Marc Parry, "Online, Bigger Classes May Be Better Classes," *Chronicle of Higher Education,* August 29, 2010, https://www.chronicle.com/article/Open–Teaching–When–the/124170.

6 Laura Pappano, "The Year of the MOOC," *New York Times,* November 2, 2012, https://mobile.nytimes.com/2012/11/04/education/edlife/massive–open–online–courses–are–miiltiplying–at–a–rapid–pace.html?nicubz=1.

7 Meltem Huri Baturay, "An Overview of the World of MOOCs," *Procedia—Social and Behavioral Sciences* 147 (February 12, 2015): 427–433.

8 Chris Parr, "Mooc Creators Criticize Courses' Lack of Creativity," *Times Higher Education,* October 17, 2013, https://www.timeshighereducation.com/news/mooc-creators-criticise-courses-lack-of-creativity/2008180.article.

9 Philipp Schmidt, Mitchel Resnick, and Natalie Rusk, "Learning Creative Learning: How We Tinkered with MOOCs," P2P online report, http://reports.p2pu.org/leaming-creative-learning.

10 Sugata Mitra, R. Dangwal, S. Chatterjee, S. Jha, RS Bisht, and P. Kapur, "Acquisition of Computer Literacy on Shared Public Computers: Children 311d the 'Hole in the Wall'," *Australasian Journal of Educational Technology* 21, no. 3 (2005): 407-26. http://eprint.ncl.ac.uk/file_store/production/24094/3344F368-A39A-415F-9F96-E6F101EAA8C6.pdf.

11 Sugata Mitra, "Build a School in the Cloud," TED Talk, February 2013, https://www.ted.com/talks/sugata_mitra_build_a_school_in_the_cloud.

12 John Greathouse, "The Future of Learning: Why Skateboarders Suddenly Became Crazy Good in the Mid-80s," *Forbes,* February 25, 2017, https://www.fbrbes.com/sites/johngreathoiise/2017/02/25/the-future-of-learning-why-skateboarder-suddenly-became-crazy-good-in-the-mid-90s/#352ba03a2c91

13 Ivan Illich, *Deschooling Society* (London: Marion Boyars, 1970), vii.

14 Ken Robinson, "Do Schools Kill Creativity?," TED Talk, February 2006) https://www.ted.com/talks/ken_robinson_says_schools_kill_creativity.

15 Samuel Levin and Susan Engel, *A School of Our Own: The Story of the First Student-Run High School and a New Vision for American Education* (New York: New Press, 2016), 59.

16 Vasilis Kostakis, Vasilis Niaros, and Christos Giotitsas, "Production and Governance in Hackerspaces: A Manifestation of Commons-Based Peer Production in the Physical Realm?" *International Journal of Cultural Studies* 18, no. 5 (February 13, 2014): 555-73.

17 Neil Gershenfeld, "How to Make Almost Anything: The Digital Fabrication Revolution," *Foreign Affairs* 91, no. 6 (Nov/Dec 2012), http://cba.mit.edu/docs/papers/12.09.FA.pdf.

18 Deborah Fallows, "The Library Card," Atlantic, March 2016, http://www.theatlantic.com/magazine/archive/2016/03/the-library-card/426888.

19 Neil Gershenfeld, *Fab: The Coming Revolution on Your Desktop—From Personal*

Computers to Personal Fabrications (New York: Basic Books, 2005), 7.

20 Clive Thompson, "Texting Isn't the First Technology Thought to Impair Social Skills," *Smithsonian Magazine,* March 2016, http://www.smithsonianmag.com/innovation/texting-isnt-first-new-technology-thought-impair-social-skills-180958091/#RyYV2qBULE6F0h0R.99.

21 Frank Rose, "The Art of Immersion Excerpt: Fear of Fiction," *Wired,* March 10, 2011, https://www.wired.com/2011/03/immersion-fear-of-fiction.

22 Bob Pepperman Taylor, *Horace Mann's Troubling Legacy: The Education of Democratic Citizens* (Lawrence: University Press of Kansas, 2010), 19.

23 Joe Clement and Matt Miles, *Screen Schooled: Two Veteran Teachers Expose How Technology Overload Is Making Our Kids Dumber* (Chicago: Chicago Review Press, 2017), 5.

24 danah boyd, *It's Complicated: The Social Lives of Networked Teens* (New Haven: Yale University Press, 2014), 18.

25 Andrew K. Przybylski, Netta Weinstein,and Kou Murayama, "Internet Gaming Disorder: Investigating the Clinical Relevance of a New Phenomenon," *American Journal of Psychiatry* 174, no. 3 (March 1, 2017): 230-36.

26 Cheryl K. Olson, "Children's Motivations for Video Game Play in the Context of Normal Development," *Review of General Psychology* 14, no. 2 (2010): 180-87.

27 Peter Gray, "The Many Benefits, for Kids, of Playing Video Games," *Freedom to Learn* (*Psychology Today blog*), January 7, 2012, https://www.psychologytoday.com/blog/freedom-learn/201201/the-many-benefits-kids-playing-video-games.

28 Peter Gray, "The Human Nature of Teaching II: What Can We Learn from Hunter-Gatherers?," *Freedom to Learn* (*Psychology Today* blog), May 2, 2012, https://www.psychologytoday.com/blog/freedom-learn/201105/the-human-nature-teaching-ii-what-can-we-leam-hunter-gatherers.

29 Philipp Schmidt, Mitchel Resnick, and NatalieRusk, "Learning Creative Learning: How We Tinkered with MOOCs," P2PU online report, http://reports.p2pu.org/learning-creative-learning.

7. 언스쿨링 자원센터

1 Harper Lee, *To Kill a Mockingbird* (New York: Grand Central Publishing, 1960), 43–44.

2 John Holt, *Learning All the Time, rev.* (New York: Da Capo Books, 1990), 162.

8. 언스쿨링 학교

1 Jerry Large, "Astrophysicist Has Plan for Drawing Kids into Science," *Seattle Times,* May 15, 2011, https://www.seattletimes.com/seattle–news/astrophysicist–has–plan–for–drawing–kids–into–science.

2 Daniel Greenberg, *Free at Last: The Sudbury Valley School* (Framingham, MA: Sudbury Valley School Press, 1987), 8.

3 William K. Stevens, "Students Flock to Philadelphia 'School Without Walls'," *New York Times,* January 23, 1970, http://www.nytimes.com/1970/01/23/archives/students–flock–to–philadelphia–schooi–without–walls.html?_r=0.

4 Lynne Blumberg, "Out of the Mainstream: Staying There Isn't Easy," *Education Next* 10, no. 3 (Summer 2010), http://educationnext.org/out–of–the–mainstream.

5 Ron Miller, *Free Schools, Free People: Education and Democracy after the 1960s* (Albany: State University of New York Press, 2002), 130.

6 Jonathan Kozol, *Free Schools* (Boston: Houghton Mifflin Company, 1972), 11.

7 Daniel Greenberg, *Free at Last: The Sudbury Valley School* (Framingham, MA: Sudbury Valley School Press, 1987), 184.

8 Peter Gray and David Chanofg "Democratic Schooling: What Happens to Young People Who Have Charge of Their Own Education?," *American Journal of Education* 94 (1986): 182–213.

9 Daniel Greenberg and Mimsy Sadofsky, *Legacy of Trust: Life after the Sudbury Valley School Experience* (Framingham, MA: Sudbury Valley School Press, 1992); Daniel Greenberg, Mimsy Sadofsky, and Jason Lempka, *The Pursuit of Happiness: The Lives of Sudbury Valley Alumni* (Framingham, MA: Sudbury VaDey School Press, 2005).

10 Kirsten Olson, "The Shadow Side of Schooling," Education Week, April 21, 2008, https://www.edweek.org/ew/articles/2008/04/23/34olson_web.h27.html

11 Peter Gray, "School Bullying: A Tragic Cost to Undemocratic Schools," *Freedom to Learn* (*Psychology Today* blog), May 12, 2010, https://www.psychologytoday.com/blog/freedom-learn/201005/school-bullying-tragic-cost-undemocratic-schools.

12 Mark McCaig, *Like Water: The Extraordinary Approach to Education at the Fairhaven School* (Upper Marlboro, MD: Fairhaven School Press, 2008), 5.

9. 학교를 중퇴한 10대들

1 Carol Black, "A Thousand Rivers: What the Modern World Has Forgotten About Children and Learning," Carol Black.org, http://carolblack.org/a-thousand-rivers.

2 Robert Epstein, *Teen 2.0: Saving Our Children and Familiesfrom the Torment of Adolescence* (Fresno, CA: Quill Driver Books, 2010), 21.

3 Perri Klass, "Kids' Suicide-Related Hospital Visits Rise Sharply," *New York Times,* May 16, 2018, https://www.nytimes.com/2018/05/16/well/family/suicide-adolescents-hospital.html.

4 Gregory Plemmons, et al., "Hospitalization for Suicide Ideation or Attempt: 2008-2015," *Pediatrics,* May 2018.

5 CDC QuickStats, "Suicide Rates for Teens Aged 15-19 Years, by Sex—United States, 1975-2015," *MMWR Morb Mortal Wkly Rep* 2017;66:816. DOI: http://dx.doi.org/10.15585/mmwr.mm6630a6.

6 CDC QuickStats, "Death Rates for Motor Vehicle Traffic Injury, Suicide, and Homicide Among Children and Adolescents aged 10-14 Years — United States, 1999-2014," *MMWR Morb Mortal Wkly Rep* 2016;65:1203. DOI: http://dx.doi.org/10.15585/mmwr.mm6543a8.

7 Margaret Shapiro, "Stressed-Out Teens, with School a Main Cause," *Washington Post*, February 17, 2014, https://www.washingtonpost.com/national/health-science/stressed-out-teens-with-school-a-main-cause/2014/02/i4/d3b8ab56-9425-lle3-84el-27626c5ef5fb_story.html?utm_term=.e8719bda42c6.

8 Epstein, *Teen* 2.0, 4.

9 Thomas Hine, "The Rise and Decline of the Teenager," *American Heritage*

50, no. 5 (September 1999), https://www.americanheritage.com/content/rise-and-decline-teenager.

10 Grace Llewellyn, *The Teenage Liberation Handbook: How to Quit School and Get a Real Life and Education,* 2nd ed. (Eugene, OR: Lowry House Publishers, 1998), 38.

11 John Hagel III and Jeff Schwartz, "A Framework for Understanding the Future of Work," *Deloitte HR Times* blog, September 27, 2017, https://hrtimesblog.com/2017/09/27/a-framework-for-understanding-the-future-of-work.

12 Paul Goodman, *New Reformation: Notes of a Neolithic Conservative* (New York: Random House, 1970), 87.

13 Paul Goodman, *Compulsory Miseducation and the Community of Scholars* (New York: Vintage Books, 1962), 61.

14 Robert Epstein, *Teen 2.0: Saving Our Children and Families from the Torment of Adolescence* (Fresno, CA: Quill Driver Books, 2010), 320.

15 Teresa Morisi, "Teen Labor Force Participation Before and After the Great Recession and Beyond," US Bureau of Labor Statistics, February 2017, https://www.bls.gov/opub/mlr/2017/article/teen-labor-force-participation-before-and-after-the-great-recession.htm.

16 Bryan Caplan, *The Case Against Education: Why the Education System Is a Waste ofTime and Money* (Princeton, NJ: Princeton University Press, 2018), 3.

17 Robert Halpern, *The Means to Grow Up: Reinventing Apprenticeship as a Developmental Support in Adolescence* (New York: Routledge, 2009), xiv.

10. 학교 밖 언스쿨링

1 Heidi Moore, "Why Play Is the Work of Childhood," Fred Rogers Center, September 23, 2014, http://www.fredrogerscenter.org/2014/09/why-play-is-the-work-of-childhood.

2 Donna St. George, "'Free Range' Parents Clenrecl In Second Neglect Case After Kids Walked Alone," *Washington Post,* June 22, 2015, https://www.washingtonpost.com/local/education/free-range-parents-cleared-in-second-neglect-case-after-children-walked-alone/2015/06/22/82283c24-188c-11e5-bd7f-4611a60dd8e5_story.html?utm_term=.cda931c

d6d6b.

3 Lenore Skenazy, *Free-Range Kids: How to Raise Safe, Self-Reliant Children—Without Going Nuts with Worry* (San Francisco, CA: Jossey-Bass, 2009), 8.

11. 언스쿨링의 미래

1 Ta-Nehisi Coates, *Between the World and Me* (New York: Spiegel and Grau, 2015), 48.

2 Cathy N. Davidson, *Now You See It: How Technology and Brain Science Will Transform Schools and Businessfor the 21st Century* (New York: Viking, 2011), 18, 12.

3 World Economic Forum, "The Future of Jobs: Employment, Skills and Workforce Strategy for the Fourth Industrial Revolution," January 2016, http://www3.wefbrum.org/docs/WEF_Future_of_Jobs.pdf.

4 Sonia Smith, "Big-Box Store Has New Life as an Airy Public Library," *New York Times,* September 1, 2012, http://www.nytimes.com/2012/09/02/us/fbrmer-walmart-in-mcallen-is-now-an-airy-public-library.html.

5 Patricia Lee Brown, "These Public Libraries are for Snowshoes and Ukuleles." *The New York Times,* September 14, 2015, http://www.nytimes.com/2015/09/15/us/these-public-libraries-are-for-snowshoes-and-ukuleles.html.

6 Joseph Frazier Wall, *Andrew Carnegie* (New York: Oxford University Press, 1970), 818-19.

7 David Nasaw, *Andrew Carnegie* (New York: Penguin, 2006), 45.

8 Nasaw, *Andrew Carnegie,* 42-43.

9 Deborah Fallows, "The Library Card," Atlantic, March 2016, retrieved from web May 5, 2016: http://www.theatlantic.com/magazine/archive/2016/03/the-library-card/426888.

10 Andrew Carnegie, *The Autobiography of Andrew Carnegie* (Boston: Houghton Mifflin, 1920), 45.

11 Paul Goodman, *Compulsory Miseducation and the Community* of *Scholars* (New York: Vintage Books, 1962), 61.

: 엄선한 참고문헌 :

Caplan, Bryan. *The Case Against Education: Why the Education System Is a Waste of Time and Money.* Princeton, NJ: Princeton University Press, 2018.

Epstein, Robert. *Teen 2.0: Saving Our Children and Families from the Torment of Adolescence.* Fresno, CA: Quill Driver Books, 2010.

Gatto, John Taylor. *Dumbing Us Down: The Hidden Curriculum of Compulsory Schooling.* BC, Canada: New Society Publishers, 1992.

Gnaulati, Enrico. *Back to Normal: Why Ordinary Childhood Behavior Is Mis–taken for ADHD, Bipolar Disorder, and Autism Spectrum Disorder.* Boston: Beacon Press, 2013.

Goodman, Paul. *Compulsory Miseducation and the Community of Scholars.* New York: Vintage Books, 1962.

Gray, Peter. *Free to Learn: Why Unleashing the Instinct to Play Will Make Our Children Happier, More Self–Reliant, and Better Learners for Life.* New York: Basic Books, 2013.

Greenberg, Daniel. *Free at Last: The Sudbury Valley School.* Framingham, MA: Sudbury Valley School Press, 1987.

Hanscom, Angela J. *Balanced and Barefoot: How Unrestricted Outdoor Play Makes for Strong, Confident, and Capable Children.* Oakland, CA: New Harbinger Publications, 2016.

Holt, John. *How Children Learn, rev.* New York: Da Capo Press, 2017.

Holt, John. *Instead of Education.* Boulder, CO: Sentient Publications, 2004.

Holt, John. *Learning All the Time. Rev.* ed. New York: Da Capo Books, 1990.

Holt, John, and Patrick Farenga. *Teach Your Own: The John Holt Book of Homeschooling. Rev.* ed. New York: Da Capo Press, 2003.

Illich, Ivan. *Deschooling Society.* London: Marion Boyars, 1970.

Kozol, Jonathan. *Free Schools.* Boston: Houghton Mifflin Company, 1972.

Llewellyn, Grace, and Amy Silver. *Guerrilla Learning: How to Give Your Kids a Real Education With or Without School.* New York: John Wiley & Sons, 2001.

Llewellyn, Grace. *The Teenage Liberation Handbook : How to Quit School and Get a Real Life and Education.* 2nd ed. Eugene, OR: Lowry House Publishers, 1998.

Miller, Ron. *Free Schools, Free People: Education and Democracy After the 1960s, Albany,* NY: State University of New York Press, 2002.

Neill, A. S. *Summerhill School: A New View of Childhood. Rev.* ed. New York: St. Martin's Griffin, 1992.

Priesnitz, Wendy. *School Free: The Home Schooling Handbook.* St. George, ON: Alternate Press, 1987.

Shalaby, Carla. *Troublemakers: Lessons in Freedom from Young Children at School.* New York: New Press, 2017.

Skenazy, Lenore. *Free–Range Kids: How to Raise Safe, Self–Reliant Children–Without Going Nuts with Worry.* San Francisco, CA: Jossey–Bass, 2009.

Weldon, Laura Grace. *Free Range Learning: How Homeschooling Changes Everything.* Prescott, AZ: Hohm Press, 2010.

⋮ 저자소개 ⋮

케리 맥도널드는 포브스, 뉴스위크, NPR, *Reason, Education Next, Natural Mother* 매거진 등에 기사를 쓰는 교육 정책 전문 작가다. 보딘 대학에서 경제학 학사, 하버드 대학교에서 교육학 석사 학위를 받았으며 자기주도교육연합(Alliance for Self-Directed Education)의 이사로 있다. 케리는 네 명의 아이들을 언스쿨했으며 매사추세츠 주 케임브리지에 살고 있다. 케리의 블로그는 WholeFamilyLearning.com이다.

⋮ 역자소개 ⋮

황기우는 고려대학교 대학원에서 교육사회학을 공부했다. 고려대학교교육문제연구소 연구교수로 일한 적이 있다. 총신대학교 기독교교육과 교수로 재직하다 정년퇴직했다. 현재는 한국 언스쿨링 연구소 소장으로 일하고 있다.

주요 저역서에는『교사의 권력』,『21세기 교사의 역할』,『영감을 주는 교사』,『교사 리더십』,『통합사회의 한국교육/공저』,『공교육의 미래』,『언스쿨링』,『교육의 오류』 등이 있다.

Gen Z 100년 교육,
언스쿨링이 온다

초판발행 2021년 2월 26일
중판발행 2022년 9월 10일

지은이 Kerry McDonald · Peter Gray
옮긴이 황기우
펴낸이 노 현

편 집 박송이
기획/마케팅 이선경
표지디자인 BEN STORY
제 작 고철민 · 조영환

펴낸곳 ㈜ 피와이메이트
서울특별시 금천구 가산디지털2로 53 한라시그마밸리 210호(가산동)
등록 2014. 2. 12. 제2018-000080호
전 화 02)733-6771
f a x 02)736-4818
e-mail pys@pybook.co.kr
homepage www.pybook.co.kr
ISBN 979-11-6519-081-1 93370

* 파본은 구입하신 곳에서 교환해 드립니다. 본서의 무단복제행위를 금합니다.
* 역자와 협의하여 인지첩부를 생략합니다.

정 가 16,000원